《广东省职业教育教师发展报告（2020）》编委会

顾　问：李　心　凌靖波　骆少明

主　任：许　玲

副主任：喻忠恩

委　员：黄　崴　陶　红　邓文新　向　凯
　　　　崔怀林　覃易寒　陈泳竹　柏　晶
　　　　林　欣　谢德新　刘海兰　黄茂勇

本报告由广东技术师范大学和
广东中华职教社联合支持出版。

广东省职业教育教师发展报告

（2020）

广东技术师范大学　组编

许玲　主编

·广州·

图书在版编目（CIP）数据

广东省职业教育教师发展报告（2020）/许玲主编. —广州：广东高等教育出版社，2020.11

ISBN 978－7－5361－6930－2

Ⅰ. ①广… Ⅱ. ①许… Ⅲ. ①职业教育－师资培养－研究报告－广东－2020 Ⅳ. ①G715

中国版本图书馆 CIP 数据核字（2020）第 234895 号

广东省职业教育教师发展报告（2020）
GUANGDONGSHENG ZHIYE JIAOYU JIAOSHI FAZHAN BAO GAO（2020）

出版发行	广东高等教育出版社
	地　址：广州市天河区林和西横路
	邮政编码：510500　电　话：（020）87554152　87551163
	http://www.gdgjs.com.cn
印　刷	广州市穗彩印务有限公司
开　本	787 毫米×1 092 毫米　1/16
印　张	16.5
字　数	378 千
版　次	2020 年 11 月第 1 版　2020 年 11 月第 1 次印刷
定　价	48.00 元

序 言

教师队伍是发展教育的第一资源，是落实国家教育改革发展的核心力量。进入新时代以来，党和国家高度重视教师队伍建设。党的十九大报告提出，要"加强师德师风建设，培养高素质教师队伍，倡导全社会尊师重教"。2018年1月，中共中央、国务院发布《关于全面深化新时代教师队伍建设改革的意见》。这是中华人民共和国成立以来，党中央出台的第一个专门面向教师队伍建设的具有里程碑意义的政策文件，系统阐述了全面深化教师队伍建设的战略意义、指导思想、基本原则，对新时代教师队伍建设提出了新要求、新任务，拉开了我国建设高素质专业化创新型教师队伍的序幕。2018年9月，习近平总书记在全国教育大会上指出，"教师是人类灵魂的工程师，是人类文明的传承者，承载着传播知识、传播思想、传播真理，塑造灵魂、塑造生命、塑造新人的时代重任"。时代赋予责任，责任体现使命。习总书记这一重要论述，不仅深刻阐述了教师的重要性，更是突出了新时代教师队伍建设新的使命担当。

进入新时代以来，国家先后颁布了《国家职业教育改革实施方案》《深化新时代职业教育"双师型"教师队伍建设改革实施方案》《关于公布首批全国职业教育教师企业实践基地名单的通知》和《职业技术师范教育专业认证标准》等相关政策文件，围绕具有中国特色的职业教育"双师型"教师队伍建设，提出了基于产教融合和校企合作的教师队伍建设的基本方案，对实施培养专业认证、严格教师资格准入、建立教师专业标准体系、完善认证评价标准、搭建专业实践平台、组建教学团队、深化职业教师教育改革、健全培养培训体系等源头性、基础性工作进行了全方位规划。在这些政策的指引下，职教师资队伍的综合素质建设取得了长足的发展，有力地推动了职业教育办学质量的提高。

近年来，在广东省委、省政府的高度重视下，广东职教师资队伍建设取得历史性成就，为职业教育强省建设奠定了良好的基础。教师队伍规模稳定增长、结构不断优化、素质不断提升、体系不断完善。在培养方式上，呈现出"从职前培养走向职前培养职后培训相结合""从学校培养走向企业参与培养""从注重数量规模走向高素质专业化""从专科本科层次走向研究生层次"的区域性特征。但是，与新时代职业教育改革的新要求相比，与粤港澳大湾区战略实施对职业教育发展的要求相比，我省职教师资队伍建设依然存在数量不足、来源途径单一、结构性失调、区域发展不均衡、校企双向流动不畅、培养机制不健全、管理体制机制不灵活、专业化水平偏低的问题，尤其是同时具备理论教学与实践教学能力的"双师型"教师和教学团队短缺等问题。因此，加强职教师资队伍建设，是推进我省职业教育科学发展的一项关键性举措。

为进一步促进广东职业教育师资队伍建设，广东技术师范大学与广东中华职业教育社联合策划了编撰《广东省职业教育教师发展报告（2020）》的工作计划，并组建了编写团队。编写组成员通过文献研究、比较研究、访谈、数据分析、政策解释，梳理、归纳出2010—2019年广东省职业教育师资队伍发展的基本情况，梳理总结建设经验，分析存在问题，并提出解决对策。报告一方面期望能为教育研究者提供比较系统、翔实的资料，同时希望能为教育主管部门把握新态势、形成新思考提供参考。编制工作从2019年10月正式开始实施，经过半年多的紧张工作，报告的编撰工作终于告成。

报告分为总报告和高职、中职、技工教育师资建设、人才培养、职后培训、师资需求等六个分报告。首先从教师基本情况、结构与素质、人才培养、职后培训、专业需求等维度对2010—2019年高等职业教育、中等职业教育和技工教育的主要进展、政策运行情况进行宏观分析和系统总结，揭示新时代背景下广东省职教师资发展的规模状况、结构特征、培养模式等，进而探讨各种职业教育师资队伍改革发展的主要举措及成效；其次对省内不同区域之间以及与职业教育比较发达的国内其他省区的师资队伍建设进行比较，通过数据分析、政策文本分析与问题诊断，归纳总结出广东省职教师资队伍建设存在的问题，并从国家、企业、学校等层面提出下一步推动调整的相关政策建议。

职业教育教师发展报告在广东省是首次编撰。从理念酝酿到组织策划、搜索数据、政策分析、访谈、书稿成型，颇费周折；参与其中的20多位组撰人员反复搜索相关数据、几番修改、不断调整与充实资料，可谓其难。但大家戮力同心，共同成就这本30余万字的研究报告。需要说明的是，由于年初突如其来的新冠肺炎疫情，使数据收集工作无法正常进行，原计划的政府、专家访谈工作也没有完成，这在一定程度上影响了报告的正常编撰。我们真诚期盼社会各界多多支持与指正，为职业教育教师发展给予更多、更真切的关照。

在报告的编撰过程中，教育部教师工作司、广东省教育厅的有关领导给予了多方面的指导与支持，我们在此表示衷心的感谢。我们相信，只要认真学习贯彻落实党的十九大精神和习近平新时代中国特色社会主义思想，励精图治、锐意创新，我们的职业教育教师队伍一定会越来越强，对建成教育强国和人力资源强国的贡献越来越大。

李 心

广东省政协副主席，广东中华职业教育社主任

目　录

广东省职教师资队伍建设研究总报告（2010—2019年） 1
 一、基本情况 1
  （一）广东省高等职业院校教师结构与素质分析 1
  （二）广东省中等职业学校教师结构与素质分析 3
  （三）广东省技工学校教师结构与素质分析 6
  （四）广东省职教师资培训情况 11
  （五）广东省职教师资培养情况 12
 二、存在的主要问题 15
  （一）高等职业教育教师队伍主要问题 15
  （二）中等职业教育教师队伍主要问题 15
  （三）技工教育教师队伍主要问题 16
 三、对策与建议 17
  （一）提升"双师"素质教师比例，优化职业院校教师队伍结构 17
  （二）强化职教师资培养主渠道的作用，加大硕士层次职教师资的规模 19
  （三）推进省内职教师资区域均衡发展 20
  （四）积极建立校企联合师资实训基地 20
  （五）继续大力营造尊师重教的社会氛围 21

广东省高等职业院校教师发展报告 22
 一、基本情况 23
  （一）教师基本情况 23
  （二）教师结构 23
  （三）教师能力 26
  （四）教师职后培训情况 28
 二、比较分析 28
  （一）广东省内高等职业院校教师比较 28
  （二）高等职业院校教师发展省际比较 42
 三、存在的问题与对策 48
  （一）存在的主要问题 48
  （二）主要的解决对策 49

广东省中等职业学校教师发展报告 ... 51
一、基本情况 ... 51
（一）专任教师占比不断提高，生师比逐年下降 ... 51
（二）职称结构较为合理，高级职称占比略低 ... 52
（三）专业覆盖比较全面，结构相对单一 ... 53
（四）学历结构比较合理，硕士层次有待加强 ... 54
（五）性别结构较均衡，女性教师学历略高 ... 55
（六）梯队结构较好，年轻化特征明显 ... 56
二、发展政策 ... 57
（一）深化中职学校教师队伍改革 ... 57
（二）成立全省职教师资联盟 ... 57
（三）加强全省师资培训基地建设 ... 58
（四）建立职业院校名师名校长培训专家工作室 ... 59
（五）建设企业兼职教师队伍 ... 59
（六）实施职业院校教师能力提升计划 ... 59
三、比较分析 ... 60
（一）省内中等职业学校教师队伍比较 ... 61
（二）省际中等职业学校教师队伍比较 ... 66
四、存在问题 ... 67
（一）教师队伍数量不足 ... 68
（二）教师队伍质量有待提高 ... 68
（三）区域发展不均衡 ... 69
（四）教师发展缺乏经费支持 ... 69
（五）制度保障有待加强 ... 69
五、对策建议 ... 70
（一）政府进一步发挥职教师资队伍建设的推动作用 ... 70
（二）企业应发挥职业教育的重要办学主体作用 ... 72
（三）学校应建立教师队伍建设的长效机制 ... 73

广东省技工教育教师队伍发展报告 ... 75
一、基本情况 ... 75
（一）整体概况 ... 75
（二）素质水平 ... 81
二、政策与管理 ... 89
（一）我国技工教育政策的基本情况（2010—2019年）... 89
（二）技工教育政策的总体情况 ... 92
（三）技工教育的师资管理情况（2010—2019年）... 92

三、均衡情况 ·········· 95
（一）广东省内区域教师队伍均衡情况 ·········· 95
（二）"国重校"与"省重校"之间差异 ·········· 98
（三）技工院校与中职、高职和普通高中的差异 ·········· 101

四、比较分析 ·········· 105
（一）纵向比较 ·········· 105
（二）横向比较 ·········· 109

五、主要成效与存在问题 ·········· 114
（一）广东省技工院校教师队伍建设的主要成效 ·········· 114
（二）广东省技工院校教师队伍建设存在的问题 ·········· 116

六、对策建议 ·········· 120
（一）扩大教师来源，打造专任为主、兼职为辅的技工教师队伍 ·········· 120
（二）加强常规化培训，提升教师学历层次，促进教师专业发展 ·········· 121
（三）提升技工院校教师整体能力，实现区域间均衡发展 ·········· 122
（四）创新技工院校"一体化"教师评价体系，完善职称评审制度 ·········· 122
（五）制定技工院校教师发展政策，切实提高政策执行的实效性 ·········· 123

广东省职业学校师资人才职前培养报告 ·········· 124

一、基本情况 ·········· 124
（一）广东省职教师资人才职前培养的办学院校 ·········· 124
（二）广东省职教师资人才职前培养的层次与专业结构 ·········· 125

二、主要成效 ·········· 125
（一）创新职教师资人才培养理念 ·········· 125
（二）凸显职教师范专业办学特色 ·········· 125
（三）综合运用新型教学方法与教学手段 ·········· 126
（四）全方位打造具有职教特色的课程体系 ·········· 127
（五）拓宽"双师型"教师培养渠道 ·········· 127
（六）创新职教师资教学改革管理方式 ·········· 128
（七）研究生教育培养质量稳步提高 ·········· 129

三、问题与应对策略 ·········· 130
（一）存在问题 ·········· 130
（二）应对策略 ·········· 132

广东省职业院校教师职后培训发展报告 ·········· 135

一、基本情况 ·········· 135
（一）"十二五"期间职业院校教师职后培训 ·········· 135
（二）2017—2019年职业院校教师职后培训 ·········· 136

二、政策与管理 ······· 137
（一）主要政策分析 ······· 137
（二）职后培训管理模式 ······· 138
（三）职后培训重点项目类型 ······· 138

三、体系及实施特点 ······· 141
（一）教师培训项目体系 ······· 141
（二）教师培训实施特点 ······· 143

四、主要成效 ······· 144
（一）参训教师地区分布 ······· 144
（二）参训教师的年龄情况 ······· 145
（三）参训教师对目的重要性认识 ······· 145
（四）参训教师对课程设计的认同度 ······· 146
（五）参训教师对课程内容的符合度认识 ······· 146
（六）参训教师对培训收获的认识（按重要性排序） ······· 147

五、存在问题 ······· 147
（一）培训的机会少，名额有限 ······· 148
（二）教师缺乏足够的时间精力来参加职后培训 ······· 148
（三）职业培训规划的个性化不足 ······· 148
（四）培训方式欠缺灵活性和多样化 ······· 148

六、对策建议 ······· 149
（一）完善教师继续培养机制 ······· 149
（二）提升教师参加培训的积极性和投入度 ······· 149
（三）注重培训项目的设计与质量 ······· 149
（四）促进项目管理水平提高 ······· 150

广东省职业教育师资需求报告 ······· 151

一、中职学校师资需求分析 ······· 151
（一）师资需求模型 ······· 151
（二）中职学校专任教师需求预测及结果分析 ······· 154

二、高职院校师资需求分析 ······· 157
（一）高职师资需求预测模型 ······· 157
（二）基于 GM 模型的高职师资需求预测 ······· 158
（三）高职师资需求模糊预测 ······· 164

三、结论 ······· 168
（一）中等职业教育规模逐步缩小，师资队伍素质需进一步提升 ······· 168
（二）高等职业教育规模逐步扩大，师资队伍结构得到明显改善 ······· 168
（三）受多种因素影响，中职教师需求将逐步缩减 ······· 168
（四）高职教师需求将逐步扩大，不同专业大类师资需求有一定差异 ······· 169

附录 2010—2020 年广东省职教师资队伍建设相关文件 …… 170

- 教育部等七部门印发《关于加强和改进新时代师德师风建设的意见》的通知 …… 171
- 教育部等四部门关于印发《深化新时代职业教育"双师型"教师队伍建设改革实施方案》的通知 …… 175
- 教育部关于实施卓越教师培养计划 2.0 的意见 …… 179
- 教育部等五部门关于印发《教师教育振兴行动计划（2018—2022 年）》的通知 …… 182
- 中共中央 国务院关于全面深化新时代教师队伍建设改革的意见 …… 186
- 教育部关于全面推进教师管理信息化的意见 …… 193
- 教育部等七部门关于印发《职业学校教师企业实践规定》的通知 …… 195
- 教育部 财政部关于实施职业院校教师素质提高计划（2017—2020 年）的意见 …… 198
- 教育部关于印发《中等职业学校教师专业标准（试行）》的通知 …… 201
- 教育部 国家发展改革委 财政部关于深化教师教育改革的意见 …… 206
- 教育部 财政部 人力资源和社会保障部 国务院国有资产监督管理委员会关于印发《职业学校兼职教师管理办法》的通知 …… 208
- 国务院关于加强教师队伍建设的意见 …… 211
- 教育部关于"十二五"期间加强中等职业学校教师队伍建设的意见 …… 215
- 教育部关于大力推进教师教育课程改革的意见 …… 218
- 教育部关于进一步完善职业教育教师培养培训制度的意见 …… 220
- 广东省人民政府关于全面实施"强师工程"建设高素质专业化教师队伍的意见 …… 223
- 中共广东省委 广东省人民政府关于全面深化新时代教师队伍建设改革的实施意见 …… 229
- 广东省教育厅关于印发《广东省教师队伍建设"十三五"规划》的通知 …… 237

表 目

表1-1	广东省高等职业教育教师的生师比（2010—2019年）	1
表1-2	广东省高职院校教师结构情况表（2011—2019年）	2
表1-3	广东省中等职业教育教师的生师比（2010—2019年）	4
表1-4	广东省中职学校教师结构情况表（2013—2019年）	4
表1-5	2018年广东省中职学校教师专业结构情况表	5
表1-6	广东省技工学校专任教师人数一栏表（2010—2019年）	7
表1-7	广东省技工学校专任教师学科结构情况（2010—2019年）	7
表1-8	广东省技工学校教师学历结构情况表（2010—2019年）	8
表1-9	广东省技工学校专任教师职称情况汇总表（2010—2019年）	9
表1-10	广东省技工学校"一体化"教师一栏表（2010—2019年）	9
表1-11	广东省技工学校兼职教师情况表（2010—2019年）	10
表1-12	广东省职业院校骨干教师国家级省级培训完成人数（2010—2019年）	11
表1-13	广东技术师范大学"职教硕士"招生研究生人数情况表（2010—2014年）	12
表1-14	广东技术师范大学"教育硕士—职业教育领域"招生研究生人数情况表（2016—2019年）	12
表1-15	华南师范大学"教育硕士—职业教育领域"招生研究生人数情况表（2016—2019年）	12
表1-16	广东技术师范大学本科职教师资人才培养规模统计（2010—2019年）	13
表2-1	广东省高职院校教师基本情况	23
表2-2	广东省高职院校教师结构	24
表2-3	兼职教师课时与课酬情况	26
表2-4	广东省高职院校教师服务能力相关数据	27
表2-5	专任教师培训情况	28
表2-6	国家示范、省内一流、一般高职院校教师基本情况比较	30
表2-7	公办高职院校与民办高职院校教师基本情况比较	31
表2-8	珠江三角洲地区、粤东西北地区高职院校教师基本情况比较	32
表2-9	国家示范、省一流、一般高职院校教师结构比较	33
表2-10	公办高职院校与民办高职院校教师结构比较	34

表2-11	珠江三角洲地区、粤东西北地区高职院校教师结构比较	34
表2-12	国家示范、省一流、一般高职院校专任教师年培训量比较	35
表2-13	公办高职院校与民办高职院校专任教师年培训量比较	35
表2-14	珠江三角洲地区、粤东西北地区高职院校专任教师年培训量基本情况比较	36
表2-15	国家示范、省一流、一般高职院校兼职教师基本情况比较	37
表2-16	公办高职院校与民办高职院校兼职教师基本情况比较	38
表2-17	珠江三角洲地区、粤东西北地区高职院校兼职教师基本情况比较	38
表2-18	国家示范、省一流、一般高职院校社会服务能力比较	39
表2-19	公办、民办高职院校社会服务能力比较	40
表2-20	珠江三角洲地区高职院校与粤东西北地区高职院校社会服务能力比较	42
表2-21	2018年高职院校省际比较	43
表2-22	2018年普通高等院校基本情况的省际比较	44
表2-23	2018年不同省份高职院校"双师"素质专任教师比例区间分布	45
表2-24	各省高职院校教师国际影响力比较	46
表2-25	2018年荣获国家三大奖项数量统计表	46
表2-26	2018年高职院校社会服务能力相关指标数据表	47
表2-27	2018年兼职教师课时课酬情况	47
表3-1	广东省中职学校教师基本情况（2010—2018年）	52
表3-2	广东省中职学校教师职称结构（2018年）	53
表3-3	广东省中职学校教师专业结构（2018年）	53
表3-4	广东省中职学校教师学历结构（2018年）	54
表3-5	广东省中职学校聘请校外教师学历结构（2018年）	54
表3-6	广东省中等职业学校教师学历占比数据变化情况（2013—2018年）	55
表3-7	广东省中等职业学校专任女教师学历占比数据变化情况（2018年）	56
表3-8	广东省中等职业学校聘请校外女教师学历结构（2018年）	56
表3-9	广东省中等职业学校教师年龄结构（2018年）	56
表3-10	广东省珠江三角洲地区中等职业学校生师比情况（2017—2019年）	61
表3-11	广东省粤东西北地区中等职业学校生师比情况	61
表3-12	广东省（珠江三角洲地区）中职学校"双师型"教师占专业教师比例情况（2017—2019年）	62
表3-13	广东省（粤东西北）中职学校双师型教师占专业教师比例情况（2017—2019年）	62
表3-14	珠江三角洲地区中职学校专任教师学历情况	63
表3-15	粤东地区中职学校专任教师学历情况	63

表3-16	粤西北地区中职学校专任教师学历情况	64
表3-17	珠江三角洲地区专任教师职称情况	64
表3-18	粤东西北地区专任教师职称情况	65
表3-19	珠江三角洲地区聘请兼职教师占比情况	65
表3-20	粤东西北地区聘请兼职教师占比情况	65
表3-21	各省区2018年中等职业学校教师队伍建设情况表	66
表4-1	广东省技工院校专任教师人数一览表（2010—2019年）	76
表4-2	广州市技师学院专任教师年龄结构情况表（2016—2018年）	78
表4-3	广东省技工院校专任教师学科结构情况表（2010—2019年）	79
表4-4	广东省技工院校教师性别结构情况统计表（2010—2019年）	80
表4-5	广东省技工院校教师学历结构情况表（2010—2019年）	81
表4-6	广东省技工院校文化理论课教师职称情况表（2010—2019年）	83
表4-7	广东省技工院校生产实习指导教师职称情况表（2010—2019年）	84
表4-8	广东省技工院校专任教师职称情况汇总表（2010—2019年）	85
表4-9	广东省技工院校"一体化"教师一览表（2010—2019年）	86
表4-10	广东省技工院校兼职教师情况表（2010—2019年）	87
表4-11	广东省各地级市技工院校分布表（2017年）	96
表4-12	广东省技工院校在校人数情况表（2015—2019年）	96
表4-13	珠江三角洲技工院校在校生人数情况表（2015—2019年）	97
表4-14	粤东、粤西、粤北地区技工院校生师比情况表（2010—2019年）	98
表4-15	广东省"国重校"和"省重校"教师队伍概况表（2018—2019年）	99
表4-16	广东省"国重校"和"省重校"教师统计表（2018—2019年）	100
表4-17	广东省中职院校与技工院校教师队伍基本情况对比表（2018年）	102
表4-18	广东省中职院校与技工院校教师队伍学历职称情况表（2018年）	102
表4-19	广东省普通高中与技工院校教师队伍生师比情况表（2010—2019年）	103
表4-20	广东省技师学院与高职院校教师队伍整体概况表（2017—2018年）	104
表4-21	广东省技师学院与高职院校教师队伍学历职称结构情况表（2017—2018年）	105
表4-22	全国6个省市技工院校专任教师队伍情况表（2017年）	110
表4-23	全国6个省市技工院校专任教师学科结构情况表（2017年）	110
表4-24	全国6个省市技工院校教师队伍性别结构情况表（2017年）	111
表4-25	全国6个省市技工院校教师队伍职称结构情况表（2017年）	112
表4-26	广东省技工院校兼职教师队伍情况表（2017年）	113
表4-27	广东省技工院校"一体化"教师队伍情况表（2017年）	113
表4-28	广东省技工院校世界技能大赛获奖情况一览表（第41~45届）	114

表 4-29	全国 6 个省市技工院校世界技能大赛获奖情况一览表（第 41~45 届） …… 115
表 4-30	广东省技工院校世界技能大赛获奖者分布情况（第 41~45 届） …… 116
表 6-1	"十二五"期间广东省职业院校骨干教师省级培训完成情况 …… 136
表 6-2	广东省职业教育"双师型"名教师、名校长及培训专家工作室主持人（2018—2020 年）名单 …… 139
表 6-3	参与培训的教师地区分布 …… 144
表 6-4	参训教师对目的重要性认识 …… 145
表 6-5	参训教师对课程设计的认同 …… 146
表 6-6	参训教师对课程内容的符合度认识 …… 146
表 6-7	参训教师对培训收获的认识（按重要性排序）…… 147
表 6-8	职业院校教师职后培训存在问题 …… 147
表 7-1	中职生师人数预测（2014—2019 年）…… 153
表 7-2	中职招生人数预测（2014—2024 年）…… 154
表 7-3	中职生师需求人数预测（2020—2024 年）…… 156
表 7-4	中职师资队伍调整预测分析（2020—2024 年）…… 156
表 7-5	2015—2019 年广东省高职院校招生人数 …… 158
表 7-6	2015—2019 年广东省高职院校在校学生人数 …… 158
表 7-7	2018 年广东高职院校专任教师按学科分类统计 …… 158
表 7-8	2015—2019 年广东省高职院校财经商贸专业大类在校学生人数 …… 159
表 7-9	2020—2024 年广东省高职院校财经商贸专业大类在校学生人数预测 …… 159
表 7-10	2020—2024 年广东省高职院校财经商贸专业大类师资需求预测 …… 159
表 7-11	2019 年广东省高职院校教师年龄结构 …… 159
表 7-12	2015—2019 年广东省高职院校电子信息专业大类在校学生人数 …… 160
表 7-13	2020—2024 年广东省高职院校电子信息专业大类在校学生人数预测 …… 160
表 7-14	2020—2024 年广东省高职院校电子信息专业大类师资需求预测 …… 160
表 7-15	2015—2019 年广东省高职院校医药健康专业大类在校学生人数 …… 161
表 7-16	2020—2024 年广东省高职院校医药健康专业大类在校学生人数预测 …… 161
表 7-17	2020—2024 年广东省高职院校医药健康专业大类师资需求预测 …… 161
表 7-18	2015—2019 年广东省高职院校交通运输专业大类在校学生人数 …… 161
表 7-19	2020—2024 年广东省高职院校交通运输专业大类在校学生人数 …… 162
表 7-20	2020—2024 年广东省高职院校交通运输专业大类师资需求预测 …… 162
表 7-21	2015—2019 年广东省高职院校加工制造专业大类在校学生人数 …… 162
表 7-22	2020—2024 年广东省高职院校加工制造专业大类在校学生人数预测 …… 162
表 7-23	2020—2024 年广东省高职院校加工制造专业大类师资需求预测 …… 163

表 7-24　2015—2019 年广东省高职院校文化教育专业大类在校学生人数 …… 163
表 7-25　2020—2024 年广东省高职院校文化教育专业大类在校学生人数预测 …………………………………………………………………………… 163
表 7-26　2020—2024 年广东省高职院校文化教育专业大类师资需求预测 …… 163
表 7-27　高职师资需求预测修正表 …………………………………………… 164
表 7-28　2019 年广东省高职院校教师年龄结构 ……………………………… 164
表 7-29　2020—2024 年广东省高职院校师资需求估算 ……………………… 165

图 目

图1-1　广东省企业兼职教师数 …………………………………………………… 3
图1-2　2018年广东省高职院校教师学科结构 ………………………………… 3
图1-3　专任教师赴国（境外）指导和开展培训时间 ………………………… 11
图2-1　2018年广东省高职院校教师学科结构 ………………………………… 25
图2-2　广东省企业兼职教师数 …………………………………………………… 25
图2-3　广东省企业对高职院校人才支持情况 ………………………………… 26
图2-4　各省高职院校教师国际影响力比较 …………………………………… 27
图2-5　专任教师赴国（境）外指导和开展培训量 …………………………… 28
图2-6　教师结构省际比较 ………………………………………………………… 45
图4-1　广东省技工院校专任教师队伍占比示意图（2010—2019年）……… 77
图4-2　广东省技工院校生师占比示意图（2010—2019年）………………… 77
图4-3　广州市工贸技师学院专任教师年龄结构示意图（2016年）………… 78
图4-4　广东省技工院校教师队伍学科结构占比图（2010—2019年）……… 80
图4-5　广东省技工院校教师学历占比图（2010—2019年）………………… 82
图4-6　广东省技工院校文化理论课教师职称占比示意图（2010—2019年）
　　　 …………………………………………………………………………………… 84
图4-7　广东省技工院校生产实习指导教师职称占比变化示意图
　　　 （2010—2019年）……………………………………………………………… 85
图4-8　广东省技工院校"一体化"教师变化示意图（2010—2019年）…… 87
图4-9　广东省技工院校兼职教师情况示意图（2010—2019年）…………… 88
图4-10　我国技工教育政策文本发布数量图（2010—2019年）……………… 89
图4-11　广东省技工教育政策文本的发布情况（2010—2019年）…………… 90
图4-12　广东省各地市技工教育政策文本发布情况（2010—2019年）…… 90
图4-13　我国各级行政部门发布相关技工院校教师政策文本数量
　　　　（2000—2019年）……………………………………………………………… 91
图4-14　我国技工院校教师政策文本发布数量图（2010—2019年）……… 91
图4-15　广东省"国重校"与"省重校"专兼教师占比示意图（2019年）
　　　　 …………………………………………………………………………………… 100
图4-16　广东省技工院校与普通高中生师比对比图（2010—2019年）……… 103

图 4-17　广东省技工院校在校生人数与生师比变化示意图（2010—2019 年）……………………………………………………………………………… 106
图 4-18　广东省技工院校教师学科分布示意图（2010—2019 年）……… 107
图 4-19　广东省技工院校教师职称结构变化示意图（2010—2019 年）……… 107
图 4-20　广东省技工院校兼职教师变化示意图（2010—2019 年）……… 108
图 4-21　广东省技工院校"一体化"教师占比示意图（2010—2019 年）…… 109
图 4-22　全国 6 个省市技工院校教师职称结构示意图（2017 年）……… 112
图 4-23　广东省技工院校生师比情况（2010—2019 年）………………… 117
图 4-24　全国 6 个省市技工院校生师比示意图（2017 年）……………… 117
图 4-25　广东省技工院校教师年龄结构分布图（2018 年）……………… 118
图 4-26　广东省技工院校教师性别结构占比图（2010—2019 年）……… 118
图 4-27　全国 6 个省市技工院校教师职称占比情况（2017 年）………… 119
图 4-28　广东省区域间技工院校生师比情况（2010—2016 年，缺珠江三角洲的数据）……………………………………………………… 119
图 6-1　培训项目层级 …………………………………………………… 141
图 6-2　参训教师的年龄情况 …………………………………………… 145
图 7-1　中职招生人数图 ………………………………………………… 155
图 7-2　中职生师需求人数图 …………………………………………… 156
图 7-3　中职师资队伍调整预测分析图 ………………………………… 157

广东省职教师资队伍建设研究总报告
（2010—2019 年）

职教师资队伍建设是职业教育事业发展的基石。十年来，广东职教师资队伍建设中有哪些成功的经验，有哪些短板与差距？本研究以 2010 年为起点，回顾与探究 2010—2019 年广东职业教育师资队伍十年来的发展路径与经验，对广东省职业院校教师队伍进行深入的分析，包括职前培养渠道、职后培训成效、专业需求的程度等，力图探索广东职教师资队伍建设过程中的政策因素、院校因素、个人因素等，以期为广东省乃至兄弟省份今后的职教师资队伍建设提供参考。

一、基本情况

（一）广东省高等职业院校教师结构与素质分析

2019 年广东省共有 90 所高等职业院校，其中国家示范性高职院校 11 所，广东省一流高职院校建设单位 18 所（包括 11 所国家示范性高职院校）；公办院校 63 所，民办院校 27 所。

1. 生师比情况分析

广东省高等职业院校教师队伍规模在 2010—2019 年间随着在校学生数的增长而逐年扩大，专任教师生师比保持稳定态势。其中，2019 年，全省高等职业院校教职工数为 5.36 万人，较 2010 年增加 1.74 万人，增幅 48.10%；专任教师数为 3.87 万人，较 2010 年增加 1.41 万人，增幅 57.30%；专任教师生师比 2019 年达到 20.73，较 2010 年减少 0.35（见表 1-1）。

表 1-1　广东省高等职业教育教师的生师比（2010—2019 年）

年份	学校数/所	在校学生数/万人	教职工数/万人	专任教师数/万人	专任教师生师比
2010	72	51.77	3.62	2.46	21.08
2011	74	55.33	3.80	2.58	21.47

续上表

年份	学校数/所	在校学生数/万人	教职工数/万人	专任教师数/万人	专任教师生师比
2012	77	60.50	4.10	2.89	20.97
2013	77	65.87	4.34	3.10	21.28
2014	76	67.70	4.45	3.20	21.16
2015	77	70.05	4.63	3.40	20.98
2016	85	74.29	5.02	3.63	20.49
2017	87	76.23	5.12	3.70	20.63
2018	88	78.52	5.01	3.65	21.49
2019	90	80.22	5.36	3.87	20.73

数据来源：广东统计年鉴（http://stats.gd.gov.cn/gdtjnj/index.html）；2019年的数据来自《广东省高等职业教育质量年度报告（2020）》。

2. 教师学历情况分析

广东省高等职业院校在2011—2019年间研究生学历专任教师比例逐年提升，2018年达到54.82%，较2011年增加6.60%；2019年"双师"素质专任教师比例达到65.20%，较2011年增加21.38%，"双师"素质专任教师比例稳步提高（见表1-2）。

表1-2 广东省高职院校教师结构情况表（2011—2019年）

年份	研究生学历占比/%	"双师"素质专任教师比例/%
2011	48.22	43.82
2012	46.80	45.59
2013	48.04	45.82
2014	50.55	52.60
2015	52.27	54.10
2016	53.89	57.93
2017	54.58	58.66
2018	54.82	58.74
2019	—	65.20

数据来源：历年的《广东省高等职业教育质量年度报告》。

3. 企业兼职教师情况分析

由于高职院校人才培养的需求，高职院校聘请了一定数量的企业兼职教师。聘请的兼职教师人数逐渐增多，从2011年的4 093人增长到2019年的21 100人（见图1-1）。

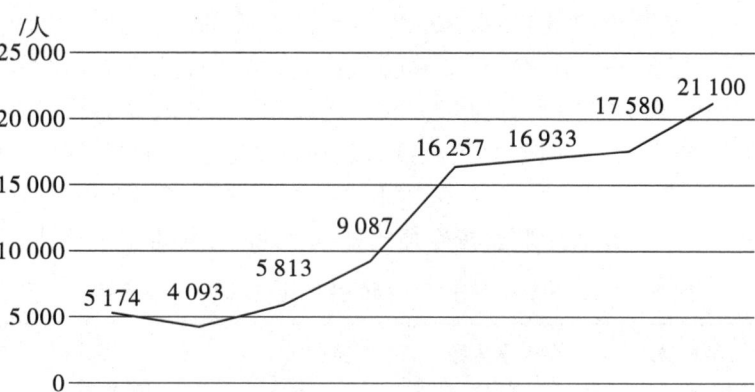

数据来源：历年的《广东省高等职业教育质量年度报告》。

图1-1 广东省企业兼职教师数

4. 教师学科结构分布

从2018年广东高职教师的学科结构来看（见图1-2），理学居多，共有11 368名教师，占比29%，其次是医学（占比14%）、文学（占比13%）、教育学（占比9%）、工学（占比8%）、经济学（占比8%）、管理学（占比7%）、历史学（占比6%）、法学（占比4%）、哲学（占比2%）。农学仅有79名教师为农学学科。教师学科结构与在校生结构基本匹配，2018年理工学的学生占比40.98%，教育与体育大类的在校生为11.71%。

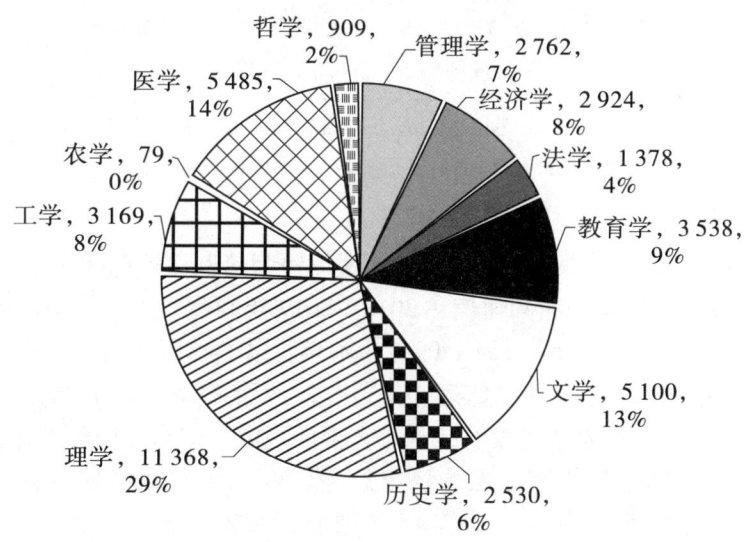

数据来源：广东省教育厅。

图1-2 2018年广东省高职院校教师学科结构

（二）广东省中等职业学校教师结构与素质分析

1. 中职学校数量减少，生师比逐年下降

由于专任教师队伍缩减幅度远低于学生规模下降的速度，因此专任教师在教职工总数中的占比反而有较大幅度的提高。2010年专任教师的占比为74.76%，2018年为78.09%，总体增长了3.33个百分点。与此同时，生师比也呈现逐年降低的趋势。2010年，广东省中等职业学校的生师比高达35.58，远远高于当年教育部颁布的中等职业学校生师比1∶20的标准。此后，由于学校数量以及在校学生数不断缩减，广东省中等职业学校生师比逐年下降，生师比由2010年的35.58下降为2019年的19.54，降幅达44.70%。到2019年，广东省中职学校生师比总体达到国家标准（见表1-3）。

表1-3 广东省中职学校教师的生师比（2010—2019年）

年份	学校数/所	在校学生数/万人	教职工数/万人	专任教师数/万人	专任教师生师比
2010	566	154.78	5.86	4.35	35.58
2011	538	152.05	6.06	4.60	33.05
2012	522	149.57	6.08	4.62	32.37
2013	502	140.89	5.89	4.54	31.03
2014	495	128.22	5.81	4.52	28.36
2015	481	117.21	5.78	4.50	26.05
2016	468	106.57	5.75	4.48	23.77
2017	459	99.39	5.81	4.52	21.99
2018	444	86.73	5.68	4.41	19.67
2019	426	85.97	5.63	4.40	19.54

数据来源：广东统计年鉴（http://stats.gd.gov.cn/gdtjnj/index.html）；2019年的数据来自教育部司局机构发展规划局官方数据（http://www.moe.gov.cn/s78/A03/moe_560/jytjsj_2019/gd/202006/t20200610_464585.html）。

2. 研究生学历教师占比逐年提升，"双师型"教师比例保持稳定

全省中等职业学校高学历教师比例在2013—2019年间逐年上升，2019年研究生及以上学历达到11.33%，较2013年增加4.09%；本科及以上学历达到94.09%，较2013年增加5.03%。高级职称专任教师占比逐年上升，2019年高级职称教师占比达18.71%，较2013年增加2.32%，但是依然没有达到教育部的规定，即高级职称教师占专任教师总数的20%以上。"双师型"教师数保持稳定态势，2019年"双师型"教师数为18 469人，占专任教师的比例为41.94%，较2016年增加0.22%（见表1-4）。

表1-4 广东省中职学校教师结构情况表（2013—2019年）

年份	专任教师人数	研究生及以上 人数	研究生及以上 占比/%	本科及以上 人数	本科及以上 占比/%	高级职称 人数	高级职称 占比/%	"双师型"教师 人数	"双师型"教师 占比/%
2013	45 443	3 291	7.24	40 472	89.06	7 449	16.39	—	—
2014	45 216	3 419	7.56	41 168	91.05	7 584	16.77	—	—

续上表

年份	专任教师人数	研究生及以上		本科及以上		高级职称		"双师型"教师	
		人数	占比/%	人数	占比/%	人数	占比/%	人数	占比/%
2015	44 972	4 079	9.07	41 234	91.69	7 721	17.17	—	—
2016	44 776	4 297	9.60	41 369	92.39	7 780	17.40	18 679	41.72
2017	45 197	4 906	10.85	42 013	92.96	7 921	17.50	18 554	41.05
2018	44 105	4 914	11.14	40 939	92.82	7 812	17.73	18 514	41.98
2019	44 034	4 988	11.33	41 430	94.09	8 240	18.71	18 469	41.94

数据来源：2017—2019 年《广东省中等职业教育质量报告》和教育部司局机构发展规划局官方数据（http://www.moe.gov.cn/s78/A03/moe_560/jytjsj_2019/）。

3. 专业覆盖比较全面，结构需要进一步优化

在专业结构方面，2018 年，广东省中等职业学校专业课教师 28 548 人，占专任教师的 64.73%；文化基础课教师 14 225 人，占比为 32.25%。从专业覆盖面来看，涉及第一、第二、第三产业的大多数专业门类。

当前广东中等职业学校在专业建设方面存在着专业设置趋同、服务于第二产业的专业不足、与产业匹配度不高、办学特色不鲜明等问题，因此，广东省中等职业学校的师资也体现了这种适应性较低的特征。就专业结构而言，近 5 年经过一轮调整，过于集中第三产业的状况有所变化，但与广东省大力发展新型制造业不适应的问题没有得到根本性的改变。目前，专任教师数居前五位的分别是信息技术类、财经商贸类、文化艺术类、加工制造类和医药卫生类，所占比例分别为 13.36%、11.58%、7.71%、7.36% 和 4.46%（见表 1-5）。

表 1-5　2018 年广东省中职学校教师专业结构情况表

专业大类	人数/人	占比/%
能源与新能源类	85	0.19
土木水利类	340	0.77
加工制造类	3 245	7.36
轻纺食品类	304	0.69
交通运输类	1 645	3.73
信息技术类	5 891	13.36
医药卫生类	1 968	4.46
休闲保健类	59	0.13
财经商贸类	5 107	11.58
旅游服务类	1 040	2.36

续上表

专业大类	人数/人	占比/%
文化艺术类	3 400	7.71
体育与健身	1 395	3.16
教育类	1 671	3.79
司法服务类	361	0.82
公共管理与服务类	462	1.05
资源环境类	82	0.19
石油化工类	88	0.20
农林牧渔类	335	0.76
其他	1 070	2.43

数据来源：广东省教育厅。

（三）广东省技工学校教师结构与素质分析

截至 2019 年年底，广东省共有技工学校 163 所（包括 36 所技师学院），其中国家重点院校 59 所、省重点院校 38 所。在区域分布上，珠江三角洲地区的技工学校 118 所（其中广州 60 所），占全省技工学校总数的 70%；粤西地区最少，共 16 所（其中阳江仅 1 所）。截至 2019 年底，广东省技工学校在校生 577 688 人，其中男生 400 298 人、女生 177 390 人，男生与女生比例为 2.26∶1；技工学校教师 30 910 名，其中男性教师 16 537 人、女性教师 14 373 人，技工学校生师比为 25∶1。

1. 专任教师逐年增长，生师比先升后降

随着广东省技工学校数量增多，办学规模逐渐扩大，技工学校在校生人数和专任教师人数也稳步增加。同时，国家在政策上鼓励技工教育的发展，陆续颁布《关于大力发展职业教育的决定》《关于进一步加强高技能人才工作的意见》等政策文件，为技工学校的师资队伍建设提供指引，助推广东省技工教育快速发展。2010—2013 年间，广东技工学校招生人数快速增长，得益于《关于做好 2010 年技工学校招生有关工作的通知》。该文件要求扩大中职学校招生规模，技工学校与职业高中、普通高中实行统一招生。然而，教师队伍的发展未能与在校生人数的增长相匹配，此时技工学校生师比处于偏高的状态。但是，随着专任教师队伍发展速度的加快，生师比逐渐下降，专任教师结构也趋于稳定。截至 2019 年底，技工学校教职工人数已经达到 30 910 人，其中专任教师人数达到 23 111 人，占比 74.77%（见表 1-6）。

表1-6 广东省技工学校专任教师人数一栏表（2010—2019年）

年份	教职工数/人	专任教师数/人	专任教师占比/%	在校生数/人	专任教师生师比
2010	27 747	19 763	71.23	755 586	38.23
2011	28 280	20 278	71.70	851 314	41.98
2012	28 382	20 774	73.19	885 190	42.61
2013	28 491	19 839	69.63	876 154	44.16
2014	28 743	20 840	72.50	622 614	29.88
2015	29 439	21 011	71.37	588 588	28.01
2016	29 249	21 624	73.93	532 587	24.63
2017	30 362	22 610	74.47	553 747	24.49
2018	30 397	22 917	75.39	542 661	23.68
2019	30 910	23 111	74.77	577 688	25.00

数据来源：2010年的数据来源于《中国劳动统计年鉴（2001—2010年）》（国家统计局人口和就业统计司、人力资源和社会保障部规划财务司编）；2011—2019年数据来源于官方提供的数据统计表。

2. 理论和实训教师人数逐渐增长，但各自占比变化不大

10年来，广东省技工学校教师的学科结构不断变化，文化技术理论课教师和生产实习指导教师逐年增长。由于两者的增长速度不同，它们各占专任教师总数的比例，前者为先降后升，后者为先升后降，两者所占比例总体变化较为稳定（见表1-7）。

表1-7 广东省技工学校专任教师学科结构情况（2010—2019年）

年份	专任教师数/人	文化技术理论课教师数/人	占比/%	生产实习指导教师数/人	占比/%
2010	19 763	11 978	60.61	7 785	39.39
2011	20 278	12 327	60.79	7 951	39.21
2012	20 774	12 487	60.11	8 287	39.89
2013	19 839	12 400	62.50	7 439	37.50
2014	20 840	12 882	61.81	7 958	38.19
2015	21 011	12 919	61.49	8 092	38.51
2016	21 624	13 515	62.50	8 109	37.50
2017	22 610	14 360	63.51	8 250	36.49
2018	22 917	14 876	64.91	8 041	35.09
2019	23 111	15 267	66.06	7 844	33.94

数据来源：2010年的数据来源于《中国劳动统计年鉴（2001—2010年）》（国家统计局人口和就业统计司、人力资源和社会保障部规划财务司编）；2011—2019年数据来源于官方提供的数据统计表。

3. 本科及以上学历教师逐渐增加，专科及以下学历逐渐减少

学历结构一定程度上反映教师的业务素质和发展潜力，也是教师队伍整体素质水平和专业水平的重要体现。广东省技工学校教师队伍的学历结构也在逐渐进行优化调整。具有大学本科及以上学历的教师占比逐年上升，专科及以下学历的教师占比逐年减少。截至2019年，具有大学本科及以上学历的教师为20 968人，占教师总人数的67.80%（见表1-8）。可见，随着技工学校的发展和教师准入制度的规范化，教师资格准入门槛不断提高，教师队伍的学历结构发生较大的变化。此外，具有研究生学历的教师逐渐缓慢增加。

表1-8 广东省技工学校教师学历结构情况表（2010—2019年）

年份	教师总数/人	大学本科及以上		专科及以下	
		人数/人	百分比/%	人数/人	百分比/%
2010	27 747	15 136	54.55	12 611	45.45
2011	28 280	15 933	56.34	12 347	43.66
2012	28 382	16 707	58.86	11 675	41.14
2013	28 491	17 154	60.21	11 337	39.79
2014	28 743	18 880	65.69	9 863	34.31
2015	29 439	19 497	66.23	9 942	33.77
2016	29 249	19 905	68.05	9 344	31.95
2017	30 362	20 477	67.44	9 885	32.56
2018	30 397	20 355	66.96	10 042	33.04
2019	30 910	20 958	67.80	9 952	32.20

数据来源：2010年的数据来源于《中国劳动统计年鉴（2001—2010年）》（国家统计局人口和就业统计司、人力资源和社会保障部规划财务司编）；2011—2019年数据来源于官方提供的数据统计表。

专任教师中以中级及以下职称教师为主，高级职称教师占比上升缓慢。2010—2019年，广东省技工学校专任教师高级职称人数占比缓慢增加。截至2019年底，具有高级职称的专任教师有3 256人，占比为14.13%，比2010年增长2.56%，比2000年增长5.33%，整体增长速度较均匀。而2019年，具有中级职称的教师为7 148人，比2000年下降4.26个百分点；初级及以下职称教师有9 024人，占比39.05%，比2000年上升1.56个百分点；无职称教师有3 674人，比2000年下降2.63个百分点（见表1-9）。可见，中级以下职称教师和无职称教师占比都有所下降，但是广东省技工学校专任教师仍然是以中级及以下职称教师为主，高级职称教师人数占比上升比较缓慢。

表 1-9 广东省技工学校专任教师职称情况汇总表（2010—2019 年）

年份	教师人数	高级职称		中级职称		初级及职称以下		无职称	
		人数	占比/%	人数	占比/%	人数	占比/%	人数	占比/%
2010	19 763	2 286	11.57	6 005	30.39	8 313	42.06	3 159	15.98
2011	20 278	2 472	12.19	6 322	31.18	9 081	44.78	2 403	11.85
2012	20 774	2 606	12.54	6 496	31.27	9 420	45.35	2 252	10.84
2013	19 839	2 299	11.59	5 969	30.09	7 691	38.77	3 880	19.55
2014	20 840	2 316	11.11	6 523	31.30	7 841	37.62	4 160	19.97
2015	21 011	2 432	11.57	6 613	31.47	7 763	36.95	4 203	20.01
2016	21 624	2 556	11.82	6 646	30.73	8 082	37.38	4 340	20.07
2017	22 610	2 810	12.43	7 004	30.98	8 526	37.71	4 270	18.88
2018	22 917	3 132	13.67	7 263	31.69	9 027	39.39	3 495	15.25
2019	23 111	3 265	14.13	7 148	30.93	9 024	39.05	3 674	15.89

数据来源：2010 年的数据来源于《中国劳动统计年鉴（2001—2010 年）》（国家统计局人口和就业统计司、人力资源和社会保障部规划财务司编）；2011—2019 年数据来源于官方提供的数据统计表。

4. "一体化"教师人数逐年提高，占比趋近教师总数的五成

技工学校"一体化"教师，指教师在工作过程系统化课程模式下，根据教学项目的要求将专业理论教学、实践技能教学和企业生产管理整合于一体，既能讲授专业理论，又能指导专业技能训练。"一体化"教师整合专业理论知识和专业实践能力，与具备两种能力的"双师型"教师有所不同，"一体化"教师符合技工学校"一体化"课程改革的实践需要。同时，广东省政府颁布《广东省技师学院设置标准的通知》中明确要求"专业教师中'一体化'教师的比例要达到40%以上"，该规定也推动"一体化"教师人数快速增长。2013 年，广东省技工学校"一体化"教师占比已经达到规定标准，并且稳步增长；截至 2019 年底，"一体化"教师占比已经达到 47.86%（见表 1-10）。

表 1-10 广东省技工学校"一体化"教师一栏表（2010—2019 年）

年份	专任教师数/人	"一体化"教师数/人	"一体化"教师占比/%
2010	19 763	7 179	36.33
2011	20 278	7 281	35.91
2012	20 774	7 788	37.49
2013	19 839	8 286	41.77
2014	20 840	8 458	40.59
2015	21 011	8 723	41.52

续上表

年份	专任教师数/人	"一体化"教师数/人	"一体化"教师占比/%
2016	21 624	8 871	41.02
2017	22 610	10 331	45.69
2018	22 917	10 707	46.72
2019	23 111	11 062	47.86

数据来源：2010 年的数据来源于《中国劳动统计年鉴（2001—2010 年）》（国家统计局人口和就业统计司、人力资源和社会保障部规划财务司编）；2011—2019 年数据来源于官方提供的数据统计表。

5. 教师队伍专兼结合，兼职教师波动增加

兼职教师是技工学校教师的重要组成部分。兼职教师与专任教师的结合，可以充分发挥兼职教师的作用，有效提升技工学校的教学质量。广东省技工学校逐渐形成了一支专兼结合的教师队伍，兼职教师人数缓慢增加，内部结构也逐渐调整。兼职生产实习指导教师增长相对明显，兼职文化理论课教师与兼职生产实习指导教师比例从 7∶3 逐渐调整为 6∶4 结构（见表 1-11）。

表 1-11 广东省技工学校兼职教师情况表（2010—2019 年）

年份	专任教师数/人	兼职教师数/人	兼职文化理论课教师数/人	兼职生产实习指导教师/人
2010	19 763	2 460	1 403	1 057
2011	20 278	2 548	1 386	1 162
2012	20 774	2 469	1 262	1 207
2013	19 839	2 792	1 462	1 148
2014	20 840	2 811	1 546	1 159
2015	21 011	3 000	1 622	1 378
2016	21 624	2 254	1 244	917
2017	22 610	2 810	1 531	1 243
2018	22 917	3 325	1 932	1 393
2019	23 111	2 652	1 425	1 143

数据来源：2010 年的数据来源于《中国劳动统计年鉴（2001—2010 年）》（国家统计局人口和就业统计司、人力资源和社会保障部规划财务司编）；2011—2019 年数据来源于官方提供的数据统计表。

（四）广东省职教师资培训情况

广东省高职院校日益重视教师的职后培训

2019 年专任教师赴国（境）外指导和开展培训量为 20 617 人日，2016 年仅为 1 527 人日，2017 年达到 4 519 人日，2018 年达到 12 375 人日，2019 年是 2016 年的 13.5 倍（见图 1-3）。参加省级培训量从 2014 年的 17 832 人日大幅增长到 2016 年的 76 388 人日（见表 1-12）。人均企业实践时间从 2014 年至 2016 年稳步发展，2013—2014 年有所回落，这与教师教学任务重、年轻教师居多有关系。

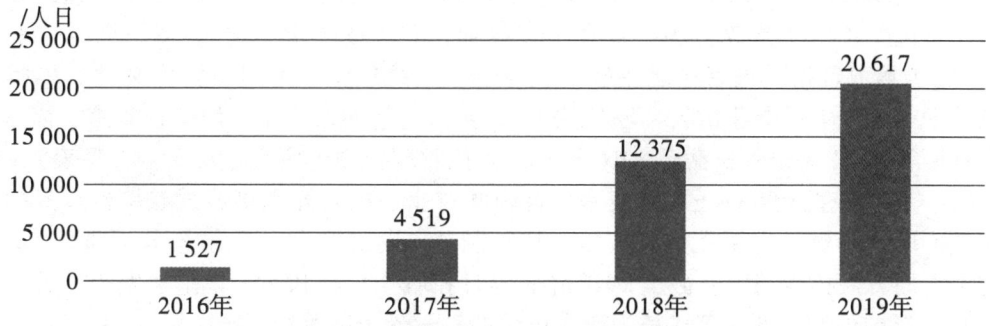

数据来源：《广东省高等职业教育质量年度报告（2020）》。

图 1-3　专任教师赴国（境外）指导和开展培训时间

表 1-12　广东省职业院校骨干教师国家级省级培训完成人数（2010—2019 年）

年份	高职（省培、国培）完成数/人		中职（省培、国培）完成数/人	
	高职省培	高职国培	中职省培	中职国培[①]
2010	—	—	—	—
2011	—	—	—	—
2012	2 895	未知[②]	4 002	463
2013	2 856	未知[②]	2 986	376
2014	2 221	未知[②]	3 033	184
2015	1 840	未知[②]	2 958	188
2016	2 110	未知[②]	2 386	0
2017	2 422	0	3 190	3 045
2018	0	218	923	1 468
2019	0	1 293	1 006	1 676

注：①2012—2015 年参加青年教师企业实践总计 622 人，也属国培。
　　②国培数据由全国高职高专联盟负责统计。

（五）广东省职教师资培养情况

目前，从职教师资培养来看，参与广东省中等职业学校师资培养的院校有广东技术师范大学、岭南师范学院、华南师范大学等多所高校。但是独立设置的职业技术师范院校仅有广东技术师范大学1所；其中参与硕士研究生层次职教师资培养的院校有华南师范大学与广东技术师范大学；本科层次职教师资培养的院校以广东技术师范大学为主，其余几所省内参与院校培养职教师资的数量与范围都非常小。

1. 硕士研究生层次的职教师资培养情况

广东技术师范大学的培养情况。该校于2009年6月获批"中等职业学校教师在职攻读硕士学位"（2011年改称为"职业学校教师在职攻读硕士学位"，以下简称"职教硕士"）招生培养资格。先后在职业技术教育学、系统理论、中国现当代文学和中国少数民族艺术等4个学科专业招收"职教硕士"，生源已经遍布广东、河南、海南、福建、湖南、江西等共10多个省，截至2016年，共计招收职教硕士研究生625名（见表1-13）。2016年，学校获批教育硕士职业技术教育领域专业学位研究生培养试点单位，专门培养硕士层次职教师资，主要在信息技术、加工制造、财经商贸、文化艺术、教育管理等5个专业方向开展招生培养。截至2020年，共计招收全日制和非全日制学生280名（见表1-14），目前他们大部分已成长为所在单位的教学骨干或管理骨干。

表1-13 广东技术师范大学"职教硕士"招生研究生人数情况表（2010—2014年）

单位：人

年份	中国少数民族艺术	职业技术教育学	中国现当代文学	系统理论	合计
2010	0	25	0	15	40
2011	0	47	0	22	69
2012	0	40	10	29	79
2013	0	50	30	30	110
2014	15	45	33	32	125

表1-14 广东技术师范大学"教育硕士—职业教育领域"招生研究生人数情况表（2016—2019年）

单位：人

年份	全日制						非全日制					
	职业技术教育-信息技术	职业技术教育-加工制造	职业技术教育-财经商贸	职业技术教育-文化艺术	职业技术教育-教育管理	合计	职业技术教育-信息技术	职业技术教育-加工制造	职业技术教育-财经商贸	职业技术教育-文化艺术	职业技术教育-教育管理	合计
2016	1	1	4	4	3	13						
2017	14	14	14	0	5	47	8	6	10	0	0	24
2018	8	10	14	8	5	45	4	1	6	1	0	12
2019	6	11	11	6	4	38	1	5	3	1	0	9
合计						280						

表 1-15　华南师范大学"教育硕士—职业教育领域"招生研究生人数情况表（2016—2019 年）

单位：人

年份	石牌校区		大学城校区			南海校区			合计
	教育科学学院	教育信息技术学院	经济与管理学院	公共管理学院	物理与电信工程学院	旅游管理学院	职业教育学院	国际商学院	
2016	—	—	—	2	—	—	—	—	2
2017	10	12	19	—	—	18	8	—	67
2018	8	13	—	19	0	23	—	15	78
2019	15	11	—	20	0	28	17	17	108
合计				255					

2. 本科层次的职教师资培养情况

2010—2019 年，广东技术师范大学先后有 26 个师范专业（含计算机科学与技术、装潢设计与工艺教育、机械设计制造及其自动化、电气工程及其自动化、应用电子技术教育、工艺美术等专业）为地方各类职业学校源源不断地输送着优质的职教师资人才，此期间共培养了 10 373 名职教师资人才（见表 1-16）。从麦可思对历届毕业生的评估报告中可以得出结论，这些职教师资人才的能力得到了社会和用人单位的广泛认可。

2010—2019 年间，职教师资培养规模的起伏呈缓慢上升的趋势，并在 2018 年达到最大规模 1 317 人，然而从总体数量而言，相对于目前整个大湾区对职教师资人才的需求还是远远不够的。此外，在人才培养的规格方面主要偏重于理工科与艺术类，在专业的多元化方面还需要进一步加强。从以上数据，我们可以看出虽然在近十年间广东技术师范大学精心培养了一批适应地方经济发展的职教师资人才，未来还应当进一步扩大职教师资人才培养的规模，并对职教师资人才培养的专业进行结构性调整，不断提高职教师资人才培养的质量和层次。

表 1-16　广东技术师范大学本科职教师资人才培养规模统计（2010—2019 年）

单位：人

职教师资专业	2010 年	2011 年	2012 年	2013 年	2014 年	2015 年	2016 年	2017 年	2018 年	2019 年
1. 计算机科学与技术	37	46	62	136	61	60	81	62	163	103
2. 装潢设计与工艺教育	50	25	31	46	36	—				
3. 机械设计制造及其自动化	51	58	84	63	—	99	34	—	89	48
4. 电气工程及其自动化	31	—	34	32	78	88	94	70	145	93
5. 应用电子技术教育	58	57	58	68	81	87	80	60	93	50

续上表

单位：人

职教师资专业	2010年	2011年	2012年	2013年	2014年	2015年	2016年	2017年	2018年	2019年
6. 材料成型及控制工程	—	—	—	—	—	33	—	—	73	42
7. 物流管理	44	30	43	37	44	24	45	30	27	47
8. 旅游管理与服务教育	65	76	117	112	48	59	91	32	82	90
9. 电子商务	34	23	49	39	44	48	50	—	42	49
10. 信息管理与信息系统	31	25	50	43	60	—	35	—	—	—
11. 电子信息工程	32	—	—	29	—	—	38	55	38	—
12. 通信工程	—	—	—	—	—	—	—	—	—	—
13. 教育技术学	92	81	87	70	85	32	44	50	111	123
14. 数字媒体技术	—	—	77	52	38	—	34	—	—	—
15. 车辆工程	40	—	—	27	—	47	—	—	—	—
16. 工业设计	30	—	29	20	35	—	—	—	—	—
17. 机械电子工程	45	—	47	25	43	25	36	—	89	47
18. 汽车服务工程	—	21	40	22	—	31	—	—	—	—
19. 自动化	—	34	75	33	38	—	38	—	42	—
20. 测控技术与仪器	—	—	24	—	—	—	—	—	—	—
21. 法学	99	48	56	42	—	—	—	—	—	—
22. 工艺美术	—	—	—	61	60	27	22	50	91	60
23. 视觉传达设计	—	—	—	80	39	28	26	8	59	87
24. 产品设计	—	—	—	—	—	—	26	—	87	85
25. 国际商务	103	52	63	75	79	46	70	—	—	—
26. 财务会计教育	64	75	173	111	55	92	123	83	86	99
合计	906	651	1 199	1 223	924	826	967	500	1 317	1 023

二、存在的主要问题

（一）高等职业教育教师队伍主要问题

1. 院校间、区域间发展不均衡问题突出

从广东省内高职院校不同类型（国家示范、省一流、一般）、不同体制（公办、民办）、不同区域（珠江三角洲、粤东西北）高职院校教师的比较，可发现各高职院校之间差异比较明显，发展不均衡。整体上，国家示范高职院校教师素质高于省一流高职院校教师素质，省一流高职院校教师素质高于一般高职院校教师素质；公办院校教师素质高于民办院校教师素质；珠江三角洲地区高职院校教师素质高于粤东西北地区高职院校教师素质。

2. 兼职教师比例有待提高

根据 2018 年广东省高职院校与江苏、浙江、山东等省份高职院校的比较，广东省高职院校专任教师与教职工总数的比例高于浙江省、江苏省高职院校，生师比高于江苏、浙江、山东等省；校内专任教师中具有硕士及以上学位比例、"双师"素质专任教师比例均低于江苏、浙江、山东等省。广东省高职院校专任教师队伍有待于进一步扩大，并不断提高教师的水平。从企业兼职教师的课时课酬上的比较总结，广东省高职院校可以继续完善机制建设，招收更多、素质更高的企业兼职教师参与到教学及人才培养中来。

3. "双师"素质教师的比例有待提高

广东省高职院校的教师教育尽管在不断完善，但由于教师的整体素质有待于进一步提升，应在现有培养体系的基础上完善高职教师的培养体系，全面提升教师素养。广东省高职院校"双师"素质的比例为 58.74%，低于江苏、浙江、山东等省份，仍有待于完善校企合作制度和教师企业实践制度，提高"双师"素质的比例。

（二）中等职业教育教师队伍主要问题

1. "双师型"教师比例偏低，企业兼职教师数量不足

2018 年，广东省的"双师型"教师占比为 41.98%，低于浙江省的 45.31%，更低于上海市的 56.95%。引进企业兼职教师是中职教育有别于其他教育的重要标志。来自企业的专业技术人员实践经验比较丰富，能够弥补教师队伍在实践经验上的不足。各地中等职业学校现在面临的问题是：一方面兼职教师数量在缩减，另一方面真正企业行业一线的专业技术技能型人才还不够多。

2. 教师队伍学历结构亟待改善，研究生学历教师占比有待提高

教育部《中等职业教育督导评估标准》要求中等职业学校专任教师本科学历达标率要达到 90%。《广东省教师队伍建设"十三五"规划》中的目标是"到 2020 年我省初中、高中和中职教师具有硕士研究生以上学历（硕士以上学位）的比例有较大幅度提升，其中高中和中职教师达到 15%，珠江三角洲地区高中和中职教师达到 20%"；目前

从全省来看，2019年全省专任教师本科学历平均值勉强达到90%以上，仍有部分地市在90%以下；近年来具有研究生学历的人才越来越多地加入到中等职业教育教师队伍中，在珠江三角洲地区的硕士研究生已达到15%以上，但是部分地市尤其是粤东西北地区，研究生学历占比不足3%。从上述数据来看，距离"十三五"规划目标尚有较大差距。

3. 区域发展不均衡，粤东西北亟待加强

广东省珠江三角洲地区中等职业教育及其师资队伍建设在省内是先行一步。而在粤东西北地区，无论是基础设施等硬件建设方面，还是教师队伍等软件建设方面，均与珠江三角洲地区有着较大的差异。无论是早期的国家重点中职学校建设，还是后来的国家示范性中等职业学校建设，广东省的优质学校基本上集中在珠江三角洲地区。以广东省首批名教师、名校长工作室建设为例，中等职业学校中的名教师、名校长工作室绝大部分在珠江三角洲地区的中职学校。师资力量的不均衡，极大地影响粤东西北职业教育的发展。

4. 中职教育生均经费低于普通高中教育，教师发展缺乏经费支持

以2016年为例，广东省教育经费投入情况：学前教育总投入为316.67亿元，义务教育为1 602.66亿元，普通高中为395.51亿元，中等职业教育为234.30亿元，普通高等教育为625.70亿元；生均财政预算方面，普通小学生均财政预算为9 997.31元，普通初中为13 725.98元，普通高中为13 478.72元，中等职业学校为11 598.22元，普通高等学校为20 398.26元。从经费的投入和生均财政预算情况可以看出，中职教育的总投入和生均情况都是总数中比例最低的。在教育发达国家和地区，普通高中与中职教育生均财政预算的比例是1∶3，许多发展中国家对高中与中职生均财政预算的比例为1∶1.5。目前我国对职业教育的生均财政预算仍然低于许多发展中国家水平。广东省中职教育的经费投入和生均预算不足影响了"双师型"教师队伍的建设，也使得中职教师的社会地位不高和经济待遇较低，这在很大程度上影响了职业院校教师职业的社会吸引力以及现有教师队伍的稳定性。

（三）技工教育教师队伍主要问题

1. 技工学校专任教师数量不足，生师比高于国家标准

2000—2019年，广东省技工学校专任教师数量总体呈上升趋势，专任教师从2000年的6 792人增长到2019年的23 111人，但生师比始终未能达到国家规定的"专任教师生师比20∶1"的标准。20年间，技工学校的招生人数从1.5万人增长至8.8万人，再回调至5.7万人。此外，技工学校师资储备力量与吸引力不强。技工教育是技术技能人才培养的重要组成部分，但由于重视度不够，管理粗放，加上工作繁重、薪资与职称评审制度不完善等问题，影响了技工学校师资队伍的储备和职业吸引力。

以2018年为例，与北京、天津、浙江、江苏和山东5省市相比，广东省技工学校生师比为24.5∶1，而北京为18∶1、江苏为17.8∶1、浙江为15.3∶1、山东为14.7∶1、天津为14.5∶1。可以看出，广东省技工学校生师比不仅没有达到国家规定的基本要求，而且是6个省市中技工学校生师比最高的省份，广东省技工学校专任教师队伍建设仍有较大的提升空间。

2. 技工学校专任教师结构局部失衡，高学历和高职称教师占比偏低

广东省技工学校教师年龄结构主要以30～50岁的中青年教师为主，年龄结构的分布较为合理。2018年，广东省技工学校教师年龄结构中，30～40岁的教师占比为40%，40～50岁的教师占比为30%。然而，与北京、天津、浙江、江苏、山东等省市相比，广东省技工学校教师的学历层次、职称等方面仍有较大的提升空间。在学历层次方面，广东省技工学校专任教师学历层次提升较明显，大学本科及以上学历的教师人数从2 821人增加到20 958人，占比由23.91%增至67.80%。但与上述其他5个省市相比，广东省技工学校教师学历层次仍以本科学历为主，硕士及以上学历教师的占比较少。

在教师职称结构方面，广东省技工学校教师中级和副高级职称人数逐年提升，呈现出以中级及以下职称为主、高级职称为辅的职称结构。其中，高级讲师（副高级）职称占比由8.8%增至14.13%，讲师（中级）职称占比也由35.19%降低至30.93%，初级及以下职称的占比维持在40%左右。广东省技工学校高级职称教师占比，几乎与其他5省市持平，但副高级职称教师的占比较低。

此外，广东省技工学校"一体化"教师人数从2010年的7 179人持续增至2019年的11 062人，占比从36.33%提高到47.86%，但尚未达到国家规定的标准。可见，广东省技工学校教师队伍建设基本实现了教师性别、年龄结构的均衡化，但教师学历层次、中级职称教师、"一体化"教师仍有较大的提升空间。

3. 区域失衡问题较突出

广东省技工学校教师队伍既呈现出珠江三角洲与粤东西北的区域化失衡，也呈现出国家级重点技工学校与省级重点技工学校的层次化差异。2010—2019年，珠江三角洲与粤东西北地区技工学校的生师比，总体上呈现下降趋势。其中，粤东地区技工学校的生师比保持较好的稳定性，且2012年汕头市的生师比为18.2∶1，达到了国家标准。从"国家级重点技工学校"与"省级重点技工学校"的师资队伍来看，"国家级重点技工学校"教师队伍优势明显。在此，以广东技师学院和广州城建技工学校2018年的数据为例，两所学校专任教师比为347∶112，生师比分别为17.4∶1和33.1∶1，"一体化"教师占比分别为64.02%和29.27%。可见，两所学校的专任教师、生师比和"一体化"教师占比存在明显的差距。2010—2019年，广东省从资金数量、职称名额等进行区域性与层级性分配的差异化，直接导致不同区域和不同层级的技工学校资源失衡。

三、对策与建议

（一）提升"双师"素质教师比例，优化职业院校教师队伍结构

广东职业教育领域的师资的总体生师比数量已经基本满足，现在主要需要解决的是结构性改善的问题。

1. 继续完善校企合作机制，提升"双师"素质教师比例

高职院校"双师"素质教师的培养离不开校企合作，而校企合作需要政府、企业、高职院校三者建立耦合关系，发挥合力作用，实现三方共赢。政府在推行《广东省职业

教育"扩容、提质、强服务"三年行动计划（2019—2021 年）》过程中，要让相关的政策真正落地生根，继续完善校企合作制度；要从税收等方面对参与"育人"的企业给予适当的优惠或补贴，授予相应的社会名誉，让校企合作成为企业的义务与责任，真正成为育人的主体；另外，高职院校与企业进行沟通，寻求双方的利益共同点。美国早在 20 世纪八九十年代便出现了相互作用大学，相互作用大学具有五个核心特征：有一位倡导"相互作用战略"的校长；与地区或当地社区建立密切合作的关系，解决地方面临的具体问题；将学校"相互作用战略"的重点放在解决全国性问题上；学校的行政领导和教师克服了仅仅考虑学校的需要和利益的旧观念，确立了"以他方为中心"的新观念；学校制定周密、明确的与社区相互作用的战略，经过一段时间的实践，使之成为一种新的传统。加强校企合作，让教师进企业进行实践成为常态，实现学校与企业实验设备、图书资源、土地场所等共享共通，需要高职院校积极行动，与本地企业建立密切的合作关系。

2. 拓宽企业教师引进渠道，提升"双师型"教师比例

增开优秀人才、企业能工巧匠进入职业院校的专项就职通道，着力制定符合优秀技术技能人才的匹配性考核方式，构建优秀匠师参与技工人才协同培养的渠道制度。从企业引进一批具有丰富实践经验的专业技术人员、高技能人才进入职业院校担任企业与院校的双岗专任教师，促进技工技术技能与行业企业的契合度。如广东省职业院校紧缺的人工智能、智能汽车维修等专业的教师可直接进入面试，应不局限于岗位需求与应聘人员比例限制，简化技术技能人才的招聘形式，提高持有专业技术资格证书或职业资格证书的教师比例。广东省职业院校还应积极与教育主管部门进行沟通，争取获得人才引进政策的支持。如运用互联网平台技术，动态协调高职院校与应用型大学人才培养的能力培养结构需求；制定高技能人才招聘管理办法，加强与各类院校及各类培训机构、企业人力资源部门密切合作，建立企业、行业高级技工技能人才信息库；完善相关职业院校职务与职称的政策，解决优秀技术技能人才转为教师、实习指导教师的身份转换、教学培训、职称评审等具体问题；制定学校聘用行业、企业优秀技能型人才担任兼职教师的管理办法。

3. 加大职业院校"双师型"队伍培训力度

政府应加大对中职学校教师队伍建设的经费投入，确保至少省级职业教育师资培训总经费的一半投放在"双师型"教师培训上。逐步完善中职"双师型"教师队伍建设经费的保障机制，为培训和培养过程的顺利实施提供资金保障。政策上宣扬和鼓励教师多参加"双师"培训，并设置专项经费来补贴参加"双师"培训教师的交通费、培训费等相关费用，此外还要给予参加的教师适当的经济补贴。对积极参与校企合作的企业，可参照其年度接受教师实习实践的总人数和总时间，给予相应的税收减免；对于企业在校企合作中为教师顶岗实践提供的各类支出经费可以纳入企业生产经营成本，给予税前列支；对于企业与职业学校教师共同研究的新技术、新产品等相关使用费用，予以税前扣除；企业与职业院校教师共同开发新技术取得的收益可免征营业税、企业所得税等。

（二）强化职教师资培养主渠道的作用，加大硕士层次职教师资的规模

1. 大力加强职教师资培养的主渠道建设

目前广东省中职学校师资来源比较广泛。有较多教师来自普通师范院校或综合性大学。这些教师的一个突出问题是，普通师范生没有接受过专业技术技能的教育，来自综合院校的毕业生没有系统接受过师范教育。职技高师院校是我国专门为中高职院校培养师资的院校，具有上述两个方面的优势。因此，省政府应该进一步支持职技高师院校的发展，创新职教师资培养模式，为广大中职学校提供基础的师资保障。尤其要注重硕士层次以上职教师资的培养工作。应统筹硕士、博士省培养工作，鼓励硕士授予权单位在中职学校相关专业上与示范院校合作，开展硕士及以上层次的职教师资培养，为中职学校提供稳定的高素质师资补充渠道。

2. 扩大硕士层次职教师资的培养规模

《教师教育振兴行动计划（2018—2022年）》（教师〔2018〕2号）指出要按照有关程序办法，增加一批教育硕士专业学位授权点，引导鼓励有关高校扩大教育硕士招生规模，对教师教育院校研究生推免指标予以统筹。《深化新时代职业教育"双师型"教师队伍建设改革实施方案》（教师〔2019〕6号）也指出要支持高校扩大职业技术教育领域教育硕士专业学位研究生招收规模。所以，一方面应依据国家政策支持，在稳步增加全省教育硕士学位点数量的同时，给予职教专硕研究生招收指标一定的倾斜（比如在全省的专硕招生按比例统筹划拨出职教专硕招生指标专项），稳步提升职教专硕的在读人数，提高职教专硕在中职学校师资方面的供给，在数量上满足广大中职学校的办学需求。另一方面要加强硕士点内涵建设，加强职业教育学科教学论师资队伍建设，扎实打牢职教师资人才的专业基础和技能，在质量上满足广大中职学校的办学需求。

3. 探索职教专硕本硕连读培养机制

《教师教育振兴行动计划（2018—2022年）》指出要支持高校探索教育硕士的普通高中、中等职业学校教师本科和硕士研究生阶段整体设计、分段考核、有机衔接的培养模式；《深化新时代职业教育"双师型"教师队伍建设改革实施方案》指出要探索职教专硕的本科与硕士阶段整体设计、分段考核、有机衔接的人才培养模式。建议依据国家政策支持，在拥有职教专硕学位点高校中，试点进行推广职教专硕研究生培养的本硕连读制度。本硕连读制度的推行一方面有利于保证职教师资的供给规模，防止人才的流失；另一方面本硕一本化培养，有利于提高职教师资培养的统一规划，人才培养更加具有连贯性。

4. 试点推进职教博士研究生培养

教师教育是教育事业的工作母机，是提升教育质量的动力源泉，职教师资学位层次的高低是决定职业教育质量的最关键因素。《教师教育振兴行动计划（2018—2022年）》提出要适当增加教育博士专业学位授权点，引导鼓励有关高校扩大教育博士招生规模，面向基础教育、职业教育教师校长，完善教育博士选拔培养方案。《深化新时代职业教育"双师型"教师队伍建设改革实施方案》也提出要推进职业技术教育领域博士研究生培养。建议省厅依据国家政策要求，努力争取教育部专项支持，在拥有职教专硕学位点高

校中推进职业技术教育领域教育博士专业学位研究生培养试点，进一步提升职教师资培养规格层次，为我省职业教育改革发展、建立职业教育强省提供坚强有力的人才保障和智力支持。

（三）推进省内职教师资区域均衡发展

教育资源均衡发展一直以来都是教育发展过程中的一个难题。职业教育资源的均衡发展在一定程度上能推动职业教育事业的科学发展，促进职业教育公平，培养高素质劳动者和技术技能人才，从而进一步提升国民素质、建设人力资源强国。职业教育的均衡化发展主要有赖于政府的职业教育资源配置均衡化。职业教育不同于普通义务教育，其所需的经费投入比义务教育更高。尤其是在偏远山区的中职学校，教师数量不足，"双师型"教师专业素质不高是一个比较普遍的现象，应该得到更充分的资金投入。因此，为提升中职学校教师素质以及人才培养质量，政府应加大对偏远山区中职学校的财政投入力度，重点支持偏远山区中职学校的职业教育发展，在加强硬件设施设备建设的同时，吸引更多优秀的人才到偏远山区的中职学校教师队伍中来。在教师培训方面，政府应结合区域经济社会发展、职业院校发展的需要，有针对性地提供培训项目，或开展对口"送训上门"。

1. 加大对薄弱技工学校教师培训力度，提高教师培训质量

充分发挥省政府与省人社厅的宏观调控作用，统筹实施区域化专项行动计划，对相对落后的技工学校给予政策上的倾斜。如实施"广东省技工学校均衡发展行动计划""清远市技工学校均衡实施规划""粤东地区技工学校合作化发展联盟"等专项计划，并制订配套的实施方案，提高弱势地区技工学校教师的教育教学水平与技能素质，逐步改变不同区域技工学校教师发展不均衡的状况，形成广东技工学校教师队伍数量与质量的优质均衡、特色化发展的局面。

2. 加强不同区域技工学校教师的交流合作

一方面，积极组织技工学校教师开展常规性交流学习活动，实现不同区域教师的良性互动，如实施"副高级教师区域联盟制度""骨干教师轮岗交流计划""学科课题项目教师专项交流规划"等计划，逐步建立区域教师团体互助性制度和常规化流动循环制度，初步实现省内技工学校教师的均衡化发展。另一方面，建立区域技工学校与企业联盟，实施以"导师制""师徒制"等为代表的定点培养制度，由发达地区优秀教师与企业代表通过结对帮扶指导，带动薄弱地区技工学校教师的快速成长。此外，面向薄弱地区技工学校教师，共享发达地区技工学校的优质教育教学资源，在提高他们教学水平的同时，缩小区域因资源造成的不均衡。

（四）积极建立校企联合师资实训基地

校企实训基地对于"双师型"教师专业素质的提升起到非常重要的作用，现在越来越多的中职学校开始通过大力建设校企实训基地来提高学校专业教师的整体素质和水平。建立校企合作的实训基地，一方面可以解决学校教学设备陈旧或不足，另一方面教师可以时刻掌握最新的企业生产工艺与方法。同时，建立校企联合实训基地，也有利于企业解决招工难、租赁场地难的问题。因此，企业应积极建设"产教融合型"企业，积极与职业院校对接，通过合作建立的校企实训基地模式，为职业院校教师学生提供更多的实践实训机会，让教师切身感受到职业的生产环境，融入教学实训中，从而实现提高自身专业素质能力的目的。

（五）继续大力营造尊师重教的社会氛围

注重"以师为本"，注重教师发展。梅贻琦早已说过："所谓大学者，非谓有大楼之谓也，有大师之谓也。"高职院校的领导者与管理者要树立"人本"意识，意识到教师是学校发展的生命线，主动寻找标杆学校，办学水平较低的高职院校主动学习广东省的国家示范性高职院校、省一流建设的高职院校学习，完善学校的机制建设与教师教育发展制度建设；广东省办学水平高的高职院校要以粤港澳大湾区建设为契机，以中国香港的一流高职院校或德国的一流高职院校为标杆，努力办成"国际一流"的高职院校，真正形成南方高职教育高地。

1. 完善制度建设，营造"以师为本"的环境

高职院校逐步克服"以行政本位""官本位"思想，学习与推广深圳信息职业技术学院、广东轻工业职业技术学院等国家示范性高职院校的"以师为本"的有效经验，完善学术委员会、教师代表大会、教师投诉与反馈、教职工绩效工资等制度；定期进行教师满意度调查，提高教师的积极性与幸福感，从对教师的"管控"逐渐引导为教师主动发展，激发教师成就需要。

2. 重视教师的培训发展，激发教师的潜能

按照费斯勒（Ralph Fessler）将教师职业生涯周期分为职前期、职初期、能力建构期、热情或成长期、职业挫折期、职业稳定期、职业消退期、离岗期等八个阶段，每个阶段具有不同的特征。教师的职业生涯是一个动态发展的过程，这个过程受到环境因素（包括个人和组织的）影响。个人环境主要包括个性特征、业余爱好、生活阶段、家庭、积极的临界事件、危机等，组织环境主要包括专业组织、工会、规章制度、管理方式、公众信任、社会期望等因素。根据教师的职业生涯周期，当个人环境和组织环境发生变化时，教师的状态也会随之发生变化，在每个不同的阶段给教师提供各种培训，可以促使教师改变现状。高职院校要建立高素质的"双师型"教师队伍，需要重视教师的培训发展，不断激发教师的潜能。

广东省高等职业院校教师发展报告

高等职业院校是指我国高等教育系统中提供专科水平高等教育证书与职业证书的高等职业学校（不包括提供普通教育的专科院校），在学历上与本科院校相对应的高等教育机构[①]。2019年广东省共有90所高等职业院校[②]，其中国家示范（骨干）高职院校11所[③]（包括4所国家示范高等职业院校和7所国家骨干高等职业院校），18所广东省一流高职院校建设单位（包括11所国家示范性高职院校）；公办院校63所，民办27所；从地域上划分，广州46所，佛山5所，东莞、江门、惠州、茂名各4所，深圳、清远、肇庆各3所，珠海、揭阳、中山、湛江各2所，韶关、汕尾、罗定、阳江、河源和汕头各1所。2019年，全日制在校生人数为802 195人，教职工共53 584人[④]。广东省高职教育规模和质量均位居全国前列；率先探索中国特色现代学徒制，试点单位数全国第一；入选教育教学管理50强案例4个，学生管理50强案例3个，居全国第一；国家级教学成果、全国技能获奖数列全国第三。2018年，广东省16所高职院校入选全国高职院校服务贡献50强、国际影响力50强、教学资源50强，入选数位居全国第二[⑤]。本报告对广东省高等职业院校教师发展进行现状分析、比较区分、原因探索与对策探寻，力图为高职教师教育的发展把脉问诊，寻求良方。

[①] 王振洪. 高职院校管理文化及其创新策略研究［M］. 杭州：浙江大学出版社，2017：33.
[②④] 广东省教育厅. 广东省高等职业教育质量年度报告（2020）［M］. 广州：广东高等教育出版社，2020.
[③] 其中，4所国家示范高等职业院校为广州番禺职业技术学院、广东轻工业职业技术学院、广州民航职业技术学院、深圳职业技术学院；7所国家骨干高等职业院校为广东科学技术职业学院、顺德职业技术学院、广东交通职业技术学院、广东水利电力职业技术学院、广州铁路职业技术学院、中山火炬职业技术学院、深圳信息职业技术学院。
[⑤] 广东省教育厅. 二零一八大事记［EB/OL］. ［2019-12-31］. edu.gd.gov.cn/gkmlpt/content/2/2792/post_2792672.html#1622.

一、广东省高等职业院校教师结构与素质分析

（一）教师基本情况

广东省高职院校教师规模整体上不断扩大。专任教师从 2011 年的 25 773 人上升到 2019 年的 38 669 人，专任教师与教职工总人数的比例从 2011 年的 67.91% 上升到 2019 年的 72.17%。2019 年广东省高职院校教师总人数的中位数为 564.5 人，高于全国的 443 人。生师比从 2011 年到 2019 年略有起伏，但变化不大。从 2017 年到 2019 年，广东省的生师比略高于全国的生师比（见表 2-1）。

表 2-1 广东省高职院校教师基本情况

指标	2011 年 广东省	2012 年 广东省	2013 年 广东省	2014 年 广东省	2015 年 广东省	2016 年 广东省	2016 年 全国	2017 年 广东省	2017 年 全国	2018 年 广东省	2018 年 全国	2019 年 广东省	2019 年 全国
教职工总人数/人	37 951	40 985	43 350	44 496	46 282	50 173	—	51 222	—	50 087	—	53 584	—
专任教师总人数/人	25 773	28 855	30 960	31 997	333 994	36 263	—	36 948	—	36 540	—	38 669	—
全日制在校生人数/人	583 900	636 600	687 600	707 700	706 859	728 000	—	737 334	—	759 085	—	802 195	—
教师总人数/人	—	—	—	—	—	552.50（中）	423.50（中）	558.50（中）	429.00（中）	564.50（中）	443.00（中）		
生师比	15.90	18.35	18.63	16.12	16.10	15.86	—	15.72	15.29	15.58	15.42	15.95	15.22

数据来源：2011—2017 年教职工总人数与专任教师总人数来自广东统计年鉴；2018 年的数据来自广东年鉴；其他数据来自历年的《广东省高等职业教育质量年度报告》。表格中的"中"表示"中位数"。

（二）教师结构

1. 专任教师结构

广东省高职院校专任教师结构逐渐趋于合理，素质有所提升。2019 年广东省高职院校具有硕士学位教师的中位数为 232 人，具有博士学位教师的中位数为 10 人；高级职称教师中位数为 153 人；"双师"素质教师中位数为 239.50 人，"双师型"专任教师从 2011 年的 43.82% 提升到 2019 年的 65.01%。从 2017 年到 2019 年的所有指标均高于全国的指标，并且各项指标逐年上升（见表 2-2）。教师队伍年轻化，以中青年为主。2019 年 45 岁以下的年轻教师中位数为 303 人，年轻教师占比 75.19%。在 2013—2014 学年，35 岁以下专任教师占 52%；36~45 岁专任教师占 25.81%；46~60 岁专任教师

5 677 人，占 18.55%；61 岁及以上的教师占 3.64%①。高职院校教师年轻化是广东省高职院校的一个重要特点。

表 2-2 广东省高职院校教师结构

指标	2011 年 广东省	2012 年 广东省	2013 年 广东省	2014 年 广东省	2015 年 广东省	2016 年 广东省	2016 年 全国	2017 年 广东省	2017 年 全国	2018 年 广东省	2018 年 全国	2019 年 广东省	2019 年 全国
硕士学位/人	—	—	—	—	—	207.50	127.00	212.50	140.00	225.00	153.00	232.00（中）	165.00（中）
博士学位/%	占比 3.58%	—	—	—	—	—	—	8.00（中）	3.00（中）	9.00（中）	3.00（中）	10.00（中）	3.00（中）
硕士学位比例/%	48.22	46.80	48.04	50.55	—	53.89	46.91	54.58	48.9	54.82	51.18	—	—
高级职务教师数/人	占比 24.46%	24.79%	25.02%	25.03%	—	—	—	136.50（中）	120.00（中）	136.50（中）26.88%	125.00（中）	153.00（中）29.25%	127.00（中）
专任青年教师数（45 岁以下）/人	—	—	占比 74.35%	77.81%	—	—	—	290.00（中）	193.50（中）	303.50（中）	207.00（中）	303.00（中）	218.00（中）
"双师"素质教师/人	—	—	—	—	—	232.00（中）	159.50（中）	233.00（中）	166.00（中）	239.50（中）	167.00（中）		
"双师"素质教师比例/%	43.82	45.59	45.82	52.6	54.10	57.93	56.34	58.66	56.61	58.74	56.36	65.01	56.07

数据来源：历年的《广东省高等职业教育质量年度报告》。表格中的"中"表示"中位数"，比例是指该指标人数与专任教师人数的比例，"—"表示数据缺失。

从高职教师的学科结构来看②，理学类居多，共有 11 368 名教师，占比 29%，其次是医学（占比 14%）、文学（占比 13%）、教育学（占比 9%）、工学（占比 8%）、经济学（占比 8%）、管理学（占比 7%）、历史学（占比 6%）、法学（占比 4%）、哲学（占

---

① 广东省高等职业教育年度质量报告（2015）[EB/OL]. https://www.tech.net.cn/column_rcpy/info.aspx?nd=2015&sf=广东省&lx=0.

② 由于 2019 年该项数据的缺失，用 2018 年的数据加以说明。

比2%）。农学仅有79名教师为农学学科。教师学科结构与在校生结构基本匹配，2018年理工学的学生占比40.98%[①]，教育与体育大类的在校生为11.71%（见图2-1）。

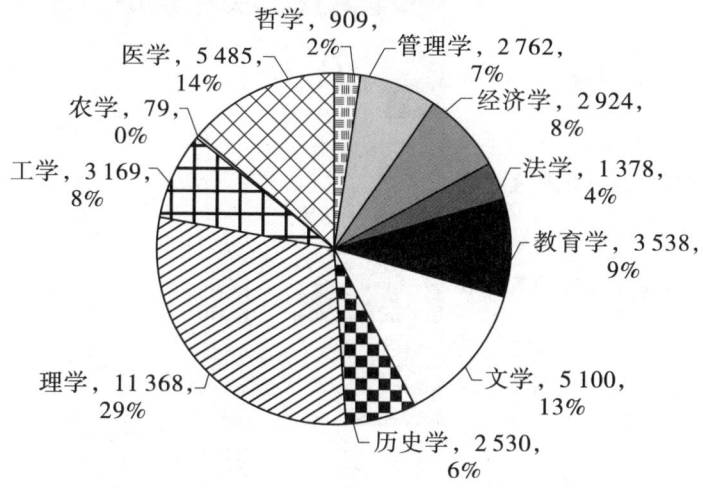

数据来源：广东省教育厅。

图2-1 2018年广东省高职院校教师学科结构

2. 企业兼职教师结构

由于高职院校人才培养的需求，高职院校聘请了一定数量的企业兼职教师。聘请的兼职教师人数逐渐增多，从2010年的5 174人增长到2019年的21 100人（见图2-2）。兼职教师的素质不断提高，主要由具有丰富实践经验的企业员工组成。从2016—2019年的数据可看出具有研究生学历、高级专业技术职称、中级专业技术职称、高级职业资格证书、中级职业资格证书、工作10年以上企业兼职教师的数量尽管有小的波动，但整体上均有所提升（见图2-3）。

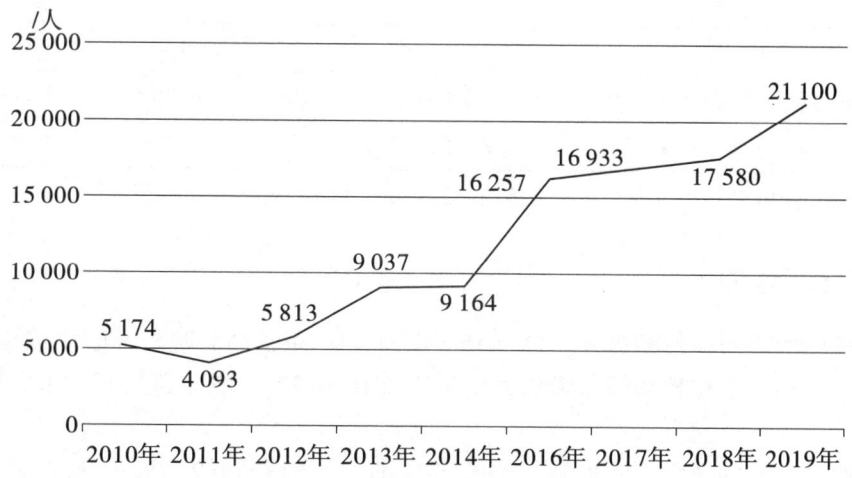

数据来源：历年的《广东省高等职业教育质量年度报告》。

图2-2 广东省企业兼职教师数

---

① 广东省教育厅. 广东省高等职业教育质量年度报告（2019）[M]. 广州：广东高等教育出版社，2019：13.

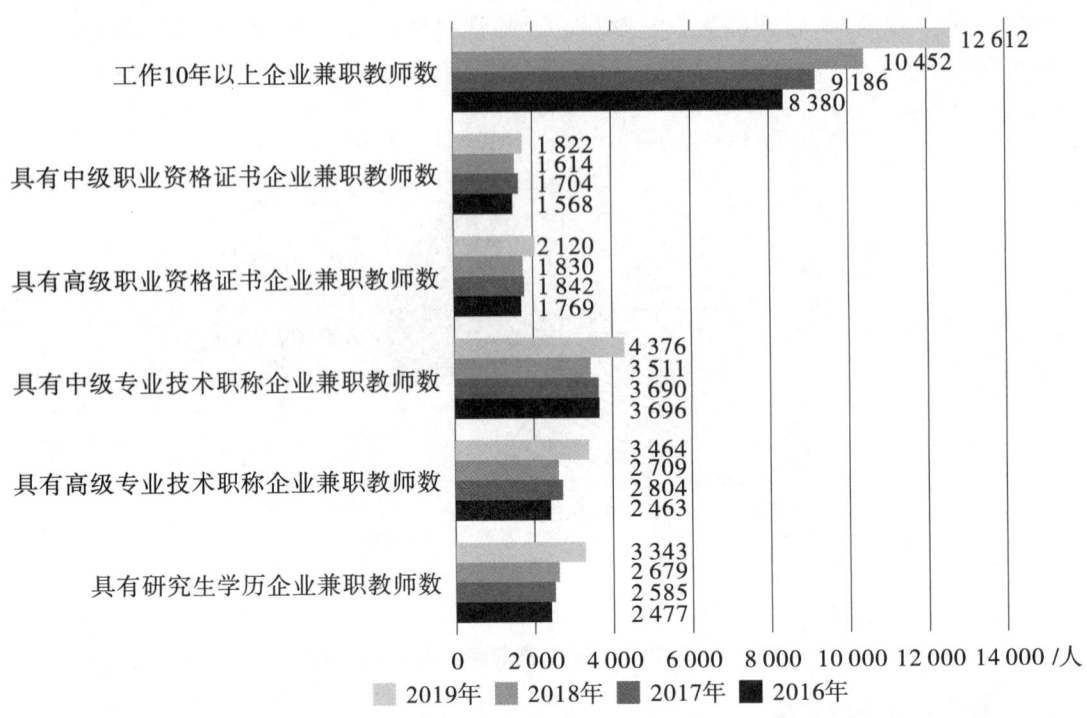

数据来源：与图2-2相同。

图2-3　广东省企业对高职院校人才支持情况

从企业兼职教师年课时总量来看，2019年完成2 046 832.42课时，年支付企业兼职教师课酬为135 811 541.70元，与2018年相比有所降低，与2017年相比有所提高。整体上比较稳定。

表2-3　兼职教师课时与课酬情况

指标	2017年	2018年	2019年
企业兼职教师年课时总量/课时	1 864 884	2 074 793	2 046 832.42
年支付企业兼职教师课酬/元	99 581 817.95	187 217 647.66	135 811 541.70

数据来源：2019年、2020年广东省高等职业教育质量年度报告。

（三）教师能力

专任教师的能力在不断提升。自2016年以来，广东省高职院校开始注重在国际上的影响力。各省高职院校教师国际影响力比较从2016年24人增加到2019年的251人（见图2-4）。

教师服务社会的能力不断提升。2019年纵向科研经费到款额为32 452.55万元，比2013年增长769.44%；非学历培训到款额为62 975万元，比2013年增长190.59%。2018年横向技术服务到款额为27 824.43万元，比2013年增长462.56%；公益性培训服务为1 616 717人日，比2013年增长328.21%（见表2-4）。

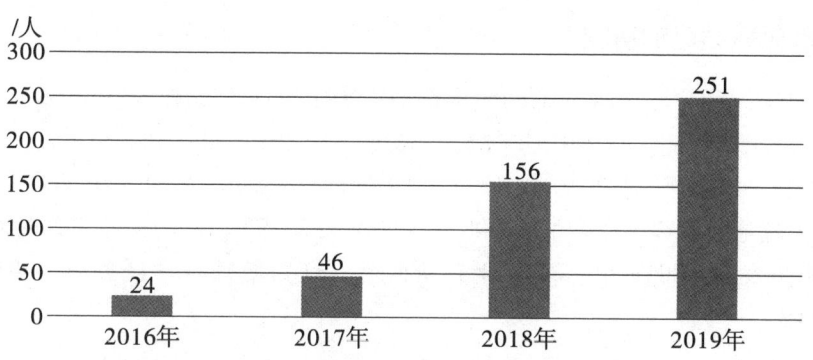

数据来源：历年的《广东省高等职业教育质量年度报告》。

图 2-4　各省高职院校教师国际影响力比较

表 2-4　广东省高职院校教师服务能力相关数据

指标	2011 年	2012 年	2013 年	2014 年	2015 年	2016 年	2017 年	2018 年	2019 年	比 2013 年增长/%
横向技术服务到款额/万元	—	—	4 946.05	9 968.64	9 511	12 983.43	16 192.7	27 824.43	—	462.56
纵向科研经费到款额/万元	—	—	3 732.57	8 714.54	9 132.5	20 008.2	17 916.97	21 287.38	32 452.55	769.44
非学历培训到款额/万元	—	—	21 671.51	26 156.44	38 400	33 494.54	38 573.61	48 079.8	62 975	190.59
公益性培训服务/人日	—	—	377 551.6	479 784	532 210	578 877	912 281	1 616 717	—	328.21

数据来源：历年的《广东省高等职业教育质量年度报告》。

（四）教师职后培训情况

广东省高职院校日益重视教师的职后培训。2019年专任教师赴国（境）外指导和开展培训量为20 617人日，而2016年仅为1 527人日，2017年达到4 519人日，2018年达到12 375人日，2019年是2016年13.5倍（见图2-5）。参加省级培训量从2014年17 832人日大幅增长到2016年的76 388人日（见表2-5）。人均企业实践时间从2014年至2016年稳步发展，2013年、2014年有所回落，这与教师教学任务重、年轻教师居多有关系（见图2-5）。

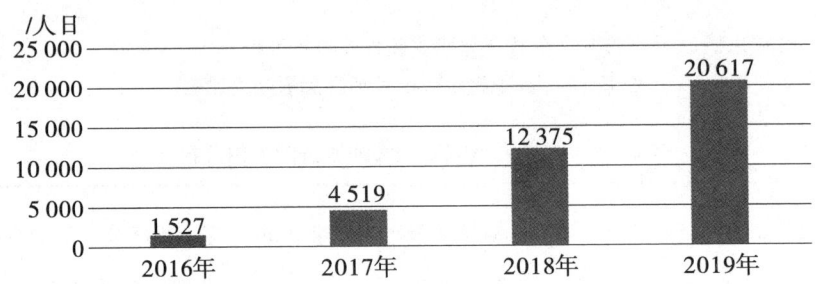

数据来源：《广东省高等职业教育质量年度报告（2020）》。

图2-5　专任教师赴国（境）外指导和开展培训量

表2-5　专任教师培训情况

年份	2011年	2012年	2013年	2014年	2015年	2016年
人均企业实践时间/天	—	31.62	29.97	18.23	18.5	19.95
参加省级培训量/人日	—	国培：342人 省培：2 214人	国培、省培 总人数3 192人	17 832	18 218	76 388

数据来源：历年的《广东省高等职业教育质量年度报告》。

二、高等职业院校教师发展比较分析

（一）广东省内高等职业院校教师比较

根据各高职院校教育质量年度报告（2020）的数据进行整理与统计，对76所高职院校[①]教职工的基本情况、结构、培养与兼职教师的情况进行统计比较，以发现不同类型、不同地域的高职院校教师发展之间的差异。

---

① 说明：从90所高职院校中选取了数据比较齐全的76所高职院校进行比较分析。

1. 省内不同类型高等职业院校教师之间的差异

（1）国家示范、省一流、一般高职院校教师基本情况比较。

根据对 11 所国家示范性高职院校，以及其他 7 所省一流①、58 所一般高职院校教师的在教职工总数、专任教师总数、生师比等方面数据的比较分析（见表 2-6），国家示范高职院校、省一流高职院校与一般高职院校存在着一定的差距。从在岗教职工总数、专任教师总数的均值进行比较，国家示范高职院校大于省一流高职院校，大于一般高职院校，从标准差、中位数、均值等数值可看出国家示范高职院校教师规模较大，偏差较大。从专任教师与在岗教职工数的比例比较，省一流高职院校（2019 年为 77.36%）大于一般高职院校（2019 年为 73.42%），大于国家示范高职院校（2019 年为 67.05%）。

从生师比进行比较，生师比呈两头大中间小，省一流高职院校（2019 年均值为 12.43）小于国家示范高职院校（2019 年均值为 16.14）和一般高职院校（2019 年均值为 17.05）。国家示范高职院校生师比 2019 年最大值为 19.8，最小值为 11.94。国家示范高职院校专任教师占比较低与生师比相对较高，国家示范性高职院校对生源的吸引力更大，其生均规模、师均规模整体偏大。一般高职院校在经费不足的情况下，通过提高专任教师的占比、生师比的方式逐步改善办学环境。

---

① 说明：省一流高职建设院校包括了 11 所国家示范高职院校。

表 2-6 国家示范、省内一流、一般高职院校教师基本情况比较

指标	在岗教职工总数/人						专任教师总数/人						生师比					
	国家示范		省一流		一般		国家示范		省一流		一般		国家示范		省一流		一般	
	2018年	2019年	2018年	2019年	2018年	2019年	2018年	2019年	2018年	2019年	2018年	2019年	2018年	2019年	2018年	2019年	2018年	2019年
小计	11 136	11 308	5 823	6 002	30 101	31 610	7 464	7 582	4 290	4 643	21 834	23 209	178.85	177.52	93.71	87.04	967.35	989.06
均值	1 012.36	1 028	831.86	857.43	518.98	545	678.55	689.27	612.86	663.29	376.45	400.16	16.26	16.14	13.39	12.43	16.68	17.05
最大值	2 322	2 353	1 362	1 258	1 076	1 217	1 210	1 273	903	1 044	832	1 035	20.15	19.8	20.42	14.72	25.30	30.34
最小值	443	440	519	573	96	76	351	348	372	386	60	54	12.34	11.94	7.71	9.34	4.76	5.44
标准偏差	508.44	519.51	260.34	217.46	233.39	236.77	268.80	288.47	177.73	205.08	182.76	207.33	2.48	2.65	3.63	1.66	3.57	3.69
中位数	899	944	832	866	504	524	622	629	639	676	387	375.5	16.41	16.16	13.32	12.11	16.98	17.25

数据来源：根据各高职院校教育质量年度报告（2020）中的数据进行整理与统计而成。一般院校生师比最小值为 4.76，2018 年才有院校从 2017 年、2018 年开始招生。

(2) 公办与民办高职院校教师基本情况比较。

基于53所公办高职院校和23所民办高职院校数据的统计，民办高职院校与公办高职院校之间的差距在逐渐缩小（见表2-7）。从在岗教职工总数的均值进行比较，公办高职院校大于民办高职院校；但从专任教师与在岗教职工数的比例比较，民办高职院校的比例（2018年为74.45%、2019年为76.5%）高于公办高职院校（2018年为70.13%、2019年为70.77%）；从生师比进行比较，民办高职院校（2019年均值为17.20）大于公办高职院校（2019年均值为16.19）。

表2-7 公办高职院校与民办高职院校教师基本情况比较

指标	在岗教职工总数/人				专任教师总数/人				生师比			
	公办		民办		公办		民办		公办		民办	
	2018年	2019年	2018年	2019年	2018年	2019年	2018年	2019年	2018年	2019年	2018年	2019年
小计	33 547	34 705	13 513	14 215	23 528	24 559	10 060	10 875	833.98	858.00	405.93	395.62
均值	632.96	654.81	587.52	618.04	443.92	463.38	437.39	472.83	15.74	16.19	17.65	17.20
最大值	2 322	2 353	1 076	1 217	1 210	1 273	832	1 035	25.30	30.34	21.73	21.11
最小值	96	191	103	76	63	128	60	54	4.76	9.34	11.46	5.44
标准差	362.43	355.84	298.07	315.10	234.48	244.72	222.63	267.68	3.90	3.76	2.23	3.45
中位数	577	573	595	611	432	433	440	452	16.15	16.08	17.61	17.81

数据来源：根据各高职院校教育质量年度报告（2020）中的数据进行整理与统计而成。

(3) 不同区域高职院校教师基本情况比较。

珠江三角洲地区①有73所高职院校，粤东西北地区有17所，国家示范、省一流高职院校全部集中于珠江三角洲。基于珠江三角洲61所高职院校和粤东、西、北地区15所高职院校的数据统计（见表2-8），珠江三角洲高职院校在岗教职工总数、专任教师总数上高于粤东西北地区高职院校，且珠江三角洲地区高职院校标准偏差更大；从专任教师与在岗教职工总数的比例比较，粤东西北地区高职院校2018年（72.94%）与2019年（73.27%）均高于珠江三角洲地区高职院校（2018年为71.08%、2019年为72.29%）；从生师比进行比较，粤东西北地区高职院校（2019年均值为18.18）高于珠江三角洲地区高职院校（2019年均值为16.08）。

---

① 说明：珠江三角洲地区包括广州、深圳、珠海、佛山、惠州、江门、中山、东莞、肇庆；粤东地区包括潮州、汕头、揭阳、汕尾、梅州等；粤西地区包括茂名、湛江、阳江、云浮等；粤北地区包括清远、韶关、河源等。

表2-8 珠江三角洲地区、粤东西北地区高职院校教师基本情况比较

指标	在岗教职工总数/人				专任教师总数/人				生师比			
	珠江三角洲地区		粤东西北地区		珠江三角洲地区		粤东西北地区		珠江三角洲地区		粤东西北地区	
	2018年	2019年	2018年	2019年	2018年	2019年	2018年	2019年	2018年	2019年	2018年	2019年
小计	39 675	41 291	7 385	7 629	28 201	29 844	5 387	5 590	995.03	980.89	244.88	272.73
均值	650.41	676.90	492.33	508.60	462.31	489.25	359.13	372.67	16.31	16.08	16.33	18.18
最大值	2 322	2 353	901	901	1 210	1 273	658	658	21.73	21.11	25.30	30.34
最小值	96	76	134	156	60	54	66	76	4.76	5.44	6.15	11.12
标准差	361.41	361.26	220.49	210.29	239.78	263.61	163.06	160.15	3.51	3.22	3.98	4.93
中位数	595	616	491	509	441	459	372	382	16.96	16.77	16.55	17.2

数据来源：根据各高职院校教育质量年度报告（2020）中的数据进行整理与统计而成。

2. 教师结构比较

（1）国家示范、省内一流、一般高职院校教师结构比较。

国家示范高职院校、省一流高职院校与一般高职院校从双师素质专任教师比例、高级专业技术职务专任教师比例的均值进行比较（见表2-9），都是国家示范高职院校大于省一流高职院校，大于一般高职院校。从研究生学位教师占专任教师建设比例均值进行比较，省一流高职院校（2019年为75.01）大于国家示范高职院校（2019年为72.66）和一般高职院校（2019年为55.54）。

表2-9 国家示范、省一流、一般高职院校教师结构比较

指标	双师素质专任教师比例/%						高级专业技术职务专任教师比例/%						研究生学位教师占专任教师建设比例/%					
	国家示范		省一流		一般高职院校		国家示范		省一流		一般高职院校		国家示范		省一流		一般高职院校	
	2018年	2019年	2018年	2019年	2018年	2019年	2018年	2019年	2018年	2019年	2018年	2019年	2018年	2019年	2018年	2019年	2018年	2019年
小计	884.83	897.48	552.4	531.07	3150.5	3237.27	419.13	426.8	216	222.92	1346.08	1494.47	273.3	653.92	—	525.04	364.51	2721.31
均值	80.44	81.59	78.91	75.87	55.82	55.54	38.10	38.80	30.86	31.85	24.93	25.77	68.33	72.66	—	75.01	52.07	55.54
最大值	90.48	90.84	90.19	90.48	87.36	85.04	57.89	57.89	35.29	37.69	43.25	58	80.69	82.27	—	80	68.14	84.04
最小值	70.28	71.45	70.11	64.5	16.77	17.75	28.95	28.55	25	27.2	2	3	59.28	47.54	—	70.79	34.72	20.37
标准差	5.72	5.84	5.75	7.77	18.13	18.05	9.83	9.35	3.09	3.65	8.87	9.34	8.10	11.64	—	2.91	11.61	15.75
中位数	80	80.51	79.62	75.39	49.81	51.47	32.87	35.82	30.99	31.59	23.89	24.415	66.67	74.7	—	75	52.53	56.14

数据来源：根据各高职院校教育质量年度报告（2020）中的数据进行整理与统计而成。

(2) 公办民办高职院校教师结构比较。

从双师素质专任教师比例、高级专业技术职务专任教师比例、研究生学位教师占专任教师建设比例的均值、中位数来看，公办高职院校均高于民办高职院校（见表2-10）。

表2-10　公办高职院校与民办高职院校教师结构比较

指标	双师素质专任教师比例/%				高级专业技术职务专任教师比例/%				研究生学位教师占专任教师建设比例/%			
	公办院校		民办院校		公办院校		民办院校		公办院校		民办院校	
	2018年	2019年	2018年	2019年	2018年	2019年	2018年	2019年	2018年	2019年	2018年	2019年
小计	3533.99	3582.97	1053.74	1082.85	1497.69	1596.82	483.52	547.37	516.87	3028.18	120.94	872.09
均值	66.68	67.60	45.81	47.08	29.37	30.13	21.98	23.80	64.61	65.83	40.31	45.90
最大值	90.48	90.84	80.22	81.41	57.89	58	40.5	38.18	80.69	84.04	46.43	63.64
最小值	28.77	28.48	16.77	17.75	9.03	11.46	2	3	52.53	21.81	34.72	20.37
标准差	17.04	16.49	17.25	17.26	9.91	10.39	8.80	8.36	8.63	14.71	5.87	11.41
中位数	74.59	73.25	42.42	46.3	28.37	28.7	21.27	23.1	64.19	70.73	39.79	47.57

数据来源：根据各高职院校教育质量年度报告（2020）中的数据进行整理与统计而成。

(3) 不同区域高职院校教师结构比较。

不同区域高职院校"双师型"、高级专业技术职务和研究生学位教师的比例2019年比2018年均有所提升。珠江三角洲地区高职院校的"双师型"、高级专业技术职务与研究生学位教师占比的均值、中位数均大于粤东西北地区高职院校的比例（见表2-11）。

表2-11　珠江三角洲地区、粤东西北地区高职院校教师结构比较

指标	双师素质专任教师比例/%				高级专业技术职务专任教师比例/%				研究生学位教师占专任教师建设比例/%			
	珠江三角洲地区		粤东西北地区		珠江三角洲地区		粤东西北地区		珠江三角洲地区		粤东西北地区	
	2018年	2019年	2018年	2019年	2018年	2019年	2018年	2019年	2018年	2019年	2018年	2019年
小计	3855.64	3860.45	732.09	805.37	1716.94	1825.55	264.27	318.64	517.14	3400.12	120.66	500.15
均值	63.21	63.29	48.81	53.69	28.62	29.93	20.33	21.24	57.46	61.82	40.22	50.02
最大值	90.48	90.84	87.36	85.04	57.89	58	27.27	32.89	80.69	84.04	68.14	70.03
最小值	17.33	17.75	16.77	24.62	2	3	9.03	11.46	34.72	20.37	52.52	21.81
标准差	18.96	18.98	18.03	18.39	10.00	10.26	6.02	6.36	14.76	16.38	11.05	13.99
中位数	68.72	68.97	46.85	49.93	28.72	29.91	21.63	21.43	59.28	60.54	52.52	50.36

数据来源：根据各高职院校教育质量年度报告（2020）中的数据进行整理与统计而成。

3. 省内高职院校专任教师年培训量比较

（1）不同层次专任教师年培训量比较。

国家示范性高职院校、省一流高职院校、一般高职院校的专任教师年培训量2019年比2018年有所增长（见表2-12），其中国家示范性高职院校2019年比2018年增长11%，省一流高职院校2019年比2018年增长21%，一般高职院校增幅最大，2019年比2018年增长140%。通过比较，国家示范性高职院校专任教师年培训量大于省一流高职院校专任教师年培训量，大于一般高职院校专任教师年培训量。

表2-12 国家示范、省一流、一般高职院校专任教师年培训量比较

指标	专任教师年培训量/人日					
	国家示范		省一流		一般高职院校	
	2018年	2019年	2018年	2019年	2018年	2019年
小计	89 368	99 291	40 244.76	48 826.36	139 193	359 362
均值	8 124.36	9 026.44	5 749.25	6 975.19	2 577.65	6 195.90
最大值	19 624	22 262	18 060	26 100	7 877	180 660
最小值	1 864	2 036	15.76	17.36	0	3
标准差	5 725.29	5 861.15	5 581.25	8 088.09	2 196.36	23 282.09
中位数	6 728	8 380.5	5 271	5 507	2 135	2 559.2

数据来源：根据各高职院校教育质量年度报告（2020）中的数据进行整理与统计而成。

（2）公办、民办高职院校教师培训量比较。

公办高职院校、民办高职院校的专任教师年培训量2019年比2018年有所增长（见表2-13），其中公办高职院校增幅更大，2019年相比2018年增长85%，民办高职院校2019相比2018年增长30%。2018年公办高职院校专任教师年培训量（均值为4 571.99人日）低于民办高职院校专任教师年培训量（均值为5 663.81人日），但2019年公办高职院校的培训量（均值为8 452.56人日）超过民办高职院校（均值为7 352.25人日）。

表2-13 公办高职院校与民办高职院校专任教师年培训量比较

指标	专任教师年培训量/人日			
	公办高职院校		民办高职院校	
	2018年	2019年	2018年	2019年
小计	228 599	447 986	124 604	169 102
均值	4 571.99	8 452.56	5 663.81	7 352.25
最大值	19 624	180 660	88 007	114 770
最小值	2	3	24	6
标准差	4 388.64	24 424.97	18 057.61	23 064.46
中位数	4 084.55	4 751	1 102	1 382

数据来源：根据各高职院校教育质量年度报告（2020）中的数据进行整理与统计而成。

(3) 不同地域高职院校教师培训量比较。

珠江三角洲地区高职院校、粤东西北地区高职院校专任教师年培训量（均值）2019年比2018年有所增长（见表2-14），其中珠江三角洲地区高职院校2019年相比2018年增长85%，粤东西北地区高职院校2019年相比2018年增长22%。通过比较，珠江三角洲地区高职院校专任教师年培训量高于粤东西北地区高职院校专任教师年培训量，珠江三角洲地区高职院校专任教师年培训量偏差较大（2019年最大值为180 660人日，最小值为6人日）。

表2-14 珠江三角洲地区、粤东西北地区高职院校专任教师年培训量基本情况比较

指标	专任教师年培训量/人日			
	珠江三角洲地区		粤东西北地区	
	2018年	2019年	2018年	2019年
小计	232 168	459 671	36 638	47 809
均值	4 073.13	7 535.59	2 616.96	3 187.23
最大值	19 624	180 660	6 366	9 750
最小值	9.9	6	2	3
标准差	4 298.82	22 903.47	2 078.08	2 868.88
中位数	3 187	3 755	2 859	3 367.62

数据来源：根据各高职院校教育质量年度报告（2020）中的数据进行整理与统计而成。

4. 省内高职院校企业兼职教师课时、课酬比较

（1）不同层次高职院校企业兼职教师课时、课酬比较。

从企业兼职教师年课时总量与均值来看，国家示范高职院校与省一流高职院校2019年比2018年略有所下降（见表2-15），但一般高职院校有所提升；省一流高职院校大于国家示范高职院校和一般高职院校；从年支付企业兼职教师课酬均值来看，国家示范高职院校大于省一流高职院校和一般高职院校。省一流高职院校通过聘请较多的企业兼职教师，一方面可降低生师比，另一方面可加强理论与实践的结合。

表 2-15 国家示范、省一流、一般高职院校兼职教师基本情况比较

指标	企业兼职教师年课时总量/课时						年支付企业兼职教师课酬/元					
	国家示范		省一流		一般高职院校		国家示范		省一流		一般高职院校	
	2018年	2019年	2018年	2019年	2018年	2019年	2018年	2019年	2018年	2019年	2018年	2019年
小计	573 575.43	449 993.07	557 822.25	484 600.4	808 301.03	987 804.95	34 295 541.31	334 507 771.5	11 441 179.61	18 486 686.91	61 880 966.48	70 018 065.02
均值	52 143.22	40 908.46	79 688.89	69 228.63	14 696.38	17 960.09	3 117 776.48	3 040 979.22	1 634 454.23	2 640 955.27	1 125 108.48	1 273 055.73
最大值	118 237	87 836	183 039.25	145 819	71 672	115 842	7 985 700	6 728 999.76	3 617 488.04	3 803 847.12	7 232 400	8 539 400
最小值	16 826	6 965.4	39 375	32 826	200	307	1 111 830	1 276 000	843 390	1 233 487.22	20 000	59 900
标准差	29 251.02	22 264.34	55 544.53	41 557.49	15 141.53	21 233.80	2 203 212.73	1 567 677.05	902 104.12	1 016 902.40	1 363 421.27	1 637 397.58
中位数	47 404	41 399	46 691	47 083	10 666	10 124	2 014 600	2 618 716.77	1 313 760	3 169 600	661 968.15	640 890.99

资料来源：根据各高职院校教育质量年度报告（2020）中的数据进行整理与统计而成。

（2）公办、民办高职院校企业兼职教师课时课酬比较。

公办、民办高职院校2019年企业兼职年课时总量与均值比2018年有所增加（见表2-16），随之2019年年支付企业兼职教师课酬比2018年也有所增长。从企业兼职教师年课时与课酬均值比较，民办高职院校大于公办高职院校。从最大值、最小值与标准差分析，民办院校偏差更大。

表2-16 公办高职院校与民办高职院校兼职教师基本情况比较

指标	企业兼职教师年课时总量/课时				年支付企业兼职教师课酬/元			
	公办院校		民办院校		公办院校		民办院校	
	2018年	2019年	2018年	2019年	2018年	2019年	2018年	2019年
小计	1 607 171.58	1 612 968.72	711 403.63	848 472.99	81 388 311.31	94 305 086.88	53 629 950.12	58 440 176.22
均值	31 513.17	31 626.84	32 336.53	38 566.95	1 595 849.24	1 849 119.35	2 437 725.01	2 656 371.65
最大值	183 039.25	145 819	411 770.13	587 452.29	7 985 700	8 539 400	29 219 774.03	33 613 139.72
最小值	200	760	616	307	20 000	59 900	32 000	72 770
标准差	36 533.95	31 646.30	84 371.28	120 601.24	1 683 590.68	1 754 377.64	6 153 183.66	7 065 248.81
中位数	21 578	20 492	10 716	7 880.5	1 111 830	1 377 500	811 974	482 000

数据来源：根据各高职院校教育质量年度报告（2020）中的数据进行整理与统计而成。

（3）不同区域高职院校企业兼职教师课时课酬比较。

珠江三角洲地区高职院校企业兼职教师2019年企业兼职年课时总量校均比2018年有所降低（见表2-17），但2019年年支付企业兼职教师课酬比2018年有所增加。粤东西北地区的高职院校2019年企业兼职年课时总量与年支付企业兼职教师课酬比2018年有所增加，总体上比较平稳。从企业兼职教师年课时和课酬的均值比较，珠江三角洲地区高职院校大于粤东西北地区高职院校。从最大值、最小值和标准差可看出珠江三角洲地区高职院校偏差更大。

表2-17 珠江三角洲地区、粤东西北地区高职院校兼职教师基本情况比较

指标	企业兼职教师年课时总量/课时				年支付企业兼职教师课酬/元			
	珠江三角洲地区		粤东西北地区		珠江三角洲地区		粤东西北地区	
	2018年	2019年	2018年	2019年	2018年	2019年	2018年	2019年
小计	1 761 602.71	1 653 374.42	178 096	269 024	96 441 411.4	108 878 237.4	11 176 276	13 077 286
均值	29 857.67	28 023.30	12 721.14	19 216.00	1 634 600.19	1 845 393.85	798 305.43	934 091.86
最大值	183 039.25	145 819	51 031	53 392	7 985 700	8 539 400	3 030 000	3 050 000
最小值	200	307	616	928	20 000	59 900	41 100	125 050
标准差	34 962.59	30 608.90	14 327.17	19 379.31	1 751 675.48	1 833 203.02	791 166.66	795 695.50
中位数	18 722.5	16 236.04	12 721.14	14 240	1 286 146.99	1 435 492.5	620 800	685 500

数据来源：根据各高职院校教育质量年度报告（2020）中的数据进行整理与统计而成。

5. 省内高职院校社会服务能力比较

（1）不同层次高职院校社会服务能力比较。

不同层次高职院校2019年社会服务能力比2018年增强，除了省一流高职院校2019年技术交易到款额（总额为1 634.96万元）低于2018年的金额（总额为2 228.7万元）（见表2-18），一般高职院校非学历培训服务2019年（2 633 305.45人日）低于2018年（2 669 918.32人日）之外，其他指标均有所上升。

根据2019年的数据，从技术服务到款额、技术服务产生的经济效益等体现社会服务能力的6项指标的总量、均值和中位数进行分析，整体上社会服务能力从强到弱依次为国家示范高职院校、省一流高职院校和一般高职院校。只有技术服务产生的经济效益的均值省一流高职院校高于国家示范高职院校。

表2-18 国家示范、省一流、一般高职院校社会服务能力比较

指标			小计	均值	最大值	最小值	标准偏差	中位数
技术服务到款额/万元	国家示范	2018年	12 747.88	1 158.9	3 292.1	21.7	1 103.56	871.73
		2019年	17 215.77	1 565.07	4 481.18	30.9	1 255.02	1 294
	省一流	2018年	6 009.82	858.55	2 662.62	137.48	760.92	681
		2019年	8 475.36	1 210.77	2 797.65	438.98	836.89	810.84
	一般高职院校	2018年	7 053.04	138.29	2 667.54	0	432.82	14.7
		2019年	8 078.54	155.36	2 928.98	0	432.97	23.75
技术服务产生的经济效益/万元	国家示范	2018年	26 651.77	2 422.89	8 526.5	0	2 803.32	1 632.55
		2019年	43 956.73	3 996.07	14 602	0	4 387.8	2 840.71
	省一流	2018年	18 130.17	2 590.02	10 018.51	0	3 896.25	200
		2019年	68 385.8	9 769.4	60 875	0	20 948.9	632.05
	一般高职院校	2018年	10 309.9	229.11	6 200	0	954.7	0
		2019年	35 165.41	764.47	19 218.6	0	3 269.48	0
纵向科研经费到款额/万元	国家示范	2018年	13 257.12	1 205.19	5 191.32	184.54	1 357.12	835.8
		2019年	16 733.57	1 521.23	8 657.08	103.72	2 340.46	513.4
	省一流	2018年	2 037.57	291.08	819.57	63	252.11	209
		2019年	5 075.23	725.03	2 369.17	113.4	728.11	671.29
	一般高职院校	2018年	4 776.15	88.45	554.81	0	134.02	27.96
		2019年	7 681.56	139.66	1 248.95	0	229.62	52

续上表

指标			小计	均值	最大值	最小值	标准偏差	中位数
技术交易到款额/万元	国家示范	2018年	850.02	77.27	496.65	0	135.36	37.15
		2019年	2 571.68	233.79	1 158.06	0	353.47	20.5
	省一流	2018年	2 228.7	318.39	980	4.5	411.25	105.4
		2019年	1 634.96	233.57	1 220	2	410.29	40.54
	一般高职院校	2018年	707.13	14.14	189.26	0	39.08	0
		2019年	743	14.86	149.7	0	36.25	0
非学历培训服务/人日	国家示范	2018年	1 457 036	145 703.6	378 527	24 565	117 946.37	126 878
		2019年	1 721 146	156 467.82	490 764	27 115	137 182.78	124 009
	省一流	2018年	378 099	54 014.14	129 289	13 666	36 788.58	49 808
		2019年	508 905	72 700.71	176 481	26 173	49 682.02	50 918
	一般高职院校	2018年	2 669 918.32	50 375.82	597 225	0	120 780.99	6 177
		2019年	2 633 305.45	47 878.28	614 650	0	113 508.14	6 380
非学历培训到款额/万元	国家示范	2018年	13 460.52	1 223.68	3 100	272.46	756.56	1 005.94
		2019年	16 901.45	1 536.5	2 977.14	231.35	780.16	1 503.12
	省一流	2018年	3 456.86	493.84	1 303.82	234.49	341.46	395.18
		2019年	6 694.47	956.35	2 156.46	268.22	632	876.06
	一般高职院校	2018年	30 892.52	561.68	16 861.11	0	2 275.97	119.28
		2019年	32 453.43	600.99	18 738.11	0	2 524.15	131.25

数据来源：根据各高职院校教育质量年度报告（2020）中的数据进行整理与统计而成。

（2）公办、民办高职院校社会服务能力比较。

公办、民办高职院校社会服务能力2019年比2018年整体上有所增强，除了民办高职院校技术服务产生的经济效益为0（见表2-19）。从技术服务到款额、技术服务产生的经济效益、纵向科研经费到款额、技术交易到款额、非学历培训服务、非学历培训到款额的总额与均值进行比较，公办高职院校都远远高于民办高职院校。

表2-19 公办、民办高职院校社会服务能力比较

指标			小计	均值	最大值	最小值	标准偏差	中位数
技术服务到款额/万元	公办	2018年	25 259.37	515.5	3 292.1	0	843.02	98.2
		2019年	32 951.84	659.04	4 481.18	0	986.06	191.99
	民办	2018年	551.37	27.57	200.88	0	51.15	2.37
		2019年	817.83	40.89	247.24	0	59.69	20.45

续上表

指标			小计	均值	最大值	最小值	标准偏差	中位数
技术服务产生的经济效益/万元	公办	2018年	55 091.84	1 252.09	10 018.51	0	2 516.49	36.54
		2019年	147 507.94	3 277.95	60 875	0	9 617.8	15
	民办	2018年	0	0	0	0	0	0
		2019年	0	0	0	0	0	0
纵向科研经费到款额/万元	公办	2018年	19 072.66	373.97	5 191.32	0	784.2	116.1
		2019年	28 728.27	552.47	8 657.08	0	1 249.03	175.7
	民办	2018年	998.18	47.53	309.7	0	76.69	11.9
		2019年	762.09	36.29	200.05	0	49.75	11.3
技术交易到款额/万元	公办	2018年	3 609.09	76.79	980	0	204.05	0
		2019年	4 723.02	100.49	1 220	0	257.54	0
	民办	2018年	176.76	8.42	90	0	23.45	0
		2019年	226.62	10.79	108.12	0	29.4	0
非学历培训服务/人日	公办	2018年	4 368 278.94	89 148.55	597 225	0	135 093.19	33 759
		2019年	4 713 294.45	90 640.28	614 650	0	133 977.31	42 851.5
	民办	2018年	136 774.38	6 513.07	56 739	0	14 468.92	110
		2019年	150 062	7 145.81	43 025	0	13 113.34	371
非学历培训到款额/万元	公办	2018年	46 173.84	887.96	16 861.11	0	2 345.39	334.31
		2019年	54 166.47	1 062.09	18 738.11	0	2 609.84	379.63
	民办	2018年	1 636.06	77.91	458	0	133.34	8.64
		2019年	1 882.88	89.66	570.77	0	128	77.77

数据来源：根据各高职院校教育质量年度报告（2020）中的数据进行整理与统计而成。

（3）不同地区高职院校社会服务能力比较。

珠江三角洲地区和粤东西北地区高职院校社会服务能力2019年比2018年有所提高（见表2-20）。从技术服务到款额、技术服务产生的经济效益、纵向科研经费到款额、技术交易到款额、非学历培训服务的总数与均值进行比较，珠江三角洲地区高职院校都远远高于粤东西北地区高职院校。

表 2-20 珠江三角洲地区高职院校与粤东西北地区高职院校社会服务能力比较

指标			小计	均值	最大值	最小值	标准偏差	中位数
技术服务到款额/万元	珠江三角洲地区	2018 年	25 153.11	457.33	3 292.1	0	812.2	57.5
		2019 年	32 802.29	596.41	4 481.18	0	959.6	108.12
	粤东西北地区	2018 年	657.63	46.97	308.37	0	82.95	8.2
		2019 年	967.38	64.49	302.64	0	105.13	8.2
技术服务产生的经济效益/万元	珠江三角洲地区	2018 年	53 774.86	1 097.45	10 018.51	0	2 420.21	0
		2019 年	146 119.4	2 922.39	60 875	0	9 184.45	0
	粤东西北地区	2018 年	1 316.98	94.07	1 260	0	323.7	0
		2019 年	1 388.54	99.18	1 155.57	0	299.03	0
纵向科研经费到款额/万元	珠江三角洲地区	2018 年	19 493.67	341.99	5 191.32	0	748.8	100
		2019 年	28 086.08	484.24	8 657.08	0	1 197.69	125.87
	粤东西北地区	2018 年	577.17	38.48	108	0.8	35.1	26
		2019 年	1 404.28	93.62	401.5	0	98.02	86.2
技术交易到款额	珠江三角洲地区	2018 年	3 520.66	64.01	980	0	189.92	0
		2019 年	4 573.81	83.16	1 220	0	240.57	0
	粤东西北地区	2018 年	265.19	20.4	172.39	0	49.94	0
		2019 年	375.83	28.91	149.7	0	54.19	0
非学历培训服务/人日	珠江三角洲地区	2018 年	4 018 970.38	71 767.33	597 225	0	123 901.12	28 086
		2019 年	4 360 718	75 184.79	614 650	0	124 286.03	34 883.5
	粤东西北地区	2018 年	486 082.94	34 720.21	370 775	0	94 104.92	4 396

数据来源：根据各高职院校教育质量年度报告（2020）中的数据进行整理与统计而成。

（二）高等职业院校教师发展省际比较

由于江苏省、浙江省、山东省[①]是人口大省且职业教育较为发达，特选取这几个省与广东省的高职教师发展进行比较。

1. 教师基本情况比较

2018 年，在江苏、浙江、山东、广东等四个省份中，江苏省有 90 所院校，浙江省有 47 所院校，山东省有 78 所院校，广东省有 88 所院校，江苏省的高职院校总数最多，广

---

① 说明：2018 年山东省总人口 1.00 亿人，浙江省总人口 5 737.00 万人，江苏省总人口 8 051.00 万人，广东省总人口 1.13 亿人，数据来自国家统计局。由于山东、浙江、江苏高等职业教育质量年度报告在本书撰写前尚未公布，只能采用 2018 年的数据。

东省次之；国家示范性（骨干）院校与各省高职院校总数的占比分别为16.67%、23.40%、17.57%、12.50%，所占比例按从高到低依次为浙江、山东、江苏、广东；从公办高职院校所占的比例来看，从高到低依次为浙江、山东、江苏、广东。广东省的国家示范性（骨干）院校所占比例较低，民办高职院校比其他省份略多一些（见表2-21）。

表2-21 2018年高职院校省际比较

省份	高职院校/所	国家示范（骨干）院校		公办/所	民办/所	公办院校与总数的占比/%
		院校数/所	占比/%			
江苏	90	15	16.67	66	23	73.33
浙江	47	11	23.40	38	9	80.85
山东	78	13	17.57	60	18	76.92
广东	88	11	12.50	61	27	69.32

数据来源：《江苏省高等职业教育质量年度报告（2019）》《浙江省高等职业教育质量年度报告（2019）》《山东省高等职业教育质量年度报告（2019）》《广东省高等职业教育质量年度报告（2019）》。

2018年，广东省共有153所普通高校，其中高职院校88所。与江苏、浙江、山东、全国比较，高职院校占普通高等院校总数的比例从高到低依次为广东（57.52%）、山东（53.79%）、全国（53.25%）、江苏（50.85%）、浙江（44.95%），广东设置的高职院校的比例最高。从在校生数来看，广东省2018年在校生（本科和专科生）为196.32万人，其中高职高专院校的学生为78.52万人，所占比例为40.00%。广东高职高专院校的在校生人数最高，依次是山东（74.52万人）、江苏（68.50万人）、浙江（39.47万人）；从高职高专院校学生数占在校生数（本科和专科生）的比例来看，从高到低依次为全国（40.05%）、广东（40.00%）、浙江（38.72%）、江苏（37.92%）、（36.52%）。从高职院校的数量、在校生人数以及所占普通高校总数的比例来看，广东高职院校都排在前头。

从专任教师与教职工总数的百分比来看，高职院校专任教师占比均高于普通高等学校专任教师的占比，高职高专专任教师占比从高到低依次为山东（74.50%）、广东（72.95%）、全国（72.62%）、江苏（69.53%）、浙江（69.07%）。广东省高职高专专任教师所占比例较高，仅低于山东。

从生师比方面进行比较，根据生师比 = $\dfrac{在校生数}{专任教师数}$，广东高职高专的生师比为21.49，按照从高到低排序依次为浙江（22.52）、全国（22.18）、广东（21.49）、山东（19.93）（见表2-22）。

表 2-22 2018 年普通高等院校基本情况的省际比较

项目		学校数/所	教职工总数/万人	专任教师总数/万人	专任教师占比/%	在校生数（本专科）/万人	生师比
全国	总数	2 663	248.75	167.28	67.25%	2 831.03	16.92
	高职高专	1 418	68.53	49.77	72.62%	1 133.70	22.18
	百分比/%	53.25%	27.55%	29.75%	—	40.05%	—
江苏	总数	177	17.06	11.64	68.23%	180.63	15.52
	高职高专	90	4.07	2.83	69.53%	68.50	—
	百分比/%	50.85%	23.86%	24.31%	—	37.92%	—
浙江	总数	109	9.45	6.34	67.09%	101.94	17.37
	高职高专	49	2.54	1.75	69.07%	39.47	22.52
	百分比/%	44.95%	26.88%	27.60%	—	38.72%	—
山东	总数	145	15.85	11.27	71.10%	204.04	18.10
	高职高专	78	5.02	3.74	74.50%	74.52	19.93
	高等职业学校	72	4.62	3.45	74.68%	68.36	19.81
	百分比/%	53.79%	31.67%	33.19%	—	36.52%	—
广东	总数	153	15.30	10.82	70.72%	196.32	18.14
	高职高专	88	5.01	3.65	72.95%	78.52	21.49
	百分比/%	57.52%	32.75%	33.73%	—	40.00%	—

数据来源：全国的数据来自《中国统计年鉴2019》；浙江省的数据来自《浙江统计年鉴2019》；山东的数据来自《山东统计年鉴2019》；江苏省的数据来自《江苏统计年鉴2019》，江苏省高职高专教师总数与专任教师总数来自《江苏省高等职业教育质量年度报告（2019）》；广东省的数据来自《广东统计年鉴2019》。生师比＝在校生数/专任教师数，根据表中的数据计算得出，未将兼职教师计算入内。

2. 教师基本结构比较

广东省校内专任教师中具有硕士及以上学历比例为54.82%，低于浙江（73.36%）、江苏（68.12%）、山东（62.03%）等省份的比例。广东省具有双师素质专任教师比例为58.74%，低于浙江（82.04%）、江苏（78.20%）、山东（71.12%）等省份。广东省具有高级职称比例的教师（26.88%）亦低于江苏、浙江与山东等省份（见图2-6）。

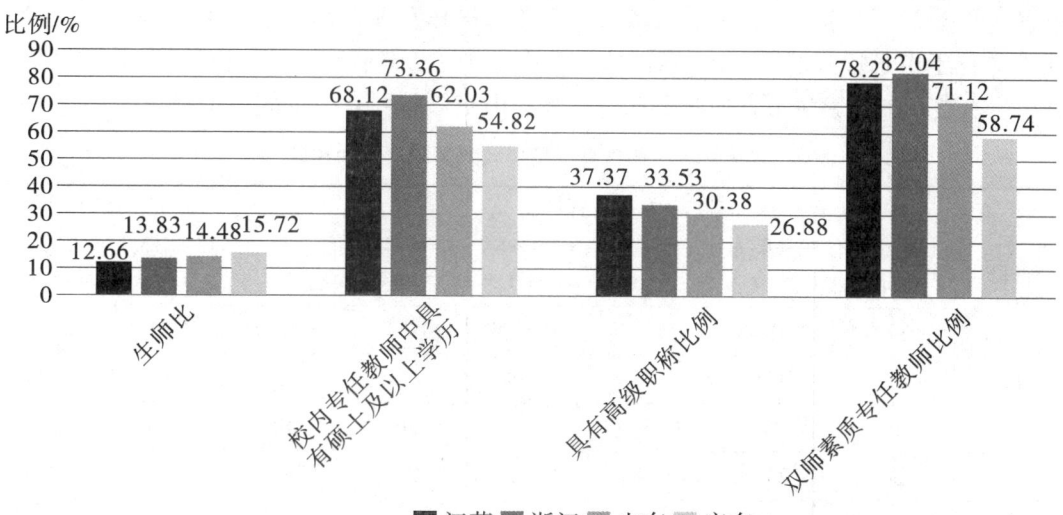

数据来源：《江苏省高等职业教育质量年度报告（2019）》《浙江省高等职业教育质量年度报告（2019）》《山东省高等职业教育质量年度报告（2019）》《广东省高等职业教育质量年度报告（2019）》。

图2-6 教师结构省际比较

从高职院校"双师"素质专任教师比例区间分布看（见表2-23），广东省"双师"比中位数为59.2%，小于30%学校数有6所，30%～40%学校数有6所，40%～50%有19所，50%～60%有12所，60%～70%有9所，大于70%有34所。而山东省双师比中位数为73.0%，江苏省为80.5%，浙江省为85.2%。浙江省无一所高职院校双师比低于50%，"双师"比为50%～60%的高职院校仅1所，60%～70%的有4所，大部分高职院校的双师比大于70%。

表2-23 2018年不同省份高职院校"双师"素质专任教师比例区间分布

省份	学校个数	"双师"比中位数/%	<30%学校数	30%～40%	40%～50%	50%～60%	60%～70%	>70%
广东	86	59.2	6	6	19	12	9	34
山东	75	73.0	7	7	4	5	7	45
江苏	88	80.5	4	2	4	9	5	64
浙江	47	85.2	—	—	—	1	4	42

数据来源：《中国高等职业教育质量年度报告（2019）》。

3. 教师国际影响力比较

各省均日益注重高职院校的国际影响与国际交流（见表2-24）。广东省2018年在国（境）外组织担任职务的专任教师人数为156人，低于江苏省的377人与山东省的261人，高于浙江省的73人；广东省专任教师赴国（境）外指导和开展培训量为12 375人日，低于浙江省（16 585人日）、山东省（45 027人日）、江苏省（67 568人日）。2018年广东省开发国（境）外认可的专业教学标准为28个，低于浙江省（48个）、山东省（49个）、江苏省（186个）；2018年广东省开发国（境）外认可的课程标准数为81个，低于山东省（227个）、浙江省（287个）、江苏省（1 068个）。从这些指标分析，广东省在国际影响力方面与浙江、江苏、山东等省还有一定的差距。

表2-24 各省高职院校教师国际影响力比较

省份	在国（境）外组织担任职务的专任教师人数/人		专任教师赴国（境）外指导和开展培训量/人日		开发国（境）外认可的专业教学标准/个		开发国（境）外认可的课程标准数	
	2017年	2018年	2017年	2018年	2017年	2018年	2017年	2018年
江苏	255	377	20 684	67 568	172	186	708	1 068
浙江	38	73	13 559	16 585	36	48	117	287
山东	66	261	15 518	45 027	129	49	—	227
广东	46	156	4 519	12 375	18	28	25	81

数据来源：与图2-6相同。

4. 师生技能竞赛比较

从国家教学成果奖、全国教师教学能力大赛、全国职业院校学生技能大赛进行比较（见表2-25），广东高职院校全国教师教学能力大赛一、二等奖数位居全国第一，获全国"最佳组织奖"；在全国职业院校学生技能大赛中354人次获奖，获奖率达93%，获奖数位居全国第三。山东省赛区荣获"2018年全国职业院校技能大赛突出贡献奖"，高职院校获常规赛项金牌48枚、银牌66枚、铜牌22枚，获奖总数居全国第一位，金牌数量位居全国第二。国家级职业教育教学成果奖获一等奖2项、二等奖36项，获奖率达66.7%。山东省承办了2018年全国职业院校教学能力大赛，获奖总数位居全国第二位。从三大奖项来说，广东省与山东省、江苏省、浙江省旗鼓相当，均居于全国前列。

表2-25 2018年荣获国家三大奖项数量统计表

单位：项

省份	国家教学成果奖			教学能力大赛			技能大赛		
	特等奖	一等奖	二等奖	一等奖	二等奖	三等奖	一等奖	二等奖	三等奖
江苏	—	8	—	3	4		57	—	—
浙江	0	5	16	2	9	5	20	54	49
山东	0	2	36	7	6	5	48	66	22
广东	1	3	30	一、二等奖数全国第一，获全国"最佳组织奖"，率达92%			354人次获奖，获奖率达93%，获奖数位居全国第三		

数据来源：与图2-6相同。

5. 教师社会服务能力比较

从科研、培训等经费可比较高职院校社会服务能力（见表2-26），广东省2018年纵向科研到款额为 21 287.38 万元，略低于江苏（24 018.46 万元），高于浙江省（14 806.93 万元）与山东省（16 219.11 万元）。广东省在纵向科研到款额这一项有一定的优势，但在横向技术服务产生的经济效益、公益性培训服务、技术交易到款额等三项与江苏、浙江、山东等省相差悬殊。横向技术服务产生的经济效益从低到高依次为广东省（43 157.33 万元）、浙江省（268 398.76 万元）、江苏省（282 069.69 万元）、山东省（492 043.04 万元），广东省产生的经济效益仅为山东省的 8.77%，相差悬殊。广东省公益性培训服务为 1 616 716 人日，仅为山东省（3 728 096 人日）的 43.37%；广东省技术交易到款额为 3 931.22 万元，仅为江苏省（34 996.60 万元）的 11.23%，浙江省（12 244.53 万元）的 32.11%。

广东省的横向技术服务到款额、非学历培训到款额在四省之中均居于第三位。2018 年广东省横向技术服务到款额为 27 824.43 万元，低于浙江省（36 023.01 万元）、江苏省（79 678.81 万元），略高于山东省（24 147.66 万元）；广东省非学历培训到款额为 48 079.8 万元，低于浙江省（52 656.62 万元）和山东省（104 640.02 万元），高于江苏省（41 645.82 万元）。

表 2-26　2018 年高职院校社会服务能力相关指标数据表

省份	横向技术服务到款额/万元	横向技术服务产生的经济效益/万元	纵向科研经费到款额/万元	非学历培训到款额/万元	公益性培训服务/人日	技术交易到款额/万元
江苏	79 678.81	282 069.69	24 018.46	41 645.82	2 764 164	34 996.60
浙江	36 023.01	268 398.76	14 806.93	52 656.62	2 757 350	12 244.53
山东	24 147.66	492 043.04	16 219.11	104 640.02	3 728 096	8 815.65
广东	27 824.43	43 157.33	21 287.38	48 079.8	1 616 716	3 931.22

数据来源：与图 2-6 相同。

6. 兼职教师情况比较

从企业兼职教师的年课时总量来看，广东省高职院校的课时总量为 2 074 793 课时，在四省中位居第三，高于浙江省（1 261 274.59 课时），但 2018 年广东省高职院校有 88 所，浙江省高职院校有 47 所，从校均课时量来说要低于浙江省。广东省年支付企业兼职教师课酬为 187 217 647.66 元，在四省中排在第二位。

表 2-27　2018 年兼职教师课时课酬情况

省份	企业兼职教师年课时总量/课时	年支付企业兼职教师课酬/元
江苏	2 211 367.86	143 844 673.33
浙江	1 261 274.59	107 185 754.8
山东	2 329 884	189 655 317.1
广东	2 074 793	187 217 647.66

数据来源：与图 2-6 相同。

三、高等职业院校教师发展存在的问题与对策

（一）存在的主要问题

尽管广东省高职教育在不断地发展，高职院校的师资队伍在不断地扩大与提升，尤其是近年来通过质量工程、"创新强校"工程、强师工程等，高职院校得到了较大的发展，但通过纵横向的对比，可发现广东省高职院校的教师教育仍存在以下问题。

1. 广东省省内高职院校教师差异明显，呈不均衡发展

从广东省内高职院校不同类型（国家示范、省一流、一般）、不同体制（公办、民办）、不同区域（珠江三角洲地区、粤东西北地区）高职院校教师的比较，可发现各高职院校之间差异比较明显，发展不均衡。整体上，国家示范高职院校教师素质高于省一流高职院校的，省一流高职院校的教师素质高于一般高职院校的；公办院校的教师素质高于民办院校教师的素质；珠江三角洲地区高职院校教师素质高于粤东西北地区的高职院校教师素质。

2. 广东省高职院校的教师基本结构有待完善

根据2018年广东省高职院校与江苏、浙江、山东等省份高职院校的比较，广东省高职院校专任教师与教职工总数的比例高于浙江、江苏省高职院校，生师比高于山东等省；校内专任教师中具有硕士及以上学位比例、"双师"素质专任教师比例均低于江苏、浙江、山东等省。广东省高职院校的专任教师队伍有待于进一步扩大，并不断提高教师的水平。从企业兼职教师的课时课酬的比较，广东省高职院校可以继续完善机制建设，招收更多、素质更高的企业兼职教师参与到教学与人才培养中来。

3. 广东省高职院校的教师国际影响力与社会服务能力有待继续加强

基于广东省高职院校与江苏、浙江、山东等省高职院校的比较，广东省高职院校在国（境）外组织担任职务的专任教师人数、专任教师赴国（境）外指导和开展培训时间、开发国（境）外认可的专业教学标准、开发国（境）外认可的课程标准数等四个方面均和江苏、浙江、山东等几个省份的高职院校有一定的差距。基于广东省在"一带一路"和"粤港澳大湾区"建设中的重要地位，广东省的高职院校的教师要逐渐提升在国际上的影响力。

在社会服务方面，从横向技术服务到款额、横向技术服务产生的经济效益、纵向科研经费到款额、非学历培训到款额、公益性培训服务、技术交易到款额等几个方面的比较，广东省的高职院校的服务社会服务能力比江苏、浙江、山东等几个省份略逊一筹，社会服务能力仍有待于提升。

4. 广东省高职院校的教师教育有待进一步改善

广东省高职院校的教师教育尽管在不断地完善，但教师的整体素质有待于进一步提升，有待于在现有培养体系的基础上完善高职教师的培养体系，全面提升高职教师的素养。广东省高职院校"双师"素质的比例为58.74%，低于江苏、浙江、山东等省份，仍有待于完善校企合作制度和教师企业实践制度，提高"双师"素质的比例。

（二）主要的解决对策

针对广东省高职院校教师教育存在的问题，可采取如下对策：

1. 加大师资建设经费投入，保障教师发展

广东省高职院校教师的发展需要资金的支持，除了政府继续加大投入外，还需要通过各种手段和方式促进资金来源的多样化，积极引进社会资金与社会资本，合作共赢。江苏高职院校的社会捐赠高于广东省高职院校的社会捐赠，广东省如何利用地域优势，积极引入社会资本办学是广东省高职院校教师教育发展的重要发展路径。另外，广东省高职院校珠江三角洲与粤东西北地区，民办与公办，国家示范性高职院校、省一流高职院校与一般高职院校发展不均衡与资金投入有一定的关联。在发展过程中，除了高校提高自身竞争力，获得更多的竞争性项目外，政府在资金投入时应适当考虑粤东西北地区与一般高职院校的资金投入，在鼓励有竞争力的高校教师优先发展的同时，在"公平、公正"的基础上带动全体高职院校教师的发展。

高职院校除了积极从外部获取更多的资金，从内部完善资源配置之外，还要真正使有限的资金发挥最大的作用。从教师建设经费来说，尽管逐年在增长，但教师建设经费所占比例仍较少。广东省有3所高职院校教师建设经费均在3%以下。高职院校在发展过程中，逐步从重物转变到重人的发展，加大教师建设经费投入，保障教师发展。

2. 多措并举，促进省内高职院校教师均衡发展

广东省内不同类型、不同地域的高职院校教师发展不均衡与国家政策、职称待遇、专业培训等有一定的关联。因此，对于薄弱高职院校政府要在人才引进、资源调配、专业培训、职称待遇等方面制定倾斜政策，加快提高薄弱高职院校的师资水平，力争缩小学校之间的差距。具体来说，第一，促进区域资源的共享共用。着眼于大广东的发展，逐步实现不同区域、不同类型高职院校之间的课程、电子资源等多种资源的共享共用；倡导与促进卓越校长、名师、优秀班主任等人员到薄弱高职院校进行经验交流与沟通，影响粤东西北、一般高职院校的理念，促进其整体水平的提高。第二，在教师培训方面，将教师的培训纳入年度考核、绩效工资考核、职称评定的范畴，多举措激发粤东西北、一般高职院校、民办院校教师参与培训的积极性，增加教师学习与进修的机会。第三，在待遇方面，适当提高粤东西北、一般高职院校、民办院校的待遇，吸引更多优秀教师加盟；完善职称评定等政策，促进教师在公办、民办高职院校的流动。总之，促进广东省内高职院校教师均衡发展，减小差距，需要采取多种方式吸引人才、促进教师的发展。

3. 完善校企合作机制，加强"双师"素质教师建设

高职院校"双师"素质教师的培养离不开校企合作，而校企合作需要政府、企业、高职院校三者建立耦合关系，发挥合力作用，实现共赢。政府在推行《广东省职业教育"扩容、提质、强服务"三年行动计划（2019—2021年）》过程中，要让相关的政策真正落地生根，需要继续完善校企合作制度。另外，从税收、用地等方面给予"育人"的企业适当的优惠或补贴，授予相应的社会名誉；完善法律与政策制定，让育人成为企业的义务与责任，为专任教师进入企业实践学习提供良好保障。

加强高职院校与企业的沟通，完善专任教师下企业实践的相关制度。高职院校在

"双师型"教师培养过程中，院校的领导要有校企互动的策略，采取相应的方式方法与企业（相关行业）建立密切的合作关系，为教师进企业进行实践提供基础。院校的领导亦应在与企业对话沟通的基础上，完善教师下企业实践锻炼的相关制度，明确规定教师下企业实践锻炼的时间、待遇、考核评价等，完善制度使教师进企业进行实践成为常态。在"双师"教师建设过程中，高职院校与企业找到"利益共同点"，企业为教师提供真实的项目或课题，以提高实践能力；教师在企业锻炼中提升社会服务力，寻找企业的真实需求，与企业工作人员发挥合力作用，促进企业的发展。

4. 积极引进与培养企业兼职教师，发挥兼职教师的优势

广东省高职院校兼职教师虽然在数量和质量上都有所提升，但仍有待于加强企业兼职教师队伍建设。首先，在兼职教师的引进方面，高职院校在校企合作的基础上，积极拓展资源，在与企业协商基础上建立兼职教师师资库，促进区域内兼职教师的共享共通。其次，完善兼职教师的培育与管理。高职院校将兼职教师视为学校的宝贵资源，邀请兼职教师参与学校的重要活动，让兼职教师获得"归属感"，满足其情感的需求；在兼职教师有意愿的情况下，让兼职教师适当参与教学培训，提升其教学水平；完善兼职教师的评价与管理，在年终或期末的时候通过评比，授予兼职教师一定的荣誉称号；加强兼职教师与专职教师的对话与沟通，实现信息的共享，为相互合作提供基础。总之，高职院校兼职教师的引进与培育需要高职院校积极行动起来。

5. 完善教师教育体系，促进教师专业化发展

高职院校的领导者与管理者要树立"人本"意识，意识到教师是学校发展的生命线，主动寻找标杆学校，办学水平较低的高职院校主动学习国家示范性高职院校、省一流高职院校的成功经验，完善学校的机制建设与教师教育发展制度建设；省内高水平的高职院校以粤港澳大湾区建设为契机，以中国香港的一流高职院校或德国的一流高职院校为标杆，学习"双师型"教师的培养机制，努力办成"国际一流"的高职院校，真正形成南方高职教育高地。

一方面，完善制度建设，营造"以师为本"的环境。高职院校逐步克服"行政本位"思想，学习与推广典型院校"以师为本"的有效经验，完善学术委员会、教师代表大会、教师投诉与反馈、教职工绩效工资等制度；定期进行教师满意度调查，提高教师的积极性与获得感。

另一方面，高职院校要建立高素质的"双师型"教师队伍，需要重视教师的培训发展，不断激发教师的潜能。以国内外的各种优质教育资源为依托，在每个不同的阶段给予教师针对性训练。通过统筹规划与科学管理教师教育培训，基本建成职前与职后相互衔接、学历与非学历教育并举的现代教师教育体系。在培养过程中，促进教师专业化发展是建设教师教育体系的核心，要坚持以能力为本，以提高教育教学水平和人才培养质量为中心，重点提升教师课堂教学水平与教育管理能力。以专业发展为引领，根据教师不同专业、学科的要求，明确专业发展方向，促进教师专业发展，尤其是要面向转岗教师的需求，以需求为导向合理设置培训科目。坚持科教融合，完善区域教科研组织网络，建立跨校教科研协作体系，促进教师教学实践与科学研究互动提升。

广东省中等职业学校教师发展报告

中等职业教育是我国高中阶段教育中一个重要的组成部分,其主要任务是为现代化社会培养数以亿计的高素质技术技能型人才。因此,中等职业教育是推动社会经济建设与发展的重要力量。中等职业学校教师是中等职业教育的主要实施者,其素质是中职教育能否适应经济社会发展要求的关键因素。本报告主要对 2010 年以来广东省中等职业学校教师的基本情况进行整理、分析并提出改进对策。

一、基本情况

进入 21 世纪以后,广东省中等职业教育进入了快速发展时期。2009 年,广东省中等职业学校 589 所,当年招生总量跃居全国第一;在省内,中职学校招生数首次超过普通高中,占高中阶段招生总数的 52.7%。[①] 此后,广东省中等职业教育规模逐渐缩减。到 2018 年,广东省中等职业技术学校数量减少至 444 所,教职工总数 56 480 人。

(一)专任教师占比不断提高,生师比逐年下降

随着办学规模逐渐缩减,广东省中等职业教育阶段学生和专任教师也呈现出不同程度的减少。2010—2018 年,广东省中等职业学校学生由 2010 年的 1 547 785 人减少为 2018 年的 867 254 人,减幅 43.97%;教职工总数由 2010 年的 58 231 人减少为 2018 年的 56 480 人,减幅 3.01%;专任教师数由 2011 年的 45 993 人减少为 2018 年的 44 105 人,减幅 4.10%。

由于专任教师队伍缩减幅度远低于学生规模下降的速度,因此专任教师在教职工总数中的占比相反有较大幅度的提高。2010 年专任教师占比 74.76%,2018 年为 78.09%,总体增长了 3.33 个百分点。与此同时,生师比也呈现逐年降低的趋势。2010 年,广东省中等职业学校的生师比高达 35.55,远远高于当年教育部颁布的中等职业学校师生比

---

① 广东省教育厅《2009 广东省教育事业发展基本情况统计公报》。

1∶20的标准①。此后，由于学校数以及在校学生数不断缩减，广东省中等职业生师比逐年下降，中职生师比由2010年的35.55下降为2018年的19.66，降幅达44.70%。到2018年，广东省中职学校生师比总体达到国家标准（见表3-1）。

表3-1 广东省中职学校教师基本情况（2010—2018年）

年份	在校生数/人	教职工总数/人	专任教师数/人	专任教师占比/%	生师比
2010	1 547 785	58 231	43 533	74.76	35.55
2011	1 520 525	60 038	45 993	76.61	33.06
2012	1 495 738	60 310	46 193	76.59	32.38
2013	1 408 894	58 322	45 443	77.92	31.00
2014	1 282 205	57 577	45 216	78.53	28.36
2015	1 172 119	57 376	44 972	78.38	26.06
2016	1 065 745	57 163	44 776	78.33	23.80
2017	993 850	57 871	45 197	78.10	21.99
2018	867 254	56 480	44 105	78.09	19.66

数据来源：根据相关年度《中国统计年鉴》数据整理。

（二）职称结构较为合理，高级职称占比略低

2018年广东省中等职业教育专任教师共4.41万人。其中84.60%的专任教师已获得职称，15.40%未定职称。在已评聘职称的教师中，中级职称教师44.17%，初级职称教师22.68%，两项合并占比66.85%。这说明，中、初级职称的年轻教师是广东省中等职业学校专任教师中的主力军。从中、初级职称在整个教师队伍中的占比来看，这种结构是合理的，也符合中等职业学校的教育教学要求。

但由于还有15.40%的专任教师未评定职称，因此从整体结构上来看，广东省中职学校教师队伍中高级职称人数偏低。尤其是正高级职称教师人数偏少，仅占专任教师的0.10%。随着我国中等职业学校职称改革的推进②，未来几年广东省中等职业学校的正高级职称人数会有一定幅度的增加。但是，高级职称教师在广东省中职学校专任教师中占比仍然偏低，只有17.75%，低于教育部2010年颁布的《中等职业学校设置标准》中中等职业学校高级职称的标准（见表3-2）。

---

① 教育部《中等职业学校设置标准》（《中国教育报》2010年8月25日）。
② 《人力资源社会保障部 教育部关于深化中等职业学校教师职称制度改革的指导意见》（人社部发〔2019〕89号）。

表 3-2 广东省中职学校教师职称结构（2018 年）

学年	专任教师总人数/人	正高职称		副高级		中级		初级		未定职称	
		人数/人	占比/%	人数/人	占比/%	人数/人	占比/%	人数/人	占比/%	人数/人	占比/%
2018	44 105	43	0.10	7 784	17.65	19 481	44.17	10 003	22.68	6 794	15.40

数据来源：根据广东省教育厅提供数据整理。

（三）专业覆盖比较全面，结构相对单一

在专业结构方面，2018 年，广东省中等职业专业课教师 28 548 人，占专任教师的 64.73%（文化基础课教师 14 225 人，占比为 32.25%）。从专业覆盖面来看，涉及第一、二、三产业的大多数专业门类（见表 3-3）。

表 3-3 广东省中职学校教师专业结构（2018 年）

专业大类	人数/人	占比/%	专业大类	人数/人	占比/%
能源与新能源类	85	0.19	文化艺术类	3 400	7.71
土木水利类	340	0.77	体育与健身	1 395	3.16
加工制造类	3 245	7.36	教育类	1 671	3.79
轻纺食品类	304	0.69	司法服务类	361	0.82
交通运输类	1 645	3.73	公共管理与服务类	462	1.05
信息技术类	5 891	13.36	资源环境类	82	0.19
医药卫生类	1 968	4.46	石油化工类	88	0.20
休闲保健类	59	0.13	农林牧渔类	335	0.76
财经商贸类	5 107	11.58	其他	1 070	2.43
旅游服务类	1 040	2.36			

数据来源：根据广东省教育厅提供数据整理。

专任教师队伍的专业结构与广东省整个中职教育的学校专业设置与发展是相关联的。当前广东中等职业学校在专业建设方面存在着专业设置趋同，与产业匹配度不高，服务区域经济发展能力不足，办学特色不鲜明等问题，因此，广东省中等职业学校的师资也体现了这种适应性较低的特征。就专业结构而言，近 5 年经过一轮调整，过于集中第三产业的状况有所变化，但与广东省大力发展新型制造业不适应的问题没有得到根本性的改变。目前，专任教师数居前五位的分别是信息技术类、财经商贸类、文化艺术类、加工制造类和医药卫生类，所占比例分别为 13.36%、11.58%、7.71%、7.36% 和 4.46%。依据《广东省教育厅关于进一步优化中等职业学校布局结构的意见》[①]，专任教师的专业结构也将发生较大变化。

---

① 《广东省教育厅关于进一步优化中等职业学校布局结构的意见》（粤教职〔2019〕29 号）。

（四）学历结构比较合理，硕士层次有待加强

2018 年，广东省中等职业学校专业课专任教师总人数为 44 105 人。总的来看，在广东省中等职业学校专任教师中，本科学历及以上占比较高，达到 92.82%。

其中，本科生学历教师是广东中等职业学校教师队伍中的主力。目前，本科学历总人数为 36 025 人，所占比例为 81.68%。2013—2018 年，本科生学历教师在专任教师队伍中占比比较稳定，基本维持在 81% 到 83% 之间。

近年来，本科生学历教师在专任教师队伍中占比略有下降，主要是因为近年来研究生学历教师的比例在小幅度上升。从 2015 年起，研究生学历教师增速不断加快。到 2018 年，硕士研究生总人数为 4 877 人，所占比例为 11.06%。这一比例已经达到国家有关中职学校专任教师硕士研究生占比的建校标准，但与教育发达省份相比，这一比例仍然偏低。

在广东中等职业学校教师队伍中，还有数量不大的博士研究生学位，大专、高中及以下学历的教师群体。其中，博士研究生总人数为 37 人，所占比例为 0.08%。专科学历总人数为 2 920 人，所占比例为 6.62%。专科的专任教师由 10.13% 下降到 6.62%；高中阶段及以下学历的总人数为 246 人，所占比例为 0.56%。学历为高中阶段及以下的专任教师由 0.81% 下降到 0.56%。与研究生学历教师占比稳步提高不同，博士研究生、大专、高中及以下学历的教师数量在不断减少（见表 3-4）。

表 3-4　广东省中职学校教师学历结构（2018 年）

年份	专业课专任教师总人数/人	博士研究生		硕士研究生		本科		专科		高中阶段及以下	
		人数/人	占比/%	人数/人	占比/%	人数/人	占比/%	人数/人	占比/%	人数/人	占比/%
2018	44 105	37	0.08	4 877	11.06	36 025	81.68	2 920	6.62	246	0.56

数据来源：根据广东省教育厅提供的数据整理。

2018 年，广东省中等职业学校聘请校外教师总人数为 3 093 人，占中职专业课专任教师比例为 7.01%。其中，博士研究生总人数为 13 人，所占比例为 0.42%；硕士研究生总人数为 376 人，所占比例为 12.16%；本科学历总人数为 2 141 人，所占比例为 69.22%；专科学历总人数为 433 人，所占比例为 14%；高中阶段及以下学历的总人数为 130 人，所占比例为 4.20%（见表 3-5、表 3-6）。

表 3-5　广东省中职学校聘请校外教师学历结构（2018 年）

年份	聘请校外教师总人数/人	博士研究生		硕士研究生		本科		专科		高中阶段及以下	
		人数/人	占比/%	人数/人	占比/%	人数/人	占比/%	人数/人	占比/%	人数/人	占比/%
2018	3 093	13	0.42	376	12.16	2 141	69.22	433	14	130	4.20

数据来源：根据广东省教育厅提供的数据整理。

表 3-6 广东省中等职业学校教师学历占比数据变化情况 (2013—2018 年)

年份	专任教师人数合计/人	博士研究生		硕士研究生		本科		专科		高中阶段及以下	
		人数/人	占比/%	人数/人	占比/%	人数/人	占比/%	人数/人	占比/%	人数/人	占比/%
2018	44 105	37	0.08	4 877	11.06	36 025	81.68	2 920	6.62	246	0.56
2017	45 197	40	0.09	4 866	10.77	37 107	82.10	2 880	6.37	304	0.67
2016	44 776	37	0.08	4 260	9.51	37 072	82.79	3 103	6.93	304	0.68
2015	44 972	53	0.12	4 026	8.95	37 155	82.62	3 406	7.57	332	0.74
2014	45 216	44	0.10	3 375	7.46	37 749	83.49	3 716	8.22	332	0.73
2013	45 443	38	0.08	3 253	7.16	37 181	81.82	4 604	10.13	367	0.81

数据来源：根据广东省统计局数据整理。

（五）性别结构较均衡，女性教师学历略高

2018 年，广东省中等职业学校专任教师人数为 44 105 人，其中女性教师超过半数，为 23 768 人，占专任教师总人数的比例为 53.89%。

学历方面，研究生、本科学历层次的专任教师中，女性教师的占比高于男性教师。2018 年，硕士研究生总人数为 4 877 人，其中女性人数为 2 941 人，所占比例为 60.30%；本科学历总人数为 36 025 人，其中女性人数为 19 630 人，所占比例为 54.49%。但在博士研究生和专科及以下学历的专任教师中，女性教师的占比低于男性教师。2018 年，博士研究生人数为 37 人，其中女性人数为 15 人，所占比例为 40.54%；专科学历总人数为 2 920 人，其中女性人数为 1 142 人，所占比例为 39.11%；高中阶段及以下学历的总人数为 246 人，其中女性人数为 40 人，所占比例为 16.26%。这说明，在广东省中职学校专任教师中，女性教师是中坚力量（见表 3-7）。

表 3-7 广东省中等职业学校专任女教师学历占比数据变化情况 (2018 年)

专任教师合计			博士研究生			硕士研究生			本科			专科			高中阶段及以下		
总人数/人	其中女性	占比/%	人数/人	其中女性	占比/%	人数/人	其中女性	占比/%	人数/人	其中女性	占比/%	人数/人	其中女性	占比/%	人数/人	其中女性	占比/%
44 105	23 768	53.89	37	15	40.54	4 877	2 941	60.30	36 025	19 630	54.49	2 920	1 142	39.11	246	40	16.26

数据来源：根据广东省教育厅提供数据整理。

在兼职教师中，女性教师与男性教师大体相当。2018 年，全省中职学校聘请校外教师总人数为 3 093 人，其中女性人数为 1 511 人，所占比例为 48.85%。尤其是在硕士、本科层次的专任教师中，女性教师与男性教师数量差异不大。硕士研究生总人数为 376 人，其中女性人数为 188 人，所占比例为 50%；本科学历总人数为 2 141 人，其中女性

人数为 1 105 人，所占比例为 51.61%（见表 3-8）。

与在编教师队伍结构相似，女性教师在博士、专科及以下学历的专任教师中占比均低于男性教师。2018 年，广东省中职学校博士研究生教师总人数为 13 人，其中女性人数为 3 人，所占比例为 23.08%；专科学历总人数为 433 人，其中女性人数为 172 人，所占比例为 39.72%；高中阶段及以下学历的总人数为 130 人，其中女性人数为 43 人，所占比例为 33.08%（见表 3-8）。

表 3-8 广东省中等职业学校聘请校外女教师学历结构（2018 年）

聘请校外教师合计			博士研究生			硕士研究生			本科			专科			高中阶段及以下		
总人数/人	其中女性	占比/%	人数/人	其中女性	占比/%	人数/人	其中女性	占比/%	人数/人	其中女性	占比/%	人数/人	其中女性	占比/%	人数/人	其中女性	占比/%
3 093	1 511	48.85	13	3	23.08	376	188	50	2 141	1 105	51.61	433	172	39.72	130	43	33.08

数据来源：根据广东省教育厅提供数据整理。

（六）梯队结构较好，年轻化特征明显

广东省 2018 年中等职业教育专任教师共 4.41 万人，85.36% 的专任教师在 29~49 岁之间。这表明，广东省中职学校专任教师中，中青年教师是主力。总的来看，广东省中等职业学校教师队伍是一支比较年轻的队伍。尤其是随着年龄较大的、学历层次较低的教师的逐步减少，整个教师队伍的年龄结构进一步年轻化。

在专任教师中，50 岁及以上的专任教师占比 14.64%；29 岁以下的专任教师人数为 7 675 人，占比 17.40%；60 岁以上的专任教师人数为 120 人，占比 0.27%（见表 3-9）。这表明，广东省中职学校教师队伍中，老中青梯度结构较合理，利于发挥老教师的经验优势，利于中青年教师的成长，也有利于学校人才培养质量的提高。

表 3-9 广东省中等职业学校教师年龄结构（2018 年）

职称	专任教师人数/人	29 岁及以下		30~34 岁		35~39 岁		40~44 岁		45~49 岁		50~54 岁		55~59 岁		60 岁以上	
		人数/人	占比/%	人数/人	占比/%	人数/人	占比/%	人数/人	占比/%	人数/人	占比/%	人数/人	占比/%	人数/人	占比/%	人数/人	占比/%
正高	43	0	—	0	—	0	—	1	2.33	12	27.91	11	25.58	12	27.91	7	16.28
副高	7 784	3	0.04	46	0.59	594	7.63	1 501	19.28	2 348	30.16	2 338	30.04	899	11.55	55	0.71
中级	19 481	434	2.23	3 587	18.41	5 586	30.12	3 990	20.48	2 941	15.10	1 981	10.17	632	3.24	30	0.15
初级	10 003	3 187	31.86	3 828	38.27	1713	17.12	597	5.97	377	3.77	208	2.08	86	0.86	7	0.07
未评职称	6 794	4 051	59.63	1 454	21.40	643	9.46	266	3.92	188	2.77	117	1.72	54	0.79	21	0.31

数据来源：根据广东省教育厅提供数据整理。

从整体上看，广东省中等职业学校教师队伍建设在国内处于中等偏上的发展水平。其中，珠江三角洲地区已经达到了国内的先进水平。这与广东省中等职业教育发展基本上是一致的。就发展趋势而言，由于广东省中等职业教育办学规模从2010年开始呈现逐年下降的态势，而教师队伍规模的下降低于学生下降的速度，因此广东省中等职业学校教师队伍严重短缺的问题逐步缓解，而整体素质呈现出不断提高的趋势。

随着《广东省职业教育"扩容、提质、强服务"三年行动计划（2019—2021年）》的实施，广东省中等职业教育将进一步走"内涵式"发展道路，届时中等职业学校教师队伍的整体素质将会得到进一步的发展，从而为广东省中等职业教育质量的提高奠定更扎实的基础。

二、发展政策

广东省是我国职业教育大省，尤其是中等职业教育，进入21世纪以后其发展规模始终位居全国第一，约占全国在校生总数的10%。同时，广东省也是经济大省、制造业大省，技术技能型人才是广东经济社会发展的重要支撑。为此，广东省一直重视职业教育，重视职教师资队伍的发展与建设。

（一）深化中职学校教师队伍改革

2018年，中共广东省委、广东省人民政府颁布《关于全面深化新时代教师队伍建设改革的实施意见》（以下简称《实施意见》），加快教师队伍改革与发展步伐。《实施意见》明确提出，到2022年，全省教师培养培训体系进一步健全，职业发展通道进一步畅通，教师管理体制机制更加完善，待遇提升保障机制更加健全，教师职业吸引力明显增强。教师队伍结构性紧缺状况基本缓解，教师学历明显提升，职业院校专业课教师中"双师型"教师比例稳定在60%以上。教师队伍规模、结构、素质、能力基本满足教育现代化发展需要。

广东省职业院校高素质双师型教师队伍改革主要从四个方面开展。第一，深入实施职业院校教师素质提高计划，推动职业院校建立一支技艺精湛、专兼结合的双师型教师队伍。第二，加强技术师范院校建设，大力培养适应现代职业教育发展的高水平师资。支持职业院校、本科高等学校和大中型企业共建双师型教师培养培训基地，建立健全高等学校、行业企业联合培养双师型教师的机制。第三，充分发挥职业院校教师发展中心和教师培训基地的作用，大力开展教师专项培训，提高教师教学水平和专业能力。第四，打造职业院校专业带头人、名教师专业发展平台，充分发挥专业带头人、名教师示范引领作用。完善兼职教师培训制度，提高兼职教师队伍水平。[1]

（二）成立全省职教师资联盟

2017年6月19日，在广东省教育厅的直接领导下，广东省职教师资培养培训联盟成立。联盟的建立旨在探索建设具有广东特色、高水平的职教师资培养培训体系，注重整

---

[1] 《中共广东省委 广东省人民政府关于全面深化新时代教师队伍建设改革的实施意见》。

合和分享资源，服务构建现代职教体系。共有 95 个高校、地市教育局等单位成为第一届理事会成员。根据《广东省职教师资培训联盟章程》，各理事会成员将合作探索构建"中高本硕"相衔接、"产教融合"的培训新模式，发挥粤港澳地缘优势，设置国际化培养创新班。目前，由广东技术师范大学与高职院校和中职学校合作的"高本衔接""中本衔接"的本科层次的职教师资培养模式已基本形成。

同时，联盟将建设产教融合平台，在现有"产教通"信息化平台基础上，通过供需双方的信息发布，实现校企无缝对接。联盟在广东技术师范大学建立"广东省职教师资培养基地（总部）"，并分别在粤东西北和珠江三角洲地区与高校、行业企业合作建设多个职教师资培养培训基地分部，提高职业教育在粤东西北经济社会发展的支撑作用。[①]

（三）加强全省师资培训基地建设

2000 年以来，广东省建设有 3 个"国培"基地（分别是佛山市顺德区梁銶琚职业技术学校、广东技术师范大学、岭南师范学院），10 余个"省培"基地（广东轻工职业技术学院、广东科学职业技术学院、深圳职业技术学院、广州番禺职业技术学院、广东交通职业技术学院、广东机电职业技术学院、广州铁路职业学院等）。2018 年，7 所省培基地被评为国家优质省培基地。各基地以专业领军人才和"双师型"教师为重点，大力提升职业教育教师专业能力和水平。

1. 加强职业院校专业领军人才培养

实施职业院校"专业领军人才"计划，引进、培养一批具有较大影响的专业带头人。充分发挥教学名师、技能大师的示范引领作用。支持有条件的职业院校建设一批国家级和省级技能大师工作室，引进在本行业领域具有较高影响力的技能大师，以"师带徒"形式培养一批专业骨干。实施职业院校校长能力提升计划，着力提升校长现代管理理念和管理水平。完善职业院校校长选聘机制，吸引职业教育专家和优秀企业管理者担任职业院校领导干部。

2. 提升专业课教师"双师"素质

鼓励职业院校从行业企业聘请优秀管理人才、高技能人才担任专职或兼职专业课教师或实习指导教师。探索和完善从行业企业引进专任教师的管理制度。推进落实专业课教师每五年到行业企业实践锻炼累计不少于 6 个月的制度。探索建立职业院校"双师型"教师认定考核制度。支持普通本科转型高校引进和培育"双师双能型"教师。

3. 加强职业院校骨干教师和中职学校校长培训

加强职业院校师资培训基地建设，鼓励职业院校与行业协会、大中型企业等联合建立骨干教师培训基地。落实教师全员培训制度，重点提升教师技术技能教学水平，促进教师专业化发展。推进实施职业教育教师能力提升工程，组织开展职业院校骨干教师和中等职业学校校长高级研修等省级示范培训。创新培训模式，增强培训主体的自主选择性，建立健全培训质量监控保障制度，提高培训效益。

目前，为促进广东省职业教育的均衡化发展，广东省已开始实施培训基地院校与粤

---

① 广东职教师资培养培训联盟成立 [N]. 南方日报，2017-06-20.

东西北地区对接的"送教上门"精准培训模式：依据"按需施训"的原则制定课程、配备师资，以满足这些地区教师专业成长的实际需要。为进一步满足粤东西北中职学校教师成长需要，2020年，广东省教育厅决定，继续加大省培基地建设力度，将省培基地扩大到30所左右，并加强优质基地以及优质培训项目建设。

（四）建立职业院校名师名校长培训专家工作室

2018年，省职业教育首批"双师型"名教师、名校长、培训专家工作室启动。经过遴选，42个省级名教师、名校长、培训专家工作室成立。

按照广东省教育厅部署，广东省职业教育名教师、名校长、培训专家工作室建设将全面落实国家2018年出台《关于全面深化新时代教师队伍建设改革的意见》与《教师教育振兴行动计划（2018—2022年）》两份纲领性文件，以及《广东"新师范"建设实施方案》对教师队伍建设提出的新要求，紧密围绕立德树人根本任务，充分发挥工作室在教育教学、科研以及产教融合的示范引领作用，实行三年一周期全方位、不间断进行的骨干教师培养培训，创新实行线下实体工作室和网上工作室"合二为一"新模式，培养造就高素质专业化创新型教师队伍，有效提升中青年教师水平。[①]

（五）建设企业兼职教师队伍

为加强师资队伍建设，广东省自2012年起就开始实施中等职业学校"能工巧匠进校园计划"，省财政投入专项资金资助省属中职学校的国家示范校重点建设专业、省级重点建设专业和学校核心骨干专业聘请行业企业能工巧匠到校开展专业技能教学。2014—2015年，省财政安排3 520万元资金分两批资助了20多所省属中职学校，348个专业课教师和实习、实训指导教师岗位聘请高技能人才担任兼职教师；资助22所省属中职学校聘请108名掌握新标准、新技术的高技能人才到学校开设技能大师讲坛。

能工巧匠进校园计划是广东中等职业教育强师工程的重要内容，经过三年多的实施，这个计划已经初步实现了人才培养与岗位需求的无缝对接，同时学生可以更好地学习岗位操作技能，并接触到行业企业的新技术、新工艺。企业专家进校讲学不仅可使老师创新教学方式，改变教学理念，同时还可培养学生的职业素养和理念。[②]

目前，广东省中职学校聘请兼职教师3 000多人。其中，一批具有行业影响力的专家作为专业带头人，一批企业专业人才和能工巧匠参与日常教育教学活动。广东省中职学校兼职教师队伍的建设，确保了各校专业建设能紧跟产业发展，推动学生实践能力培养符合职业岗位要求。

（六）实施职业院校教师能力提升计划

为适应新形势发展需要，广东省2019年制定并发布《广东省职业教育"扩容、提

[①] 职教师资队伍更强大！广东成立职业教育"双师型"名教师、名校长、培训专家工作室[N]．南方日报，2018-11-17．
[②] 广东每年要引进1 000名能工巧匠进校园[N]．羊城晚报，2015-11-10．

质、强服务"三年行动计划（2019—2021 年）》，明确提出实施职业院校教师能力提升计划。

1. 完善职业院校招聘办法

支持公办职业院校根据岗位需求自主设置公开招聘条件，探索通过先面试后笔试、直接面试、技能测试、考察聘用等方式招收高素质教师。建立健全职业院校教师编制动态管理机制，推广以周转编制自主聘任兼职教师办法，鼓励职业院校设立产业教师（导师）等流动岗位，依法依规自主聘请兼职教师和确定兼职报酬，推动企业工程技术人员、高技能人才和职业院校教师双向流动。结合职业教育特点，统筹区域薪酬水平，建立动态调整机制，合理核定公办职业院校绩效工资总量，允许职业院校在核定的总量内自主确定基础性与奖励性绩效工资比例。支持职业院校对获得省级以上职业技能竞赛奖项的选手和指导教师予以奖励，奖金在核定的绩效工资总量外单列管理。实施中职学校教师正高级职称评审工作。

2. 制定加强职业院校"双师型"教师建设指导意见

全面落实职业院校教师到企业实践和轮训制度，加强骨干教师培训，建设"双师型"教师培养培训基地，实施职业教育教师教学创新团队和专业领军人才培养计划、职业教育名师工作室和技能大师工作室建设计划，加强教研室等基层教学组织建设；到 2021 年，"双师型"教师占专业课教师的比例超过 65%。加强职业院校信息化建设，推进信息技术与教育教学改革深度融合，提高职业院校教师信息化教学能力。

3. 实施职业院校服务发展行动计划

完善支持职业院校开展社会服务相关政策，鼓励职业院校将教师开展社会培训、技术研发与服务等社会服务纳入教师工作量，职业院校教师依法取得社会服务收入。职业院校所办企业或开展生产经营活动、开展社会培训、为企业提供技术服务等，所得合法收入经批准可用于绩效工资分配，其中突破调控水平部分以备案方式单列核增。允许职业院校教师按照合同约定依法依规自主支配横向经费，参与企业的技术和管理工作并依法取得报酬。鼓励和支持职业院校按照国家和省有关规定，从职务科技成果转化收入中对参与职务科技成果转化的人员给予奖励；职业院校教师依法取得的科技成果转化奖励，不纳入绩效工资，不纳入单位工资总额基数；非营利性高职院校给予科技人员的职务科技成果转化现金奖励，符合条件的，可按 50% 计入科技人员当月工资、薪金所得并依法缴纳个人所得税。[①]

三、比较分析

通过珠江三角洲地区与粤东西北地区的省内比较，以及与北京、上海、江苏、浙江等职业教育发达省区的省际比较，可以进一步了解广东省中等职业学校教师队伍建设与发展的情况。

---

① 《广东省职业教育"扩容、提质、强服务"三年行动计划（2019—2021 年）》。

（一）省内比较

广东省的珠江三角洲地区是改革开放的前沿阵地，与经济社会发展相适应，其中等职业教育在省内也是先行一步。下面分别从教师队伍建设中的几个关键因素，即师生比，"双师型"教师，专任教师学历、职称，以及兼职教师队伍几个方面，将珠江三角洲地区中等职业学校教师队伍和粤东西北地区中等职业学校教师队伍进行比较。

1. 生师比比较

全省各地市中等职业学校2017—2019年生师比情况如表3-10所示。

表3-10　广东省珠江三角洲地区中等职业学校生师比情况（2017—2019年）

年度	广州	佛山	深圳	东莞	惠州	珠海	肇庆	江门	中山
2017	22.04	15.68	20.1	21	22.1	17.45	11.82	18.56	13.9
2018	18.56	14.46	14.24	21.1	21.4	14.99	22.3	17.1	12.98
2019	17.24	14.61	14.36	20.66	21	17.82	20.2	15	14.62

数据来源：根据相关年度《中国统计年鉴》数据整理。

从表3-10可以看出，珠江三角洲地区中职学校的师生比基本符合国家标准。其中，深圳、佛山地区的中等职业学校2018年度、2019年度师生比稳定在1∶14左右，高于1∶16的国家倡导标准，也大幅度高于2010年教育部颁布的中等职业1∶20的学校建校标准；广州、珠海、江门三地在1∶17左右，稍高于国家倡导标准，符合教育部的建校标准；东莞、惠州、肇庆三地中职学校的师生比稍低于1∶20，也低于全省的平均值。

表3-11　广东省粤东西北地区中等职业学校生师比情况

年度	潮州	汕头	揭阳	汕尾	梅州	湛江	茂名	云浮	阳江	河源	韶关	清远
2017	10.57	21.5	50.9	14.91	21.37	22.09	19.6	22.36	24.6	19.78	16	18.84
2018	12.3	22.1	50	14.31	18.7	27.5	19.6	18.62	18.82	18.28	14	17.95
2019	12.04	暂无	17.3	15.6	暂无	暂无	19.9	18.65	暂无	18.75	暂无	17.74

数据来源：根据广东省统计局数据整理。

在粤东西北地区，中等职业学校的师生比差异较大，数据变化也比较频繁。其中，潮州、汕尾地区的中职学校师生比高于1∶16，主要原因是这些地区中等职业学校在校生人数呈逐年减少趋势比较明显；揭阳市2016年、2017年招生数较多，在校生人数较多，导致生师比偏高，2019年生师比已回落到正常水平；湛江市师生比在2018年达到1∶27，师生比偏低。汕头、梅州、河源、清远、茂名、云浮、阳江等地市师生比在1∶20左右。总体来看，粤东西北地区中职学校师生比也受到学生规模下降、教师队伍比较稳定的双面影响，大体符合教育部标准。从纵向上看，师生比不断降低；但从横向看，与珠江三角洲地区的中职学校的差距仍然较大（见表3-11）。

同时，粤东西北地区中职学校师生比年度变化较大，主要是因为部分地区招生人数波动较大，导致师生比的数据也不稳定，因而出现在个别年份，某些地区的生师比过高的现象。

2. "双师型"教师比较

"双师型"教师占专业教师比例是中等职业学校教师队伍建设的一个显著特征,也是反映中职学校教师素质发展状况的一个重要指标。按照教育部公布的数据,2018年,全国中等职业学校"双师型"教师比例为30.65%,比上年提高0.66个百分点。① 从整体上讲,广东省中等职业学校"双师型"教师的占比均超过这个指标,但省内各区域还存在一定差异(见表3-12)。

表3-12 广东省(珠江三角洲地区)中职学校"双师型"教师占专业教师比例情况(2017—2019年)

单位:%

年度	广州	佛山	深圳	东莞	惠州	珠海	肇庆	江门	中山
2017	58	88.18	64	38.11	56.3	40.23	73.94	51.01	48.93
2018	55	88.68	69.68	46.31	56.5	63.5	60.4	47.23	49.68
2019	62	86.23	71.6	48.48	61.5	78.75	69.2	63.14	50.93

数据来源:各年份广东省中等职业教育质量年度报告。

根据教育部等颁布的《深化新时代职业教育"双师型"教师队伍建设改革实施方案》,到2022年,全国职业院校"双师型"教师占专业课教师的比例超过一半。② 从表3-12可以看出,珠江三角洲地区除东莞外其他地市中职学校的"双师型"教师占比均在60%以下,佛山、深圳、珠海三地市的比例达到70%,特别是佛山市"双师型"教师占比三年连续在85%以上,均提前达到了国家的相关要求。

"双师型"的充分配置是技术技能型人才培养质量提高的重要保障。无疑,珠江三角洲地区中等职业教育"双师型"师资队伍的建设及其水平,是珠江三角洲地区能成为我国职业教育高地的一个重要因素。

表3-13 广东省(粤东西北)中职学校双师型教师占专业教师比例情况(2017—2019年)

年度	潮州	汕头	揭阳	汕尾	梅州	湛江	茂名	云浮	阳江	河源	韶关	清远
2017	36.44	50.6	41.8	31	60.9	58.06	42.77	61.08	62.67	67	70	76.71
2018	44.8	51.3	50	35	50.9	47.4	62.8	57.21	67.09	67	63	77.5
2019	45.57	—	55.6	37	—	—	62.35	63.7	—	65.8	—	77

数据来源:根据广东省统计局数据整理。

清远因临近广州,其城市发展定位为粤港澳大湾区的"后花园"。近年来,清远市产业经济发展迅速,加上地方政府高度重视职业教育,因而各级职业院校均取得快速的发展,其"双师型"教师是参照珠江三角洲地区职业院校来建设与配置的,因而其占比

---

① 《解读2018年职教大数据:教师地位凸显,民办中职迎来春天》https://www.sohu.com/a/298723020_214420

② 教育部等四部门关于印发《深化新时代职业教育"双师型"教师队伍建设改革实施方案》的通知(教师〔2019〕6号)。

一直较高，稳定在70%以上，不仅超过珠江三角洲地区平均水平，也超过广州市的水平。

但是，相比之下，粤东西北地区的"双师型"教师的占比整体比珠江三角洲地区低很多。其中，除湛江连续两年在50%左右外，粤西北其他地区"双师型"教师占比均在60%～70%之间。这个比例在省内居中等偏上位置，在全国也居于偏上的位置。与粤西北相比，粤东地区中职学校"双师型"教师占比更低。汕头、汕尾两地市"双师型"教师占比在2018年、2019年连续两年在40%以下，揭阳、潮州"双师型"教师占比在40%～50%（见表3-13）。

3. 教师学历比较

学历水平是教师基本素质的一个重要体现。如前所述，广东省中职学校教师中，本科和硕士学历是专任教师中占比最大的一个群体，而博士研究生、大专及以下学历的教师数量少、占比小（见表3-14）。因此，以下就本科和硕士学历的情况进行比较分析。

表3-14 珠江三角洲地区中职学校专任教师学历情况

单位：%

年度	广州		佛山		深圳		东莞		惠州		珠海		肇庆		江门		中山	
	硕士	本科	硕士	本科	硕士	本科	硕士	本科	硕士	本科	硕士	本科	硕士	本科	硕士	本科	硕士	本科
2017	12.83	96.26	20.93	95.75	19.2	90.27	5.51	90.1	13.1	90.2	20.7	94.9	12.91	85.44	15.79	95.61	14.51	85.24
2018	13.81	96.64	20.21	96.86	20.64	95.58	15.06	89.58	10.9	86.3	21.9	95.3	12.95	93.42	15.53	96.14	14.05	85.12
2019	12	96.64	21.69	99.48	23.15	97.27	15.41	90.04	9	80.2	17.38	94.63	12.13	89.33	15.33	97.59	14.46	84.78

数据来源：根据广东省教育厅提供的数据整理。

除惠州市中等职业学校教师的本科以上学历在专任教师中占比略低外，珠江三角洲地区其他地区的占比均较高。根据有关统计数据，全国中等职业教育专任教师中本科及以上学历的比例为92.1%。珠江三角洲地区中职学校高于全国的平均水平。其中，广州、深圳、佛山、珠海等地市本科以上及学历达到了95%以上。佛山、深圳专任教师中硕士研究生及以上学历达到了20%以上，珠江三角洲地区整体上达到了10%以上。

相比较而言，粤东西北地区的本科及以上学历专任教师的占比较小。其中，粤东地区专任教师中硕士研究生以上学历比例较低，汕头、汕尾占5%左右，潮州、揭阳比例仅为1%～2%（见表3-15）。

表3-15 粤东地区中职学校专任教师学历情况

单位：%

年度	潮州		汕头		揭阳		汕尾		梅州	
	硕士	本科	硕士	本科	硕士	本科	硕士	本科	硕士	本科
2017	1.21	78.81	6.8	95.4	0.82	78.36	3.3	93.6	—	94.5
2018	1.4	92.7	7.2	96	1.65	92	4.4	94.6	—	94.5
2019	1.43	89.29	—	—	1.4	89.3	5.2	96	—	—

数据来源：根据广东省统计局数据整理。

粤西北地区中职学校本科及以上学历教师占比情况好于粤东地区。其中，湛江、河源中专任教师中硕士研究生以上学历比例在7%左右，其他地市均在5%以下（见表3-16）。

表3-16 粤西北地区中职学校专任教师学历情况

单位：%

年度	湛江		茂名		云浮		阳江		韶关		河源		清远	
	硕士	本科	硕士	本科	硕士	本科	硕士	本科	硕士	本科	硕士	本科	硕士	本科
2017	6.37	87.12	0.94	92.19	2.55	81.3	3.77	94.18	3.6	88.2	—	—	1.86	86.24
2018	7.73	86.5	2.94	92.2	3.42	81.01	3.48	94.26	5	72	—	—	1.86	88.66
2019	—	—	3.96	93.77	4.03	85.28	—	—	—	—	7.7	92.7	3.08	89.7

数据来源：根据广东省统计局数据整理。

如前所述，教师队伍建设的水平与本区域职业教育发展的水平，乃至经济社会发展的水平是正相关的。珠江三角洲地区产业门类齐全，职业教育发展具备较好的外部条件，同时这些地区经济发达，能吸引高学历师资任教。而在粤东西北地区，这两个条件均是缺乏的，因此教师队伍建设面临的问题更多、更复杂。相应的，这些地区师资队伍的水平不高，对这些地区培养技术技能型人才也提出了更大的挑战。

4. 教师职称比较

学历代表了教师队伍的素质状况，职称则代表了教师的发展状态，因而职称在很大程度上也体现了教师队伍的总体素质。但是，职称的评定与"双师型"教师的认定不一样，缺乏统一的、客观的标准，而且标准和尺度本身存在区域之间的差异，因此只能在一定程度上反映各地教师发展的状态。

如前所述，由于职称评定等方面的差异，珠江三角洲地区与粤东西北地区的中职学校教师职称的差异并不明显（见表3-17、表3-18）。以高级职称而言，广州、深圳、佛山、珠海专任教师中具有高级职称的教师在20%以上；东莞、惠州、肇庆具有高级职称以上的教师比例较低，特别是肇庆，高级职称教师在10%以下；在粤东西北地区，潮州、梅州具有高级职称的教师比例较高，达到20%，韶关、阳江具有高级职称的教师比例在20%以上，云浮具有高级职称以上教师的比例呈上升势头，在2019年也达到了20%以上，茂名、河源、清远具有高级职称的教师比例在10%~20%之间，而汕头、揭阳、汕尾三地市取得高级职称的教师则只占10%左右，在中级职称方面，广州、佛山取得中级及以上职称的专任教师在60%以上，汕头、梅州的中级职称以上教师占40%~50%。

表3-17 珠江三角洲地区专任教师职称情况

单位：%

年度	广州		深圳		佛山		东莞		惠州		珠海		江门		肇庆		中山
	高级	中级	高级	中级	高级	中级	高级	中级	高级	中级	高级	中级	高级	中级	高级	中级	高级
2017	22.68	64.27	19.27	66.4	23.72	13.73	54.13	13.2	22.8	63.4	16.57	68.17	8.15	51.68	19.76		
2018	23.28	62.15	20	64.6	27.08	13.21	43.91	11.6	24.1	65.9	15.99	67.31	8.9	54.98	20.14		
2019	24.18	62.52	23	32	24.32	13.18	53.5	9.8	28.78	72.98	18.69	—	8.18	51.2	22.42		

数据来源：根据广东省教育厅提供数据整理。

表 3-18 粤东西北地区专任教师职称情况

单位:%

年度	潮州 高级	汕头 高级	汕头 中级	揭阳 高级	汕尾 高级	梅州 高级	梅州 中级	湛江 高级	湛江 中级	茂名 高级	云浮 高级	阳江 高级	阳江 中级	河源 高级	河源 中级	韶关 高级	清远 高级
2017	16.15	16.6	57.8	8.12	12.7	27.73	54.07	13.72	56.69	13.72	15.3	20.7	62.31	16.98	71.81	36.2	13.06
2018	20.51	15	59.7	8.39	9.3	26.75	74.53	13.47	60.06	13.72	17.17	22.26	64.52	16.82	74.55	43	14.11
2019	21.43	—	—	8.6	10	—	—	—	—	13.64	20.17	—	—	17.09	71.94	—	13.26

数据来源:根据广东省统计局数据整理。

5. 兼职教师比较

基于职业教育与经济社会尤其是与产业发展之间的密切关系,中等职业学校的教育教学需要对接产业、企业。在"双元制"的职业教育办学制度下,学校和企业各负其责,人才培养中的知识与技能的教育各得其所。我国职业院校教师的主体来自普通高等学校,缺乏行业、产业的实践经验。这是我国职业教育面临的一个普遍问题。解决这一问题的一个重要途径是,从企业行业里聘用技术技能型人才作为兼职教师。因此,兼职教师聘任的情况也是反映中职学校教师队伍建设水平的一个重要因素。

2017 年发布统计数据的 15 个地市中,11 个地市聘请兼职教师比例低于 10%,2018 年发布统计数据的 16 个地市中 13 个地市聘请兼职教师比例低于 10%,2019 年已收集到的 12 个地市中,深圳、中山、江门、肇庆四个地市聘请兼职教师比例高于 10%。同一地市兼职教师的聘请比例年度变化也很显著,深圳在 2017 年、2018 年比例分别为 3%、6%,2019 年兼职教师上升至 15%,揭阳从 2017 年、2018 年的 31.4%、22.5% 降至 4.23%(见表 3-19、表 3-20)。

表 3-19 珠江三角洲地区聘请兼职教师占比情况

单位:%

年度	广州	深圳	惠州	珠海	肇庆	江门	中山
2017	6	3	6.6	10.23	9.27	5.63	4.35
2018	6	6	3.5	10.4	9.23	3.5	6.7
2019	5	15	7.3	7.49	10.1	10.61	11.72

数据来源:据各年份广东省中等职业教育质量年度报告整理。

表 3-20 粤东西北地区聘请兼职教师占比情况

单位:%

年度	汕头	揭阳	汕尾	湛江	茂名	云浮	阳江	韶关	清远
2017	5.2	31.4	4.6	7.49	4.59	未发布	21.91	11.31	8.37
2018	9.4	22.5	7.6	8.44	4.59	4.14	27.59	6.94	8.72

数据来源:据各年份广东省中等职业教育质量年度报告整理。

总的来看，兼职教师占比存在各地市不均衡和年度不均衡情况。珠江三角洲地区中职学校的情况优于粤东西北地区。

通过以上相关因素的比较，可以发现，尽管广东省内中等职业教育教师发展的整体水平处在全国中上水平，但省内区域之间的差异比较大。这与省内各区域经济社会发展、区域职业教育发展的程度和水平都是正相关的。随着《广东省职业教育"扩容、提质、强服务"三年行动计划（2019—2021年）》等政策的实施与推进，广东省中等职业教育将坚持走"内涵式"道路，届时省内中等职业教育结构、布局将进一步优化，整体师资队伍的建设与发展水平也会提升到一个新的高度。但是，一些影响中等职业教育发展以及中职学校教师队伍建设的因素在较长的时期内还会发挥重要作用，因此，广东省内发展存在差异的现象在短时间内不会发生根本性的变化。

（二）省际比较

为进一步了解广东省中职学校教师发展情况，现将中职学校教师发展的几个方面与国内职业教育发展重要省市如北京、上海、江苏、浙江、山东等进行比较。依据可比性原则，主要从数量和质量两个维度进行比较，选取指标为生师比、"双师型"教师、兼职教师、学历、高级职称（见表3-21）。

表3-21 各省区2018年中等职业学校教师队伍建设情况表

项目	广东省	上海市	山东省	江苏省	浙江省	北京市
教职工数/人	56 750	11 947	59 304	50 137	38 628	9 507
增长率/%	-2.34	-2.78	-1.83	0.30	0.79	-3.23
兼职教师/人	3 093	1 697	3 889	5 418	4 344	1 059
增长率/%	-35.68	45.04	-8.26	-3.35	3.55	-1.76
专任教师/人	44 105	8 083	48 269	42 518	34 409	6 147
增长率/%	-2.42	-0.52	-0.80	0.47	1.43	-3.01
双师型教师占比/%	41.98	56.95	35.98	—	45.31	31.30
专任教师/教职工数/%	77.72	67.66	81.39	84.80	89.08	64.66
生师比	19.66	12.69	15.54	14.72	15.29	10.13
变化情况	-3.16	-0.37	-0.27	-0.67	-0.39	-1.63
硕士及以上学历占比/%	11.13	20.62	8.69	17.25	8.45	15.89
本科及以上学历占比/%	92.82	97.62	94.36	97.79	97.54	97.43
高级职称占比/%	17.75	21.87	25.29	32.31	28.24	32.26

数据来源：根据《中国统计年鉴》、《中华人民共和国教育部统计数据》、各城市《2018年中等职业教育质量报告》数据整理。

在生师比方面，广东省的比例偏高。在六省市中，生师比均达到国家关于中等职业学校的建校标准。其中，除广东省之外的五省市生师比均低于国家倡导的标准16∶1。而广东省的生师比尽管接近国家建校标准，但远远高于其他省市，达到 19.66∶1。这说明，广东省中等职业学校教师队伍在数量上存在不足，尤其是与生师比较低的北京、上海这两个直辖市相比，广东省中职学校教师队伍在超负荷运行。换言之，尽管近十年来，广东省的师生比一直在持续下降，但到目前为止，仍然存在比较突出的师资短缺问题。

在兼职教师方面，广东省也存在数量不足的问题。2018 年，全省中职学校聘任兼职教师 3 093 人。与江苏省相比，广东省中等职业教育规模大于前者，但兼职教师数量比前者少了 43%。值得注意的是，2018 年，上海市、浙江省中等职业学校兼职教师数是呈增长态势，而广东省则出现下降的势头，且下降幅度高达 35.68%。广东省中等职业学校兼职教师的不足，在更大程度上加剧了整体师资不足的问题。很显然，在国家大力推动产教融合、校企合作的背景下，聘请校外教师尤其是来自企业行业的专业技术技能人才作为兼职教师，是我国职业教育改革与发展的重大方向，也是职业教育教师队伍建设的一项重要内容。

在"双师型"教师占比方面，广东省处于中间层次。2018 年，广东省中等职业学校"双师型"教师在专任教师中占比 41.98%，高于山东省和北京市，但低于上海市和浙江省，尤其是与上海市的差距较大。

在学历方面，广东省中等职业学校硕士及以上学历教师占比 11.13%，在六省市中位居中间层次，低于北京市、上海市以及江苏省，高于山东省和浙江省。但本科及以上学历教师的占比只有 92.82%，广东省中等职业学校明显低于其他五个省市。这说明，广东省中等职业学校尤其是粤东西北中等职业学校对高层次人才的吸引力不够。

在职称方面，2018 年，广东省中等职业学校教师高级职称教师占比 17.75%，不仅低于其他五个省市，尤其与北京市、江苏省的差距较大，也低于教育部 2010 年颁布的中等职业学校建校的标准。

总的来看，广东省中等职业学校在最近 20 年里取得了快速的发展。但是，与广东省内经济社会发展不均衡的省情相关联，省内各区域职业教育发展差异较大；相应的，中等职业学校的教师发展也存在着较大的差异。同时，综合以上比较，可以看出，广东省中等职业学校教师队伍无论是在数量方面，还是在质量方面，整体上比上述五省市弱，在某些指标方面还存在较大的差距。

需要说明的是，广东省内部中等职业教育教师队伍发展水平差异较大，是导致全省的综合指标数在上述五省市的比较中不占优势的主要原因。如果撇开粤东西北地区，就珠江三角洲地区中职学校教师发展情况与上述五省市进行比较，整体指标数会处于各省市前列。这说明了广东省作为职业教育发展的高地主要体现在珠江三角洲地区，也进一步表明了广东省内各区域职业教育发展的不均衡程度。

四、存在问题

近年来，广东省高度重视中等职业学校教师队伍建设，在教师培养培训方面，逐步加强"双师型"教师队伍建设的力度，现阶段取得了一些成绩。但从总体来看，还处于不完善的阶段，还存在不少的问题。

（一）教师队伍数量不足

广东省的中职教育规模在 2000 年左右达到最高值。此后，教育规模在不断下降，与此同时，教师下降的速度远远低于在校生规模的下降速度。因此，2000 年以后，广东省中职学校生师比明显下降。但是，直到 2018 年，广东省中职学校生师比才达到 19.66。教育部于 2010 年颁布的《中等职业学校设置标准》提出中等职业学校建校的生师比标准是 20∶1。横向比较来看，这个比例远远高于上海、北京、浙江、江苏等省市。这说明，广东省中等职业学校教师在相当长的一个时期内都是在超负荷运行。同时，"双师型"教师和企业兼职教师短缺的问题尤为突出。

1. "双师型"教师比例偏低

从前文表格中的数据可以看出，2018 年，广东省的"双师型"教师占比为 41.98%，高于山东省的 35.98% 和北京市的 31.30%，但低于浙江省的 45.31%，更低于上海市的 56.95%。

2. 企业兼职教师数量不足

引进企业兼职教师是中职教育有别于其他教育的重要标志。来自企业的专业技术人员实践经验比较丰富，能够弥补教师队伍在实践经验上的不足。各地中等职业学校现在面临的问题是：一方面兼职教师数量在缩减，另一方面企业行业一线的专业技术技能型人才还不够多。

在"十三五"期间，广东省"能工巧匠进校园"活动在省属中职学校实施，取得了较好的效果，受到广大中职学校及其学生的欢迎。如果能持续且全面开展下去，对广东省中职学校教师队伍建设将会发挥更积极、更明显的成效。

（二）教师队伍质量有待提高

教育部《中等职业教育督导评估标准》要求中等职业学校专任教师本科学历达标率要达到 90%。从全省来看，2019 年全省专任教师本科学历平均值勉强达到 90% 以上，中位数也在 90% 以上，说明全省一半地市可以达到 90% 以上的达标率。仍有一半的地市在 90% 以下，特别是粤东部分地市其本科学历教师比例还在 80% 以下。近年来具有研究生学位的人才越来越多地加入到中等职业教育教师队伍中，成为改善中等职业教育教师学历结构的重要力量，特别是在珠江三角洲地区，其硕士研究生已达到 15% 以上，而部分地市尤其是粤东西北地区，研究生学历占比不足 3%。

依据《广东省教师队伍建设"十三五"规划》，到 2020 年，初中、高中和中职教师具有硕士研究生以上学历（硕士以上学位）的比例有较大幅度提升，其中高中和中职教师达到 15%，珠江三角洲地区高中和中职教师达到 20%。[①] 从上述数据来看，距离这个目标尚有较大差距。

---

① 《广东省教育厅关于印发〈广东省教师队伍建设"十三五"规划〉的通知》（粤教师〔2017〕7 号）。

（三）区域发展不均衡

珠江三角洲地区是广东省改革开放的前沿阵地。与经济社会发展相适应，中等职业教育及其师资队伍建设在省内也是先行一步。而在粤东西北地区，发展职业教育，无论是基础设施等硬件建设方面，还是教师队伍等软件建设方面，均与珠江三角洲地区有着较大的差异。无论是早期的国家重点中职学校建设，还是后来的国家示范性中等职业学校建设，广东省的优质学校基本上集中在珠江三角洲地区。

从以上的省内比较我们可以看出，广东省中等职业学校教师队伍建设，无论是数量还是质量，粤东西北地区与珠江三角洲地区之间的差距较大。以广东省首批名教师、名校长工作室建设中，中等职业学校中的名教师、名校长工作室绝大部分在珠江三角洲地区的中职学校。师资力量的不均衡，不仅极大影响了地方职业教育的发展，也会在很大程度上造成地方产业、经济发展的不平衡。这对于广东省经济社会均衡化发展显然是不利的。

（四）教师发展缺乏经费支持

以 2016 年为例，广东省教育经费投入情况：学前教育总投入为 316.67 亿元，义务教育总投入为 1 602.66 亿元，普通高中 395.51 亿元，中等职业教育 234.30 亿元，普通高等教育 625.70 亿元；生均财政预算方面，普通小学生均财政预算为 9 997.31 元，普通初中为 13 725.98 元，普通高中为 13 478.72 元，中等职业学校为 11 598.22 元，普通高等学校为 20 398.26 元。

从经费的投入和生均财政预算情况可以看出，中职教育的投入和生均都是总数中比例最低的。在教育发达国家和地区，普通高中与中职教育生均财政预算的比例是 1∶3，许多发展中国家对高中与中职生均财政预算的比例为 1∶1.5。目前我国对职业教育的生均财政预算仍然低于许多发展中国家水平。广东省中职教育的经费投入和生均预算不足影响了"双师型"教师队伍的建设，也使得中职教师的社会地位不高和经济待遇较低，这在很大程度上影响了职业院校教师职业的社会吸引力以及现有教师队伍的稳定性。

（五）制度保障有待加强

1. 教师企业实践机会少

中职学校有别于普通高中的主要特点是职业性，让学生具有职业技能，让教师掌握职业技能去教授学生，让专任教师到企业的生产一线去锻炼实践，是提升教师技术能力最直接的方式。按照《广东省中长期教育改革和发展规划纲要（2010—2020 年）》的要求，"落实专业课教师每年不少于两个月到企业参加实践的制度"，但是教师下企业机会少、时间短。有些学校虽重视教师下企业实践，但缺少相应的考核、评价和管理措施，教师下企业完全是走过场。没有对实践应达到的预期目标进行合理的制定，在教师下企业的过程中缺乏监督管理，也缺少详细有效的目标任务书对教师进行指引，导致教师企业实践的效果不甚理想，教师也自然无法达到企业实践锻炼的目的。

2. 教师培训制度不健全

教师在职培训是中职学校教师专业发展的重要途径。目前中职教师培养模式可以概括为4种：校本培养模式、校企合作培养模式、教师自主培养模式和师资基地培养模式。高端的、引领性的培训由"国培""省培"项目基地承担，绝大多数教师所接受的是校本培训。"国培""省培"项目已经构建了比较完善的培养、质量监控体系，运作比较规范，成效较好，但是地市级、校级培训，无论是培训模式，还是培训内容、师资，都受制于地方产业经济以及职业教育发展程度的影响，各地市之间的差异非常大，总体上缺乏有效的培训体系。这在很大程度上制约了各地市中等职业学校教师队伍建设的发展。

3. 教师队伍建设缺乏激励机制

与普通教育不同，我国职业教育的基本框架实际上是仿照高等学校的办学模式来运行的。由于中职学校的专业门类繁多，课程复杂，大部分教师教学任务繁重，教学压力大，加上各学校目前还是沿用计划经济时期的人事管理体制机制，没有建立起适应新形势的教师专业发展的激励机制，在很大程度上制约了教师队伍的成长与发展。

五、对策建议

随着《广东省职业教育"扩容、提质、强服务"三年行动计划（2019—2021年）》的实施，广东省中等职业教育将大力推进内涵式发展，中等职业学校数量将进一步缩减，招生规模也将继续逐渐减少。在此背景之下，广东省中等职业学校教师队伍建设将会进一步优化，整体质量会进一步得到改善。但着眼于职业教育为"粤港澳大湾区"国家战略的实施、推进广东经济社会更快地发展，广东中等职业教育尤其是中等职业学校的教师队伍建设还需要进一步加强。

中职学校教师队伍建设是一项复杂的系统工程，涉及政府、学校、企业等各个方面。政府应该在中职教师队伍建设过程中，通过制度建设、政策制定、机制体制保障等手段和方法，积极发挥其重要的推动作用；企业应积极参与中职师资的队伍建设，支持职教师资的培养和培训，发挥其在职业教育发展过程中的重要办学主体作用；中职学校应从适应技术技能人才培养质量提高的角度，重视师资队伍的建设，建立"双师"结构教师队伍的长效机制。

（一）政府进一步发挥职教师资队伍建设的推动作用

1. 加强师德师风建设

教师在承担"教书"工作的同时，还肩负着"育人"的社会责任。良好的教师师德修养对学生的道德品质起到至关重要的作用，并对学生日后的人生发展产生深远的影响。因此，良好的师德修养也是中职学校教师重要的品德之一。相对而言，由于近年来中等职业学校处于变革和变化比较频繁的时期，其教师队伍建设尤其是稳定发展受到了一定程度的影响，对技术技能人才培养也产生了一定的消极影响。同时，与普通高中学校相比，中等职业学校的育人环境相对复杂，更需要通过不断加强学习师德师风，进一步提高中职学校教师的责任意识和敬业精神，让教师树立起正确的职业教育观念，使教师切实体会到从事中职教育的自身价值，从而不断提高自己的思想境界和提高自身的能力水平。

2. 拓宽中职学校人才引进渠道

人才引进是一所学校师资队伍建设工作中一个重要环节，人才引进渠道的宽广在一定程度上决定着该学校教师整体专业素质的高低。针对目前中等职业学校"双师型"教师队伍的来源呈现单一化的问题，有必要拓宽学校人才引进政策渠道，来进一步提高中职学校"双师型"教师整体的专业素质。中职学校的师资来源应该面向社会，尤其是鼓励并吸引企事业单位的优秀专业技术人才到职业学校任教。政府应在推动职业院校人才引进方面进一步解放思想，改革人事管理制度，实施"放管服"，让中等职业学校拥有更多、更自主的用人权，让企业优秀兼职教师"进得来，用得上"。

同时，政府应鼓励中等职业学校重视兼职专业教师队伍的建设。企事业单位里面的专业技术人员，尤其是具有中高级以上水平的专业技术人员，他们都有着共同的特点，就是具备扎实的专业基础知识和实践能力，具备丰富的专业实践经验，能非常熟悉本企业、行业的发展动态、技术进展以及相关岗位人事的具体品质要求，通过拓宽人才引进渠道聘请相关兼职教师，不但可以为学校的教学实践带来最新的技术工艺以及新的工作思想，而且也能使学校教师的专业教学工作紧跟着企业和行业的最新发展趋向，顺应新时代的发展变化而发展。

3. 进一步加强职教师资的培养工作

依据抽样调查，目前广东省中职学校师资来源比较广泛。有较多教师来自普通师范院校或综合性大学。这些教师的一个突出问题是，普通师范生没有接受过专业技术技能的教育，来自综合院校的毕业生没有系统接受过师范教育。职技高师院校是我国专门为中高职院校培养师资的院校，具有上述两个方面的优势。因此，省政府应该进一步支持职业教育的发展，创新职教师资培养模式，为广大中职学校提供基础的师资保障。

同时，与普通教育相比，为适应经济社会发展需要，中职学校专业发展变化较快，所需师资应能及时得到补充。因此，地方政府应重视职教师资，尤其是要注重硕士层次以上职教师资的培养工作。政府应统筹硕士、博士培养工作，鼓励硕士授予权单位在中职学校相关专业上与示范院校合作，开展硕士及以上层次的职教师资，为中职学校提供稳定的高素质师资。

4. 构建中职教师队伍培养机制和激励机制

政府应结合本地职业教育发展情况与中职"双师"教师队伍建设基本情况，注重教师职前职后一体化的"双师"培养，改进和提升培训的模式和方法，制定"双师型"教师培养培训的年度规划和发展任务。要充分发挥职技高师院校在培养中职学校教师中的主力军作用，鼓励师范院校采取多元化师范人才培养模式，鼓励综合大学相关专业开展硕士及以上职教师资人才培养；在教师继续教育方面，要充分发挥"国培""省培"基地在职业院校师资质量提高中的重要作用，进一步完善市、县级培训体系。

在激励机制方面，政府应激励中职学校教师不断促进自身专业发展，应制定适合中职教育特点的职称评审条例，应同时看重教师的学术性和实践性，将教师的实际操作能力、实际应用能力作为重要的参考依据，同时在职称评聘上给予"双师型"教师一定的倾斜。

5. 加大中职教师队伍建设经费投入

政府应加大对中职学校教师队伍建设的经费投入，确保省级职业教育师资培训总经费的至少一半投放在"双师型"教师培训上。逐步完善中职"双师型"教师队伍建设经费的保障机制，为培训和培养过程的顺利实施提供资金保障。政策上宣扬和鼓励教师多参加"双师"培训，并设置专项经费来补贴参加"双师"培训教师的交通费、培训费等相关费用，此外还要给予参加的教师适当的经济补贴。对积极参与校企合作的企业，可参照其年度接受教师实习实践的总人数和总时间，给予相应的税收减免。对于企业在校企合作中为教师顶岗实践提供的各类支出经费可以纳入企业生产经营成本，给予税前列支。对于企业与职业学校教师共同研究的新技术、新产品等相关使用费用，予以税前扣除。企业与职业院校教师共同开发新技术取得的收益可免征营业税、企业所得税等。

6. 推进区域均衡发展

教育资源均衡发展一直以来都是教育发展过程中的一个难题。职业教育资源的均衡发展在一定程度上推动职业教育事业的科学发展，促进职业教育公平，培养高素质劳动者和技术技能人才，从而进一步提升国民素质，建设人力资源强国。职业教育的均衡化发展主要有赖于政府的职业教育资源配置均衡化。职业教育不同于普通教育，其所需的经费投入比普通教育更高。尤其是在偏远山区中职学校，教师数量不足，"双师型"教师专业素质不高是一个比较普遍的现象，应该得到更充分的资金投入。因此，为提升中职学校教师素质以及人才培养质量，政府应加大对偏远山区的中职学校财政投入力度，重点支持偏远山区的中职学校的职业教育发展，在加强硬件设施设备建设的同时，吸引更多优秀的人才到偏远山区的中职学校教师队伍中来。在教师培训方面，政府应结合区域经济社会发展、职业院校发展的需要，有针对性地提供培训项目，或开展对口"送训上门"活动。

（二）企业应发挥职业教育的重要办学主体作用

1. 树立办学主体意识

推进"产教融合、校企合作"是我国职业教育发展的重要途径，我国在党的十九大报告中有明确提到："要完善职业教育和相关的培训体系，不断深化产教融合、加强校企合作。"在《国家职业教育改革实施方案》中也提到："改变职业教育办学格局，由政府举办统筹向社会多元办学转变，全面推动深化校企合作，促进产教融合的双元育人。"作为国家职业教育顶层设计，《国务院关于加快发展现代职业教育的决定》明确提出，企业成为职业教育的重要办学主体。随着我国职业教育办学体制机制改革的深入，企业应意识到其在职业教育发展中的重要主体地位，积极举办或参与举办职业教育，积极推进产教融合，在中职学校教师队伍建设过程中自觉成为职教资源的供给者和人才培养的主体，使学校和企业成为利益共同体，对中职学校教师队伍的建设发挥积极的推动作用。

2. 积极建立校企联合实训基地

校企实训基地对于"双师型"教师专业素质的提升起到非常重要的作用，现在越来越多的中职学校开始通过大力建设校企实训基地来提高学校专业教师的整体素质和水平。建立校企合作的实训基地，一方面可以解决学校教学设备陈旧不足的问题，另一方面教师可以时刻掌握最新的企业生产工艺与方法。同时，建立校企联合实训基地，也有利于企业解决招工难、租赁场地难的问题。因此，企业应积极建设"产教融合型"企业，积极与职业院校对接，通过合作建立的校企实训基地模式，为职业院校教师学生提供更多的实践实训机会，让教师切身感受到职业的生产环境，融入到教学实训中，从而实现提高自身专业素质能力的效果。

（三）学校应建立教师队伍建设的长效机制

教师队伍建设是一项系统工程。其中，学校是教师队伍建设的主体。中职学校应结合区域产业发展的基本需求，着眼学校专业教师队伍的实际，建立健全教师队伍建设的长效机制，确保教师队伍的可持续发展。

1. 加强学校基本教师队伍的建设

生师比偏高反映了广东中等职业学校基本教师队伍建设中存在的问题。中职学校应结合学校专业发展、教师结构等因素，制定专业教师队伍建设规划，按照《中等职业学校教师专业标准》，严格控制专业教师、兼职教师的准入标准、准入人数、准入渠道及准入程序等。教师队伍建设既要强调学历的达标要求，更应重视新进教师的专业素质、实践操作能力。

在此基础之上，学校应积极拓宽兼职教师准入渠道，吸引高素质技能型人才从事中职教学工作，缓解当前"双师型"教师数量不足、结构不合理等现状。尤其是应吸引行业、企事业单位的技术人才、业务骨干、管理精英等充实到中职教育教师队伍中来。对于紧缺、急需专业的兼职教师，可依据相关规定适当降低对其学历水平的要求。

2. 不断强化教师队伍的企业实践

为适应现代企业生产和服务管理的快速发展的实际需求，作为职业学校的教师更应该不断提高自身的理论联系实际的能力和技能水平。"双师型"教师队伍建设，除了从企业聘请专业技术人员作为兼职教师外，尽可能地为在岗教师提供更多的企业实践机会。除了切实执行专业教师每 5 年必须参加企业实践 6 个月的国家有关规定外，学校应有计划、有目的地多组织教师接触社会和相关行业，以增加教师的社会实践经验和最新的行业知识，提高教师的专业技能等实践能力。学校可以每年利用寒暑假安排教师到与自己任教科目相关专业的企业进行顶岗、挂职以及合作设计研发等多种多样的形式的社会实践锻炼，着力培养专业教师提升为企业行业开展专业服务的能力。

3. 加大在岗教师的培训力度

继续教育是教师专业可持续发展的重要条件。中职学校尤其是偏远山区中职学校"双师型"教师培训机会少是导致其专业素质低下的原因之一。因此，中职学校应加大在岗教师的培训力度。应制定学校教师培训规划，鼓励专业带头人、骨干教师积极参加示范性、引领性的"国培""省培"等高端培训项目，鼓励青年教师积极参加县市级培训，不断完善校本全员培训。通过继续教育的培训，不断拓展"双师型"教师的教学理念与方法，锻炼自己的实践能力，操作技能。

校本培训是教师队伍培训最直接、占比最大的培训方式。学校应利用校本资源对新进教师进行培训，使其了解学科教学、实验教学、实习教学的特点；对兼职教师进行岗前培训，为其提供师范教育，提升其教育教学能力，并为其掌握教育教学方法提供条件。中职学校还应以比赛作为契机，组织教师开展技能培训，学习企业的实践操作经验，鼓励专任教师参加广东省中职学校青年教师教学能力大赛、广东省职业院校教师信息化教学大赛和广东省中职学校"创新杯"教师信息化教学设计和说课大赛等各种技能比赛。另外，学校应尝试争取在本校建立相关专业的职业技能鉴定站，组织开展更多的职业技能鉴定，让教师有更多的机会担任考评员，从而熟悉行业的发展情况，提高"双师"能力和水平。

4. 改革教师管理机制

中职学校教师队伍的建设除了依靠证书和资格来规范和要求之外，还应该制定合理的管理机制来激发教师的潜力。中职学校应建立教师发展激励机制，一方面建立鼓励教师专业提升与发展的机制。中职学校应制定经济待遇激励机制，提高在教育教学方面表现突出的"双师型"教师的待遇，提升其专业发展的自觉性、积极性；鼓励教学一线教师参加国家级、省级以及地市级培训，制定相应的奖励措施以及培训费、交通费补贴等制度；鼓励教师参与企业行业实践，尤其是鼓励教师为行业企业提供专业服务；在校内的年度评优、骨干教师选拔以及职称评聘等方面对优秀出色的教师予以倾斜。另一方面，通过建立退出机制，对不能适应教育教学要求的教师实行转岗、辞退制度，以充分保证教师队伍建设的整体水平。

广东省技工教育教师队伍发展报告

一、基本情况

技工教育承担着为经济社会发展培养技术技能人才的重要任务。经过多年的发展，我国技工院校已经形成了鲜明的办学特色和独特的技能人才培养模式。广东省的技工教育，一直处于全国领先地位，被誉为全国技工教育的一面旗帜。技工院校教师是技工教育发展的根本保障，广东省始终将教师队伍建设摆在突出位置。在近10年的发展中，广东省技工院校师资队伍建设取得了较显著的成效。截至2019年底，广东省有技工院校163所（包括36所技师学院），其中国家重点院校59所，省重点院校38所。在区域分布上，珠江三角洲地区的技工院校118所（其中广州60所），占全省技工院校总数的72%；粤西地区最少，共16所（其中阳江仅1所）。目前，广东省技工院校在校生577 688人，其中男生400 298人，女生177 390人，男生与女生比例为2.26∶1；技工院校教职工30 910人，其中男性教师16 537人，女性教师14 373人。专任教师23 111人，技工院校生师比为25∶1。目前，广东省技工院校逐渐建立起一支理论扎实、技能过硬的教师队伍。

（一）整体概况

近年来，广东省技工院校教师数量逐年增长，一体化教师人数占比也稳定上升，专任教师人数、生师比、教师性别结构、年龄结构、学科结构逐步得以优化。从近10年的数据分析发现，广东省技工院校专任教师队伍在数量上的增长明显且稳定，截至2019年底，专任教师已达到23 111人，并且生师比逐年降低；以中青年教师为主，教师年龄结构较合理；男女教师人数趋近，教师性别结构逐渐得以优化。

1. 专任教师逐年增长，生师比先升后降

随着广东省技工院校数量增多，办学规模逐渐扩大，技工院校在校生人数和专任教师人数也稳步增加。同时，国家在政策上鼓励技工教育的发展，陆续颁布《国务院关于大力发展职业教育的决定》（国发〔2005〕35号）、《关于进一步加强高技能人才工作的

意见》（中办发〔2006〕15号）等政策文件，为技工院校的师资队伍建设提供指引，助推广东省技工教育快速发展。2010—2013年间，广东技工院校在校生人数快速增长，得益于《关于做好2010年技工学校招生有关工作的通知》（人社厅发〔2010〕35号）文件的发布。该文件要求扩大中职院校招生规模，技工院校与职业高中、普通高中实行统一招生。然而，教师队伍的发展未能与在校生人数的增长相匹配，此时技工院校生师比处于偏高的状态。但是，随着专任教师队伍发展速度的加快，生师比逐渐下降，专任教师结构也趋于稳定。截至2019年底，广东省技工院校专任教师占比达到74.77%，生师比为25：1，与国家规定的标准（20：1）仍有一定的距离。

从表4-1可以看出，截至2019年底，技工院校教职工人数已经达到30 910人，其中专任教师人数达到23 111人，占比74.77%。在校生人数达到577 688人，生师比为25：1。随着广东省技工院校数量的不断增长和办学规模的不断扩大，在校教职工人数和专任教师人数保持稳定增长，2019年达到最高峰。教职工人数从2010年的2.7万多人逐年增长，至2019年已达到3万多人。相比于2018年，教职工人数增长513人，专任教师人数增长194人，专任教师人数增长速率明显高于教职工人数增长速率。从专任教师占比情况来看，近三年专任教师增长速度与在校教职工人数增长速度几乎保持一致。

表4-1 广东省技工院校专任教师人数一览表（2010—2019年）

年份	教职工数/人	专任教师数/人	专任教师占比/%	在校生数/人	专任教师生师比
2010	27 747	19 763	71.23	755 586	38.23
2011	28 280	20 278	71.70	851 314	41.98
2012	28 382	20 774	73.19	885 190	42.61
2013	28 491	19 839	69.63	876 154	44.16
2014	28 743	20 840	72.50	622 614	29.88
2015	29 439	21 011	71.37	588 588	28.01
2016	29 249	21 624	73.93	532 587	24.63
2017	30 362	22 610	74.47	553 747	24.49
2018	30 397	22 917	75.39	542 661	23.68
2019	30 910	23 111	74.77	577 688	25.00

数据来源：2010—2019年数据来源于官方提供的数据统计表。

从图4-1可知，2010年开始专任教师人数增长速度平稳，专任教师占比趋于稳定。专任教师占比从2010年的71.23%增长到2019年的74.77%，10年的增长幅度为3.54%；2017—2019年间，专任教师占比综合变动率不超过0.2%，专任教师占比保持在70%以上，且基本趋于稳定，波动较小。根据人力资源和社会保障部颁发的《关于印发技工院校设置标准（试行）的通知》（人社部发〔2012〕8号），技工院校的专任教师总数不低于教师总数的70%，据此判断，广东省技工院校的专任教师占比已达到国家标准。

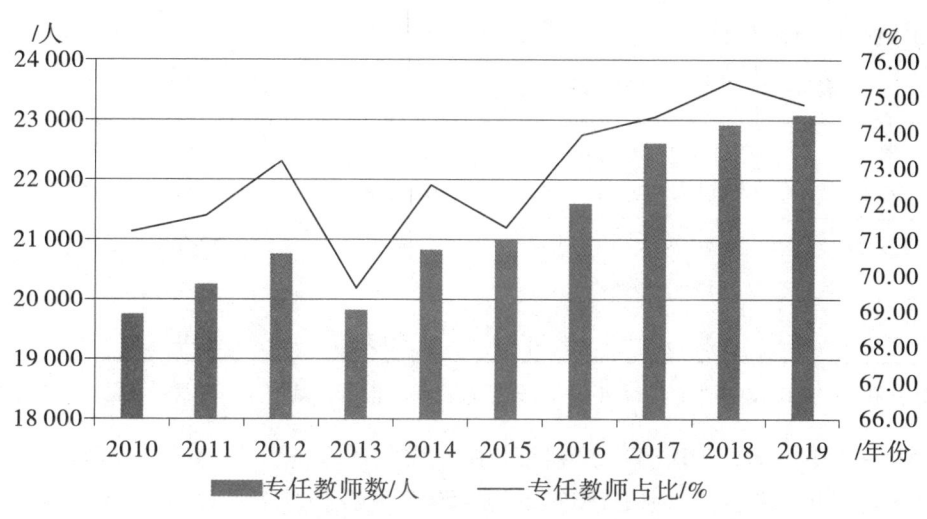

图 4-1 广东省技工院校专任教师队伍占比示意图（2010—2019 年）

从图 4-2 看出，10 年来，广东省技工院校生师比曲线图总体上呈现出先升后降趋势的特点，2013 年是一个重要历史拐点。其中，2011—2013 年生师比保持在较高的状态，超过 40∶1，这与在校生人数急增密切相关。截至 2013 年，在校生人数最高达 88 万人，比 2019 年多出近 31 万人，达到 20 年的顶峰。2013 年这个高峰过后，生师比呈现逐年下降的趋势，到 2018 年生师比为 23.68∶1，2019 年生师比出现小幅度回升。其原因是 2019 年人力资源和社会保障部印发《关于做好技工院校招生工作的指导意见》（人社部发〔2019〕76 号）要求全国技师学院要扩招 20 万人。可见，广东省技工院校的生师比与国家规定的标准（20∶1）仍有一定的距离。

图 4-2 广东省技工院校生师占比示意图（2010—2019 年）

2. 以中青年教师为主，教师年龄结构较合理

截至 2019 年，广东省技工院校专任教师的年龄在 30~50 岁间占比较高，这表明广东省技工院校以中青年教师为主，教师年龄结构较为合理。在此，以广州市技师学院和广州市工贸技师学院为例①,加以说明(见表4-2和图4-3)。

表4-2 广州市技师学院专任教师年龄结构情况表(2016—2018年)

年份	教职工人数/人	专任教师人数/人	20~30岁教师占比/%	30~40岁教师占比/%	40~50岁教师占比/%	50岁以上教师占比/%
2018	391	347	13.00	46.00	30.00	11.00
2017	—	342	—	—	—	—
2016	524	321	14.00	40.00	30.00	16.00

数据来源:广州市技师学院2017年和2019年教育质量报告,其中"—"表示缺少相关数据。

从表4-2中可知,2018年,广州市技师学院年龄在30~40岁间的教师占专任教师总数的46%,40~50岁的教师占30%,30~50岁的教师总占比超过70%。2016年,年龄在30~50岁间的教师占70%,20~30岁与50岁以上的教师占30%。从这两年的情况来看,广州市技师学院30~40岁的专任教师占比最大,超过40%,其次是40~50岁的教师占30%。30~50岁的教师是主力军,所占比例超过70%。这表明该校的教师年龄结构较为合理,符合以青中年为主体的教师队伍要求。

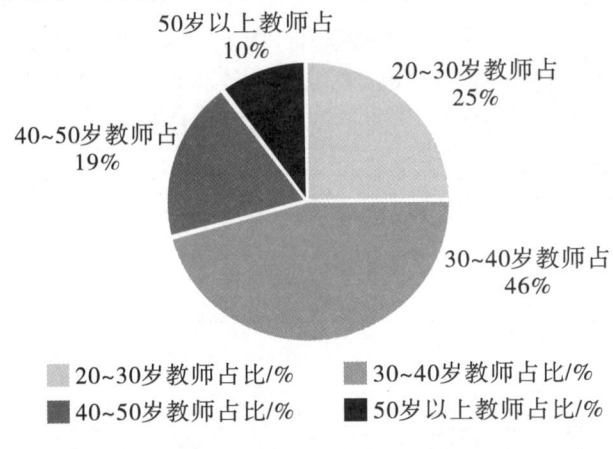

数据来源:2017年广州市工贸技师学院质量发展报告

图4-3 广州市工贸技师学院专任教师年龄结构示意图(2016年)

---

① 教师年龄结构数据分析选取的样本院校为广州市技师学院和广州市工贸技师学院。广州市技师学院创办于1961年,2005年由高级技工学校升级成为广州市技师学院。该院校是一所公办国家重点技工院校,国家中职师范学校,同时是国家高技能人才培训基地和企业新型学徒制试点单位,隶属于广州市人力资源和社会保障局。广州市技师学院在校生人数过万,2018年有教职工391人,其中专任教师347人,院校实施强师工程,包括有1名"南粤名师"、50多名骨干教师。广州市工贸技师学院创办于1958年,2003年被批准成为冶金技师学院,2009年3月正式改名为广州市工贸技师学院。它是一所全日制公办技师学院,国家重点技工院校,中等职业教育改革发展示范学校建设单位。2016年有教职工626人,其中专任教师502人。2018年拥有在校生近1万人,教职工668人,其中专任教师441人。教职工中大学本科学历以上教师515人,研究生学历以上教师60余人。学院教师中20人次获得杰出校长奖、全国技术能手等称号。

从图 4-3 可知，2016 年，广州市工贸技师学院 30~40 岁的教师占专任教师总数的 46%，是占比最大的年龄段，其次是 20~30 岁的教师占 25%，再次是 40~50 岁的教师占比 19%，而 50 岁以上的教师则仅占 10%。30~50 岁的教师占专任教师的大多数，其比例为 65%，由此可见，广州工贸技师学院的教师队伍也是以中青年教师为主。

3. 理论和实训教师人数逐渐增长，但各自占比总体变化不大

10 年来，广东省技工院校教师的学科结构不断变化，文化技术理论课教师和生产实习指导教师人数逐年增长。由于两者的增长速度不同，它们各占专任教师总数的比例，前者是大体上是先降后升，而后者则大体上是相反，两者所占比例总体变化不大，基本维持较为稳定的比例。

从表 4-3 可知，无论是文化技术理论课教师，还是生产实习指导教师的人数都增长较快。2019 年与 2010 年相比，文化技术理论课教师人数增长了 3 289 人，生产实习指导教师人数增长了 59 人。尽管两者增长人数上有一定差异，但比例变化基本稳定。

表 4-3 广东省技工院校专任教师学科结构情况表（2010—2019 年）

年份	专任教师数/人	文化技术理论课教师数/人	占比/%	生产实习指导教师数/人	占比/%
2010	19 763	11 978	60.61	7 785	39.39
2011	20 278	12 327	60.79	7 951	39.21
2012	20 774	12 487	60.11	8 287	39.89
2013	19 839	12 400	62.50	7 439	37.50
2014	20 840	12 882	61.81	7 958	38.19
2015	21 011	12 919	61.49	8 092	38.51
2016	21 624	13 515	62.50	8 109	37.50
2017	22 610	14 360	63.51	8 250	36.49
2018	22 917	14 876	64.91	8 041	35.09
2019	23 111	15 267	66.06	7 844	33.94

数据来源：2010 年的数据来源于《中国劳动统计年鉴（2001—2010 年）》（国家统计局人口和就业统计司、人力资源和社会保障部规划财务司编）；2011—2019 年数据来源于官方提供的数据统计表。

从图 4-4 可以看出，2010—2019 年，文化技术理论课教师人数所占专任教师的比例，总体波动在 60%~70% 的范围内，期间的增幅和降幅都较为微小，而生产实习指导教师总占比则波动于 30%~40% 的区间内。

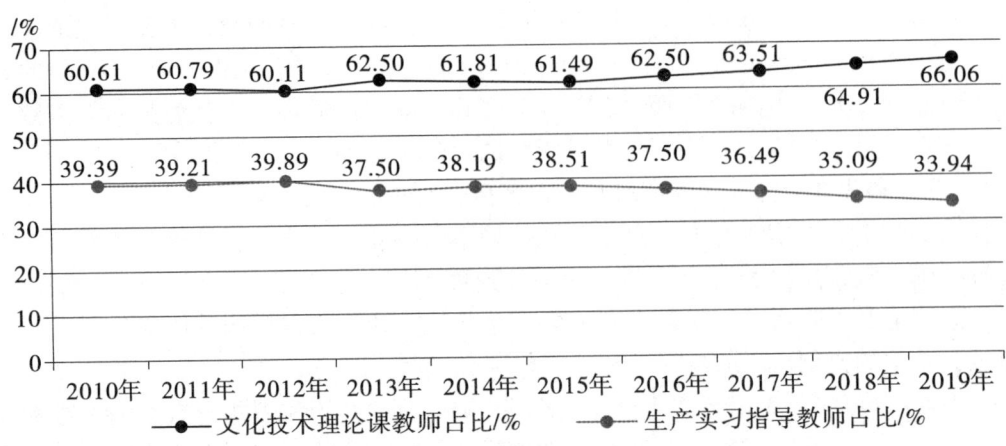

图 4-4 广东省技工院校教师队伍学科结构占比图（2010—2019 年）

4. 女性教师人数占比逐年增加，逐渐趋近男性教师

教师性别结构对于学生的性别角色的认知和发展、个性的完善，甚至学生的社会化都具有重要的影响。在广东省技工院校的教师队伍中，教师的性别结构在逐渐发生调整。从男性教师与女性教师 7∶3 的比例，逐渐调整为男性教师与女性教师接近各占 50%。女性教师占总教师人数的比例逐年增加，截至 2019 年，女性教师人数为 14 373 人，占比已经达到 46.50%，与男性教师人数逐渐接近。

从表 4-4 中可以看到，广东省技工院校女性教师总占比逐年增加，总体规模增长较快，男性教师人数和女性教师人数占比已经各自趋近 50%。截至 2019 年底，教师总人数为 30 910 人，女性教师为 14 373 人，是教师总人数的 46.50%。相比于 2018 年，2019 年女性教师人数增加 419 人，男性教师增加 94 人，女性教师增加人数是男性教师增加人数的约 4.5 倍，占据了 2019 年增加教师总数的 82%。10 年间女性教师增加 3 603 人，男性教师则减少 440 人。相对来讲，女性教师增长幅度较男性教师明显，女性教师占比也逐年平稳增长，男性教师比例则有所下降。这也说明近年来专任教师的性别结构的调整与优化，但是男性教师与女性教师要达到总体比例平衡还需要一定时间。

表 4-4 广东省技工院校教师性别结构情况统计表（2010—2019 年）

年份	总教师数/人	女性教师数/人	男性教师数/人	女性教师占比/%
2010	27 747	10 770	16 977	38.82
2011	28 280	11 118	17 162	39.31
2012	28 382	11 457	16 925	40.37
2013	28 491	11 856	16 635	41.61
2014	28 743	12 471	16 272	43.39
2015	29 439	13 005	16 434	44.18
2016	29 249	13 259	15 990	45.33

续上表

年份	总教师数/人	女性教师数/人	男性教师数/人	女性教师占比/%
2017	30 362	13 822	16 540	45.52
2018	30 397	13 954	16 443	45.91
2019	30 910	14 373	16 537	46.50

数据来源：官方提供的数据统计表。这里总教师数指教职工总人数，"专任教师数"只包含专任教师。

（二）素质水平

广东省技工院校通过全面深化教师队伍建设改革，健全教职工培训制度，加强培训体系建设，完善技工院校教师职称制度，提高技工院校教师的准入要求等系列举措，推动了技工院校师资队伍素质结构不断优化。专任教师队伍的素质水平有了显著提升。尤其是在近5年间，具有大学本科以上学历的教师占比大幅度增高，截至2019年底，具有大学本科以上学历的教师占比为67%。文化技术理论课和生产实习指导教师中具有中高级职称的教师规模不断扩大，专任教师队伍中"一体化"教师已接近五成，年增长人数已超过专任教师年增长人数。这说明广东省技工院校的教师注重提升自身的专业素质，朝着"一体化"教师的方向发展。此外随着兼职教师比例的调整，专兼结构合理的教师队伍逐渐形成。

1. 教师本科及以上学历逐渐增加，专科及以下学历逐渐减少

学历结构在一定程度上反映教师的业务素质和发展潜力，也是教师队伍整体素质水平和专业水平的重要体现。广东省技工院校教师队伍的学历结构也在逐渐进行优化调整。具有大学本科及以上学历的教师占比逐年上升，专科及以下学历的教师占比逐年减少。截至2019年，具有大学本科及以上学历的教师为20 958人，占教师总人数的67.80%（见表4-5）。可见，随着技工院校的发展和教师准入制度的规范化，教师资格准入门槛不断提高，教师队伍的学历结构发生较大的变化。此外，具有研究生学历的教师逐渐缓慢增加。

表4-5 广东省技工院校教师学历结构情况表（2010—2019年）

年份	总教师数/人	大学本科及以上		专科及以下	
		人数/人	百分比/%	人数/人	百分比/%
2010	27 747	15 136	54.55	12 611	45.45
2011	28 280	15 933	56.34	12 347	43.66
2012	28 382	16 707	58.86	11 675	41.14
2013	28 491	17 154	60.21	11 337	39.79

续上表

年份	总教师数/人	大学本科及以上		专科及以下	
		人数/人	百分比/%	人数/人	百分比/%
2014	28 743	18 880	65.69	9 863	34.31
2015	29 439	19 497	66.23	9 942	33.77
2016	29 249	19 905	68.05	9 344	31.95
2017	30 362	20 477	67.44	9 885	32.56
2018	30 397	20 355	66.96	10 042	33.04
2019	30 910	20 958	67.80	9 952	32.20

数据来源：官方提供的数据统计表。

从表4-5可知，广东省技工院校教师具有大学本科及以上学历的占比大幅度增加。截至2019年底，具有大学本科及以上学历的教师人数已达20 958人，比2018年增加了603人，而大学专科及以下学历的教师则减少了90人；具有大学本科及以上学历的教师从2010年的54.55%，提升到2019年的67.80%。与此同时，专科及以下学历的教师占比逐年下降，由2010年的45.45%下降到2019年的32.20%。可以看出，10年来广东省技工院校师资的学历结构发生了较大的变化，大学本科及以上学历的教师数量快速增长，专科及以下学历逐渐减少。

从图4-5可以看出，2010—2019年，广东省技工院校具有大学本科以上学历教师占比增速相对稳定，每年基本保持2个百分点的速度提升。2010年具有大学本科以上学历教师占比已突破1/2，2016—2019年，虽然教师大学本科以上学历占比增速放缓，但占比接近70%，可见，广东省技工院校师资队伍仍然以本科学历为主。

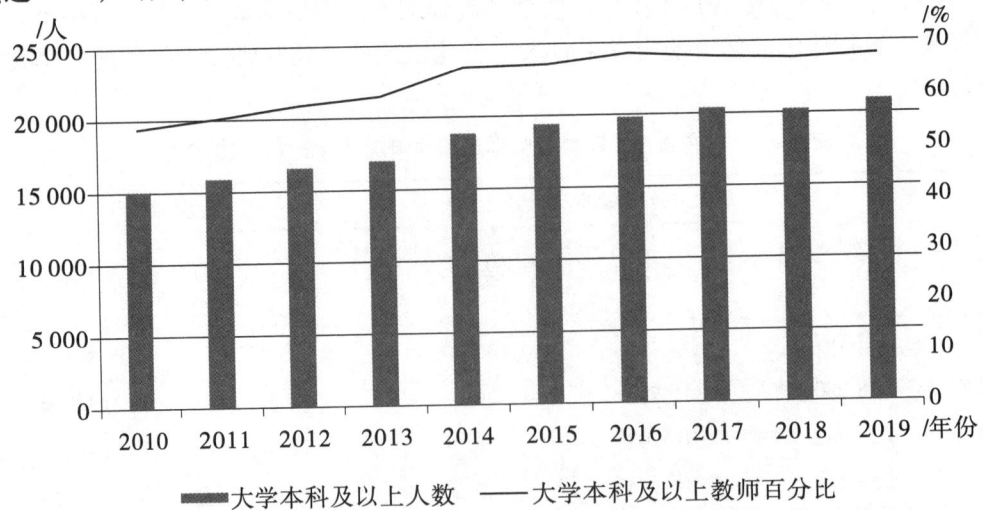

图4-5 广东省技工院校教师学历占比图（2010—2019年）

2. 具有中级及以下职称的教师居多，而高级职称人数增长缓慢

在技工院校的职称评定中，文化技术理论课教师和生产实习指导教师的评审要求和标准不同。其中，文化技术理论课教师职称依次为助理讲师、讲师、高级讲师、正高级讲师，生产实习指导教师职称依次为三级实习指导教师、二级实习指导教师、一级实习指导教师、高级实习指导教师、正高级实习指导教师。

从表4-6可知，2010—2019年，广东省技工院校文化理论课教师高级职称的人数占比增长较缓慢。截至2019年，在文化技术理论课教师中，高级讲师（副高级）人数为2 703人，占比为17.70%，比2010年增加943人，占比增加3.01%；讲师（中级）5 588人，占比为36.60%，比2010年增加1 315人，占比增加了0.93%；助理讲师（初级）4 199人，占比为27.50%，比2010年减少96人，占比减少了8.36%。可见，广东省技工院校文化技术理论课教师仍是以中级及以下职称人数为主，即使占比逐渐下降，但高级职称人数占比上升较缓慢。

表4-6 广东省技工院校文化理论课教师职称情况表（2010—2019年）

年份	文化理论课教师人数/人	高级讲师（副高级）		讲师（中级）		助理讲师（初级）		无职称	
		人数/人	占比/%	人数/人	占比/%	人数/人	占比/%	人数/人	占比/%
2010	11 978	1 760	14.69	4 273	35.67	4 295	35.86	1 650	13.78
2011	12 327	1 906	15.46	4 524	36.70	4 811	39.03	1 086	8.81
2012	12 487	1 987	15.91	4 595	36.80	4 913	39.34	992	7.95
2013	12 400	1 901	15.33	4 562	36.79	3 985	32.14	1 952	15.74
2014	12 882	1 934	15.01	5 031	39.05	4 033	31.31	1 884	14.63
2015	12 919	1 991	15.41	5 131	39.72	3 849	29.79	1 948	15.08
2016	13 515	2 123	15.71	5 126	37.93	4 006	29.64	2 260	16.72
2017	14 360	2 328	16.21	5 432	37.83	4 144	28.86	2 456	17.10
2018	14 876	2 617	17.59	5 639	37.91	4 271	28.71	2 349	15.79
2019	15 267	2 703	17.70	5 588	36.60	4 199	27.50	2 777	18.20

数据来源：官方提供的数据统计表。

从图4-6中可知，2010—2019年，广东省技工院校文化理论课教师高级职称人数占比缓慢上升，中级职称人数和初级职称人数的占比总体上呈现下降趋势，但先后出现了波动起伏。其中，上升幅度较大，在2015年有一定的回升后，此后持续下降；初级职称人数占比在2010—2012年间上升较为明显，此后持续下降。总体而言，广东省技工院校文化理论课教师高级职称的人数占比缓慢上升，中级和初级职称人数占比逐渐下降，但其仍处于主导地位。

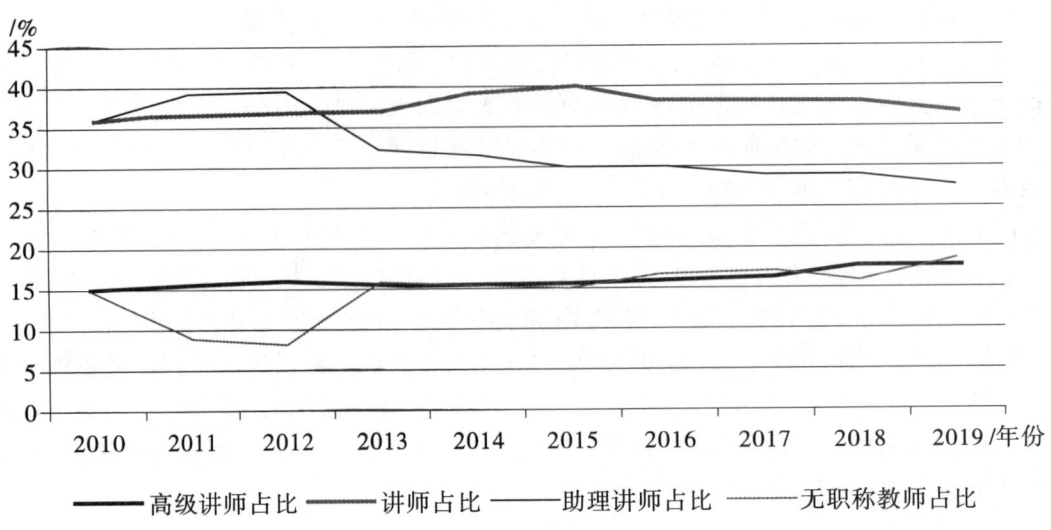

图 4-6　广东省技工院校文化理论课教师职称占比示意图（2010—2019 年）

从表 4-7 中可知，2010—2019 年，广东省技工院校生产实习指导教师高级职称人数缓慢上升。截至 2019 年，在生产实习指导教师中，高级实习指导教师 562 人，占比 7.16%，比 2010 年增加了 36 人；一级实习指导教师（中级）1 560 人，占比 19.89%，比 2010 年减少了 172 人；二级实习指导教师（初级）1 125 人，占比 14.34%，比 2010 年减少 293 人；三级实习指导教师为 544 人，占比为 6.94%，比 2010 年减少 264 人；无职称教师 4 615 人，占比 51.67%。可见，广东省技工院校生产实习指导教师仍是以中级及以下职称人数为主，即使中级和初级职称占比逐渐下降，但高级职称人数占比上升较缓慢，与文化技术理论课教师高级职称变化较为一致。

表 4-7　广东省技工院校生产实习指导教师职称情况表（2010—2019 年）

年份	生产实习指导教师人数/人	高级实习指导教师（高级）		一级实习指导教师（中级）		二级实习指导教师（初级）		三级实习指导教师		无职称指导教师	
		人数/人	占比/%	人数/人	占比/%	人数/人	占比/%	人数/人	占比/%	人数/人	占比/%
2010	7 785	526	6.76	1 732	22.25	1 418	18.21	808	10.38	3 827	42.40
2011	7 951	566	7.12	1 798	22.61	1 574	19.80	747	9.40	3 832	41.07
2012	8 287	619	7.47	1 901	22.94	1 580	19.07	740	8.93	4 066	41.59
2013	7 439	398	5.35	1 407	18.91	1 369	18.40	607	8.16	4 056	49.18
2014	7 958	382	4.80	1 492	18.75	1 401	17.60	456	5.73	4 609	53.12
2015	8 092	441	5.45	1 482	18.31	1 343	16.60	453	5.60	4 814	54.04
2016	8 109	433	5.34	1 520	18.74	1 288	15.88	448	5.52	4 853	54.52
2017	8 250	482	5.84	1 572	19.05	1 345	16.30	589	7.14	4 744	51.67
2018	8 041	515	6.40	1 624	20.20	1 183	14.71	491	6.11	4 743	52.58
2019	7 844	562	7.16	1 560	19.89	1 125	14.34	544	6.94	4 615	51.67

数据来源：官方提供的数据统计表。

由图 4-7 可知，2010—2019 年，广东省技工院校实习生产指导教师高级职称人数占比缓慢增长。中级职称人数和初级及以下职称人数的占比总体上呈现下降趋势，但先后出现了波动起伏。其中，初级及以下职称教师占比持续下降，在 2015 年出现小幅度上涨，此后持续下降。无职称指导教师人数占比逐渐增长，这与专任教师数快速增长密切相关。可见，广东省技工院校生产实习指导教师职称仍以中级及以下职称为主，高级职称教师占比增长缓慢，教师职称结构逐渐趋向合理化。

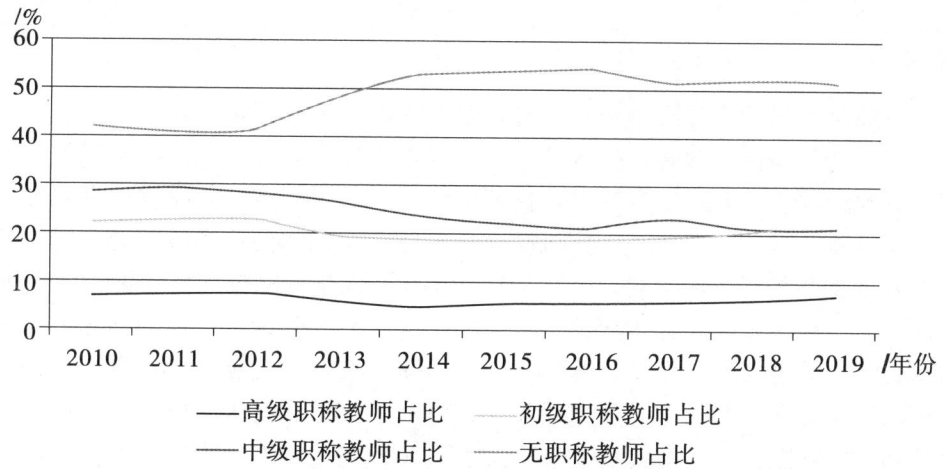

图 4-7　广东省技工院校生产实习指导教师职称占比变化示意图（2010—2019 年）

由表 4-8 可知，2010—2019 年，广东省技工院校专任教师高级职称人数占比缓慢增加。截至 2019 年底，具有高级职称的专任教师有 3 256 人，占比 14.13%，比 2010 年增长 2.56%，整体增长速度较均匀；具有中级职称的教师为 7 148 人，占比 30.93%，比 2010 年上升 0.54%；初级及以下职称教师有 9 024 人，占比 39.05%，比 2010 年下降 3.01%；无职称教师有 3 674 人，占比 15.89%，较 2010 年下降 0.09%。可见，中级以下职称教师和无职称教师占比都有所下降，但是广东省技工院校专任教师中仍然是以中级及以下职称教师为主，高级职称教师人数占比上升比较缓慢。

表 4-8　广东省技工院校专任教师职称情况汇总表（2010—2019 年）

年份	教师数/人	高级职称		中级职称		初级职称及以下		无职称	
		人数/人	占比/%	人数/人	占比/%	人数/人	占比/%	人数/人	占比/%
2010	19 763	2 286	11.57	6 005	30.39	8 313	42.06	3 159	15.98
2011	20 278	2 472	12.19	6 322	31.18	9 081	44.78	2 403	11.85
2012	20 774	2 606	12.54	6 496	31.27	9 420	45.35	2 252	10.84
2013	19 839	2 299	11.59	5 969	30.09	7 691	38.77	3 880	19.55
2014	20 840	2 316	11.11	6 523	31.30	7 841	37.62	4 160	19.97
2015	21 011	2 432	11.57	6 613	31.47	7 763	36.95	4 203	20.01
2016	21 624	2 556	11.82	6 646	30.73	8 082	37.38	4 340	20.07

续上表

年份	教师数/人	高级职称		中级职称		初级职称及以下		无职称	
		人数/人	占比/%	人数/人	占比/%	人数/人	占比/%	人数/人	占比/%
2017	22 610	2 810	12.43	7 004	30.98	8 526	37.71	4 270	18.88
2018	22 917	3 132	13.67	7 263	31.69	9 027	39.39	3 495	15.25
2019	23 111	3 265	14.13	7 148	30.93	9 024	39.05	3 674	15.89

数据来源：官方提供的数据统计表。

3. "一体化"教师人数逐年提高，占比趋近教师总数的50%

技工院校"一体化"教师，指教师在工作过程系统化课程模式下，根据教学项目的要求将专业理论教学、实践技能教学和企业生产管理集于一体，既能讲授专业理论，又能指导专业技能训练。"一体化"教师整合专业理论知识和专业实践能力，与具备两种能力的"双师型"教师有所不同，"一体化"教师符合技工院校一体化课程改革的实践需要。同时，广东省人民政府办公厅转发《广东省技师学院设置标准的通知》（粤府办〔2008〕42号）中明确要求"专业教师中'一体化'教师的比例要达到40%以上"，该规定也推动"一体化"教师人数快速增长。2013年，广东省技工院校"一体化"教师占比已经达到规定标准，并且仍然稳步增长；截至2019年底，"一体化"教师占比已经达到47.86%。

由表4-9可知，专任教师中"一体化"教师人数和占比逐年上升，年增幅较为均匀。截至2019年底，广东省技工院校"一体化"教师共有11 062人，占比47.86%，比2010年增加3 883人，占比增加了11.53%，年增幅较为平稳，占比已经接近专任教师数的50%，该比例已趋近高级技工院校办学标准。相较2018年，2019年"一体化"教师增长人数为355人，已经超过该年专任教师增长人数194人，可以看出"一体化"教师数量的增长速度较快。另外，技工院校原有的部分教师也在不断发展成为"一体化"教师。

表4-9 广东省技工院校"一体化"教师一览表（2010—2019年）

年份	专任教师数/人	"一体化"教师数/人	"一体化"教师占比/%
2010	19 763	7 179	36.33
2011	20 278	7 281	35.91
2012	20 774	7 788	37.49
2013	19 839	8 286	41.77
2014	20 840	8 458	40.59
2015	21 011	8 723	41.52
2016	21 624	8 871	41.02
2017	22 610	10 331	45.69
2018	22 917	10 707	46.72
2019	23 111	11 062	47.86

数据来源：官方提供的数据统计表。

从图 4-8 可以看出，10 年来，广东省技工院校"一体化"教师人数和占比总体上呈上升趋势，变化趋势较为平稳，逐年递增。"一体化"教师占比浮动与专任教师总人数变化密切相关，两者变化趋势较为一致。

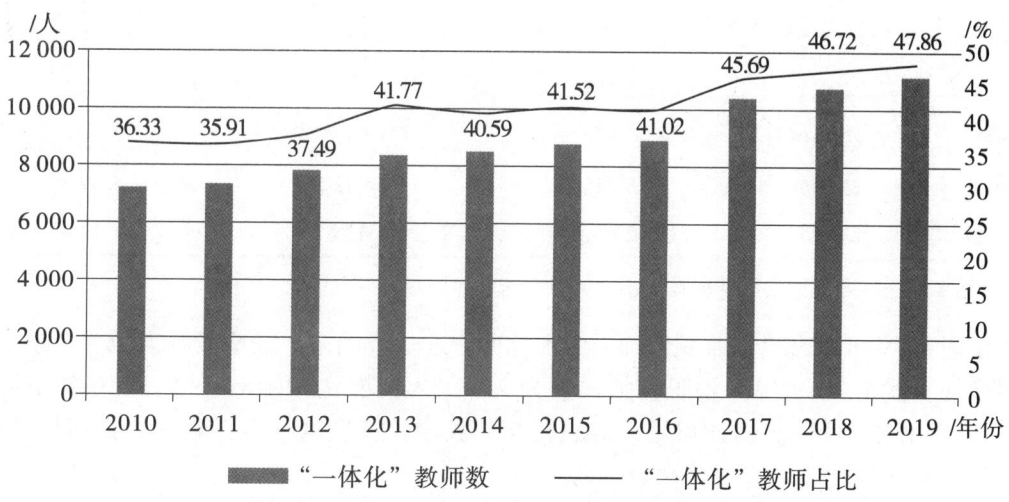

图 4-8　广东省技工院校"一体化"教师变化示意图（2010—2019 年）

4. 教师队伍专兼结合，兼职教师波动增加

兼职教师是技工院校教师的重要组成部分。兼职教师与专职教师的结合，可以充分发挥兼职教师的作用，有效提升技工院校的教学质量。广东省技工院校逐渐形成了一支专兼结合的教师队伍，兼职教师人数缓慢增加，内部结构也逐渐调整。兼职生产实习指导教师增长相对明显，兼职文化技术理论教师与兼职生产实习指导教师比例从 7∶3 逐渐调整为 6∶4 结构。

由表 4-10 可以看到，2010—2019 年，兼职教师人数缓慢波动增加。截至 2019 年，兼职教师为 2 652 人，比 2010 年仅增加 192 人，人数增长较为缓慢；2010—2019 年专任教师人数增加 3 348 人，兼职教师人数增量不足专任教师人数增量的 6%，整体增幅不明显。虽然我国相关的政策规定兼职教师占教师总数比例不能超过 30%，但是 2019 年广东省技工院校兼职教师人数仅占专任教师总数的 11.5%，比例略低。

表 4-10　广东省技工院校兼职教师情况表（2010—2019 年）

年份	专任教师数/人	兼职教师数/人	兼职文化技术理论课教师数/人	兼职生产实习指导教师数/人
2010	19 763	2 460	1 403	1 057
2011	20 278	2 548	1 386	1 162
2012	20 774	2 469	1 262	1 207
2013	19 839	2 792	1 462	1 148
2014	20 840	2 811	1 546	1 159

续上表

年份	专任教师数/人	兼职教师数/人	兼职文化技术理论课教师数/人	兼职生产实习指导教师数/人
2015	21 011	3 000	1 622	1 378
2016	21 624	2 254	1 244	917
2017	22 610	2 810	1 531	1 243
2018	22 917	3 325	1 932	1 393
2019	23 111	2 652	1 425	1 143

数据来源：官方提供的数据统计表。

由图4-9可以看出，兼职教师人数占比曲线起伏波动多，兼职教师人数在波动之间缓慢增加。截至2019年，兼职教师人数为2 652人，占比11.48%，比2010年下降了1%，人数增加192人，由此可见，兼职教师人数增长速度低于专任教师人数增长速度，相对较为波动且缓慢。

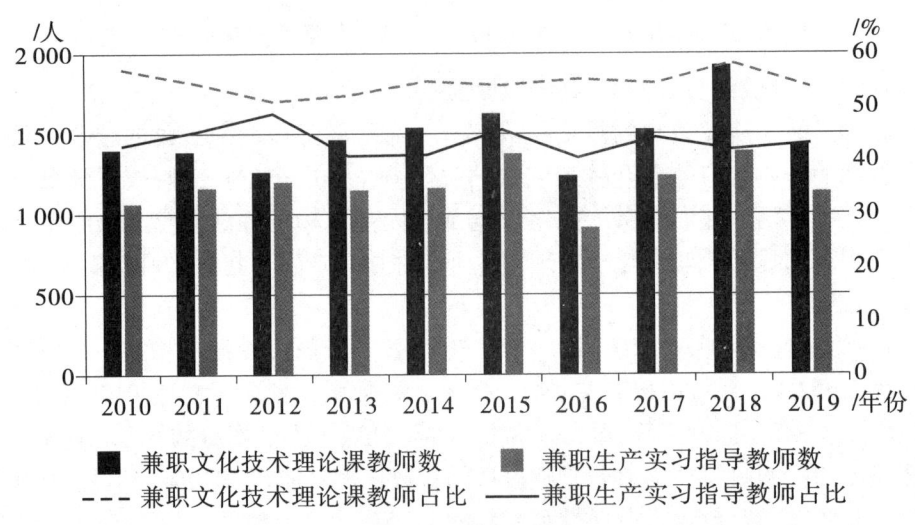

图4-9　广东省技工院校兼职教师情况示意图（2010—2019年）

5. 在兼职教师队伍中，兼职生产实习指导教师人数增加较为明显

2010—2019年，在兼职教师人数整体增速不明显情况下，兼职生产实习指导教师人数除2016年小幅下降外，仍然持续稳定增长。总的来看，在兼职教师队伍中，生产实习指导教师所占比逐年提高，但文化技术理论课教师占比仍然较大，逐渐稳定呈现六四分布的结构，这与专职教师队伍中文化技术理论课教师与生产实习指导教师在比例结构上保持一致。

二、政策与管理

（一）我国技工教育政策的基本情况（2010—2019 年）

随着经济社会的不断发展，我国技工教育的技工培训、教学改革、现代学徒制、产业学院、产教融合、校企合作等内容，作为技术技能人才培养培训的重要模式，备受关注和重视。同时，国家出台了系列相关的技工教育政策，为技工教育的发展提供了重要的政策保障，使我国的技工教育朝着规范化、制度化的方向发展。

1. 我国技工教育政策发布的基本情况

（1）国家层面的政策。2010—2019 年，国务院、人力资源和社会保障部发布的相关技工教育政策文本有 36 份，历年的相关技工教育政策数量分布情况，见图 4-10。

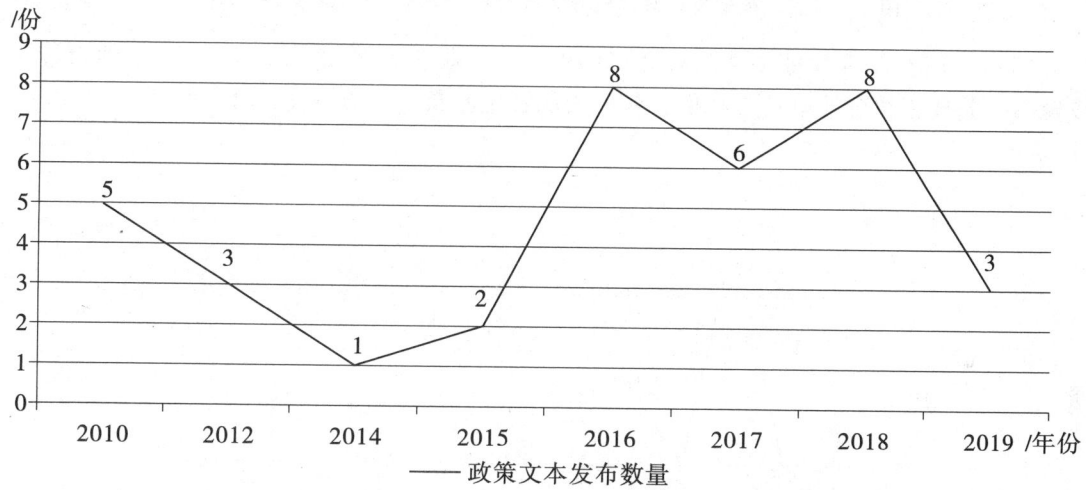

图 4-10 我国技工教育政策文本发布数量图（2010—2019 年）

从图 4-10 可以看出，10 年来，我国技工教育政策年均发布量为 3.6 份，2016 年和 2018 年是政策发布的高峰期，均为 8 份。政策主题涉及技工院校的改革创新、学生资助和安全管理、教学计划和教学大纲、就业扶贫、技能脱贫、招生工作、课程教学改革试点、技工教育规划、职业培训、教师职称制度改革、校长研修、校企合作、专业目录修订、毕业证书发放等内容。

（2）广东省的政策。2010—2019 年，广东省发布 8 份技工教育相关的政策，历年制定的相关技工教育政策情况见图 4-11。

从图 4-11 可知，与国家层面的技工教育政策相比，10 年来广东省发布的政策数量不到国家的一半；除 2017 年发布 2 份政策外，2010—2019 年间，要么没有出台相关的技工教育政策，要么仅出台 1 份技工教育政策。这些政策的主题主要涉及医疗保险、就业规划、教师队伍建设、行动计划等内容。从发文部门来看，主要是广东省政府发布的相关技工教育政策，广东省人力资源和社会保障厅发布的较少。

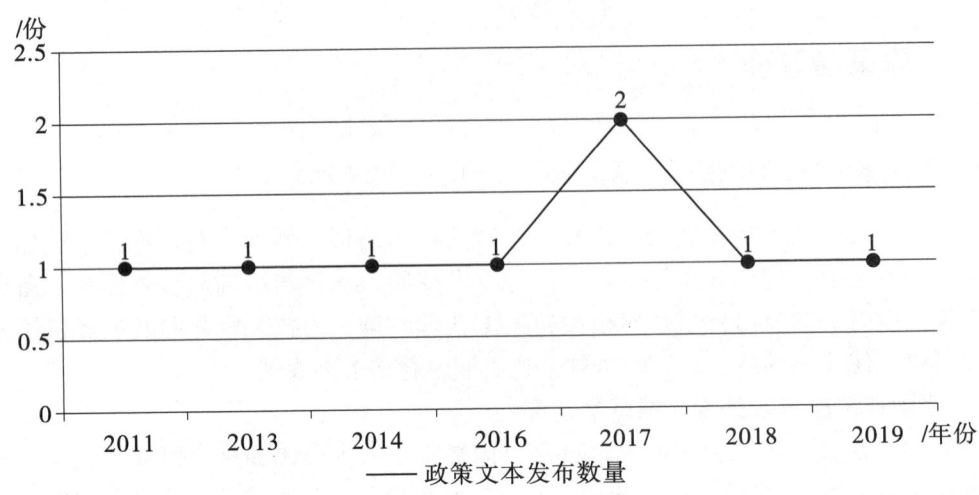

图4-11　广东省技工教育政策文本的发布情况（2010—2019年）

（3）广东省各地市的政策。2010—2019年，广东省21个地市，其中19个地市传达或发布相关技工教育政策共109份，各地市的技工政策情况见图4-12。

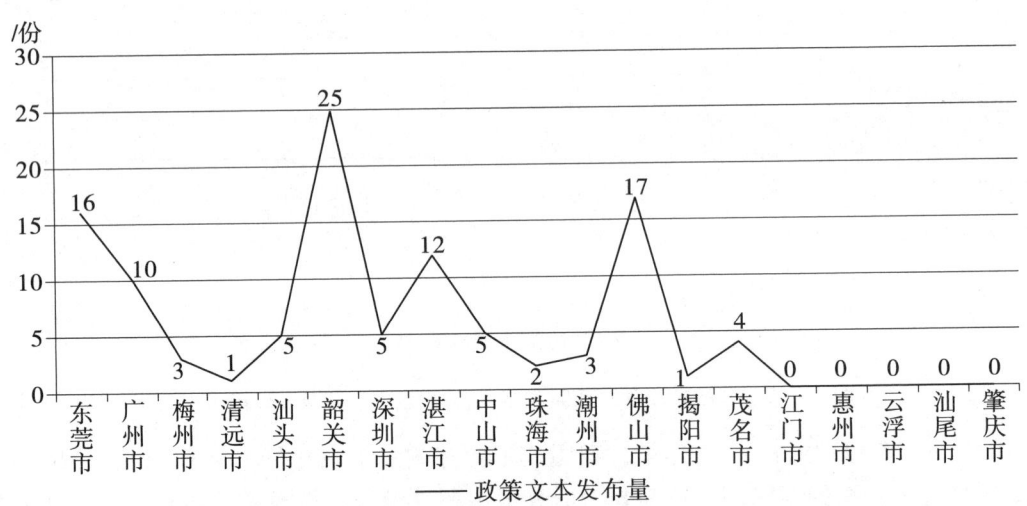

图4-12　广东省各地市技工教育政策文本发布情况（2010—2019年）

从图4-12可以看出，10年来，广东省各地市传达、发布的相关技工教育政策数量存在较大的差异：韶关表现尤为突出，其传达、发布的相关的技工教育政策为25份，比广东省层面的相关技工教育政策多出1份；其次是佛山、东莞、湛江、广州分别为17份、16份、12份、10份；而江门、惠州、云浮、汕尾、肇庆这五个地级市，网上却未查阅到相关的技工教育政策。

2. 技工院校教师政策的发布情况

通过梳理2010—2019年的技工教育政策，对我国各级行政部门发布的相关技工教育政策内容进行筛选，主要有14份凸显技工院校教师发展的政策，其发布的行政部门情况见图4-13。

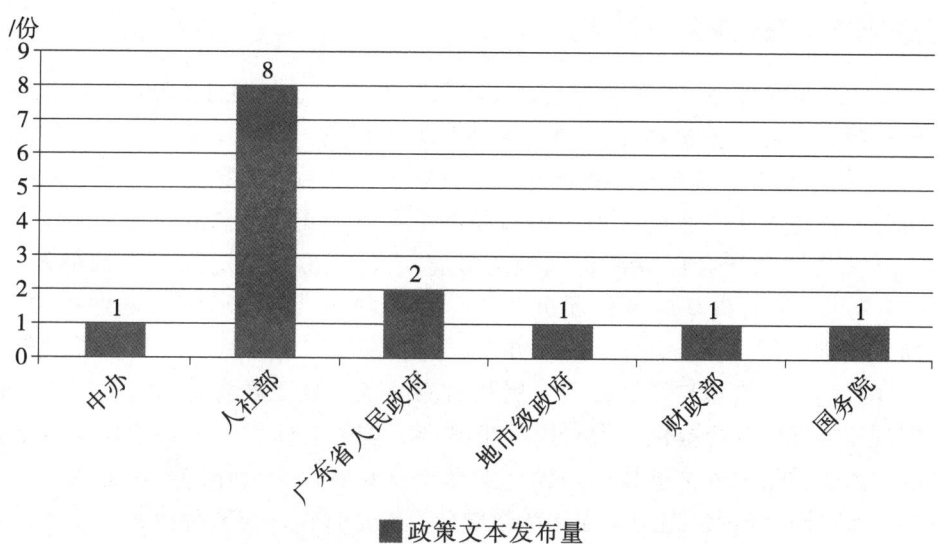

图 4-13 我国各级行政部门发布相关技工院校教师政策文本数量（2010—2019 年）

同时，2010—2019 年，我国各级行政部门技工院校教师发展政策的发布年份基本情况见图 4-14。

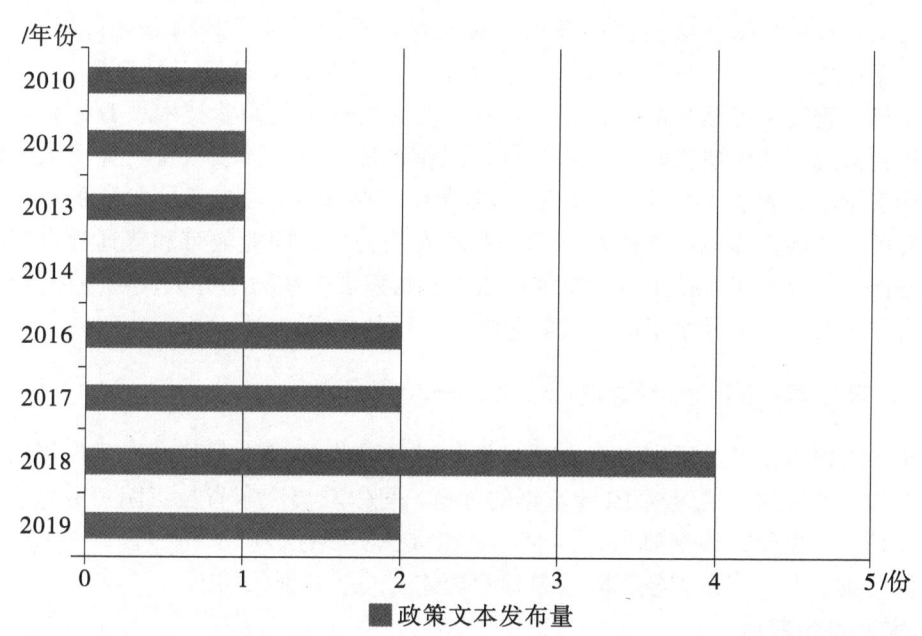

图 4-14 我国技工院校教师政策文本发布数量图（2010—2019 年）

从图 4-13 和图 4-14 可知，10 年间，我国各级行政部门发布的技工院校教师发展政策年均仅为 1 份，发文机构主要集中在人社部，共发文 8 份；国务院、人社部、广东省政府、广东发改委各 2 份，而广东省人力资源和社会保障厅仅有 1 份；在发文时间上，2018 年最为集中，有 4 份。就广东省而言，专门针对技工院校教师发展的政策屈指可数。

（二）技工教育政策的总体情况

在国家的政策文件中，"现代技工教育体系"这一概念始见于2014年人力资源和社会保障部出台的《关于推进技工院校改革创新若干意见》（人社部发〔2014〕96号），要求到2020年，基本形成专业结构适应产业发展、校企融合贯穿培养过程、课程教学体现工学结合、技能人才培养层次和规模与经济社会发展更加匹配的现代技工教育体系。2016年，人力资源和社会保障部在《技工教育"十三五"规划》（人社部发〔2016〕121号）中要求，坚持提高质量、促进就业、服务发展，以培养综合职业能力为核心，深入贯彻"高端引领、校企合作、多元办学、内涵发展"办学理念，围绕职业能力建设六大工作体系建设，构建与经济社会发展相适应的现代技工教育体系，为全面建成小康社会、实现技能强国目标提供有力支撑。2018年，国务院印发《人力资源和社会保障部国务院国资委关于深入推进技工院校与国有企业开展校企合作的若干意见》（人社部发〔2018〕62号）强调，进一步深化产教融合、校企合作，切实提高技工院校人才培养质量，加强国有企业技能人才队伍建设。这标志着我国技工教育进入现代技工教育体系建设时期。

现代技工教育体系是现代职业教育体系的重要组成部分。现代技工教育体系的提出和构建，体现技工教育发展的开放性、完备性、发展性、灵活性等特征。其中，开放性体现在技工教育要根据社会经济的发展，对人才培养的目标、结构等进行相应的调整；完备性体现在技工教育不仅和普通教育相沟通、相融合，而且技工教育要建立由中职、高职、本科、研究生等相互衔接的完整体系，使受教育者在职业技术教育体系上有更多的发展机会；发展性体现在职业预备教育、职业教育、职业继续教育贯穿于人的职业发展，有利于学习者职业能力的提升和职业的转换，能满足学习者不同阶段的需求，促进个人的发展；灵活性体现在普通教育和职业教育的融通，职业教育和普通教育学分互认等制度方面。这表明我国技工教育更加注重内涵式发展，致力于办人民满意的技工教育，丰富具有中国特色、世界水平的现代职业教育体系的内涵。

（三）技工教育的师资管理情况（2010—2019年）

2010—2019年，广东省技工院校教师队伍从快速发展进入平稳高质量发展阶段，师资队伍结构逐渐优化。通过对10年数据的分析，可以看出广东省技工院校专任教师的数量稳定增长，且生师比逐渐降低；同时，更加重视实践性教师队伍建设，"一体化"教师的比例持续上升。广东省技工院校教师管理体制的基本现状如下。

1. 教师准入制度

当前，我国教育事业发展的重中之重是提高教师队伍素质，造就一支符合时代发展要求的专业化创新型教师队伍。技工教育作为我国人力资源开发的基础和职业教育的重要组成部分，而作为中等职业教育改革与发展的重要因素，技工院校教师队伍的基本素质和专业水平，很大程度上决定了我国的技工教育质量。因此，为了提高技工院校教师整体素质，优化教师队伍结构，加强教师队伍建设，需进一步完善技工院校教师准入制度。

虽然广东省各地（市）技工院校教师任职资格标准不同，但对于教师招聘的条件，如学历、资格证书、实践经验、教学能力、培训等要求大致相同。

第一，最低学历要求。在广东省技工院校的招聘条件中，最低的学历要求是专科生。对于生产实习指导教师岗位的设置标准是相关专业的专科或技工院校高级工班、大学本科或预备技师（技师）班的毕业生。

第二，资格证书要求。首先，必须受过大学教育专业和相关专业训练，持有教师资格证；其次，对获得中华技能大奖、全国技术能手荣誉称号或省级技能大奖、技术能手荣誉称号，享受国务院或省政府特殊津贴、国家级或省级技能大师工作室带头人，获得省部级以上劳动模范表彰的高技能人才以及世界技能大赛国家集训选手和中国技能大赛优秀选手（国家级一类大赛前20名，国家级二类竞赛前15名，省级一类大赛前5名，省级二类大赛前3名），可按国家有关规定直接通过考察的方式公开招聘到技工院校与所获技能奖项相关的岗位任教；最后，技工学校、高级技工学校、技师学院的文化技术理论课教师应具备相关专业初级技能职业资格，生产实习指导教师应具备相关职业高级技能以上职业资格。

第三，实践经验要求。应聘广东省技工院校教师一般应有3~5年专业工作经历。此外，有些技工院校还规定，新进教师要先做兼职教师，5年以后，经过评估后符合要求的教师才能转为专职教师。

2. 教师培训考核

一是新入职教师的培训考核。广东省技工院校新入职的教师必须参加1年的岗前培训，主要通过理论课程学习与深入工厂、企业实习相结合的形式，接受包括专业能力、管理及岗位能力、教科研能力、教育技术能力、教师企业实践培训、国际合作培训等六方面的培训。培训结束时，新入职的教师必须接受教育部门和学校的考核评估，考核不合格者不能颁发教师资格证书。

二是在职教师的培训考核。围绕服务广东经济社会发展、实体经济振兴和产业转型升级重大需求，对我省技工院校教学管理人员开展多层次、多方位、多样化的专业技能和岗位能力提升培训，重点培养一批适应现代技工教育发展的高素质专业化教师队伍，带动全省技工院校教师全面提升专业素质和教学水平。在培训考核方面，实行培训单位培训即时考评制度，过程性考察和结果性考核相结合，突出能力考核，对于培训考核成绩合格的教师，给予继续教育登记。

三是教师业绩考核。目前，广东省较多技工院校以绩效考核为主，主要包括参与校企合作情况、实践经验、教学能力、培训次数等方面为量化的考核内容。在职称评聘、职务晋升、评优表彰等方面，同等条件下优先考虑具有相关企业或生产经营管理一线工作经历的专业教师。如珠海市技师学院的《珠海市技师学院章程》要求按年对教师的政治与业务水平（教育、科研），工作态度和工作成绩（学院管理和建设）等方面进行考核。

3. 教师聘任

广东省技工院校教师的聘任条件与教师准入制度的要求基本一致。从广东省城市建设高级技工学校、广州城市职业技工学校、深圳技师学院、佛山市高明区高级技工学校等院校的教师招聘来看，无论是有编制还是无编制的教师招聘，其要求主要包括三方面。

第一，学历要求。理论教师岗位，要求普通全日制大学本科或以上学历；实习指导教师，具有大专以上学历或高级技工学校、技师学院毕业。本科及以上学历，相关专业全日制毕业。

第二，教师资格要求。必须具有相应学科的教师资格证以及技能证书；掌握岗位所需的技能。

第三，职称和年龄要求。文化技术理论课教师具有与岗位相符的高级专业技术职称人员，年龄在40周岁以下；具有与本岗位相符的中级专业职称人员，年龄在35周岁以下；生产实习指导教师，具有与本岗位相符的高级专业技术职称或高级技师人员，年龄在40周岁以下；具有与本岗位相符的中级专业技术职称或技师人员，年龄在35周岁以下。

4. **政策举措**

经过10年的发展，广东省技工院校教师管理取得了显著的成效，其具体政策举措主要包括以下几方面。

一是健全教职工培训制度。将技工院校教师纳入专业技术人员继续教育范围，举办技工院校师资高级研修班；支持、建设一批全国技工院校师资研修中心，承担全国技工院校师资研修交流、重点开展"一体化"师资培训等任务；依托全国技工院校"一体化"师资培训基地和"一体化"课程教学改革教学资源网，大规模开展"一体化"师资培训；强化国际交流合作，构建技工院校教师海外培训的渠道；各地制订技工院校教师培训、进修计划，定期组织师德教育和业务培训，提高专业理论课教师和实习指导课教师的技能操作水平。

二是完善技工院校教师职称制度。积极探索开展技工院校正高级职称改革试点工作。在技工院校教师职称评审系列中，增设正高级职称，促进技工院校教师职称与事业单位岗位设置相衔接，稳定和吸引理论与技能兼备的优秀人才长期从事技工教育；完善评价标准，充分体现技工院校教师职业特点、实行国家标准和地区标准相结合；加强评委会建设、改进评价方式、下放评审权限等方式创新评价机制；实现职称制度与用人制度的有效衔接；从企业招聘具有相应专业技术职务和职业资格人员，可按职称评聘有关规定，参加技工院校相应专业教师系列职称评聘。

三是提高技工院校教师的准入要求。技工院校教师招聘重点面向具有一线工作经验的企业工程技术人员、高技能人才招聘的专职教师、专业课和生产实习指导教师；注重应聘者的职业技能、专业知识和实际授课水平；吸收企业工程技术人员和高技能人才到学校担任专业课教师或生产实习指导教师；聘请有实践经验的专业技术人员、高技能人才担任兼职教师。

四是规范技工院校内部管理。各级人力资源和社会保障部门根据技工教育特点核定公办技工院校教职工编制，落实技工院校在人事管理、教师评聘、绩效工资分配、收入分配等方面的办学自主权，即技工院校可按事业单位公开招聘有关规定，自主招聘专业课和生产实习指导教师；落实技工院校聘请高技能人才担任兼职教师的政策，支持教师到企业实践交流、参与技术革新；各试点院校要完善学校教学和教师管理配套措施，探索制定"一体化"教学管理和教师队伍建设办法。

五是建立校企双师联合培养制度。企业应选拔优秀高技能人才担任学徒的企业导师；企业导师要着重指导学徒进行岗位技能操作训练，帮助学徒逐步掌握并不断提升技能水平和职业素养，使之能够达到职业技能标准和岗位要求，具备从事相应技能岗位工作的能力；培训机构应为学徒安排具备相应专业知识和操作技能水平的指导教师，负责承担学徒的学校教学任务，强化理论知识学习，做好与企业实践技能的衔接。

　　六是强化经费保障。技工院校优秀高技能人才享受国务院政府特殊津贴，对技工院校优秀教师和教育工作者进行表彰；各地要加大高技能人才工作专项经费投入，支持和奖励在高技能人才培养方面成绩突出的技工院校，大力加强高技能人才师资培训等工作；有条件地区设立技工院校专项资金，加大对技工院校师资培训的资金政策支持；加大项目支持，支持技工院校建立高技能人才培训基地和技能大师工作室，承担技师培训项目。

　　七是落实教师企业实践制度。确保专业课教师根据专业特点每 5 年必须累计不少于 6 个月到企业或生产服务一线实践；安排专业课教师每年不少于 2 个月的企业生产实践活动。

三、均衡情况

　　近年来，广东省技工院校规模不断扩大，在校生日益增多，技工院校教师队伍发展迅速。然而，由于经济基础、社会条件、地域位置等因素的影响，区域之间、校际之间技工教育的发展存在较大差异，不均衡问题较为突出。下面将从不同区域、各所技工院校以及技工院校与普通高中之间的差异来分析广东省技工院校教师队伍的不均衡情况。

（一）广东省内区域教师队伍均衡情况

　　目前，广东省各地技工院校教师队伍建设状况有所不同，尤其是在校生人数和生师比有明显差异。从数据分析可知，各地级市和区域间发展较不均衡，各地级市在校生人数增减不一，广州市在校生人数久居首位，珠江三角洲在校生人数达到广东省总在校生人数的 70%；生师比粤东地区较为稳定且符合国家规定标准的 20∶1，而粤西和粤北地区生师比仍然偏高，珠江三角洲地区整体发展较好。在此，以 2010—2019 年的数据为例，加以说明。

1. 广东省各地级市教师队伍均衡情况

　　广东省各个地级市经济发展参差不齐，技工教育发展受到经济发展的影响。各地级市之间也存在不均衡问题，下面主要从在校生规模和生师比两个指标来衡量。

　　各地级市技工院校数量和在校生规模相差甚大，广州市在校生人数久居首位。广东省各地级市技工院校数量和在校生人数反映着其技工教育发展规模，在校生人数变化则体现着自身技工院校的速度。广州市技工院校规模稳居第一，人数不断增长，阳江市规模相对较小，两者之间发展规模相距较大。

　　由表 4-11 可以看到，广东省的技工院校分布不均衡，2017 年广州以 60 所技工院校位居榜首，佛山市和惠州市以 12 所紧随其后，而阳江市和潮州市仅有 1 所技工院校。技工院校的数量直接影响着师资的集聚，在这样的分布情况下，技工院校师资队伍整体发展也会受到影响。

表 4-11　广东省各地级市技工院校分布表 (2017 年)

地区	技工院校数量/所	地区	技工院校数量/所
广州	60	揭阳	4
佛山	12	珠海	4
惠州	12	江门	4
深圳	10	汕头	3
东莞	7	河源	3
湛江	7	中山	3
梅州	7	云浮	2
茂名	6	汕尾	2
肇庆	6	阳江	1
韶关	4	潮州	1
清远	4	—	—

数据来源：《广东技工院校发展报告（2018 年）》（广东省职业技术教研室组织编写，中国劳动社会保障出版社，2018 年）。

由表 4-12 可以看出，广东省各地级市技工院校规模差距较大，广州市技工院校近 5 年在校生人数超过 10 万人，高于省内其他地级市，居历年各地级市在校生人数之首；而潮州市和阳江市在校生人数则居于各地级市之尾。从各地级市自身发展状况来看发展速度差异也较大，2015—2019 年广东省部分地级市在校生人数有所下降，其中揭阳市降幅最大，在校生人数下降 3 289 人；东莞市增幅最大，上涨 11 337 人。

表 4-12　广东省技工院校在校人数情况表 (2015—2019 年)

单位：人

年份	广州	韶关	茂名	深圳	肇庆	湛江	惠州	佛山	揭阳	江门	梅州
2015	113 151	15 925	35 785	34 674	21 133	19 199	26 348	15 002	6 883	14 976	18 853
2016	106 209	13 490	29 802	30 937	17 872	15 871	24 331	14 294	6 136	13 955	15 504
2017	—	—	—	—	—	—	—	—	—	—	—
2018	105 214	8 192	32 194	36 915	20 125	12 951	28 955	14 291	4 559	13 590	10 479
2019	105 516	7 795	34 160	40 526	19 930	12 088	30 636	16 302	3 594	14 840	11 948

年份	清远	河源	东莞	阳江	中山	珠海	汕头	潮州	云浮	汕尾
2015	15 732	11 327	16 377	4 226	18 782	8 435	5 354	3 926	3 728	3 968
2016	16 512	9 833	17 541	2 652	18 901	7 911	5 662	3 650	4 007	3 803
2017	—	—	—	—	—	—	—	—	—	—
2018	12 745	7 925	23 725	3 156	18 075	8 240	5 516	3 158	3 831	3 448
2019	13 994	9 743	27 714	3 174	18 182	9 790	5 615	3 121	4 499	4 095

数据来源：根据官方提供的统计数据整理而成，其中"—"表示缺少相关数据。

2. 区域间均衡情况

粤东、粤西、粤北以及珠江三角洲地区①经济发展各具特点,与经济发展联系紧密的技工教育区域性色彩也较强。以下主要从在校生人数和生师比两项指标进行衡量。在校生人数珠江三角洲地区普遍较高;教师队伍生师比粤东地区较低,并且符合国家标准生师比20:1的要求,粤西和粤北地区相对较高。

(1) 珠江三角洲地区的技工院校在校生人数普遍较高,区域内技工院校规模相对均衡。珠江三角洲地区在校生人数除珠海市外,其余8地级市均高于1万人,平均在校生人数高于广东省其他区域地级市,区域内在校生人数将近占据广东省在校生人数的1/2;在校生人数除广州较为突出外,其他各地级市较为均衡,相差不大。以下分析以2015—2019近五年数据为例。

由表4-13可以看出,珠江三角洲区域内技工院校在校生人数普遍较高。截至2019年底,珠江三角洲地区在校生人数为283 436人,是广东省技工院校在校生人数的49.06%,接近1/2。其中,广州市在校生人数最高为105 516人,除珠海市外,其余大部分地市在校生人数在1万~3万人之间,且5年内在校生人数变化不大,大致处于2万人之间。因此,除广州市技工院校在校生规模较大外,其他地市在校生人数差距并非很大,区域内技工院校在校生规模较为均衡。

表4-13 珠江三角洲技工院校在校生人数情况表(2015—2019年)

单位:人

年份	广州	深圳	肇庆	东莞	珠海	惠州	中山	江门	佛山	总计
2015	113 151	34 674	21 133	16 377	8 435	26 348	18 782	14 976	15 002	268 878
2016	106 209	30 937	17 872	17 541	7 911	24 331	18 901	13 955	14 294	251 951
2017	—	—	—	—	—	—	—	—	—	—
2018	105 214	36 915	20 125	23 725	8 240	28 955	18 075	13 590	14 291	269 130
2019	105 516	40 526	19 930	27 714	9 790	30 636	18 182	14 840	16 302	283 436

数据来源:官方提供的历年技工院校数据统计表,其中"—"表示缺少相关数据。

(2) 技工院校教师生师比粤东地区较低且符合国家标准,粤西和粤北地区仍然偏高(见表4-14)。粤东、粤西和粤北三个区域间技工院校教师队伍发展并非十分均衡,从在校生人数和生师比两项指标衡量,粤东地区技工院校教师发展较好。

由表4-14可以看出,粤东、粤西、粤北地区间技工院校生师比差距较大,粤东地区的生师比持续下降,自2012年以来,该地区达到了国家技工院校生师比的标准(20:1);而粤西和粤北地区生师比仍偏高,截至2016年仍未能达到这个要求。从区域内来看,粤东地区生师比持续下降,而粤西和粤北地区生师比起伏性较大,2014年后在

---

① 文中"粤东地区"指的是揭阳市、汕头市和潮州市三个地级市,"粤西地区"指的是湛江市、茂名市、阳江市三个地级市,"粤北地区"指的是韶关市和清远市两个地级市。文中对于"粤东""粤西""粤北"三个区域进行的技工院校师资队伍的分析分别以汕头市、湛江市、清远市为例。

校生人数甚至逐年下降。因此，粤东、粤西、粤北地区技工院校发展不均衡性较为明显，粤东地区技工院校教师队伍规模相对较好，粤西、粤北与差距较大。

表4-14 粤东、粤西、粤北地区技工院校生师比情况表（2010—2019年）

年份	粤西			粤东			粤北		
	在校学生数/人	专任教师数/人	生师比	在校学生数/人	专任教师数/人	生师比	在校学生数/人	专任教师数/人	生师比
2010	24 973	930	26.9	6 282	280	22.4	17 118	—	—
2011	28 813	904	31.9	6 600	324	20.4	21 073	—	—
2012	28 425	930	30.6	6 591	362	18.2	20 901	668	31.3
2013	28 515	930	30.7	6 647	365	18.2	18 005	694	25.9
2014	25 264	667	37.9	6 328	398	15.9	16 223	628	25.8
2015	19 199	635	30.2	5 354	421	12.7	15 732	373	42.2
2016	15 871	569	27.9	5 662	538	10.5	16 512	478	34.5
2017	—	624	—	—	564	—	—	306	—
2018	12 951	—	—	5 516	581	9.5	12 745	—	—
2019	12 088	—	—	5 615	—	—	13 994	—	—

数据来源：粤西地区数据来源于《湛江年鉴》（2011—2019年）（湛江市政府地方志办公室、驻湛各有关单位编）；粤东地区数据来源于《汕头市统计年鉴》（2011—2019年）（汕头市人民政府、地方志工作机构等编）；粤北地区数据来源于《清远年鉴》（2011—2019年）（清远年鉴编纂委员会编）。其中"—"表示缺少相关数据。

（二）"国重校"与"省重校"[①]之间差异

在师资队伍建设上，国家级重点技工院校与省级重点技工院校的差异，也是广东省技工教育均衡状况的一个重要体现。对二者在师资队伍建设上的差异，主要是通过专任教师比、生师比、"一体化"教师占比、兼职教师情况占比、学历结构、职称结构和科研成果等几个方面来进行对比分析。通过比较发现，"国重校"在教师队伍整体概况上比"省重校"具有明显优势，主要体现在"一体化"教师比例和生师比方面；在教师综合素质水平上与"省重校"差异不是很大；在兼职教师上，"国重校"反而没有"省重校"结构合理。

（1）"国重校"教师队伍规模更大，且生师比较低。通过比较2018年和2019年的教职工数、专任教师数及占比、生师比、兼职教师人数及占比这4项指标，了解到"国重校"的教师队伍规模更大，尤其体现在专任教师占比上和生师比上，而教师专兼结构两者都不甚合理。"国重校"专任教师占比明显高于"省重校"，生师比则明显低于"省重

---

① 文中"国重校"是"国家级重点技工院校"的简称；"省重校"是"省级重点技工院校"的简称。

校",2018—2019 年,"国重校"的教师总数都达到"省重校"教师人数的 2 倍;而生师比上,"国重校"符合人社部在技工院校设置标准中规定的 20∶1,"省重校"生师比明显偏高,未能达到国家标准。在此,以国家重点技工学校广州市技师学院和广东省重点技工学校广州城建技工学校为例,加以说明。

由表 4-15 可以看出,"国重校"的专任教师比明显高于"省重校",生师比则远低于"省重校"。2019 年,"国重校"专任教师比为 96.52%,比"省重校"高出 29%,且"省重校"专任教师比未达到国家规定标准 70%;在生师比上,"国重校"维持在 17∶1 左右,符合国家标准,而"省重校"的生师比为 30.1∶1,与国家规定的生师比标准仍有较大差距,远不及"国重校"。可见,"国重校"的生师比更合理,优势明显高于"省重校"。

表 4-15 广东省"国重校"和"省重校"教师队伍概况表（2018—2019 年）

项目	2018 年		2019 年	
	国重校	省重校	国重校	省重校
教职工数/人	391	145	—	150
总教师数/人	361	164	402	166
生师比	17.4∶1	34.1∶1	17∶1	30.1∶1
专任教师数/人	347	112	388	112
专任教师占比/%	96.12	68.16	96.52	67.46
兼任教师数/人	14	52	14	54
兼任教师占比/%	3.88	31.74	3.48	32.54

数据来源：广州市技师学院年度质量发展报告（2019 年）（http://www.gzgj.net/Item/3228.aspx）；广州城建技工学校年度质量发展报告（2019 年）（http://www.gzccvs.com/info/1191/6455.htm）。其中"—"表示缺少相关数据。

由图 4-15 可以看到,"国重校"与"省重校"教师队伍都是专兼结合,但专兼教师结构差异略大,两者都不甚合理。2019 年"国重校"专任教师占比为 96.52%,兼职教师占比为 3.48%,专兼教师呈现的比例结构,兼职教师过少,专兼结构极不均衡;"省重校"专任教师占比为 67.46%,兼职教师占比为 32.54%,专兼教师的比例结构接近 2∶1,兼职教师占比过高。根据《人力资源和社会保障部关于印发技工院校设置标准（试行）的通知》规定,兼任教师不超过专任教师的 1/3,"省重校"兼任教师明显超过该标准。因此,在专兼教师的结构比例上,"国重校"与"省重校"都不甚合理,仍需逐渐调整和改善。

（2）"国重校"教师队伍素质水平较"省重校"优势明显。"国重校"与"省重校"教师素质水平的对比,主要集中在职称结构、学历结构、"一体化"教师占比这三方面。通过分析发现,在教师素质水平上,"国重校"教师队伍优势明显,主要体现在其"一体化"教师占比上,在教师学历结构、职称结构方面两者差异不大。

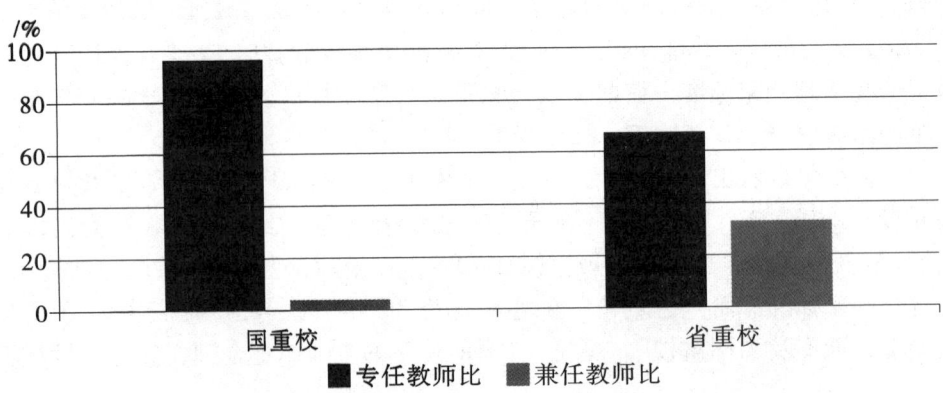

图 4-15 广东省"国重校"与"省重校"专兼教师占比示意图（2019 年）

"国重校"教师的职称学历结构与"省重校"差异不大，"国重校"的"一体化"教师占比较高。"国重校"与"省重校"的教师职称结构中，都是以初、中级职称教师为主，高级职称教师占比较少；教师学历上，大学本科及以上教师占绝大部分；在"一体化"教师占比中，"国重校"的"一体化"教师占比已经高于国家文件中规定的技师学院设置标准中的 60%，较"省重校"来讲优势较为明显。

由表 4-16 可知，2018 年，"国重校"与"省重校"的教师绝大部分都是大学本科及以上学历，"国重校"的大学本科及以上教师占比为 93%，"省重校"的占比为 95%，仅相差两个百分点，两者的教师学历结构差异不大。

表 4-16 广东省"国重校"和"省重校"教师统计表（2018—2019 年）

项目	2018 年		2019 年	
	国重校	省重校	国重校	省重校
大学本科及以上教师占比/%	93	95	—	97
中级职称教师占比/%	38	36	41	39
高级职称教师占比/%	11	13	16	13
初级职称及以下教师占比/%	50	51	43	48
"一体化"教师比/%	64	29.3	97.8	31.3

数据来源：广州市技师学院年度质量发展报告（2019 年）（http://www.gzgj.net/Item/3228.aspx）；广州城建技工学校年度质量发展报告（2019 年）（http://www.gzccvs.com/info/1191/6455.htm）。其中"—"表示缺少相关数据。

在职称结构上，"国重校"和"省重校"都是以初、中级职称教师为主，高级职称教师占比较少。2019 年，"国重校"的高级职称教师比例为 16%，比同年的"省重校"高出 3%；"国重校"的中级职称教师占比为 41%，"省重校"的占比为 39%，两者仅相差 2%。因此"国重校"与"省重校"教师职称结构无明显差异，两者都还是较为典型的"金字塔"形学历结构，高级职称教师处于"金字塔"尖的位置，而底部是初级及以下职称的教师数量较多，结构需要进一步调整和优化。

在"一体化"教师比例方面，2019年"国重校"的"一体化"教师比例为97.8%，远超过60%，超过技师学院设置标准；而"省重校"为31.3%，"一体化"教师比例仅是"国重校"的1/3。这也表明，无论是数量上，还是比例上，"国重校"比"省重校"的优势明显。

（三）技工院校与中职、高职和普通高中的差异

技工院校有着不同的层次之分，根据人社部的规定主要分为三个层次，从低到高依次是技工学校、高级技工学校、技师学院。《人力资源和社会保障事业发展"十三五"规划纲要》（人社部发〔2016〕63号）中规定："技工院校招收初中毕业生；高级技工学校、技师学院招收高中毕业生。技工院校中级工班、高级工班、预备技师（技师）班毕业生分别按相当于中专、大专、本科学历落实相关待遇。"显然，技工学校与中职院校和普通高中同属于中等教育层次，技师学院与高职院校同属于高等教育层次，且技工学校和技师学院也分别是中职教育和高职教育的一部分。通过对同种层次不同类型的院校之间教师队伍整体概况和素质水平的对比以充分了解其教师发展是否均衡。在横纵向对比之后发现技工院校与中职的教师队伍发展情况保持一致，其发展能够跟上中职院校总体师资队伍的发展速度和规模；技工院校与普通高中（简称"普高"）发展之间差异不大，普高发展更为稳定；技师学院教师专业发展与高职教师专业发展差距较大，高职院校教师专业发展更具优势。

1. 技工院校与中职学校

中职与技工学校属于职业教育类型，又同属中等教育层次。技工学校与中职学校教师队伍均衡情况主要通过在校生人数、教职工人数、专任教师占比、兼任教师占比、学历结构和高级职称占比6个方面进行衡量。综合情况中，中职院校教师队伍发展优于技工院校，但差距不大，中职院校教师优势主要表现为教师的职称学历结构相对合理，而技工院校教师学历结构亟待优化。

（1）技工院校与中职的教师队伍专兼教师比差距不大，技工院校教师专任教师比略高。从专任教师比上和兼任教师占比上可以看出技工院校在校生和教职工规模都远小于中职院校，但是技工院校专任教师占比、专任教师生师比和兼职教师占比都与中职院校相差不大。两者生师比差距不大，但技工院校生师比未达到国家要求标准（20:1）。

由表4-17可知，广东省中职院校与技工院校教师专任教师比和兼任教师比差异不大，技工院校的生师比略高。2018年，技工院校专任教师比为75.39%，仅比中职院校专任教师比低了2.31%；兼职教师比为14.51%，比中职院校高了3.6%。因此技工院校和中职院校的专兼任教师比都达到国家标准，且差距微小。2018年中职院校教师队伍专任教师比为19.69:1，技工院校的生师比为23.68:1，两者在数值上相差不大，但是技工院校生师比并未达规定标准（20:1）。

（2）技工院校与中职教师高级职称占比差距不大，技工院校教师学历结构有待完善。在高级职称占比上中职院校略高于技工院校，差异不明显；教师学历结构上，中职院校中具有本科学历以上教师人数占比超过90%，高于技工院校。

表4-17 广东省中职院校与技工院校教师队伍基本情况对比表（2018年）

院校类别	在校生人数/人	教职工人数/人	专任教师数/人	专任教师占比/%	专任教师生师比	兼职教师数/人	兼职教师占比/%
中职院校	867 254	56 695	44 054	77.70	19.69∶1	4 807	10.91
技工院校	542 661	30 397	22 917	75.39	23.68∶1	3 325	14.51

数据来源：中职院校数据来源于《2018年广东省中等职业院校质量报告》；技工院校数据来源于官方提供的数据统计表。表中中职院校的各项数据已包含技工院校。

由表4-18可以看出，广东省技工院校教师队伍与中职院校相比，高级职称教师占比差异不大，学历结构有待优化。2018年，技工院校高级职称教师占比为13.67%，比中职院校低了4.06%，差距不明显；教师学历上，中职院校本科学历及以上教师已经达到92.84%，教师本科学历覆盖面非常高，而技工院校该项占比仅有66.96%，这与技工院校对实习指导教师的学历要求有一定相关性，对实习指导教师的要求相比于学历更强调其专业技能。但技工院校教师学历结构也需逐渐优化完善。

表4-18 广东省中职院校与技工院校教师队伍学历职称情况表（2018年）

院校	本科学历及以上		高级职称	
	人数/人	占比/%	人数/人	占比/%
中职院校	40 901	92.84	7 812	17.73
技工学校	20 355	66.96	3 132	13.67

数据来源：中职院校数据来源于《2018年广东省中等职业院校质量报告》；技工院校数据来源于官方提供的数据统计表。表中中职院校的各项数据已包含技工院校。

2. 技工院校与普通高中

技工院校与普通高中是同一办学层次，不同类型教育。通过对于技工院校和普高的生师比进行分析发现，两者各自的生师比均接近国家规定标准，并且仍然保持逐渐下降趋势。

技工院校与普高生师比均接近国家规定标准，仍保持下降趋势。根据2014年中央编办、教育部、财政部联合颁发的《关于统一城乡中小学教职工编制标准的通知》（中央编办发〔2014〕72号）规定普通高中的生师比为12.5∶1[1]，而技工院校根据技工院校设置标准要求生师比应低于20∶1，根据文件要求，技工院校和普通高中的生师比在近年保持不断下降趋势，逐渐趋近于标准。

由表4-19可以看出，广东省技工院校和普通高中在校生和专任教师数量上差距巨大，但是两者生师比都逐渐下降，接近于各自的规定标准。截至2018年，普通高中生师比为12.3∶1，接近于规定标准12.5∶1；技工院校为23.68∶1，比2010年的38.23∶1

---

[1] 普通高中按照国家规定的生师比计算方式为在校学生数∶在职工人数比例为12.5∶1，这里由于数据缺乏，将其生师比计算方式与技工院校保持一致即生师比为在校生人数∶专任教师数。

下降幅度较为明显，接近于规定标准 20∶1。

表 4-19 广东省普通高中与技工院校教师队伍生师比情况表（2010—2019 年）

年份	普通高中			技工院校		
	在校学生数/人	专任教师数/人	专任教师生师比	在校学生数/人	专任教师数/人	专任教师生师比
2010	2 089 462	125 069	16.7	755 586	19 763	38.23
2011	2 204 135	137 112	16.1	851 314	20 278	41.98
2012	—	—	—	885 190	20 774	42.61
2013	2 204 473	—	—	876 154	19 839	44.16
2014	2 140 193	148 361	14.4	622 614	20 840	29.88
2015	2 054 033	150 861	13.6	588 588	21 011	28.01
2016	1 973 727	151 612	13.0	532 587	21 624	24.63
2017	1 892 669	—	—	553 747	22 610	24.49
2018	1 837 141	149 931	12.3	542 661	22 917	23.68
2019	—	—	—	577 688	23 111	25.00

数据来源：官方提供的数据统计表。其中"—"表示缺少相关数据。

由图 4-16 可知，2010—2019 年广东省普高生师比的波动较小，一直保持小幅度下降趋势，而技工院校生师比则经历了先上升后下降趋势。2010—2018 年普通高中一直保持在稳定下降的状态，截至 2018 年普通高中的生师比仅为 12.3；技工院校的生师比在 2010—2013 年保持在较高的状态，超过 40∶1，2013 年这个高峰过后，生师比呈现逐年下降的趋势。截至 2019 年，技工院校和普高的生师比都较接近规定标准。

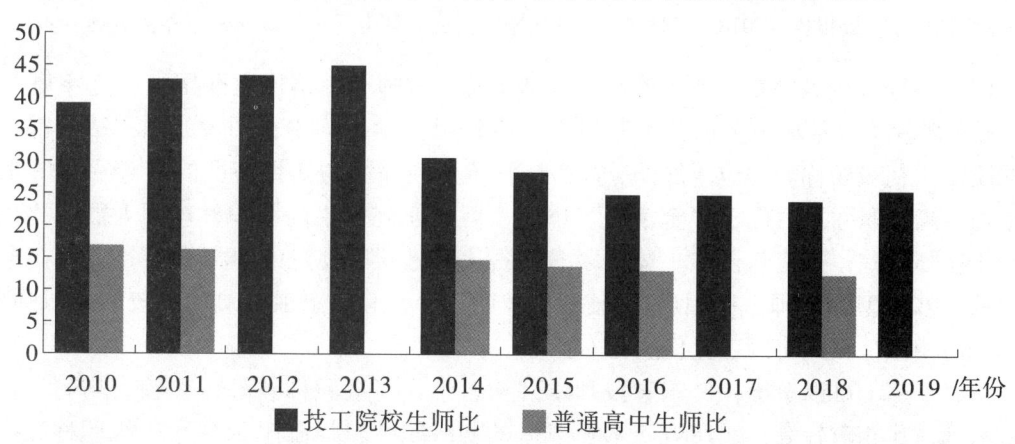

数据来源：技工院校 2010—2019 年数据来源于官方提供的数据统计表。普通高中数据来源于 2010—2018 年的《教育统计年鉴》（广东省统计局）

图 4-16 广东省技工院校与普通高中生师比对比图（2010—2019 年）

3. 技师学院与高职院校

技师学院与高等职业技术院校同属职业教育类型和高等教育办学层次。在此主要通过专任教师占比、生师比、"一体化"教师情况、兼职教师情况和学历职称结构5个指标的对比，来分析技师学院与高职院校师资均衡情况。通过比较分析发现，高职院校教师综合发展优于技师学院，其主要优势体现在教师队伍的职称和学历结构上，教师队伍规模与技师学院无明显差异。

（1）技师学院与高职院校生师比差异不大，均接近国家规定标准。根据人力资源和社会保障部《关于印发技工院校设置标准（试行）的通知》（人社部发〔2012〕8号）中规定的标准，技师学院的生师比需要低于18∶1。对比发现技师学院和高职院校的生师比都在国家标准范围之内，且两者非常接近；兼职教师占据一定比例，且符合国家规定未超过专任教师数的1/3。

由表4–20可以看出，2017—2018年技师学院和高职院校的生师比差别不大。尤其是在2018年，生师比差距小于1%，两者在2017年和2018年都符合国家文件规定的18∶1。技师学院的兼职教师占比2017年为3.93%，占比较低，在2018年增长4.27%。

表4–20 广东省技师学院与高职院校教师队伍整体概况表（2017—2018年）

项目	2017年		2018年	
	技师学院	高职院校	技师学院	高职院校
专任教师数/人	342	263	347	550
生师比	17.1∶1	14.55∶1	17.4∶1	17.58∶1
兼职教师比/%	3.93	9.50	8.20	—

数据来源：根据广州市技师学院官网（http://www.gzgj.net/）的《广州市技师学院年度质量发展报告（2018—2019年）》和广州番禺职业技术学院官网（http://www.gzpyp.edu.cn/）的《广州番禺职业技术学院质量发展报告（2018—2019年）》数据整理而成。其中"—"表示缺少相关数据。

（2）高职院校教师素质水平略高于技师学院，教师职称结构逐渐摆脱"金字塔"结构。技师学院和高职院校的教师都是以大学本科以上学历为主；两者的职称结构都在逐渐摆脱以"初级职称教师位于底部，高级职称位于顶部"为典型特征的"金字塔"形职称结构，高级职称不再位于"金字塔"塔尖，但高职院校中高级职称教师人数占比仍明显高于技师学院；技工院校"一体化"教师占比超过国家规定的50%的标准，与高职院校中的"双师型"教师占比相近。（技工院校的"一体化"教师和高职院校的"双师型"教师较为相似，因此将两者比例进行对比。）

从表4–21可以看出，广东省技师学院初、中、高级职称教师占比较为均匀，初级职称教师占比相对较高。2018年，技师学院的初级职称教师占比36%，中级职称教师占比33%，高级职称占比31%；高职院校的初级职称教师占比比技师学院低了16%，中、高级职称教师占比比技师学院高了16%。因此教师职称结构上高职院校更为合理，但是，技师学院和高职院校教师的职称结构都逐渐摆脱了"金字塔"形的职称结构。此外，技师学院和高职院校，具有本科以上学历教师人数占比都超过90%，技师学院的"一体化"教师和"双师型"教师占比都超过60%，差异不明显。由此可见，高职院校教师素质水平略优于技师学院，优势主要体现在教师的职称结构方面。

表4-21　广东省技师学院与高职院校教师队伍学历职称结构情况表（2017—2018年）

项目	2017年		2018年	
	技师学院	高职院校	技师学院	高职院校
大学本科以上	—	93.5	93	—
中级职称/%	35	—	33	50
高级职称/%	29	21.7	31	30
初级职称及以下/%	36	—	36	20
"一体化"教师比（"双师型"教师比）①	64.89	62.36	64.02	—

数据来源：根据广州市技师学院官网（http://www.gzgj.net/）的《广州市技师学院年度质量发展报告（2018—2019年）》和广州番禺职业技术学院官网（http://www.gzpyp.edu.cn/）的《广州番禺职业技术学院质量发展报告（2018—2019年）》数据整理而成。其中"—"表示缺少相关数据。

四、比较分析

《广东省技工教育创新发展行动计划（2016—2020年）》（粤人社发〔2017〕33号）明确提出，2020年广东省基本形成在国内有广泛认同度、在国际上有一定影响力的南方教育高地。广东省技工教育作为全国技工教育的一面旗帜，经过多年的发展，技工院校逐渐形成了一支学历结构较为合理、专兼结合专业水平过硬的师资队伍。在此，分别对广东省内技工院校师资队伍建设，以及与山东、江苏、浙江、北京、天津等省市的生师比、教师学历结构、职称结构等指标进行比较，明确广东省技工院校师资队伍建设的成效、优势与差距。

（一）纵向比较

2010—2019年，广东省技工院校教师队伍建设进入到高质量发展阶段。根据2010—2019年的数据资料，主要从整体概况与素质水平两个方面进行对比分析。其中，整体概况部分主要从生师比、学科结构和性别结构三个维度来分析；素质水平中主要从教师职称结构、"一体化"教师比例、专兼教师比例和教师专业发展四个维度来分析。

1. 整体概况

2010—2019年，由于社会经济和国家政策的影响，广东省技工院校专任教师比和生师比先上升后下降，并保持稳定下降趋势，但仍高于国家标准；文化技术理论课教师与生产实习指导教师的学科结构大体保持四六占比，仍有待继续完善。

---

① 技工院校的"一体化"教师与职业技术学院的"双师型"教师较为相似，在文中将两者放在一起对比。表格中技师学院为"一体化"教师所占比例，高职院校为"双师型"教师所占比例。

（1）广东省技工院校生师比先升后降，略高于国家标准。生师比是衡量教师队伍建设的一个重要指标。10 年间，广东省技工院校生师比先升后降，其中经历了一次明显波动，受到国家招生政策较大影响，政策促使招生规模扩大，教师数增长速度跟不上而生师比变大。2013 年后，技工院校审核标准和招生政策逐渐调整，生师比平稳下降，但仍高于国家标准。

从图 4-17 可知，在校生人数变化与专任教师生师比的曲线变化基本保持一致。2010—2019 年，生师比出现先上升后下降的变化。2010—2013 年，广东省技工院校招生人数快速增长，在校生人数达到最高峰，其间的生师比也达到 40∶1。这与广东省人力资源和社会保障厅发布《关于做好 2010 年技工学校招生有关工作的通知》（粤人社厅发〔2010〕35 号）也有重要关系，该通知要求扩大中职院校招生规模，技工院校与职业高中、普通高中实行统一招生，带来的直接影响是在校生人数快速增加。然而，技工院校的教师人数未能与在校生人数保持同步增长，从而导致此时技工院校生师比处于较高的状态。2012 年，人力资源和社会保障部发布了《关于印发技工院校设置标准（试行）的通知》（人社部发〔2012〕8 号），要求技工院校师生比不应低于 1∶20。虽然广东省技工院校生师比逐年降低，但到 2019 年，其生师比仍然偏高，未达到国家标准。

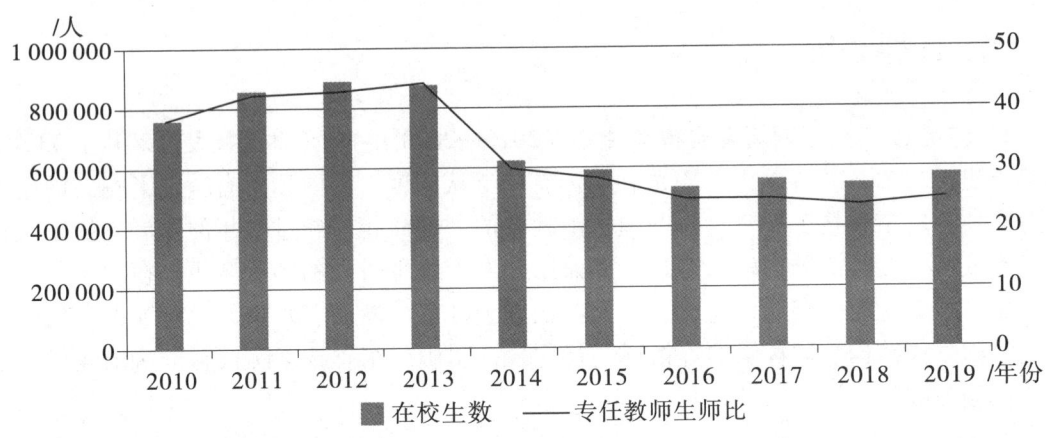

数据来源：官方提供的数据统计表。

图 4-17 广东省技工院校在校生人数与生师比变化示意图（2010—2019 年）

（2）教师学科结构逐渐优化，文化技术理论课教师比例偏高。2010—2019 年生产实习指导教师占比与文化技术理论课教师变化较为平稳（见图 4-18）。生产实习指导教师占比 2010—2012 年变化较小，此后开始缓慢下降，2019 年降至 33.94%。总体上，生产实习指导教师与文化技术理论课教师的比例结构逐渐调整，文化技术理论课教师与生产实习指导教师的比例维持在 6∶4。

在相关的政策中，虽然要求增加生产实习指导教师比例，但在短时间内，政策实施的效果不是很明显。由于生产实习指导教师的综合素养要求高，不仅需要具备学科理论知识和专业实践技能，还要适应生产技术的快速更新发展，掌握教育教学理论和方法。因此，技工院校文化课教师与实习指导教师比例不协调、文化课教师比例高的问题仍较为突出。

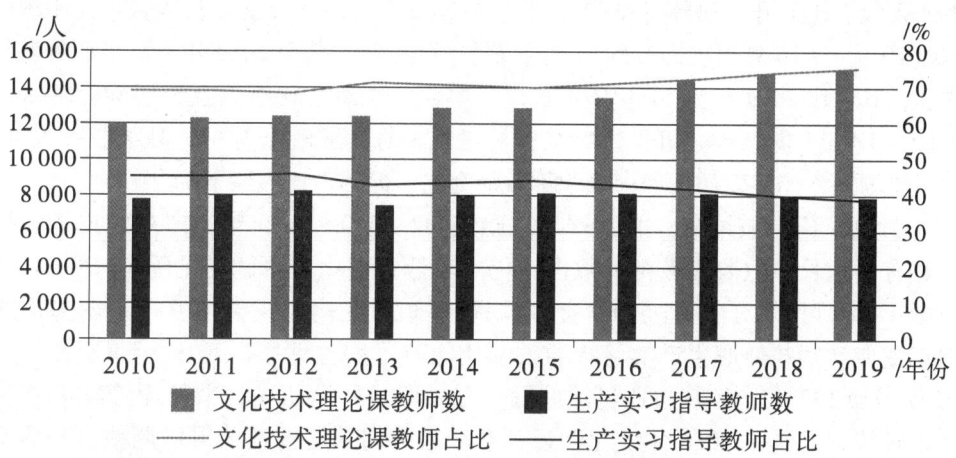

数据来源：官方提供的数据统计表。

图4-18 广东省技工院校教师学科分布示意图（2010—2019年）

2. 素质水平

广东省正在努力建设一流技工院校，教师队伍建设逐渐由注重"量"向注重"质"转变。2010—2019年，广东省技工院校教师队伍素质水平有了较明显的提升，主要体现在教师队伍职称结构、"一体化"教师、专兼教师和教师专业发展方面。

（1）教师职称结构缓慢调整，高级职称占比逐年增加。技工院校教师职称结构是师资队伍的综合素质水平的重要体现。总体来看，广东省技工院校专任教师中，高级职称缓慢增长，逐渐改变初级职称人数庞大，高级职称人数稀少的"金字塔"结构，但仍有待于进一步优化。

由图4-19可以看出，2010—2019年，高级职称占比仍缓慢上升，中级职称、初级职称及以下，以及无职称教师人数占比总体下降，中间起伏波动较大。其中2012年初级职称

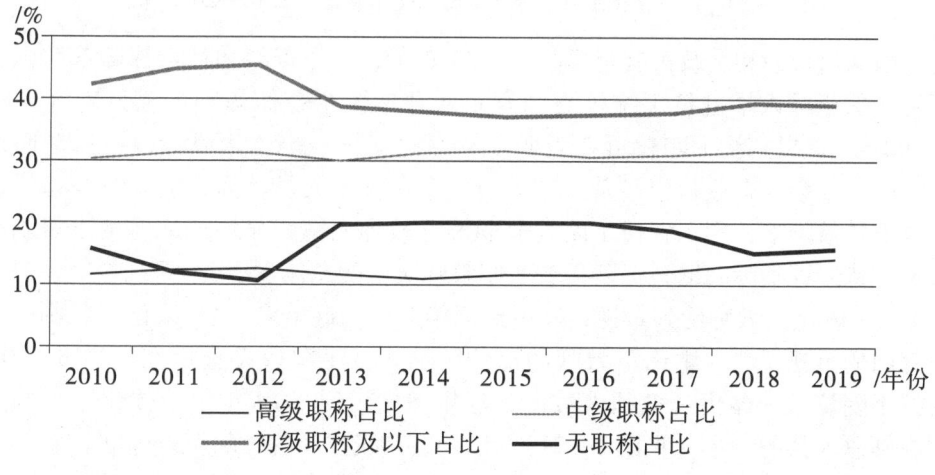

数据来源：官方提供的数据统计表。

图4-19 广东省技工院校教师职称结构变化示意图（2010—2019年）

及以下的人数占比上升达到最高峰 45.35% 后持续下降，2011 年无职称人数占比出现明显下降后，除 2014—2016 年出现回升外，此后保持下降态势。截至 2019 年，高级职称教师占比缓慢增加，其占比 2019 年为 14.13%。此时，高级、中级、初级以及无职称教师占比呈现为 1.5∶3∶4∶1.5 的结构。可见，广东省技工院校教师职称结构中，高级职称人数较少，其占比逐年增加，仍然以初级和中级职称教师为主，但其占比逐渐下降。

（2）教师队伍专兼结合，兼职教师占比较低。2010—2019 年，广东省技工院校兼职教师人数有所增长，但兼职教师人数占比仍然较低且变化不明显（见图 4-20）。

由图 4-20 可知，广东省技工院校兼职教师队伍变化曲线整体变化不明显，兼职文化技术理论课教师与兼职生产实习指导教师比例有了明显调整。2019 年兼职教师人数比 2010 年仅增加 192 人，且其占比仍然偏低。在兼职教师队伍中，兼职生产实习指导教师人数增长较快，尤其是 2018 年变化明显，兼职教师内部结构逐渐得以调整，兼职文化技术理论课教师与兼职生产实习指导教师比例由原来的 7∶3 调整为 6∶4。

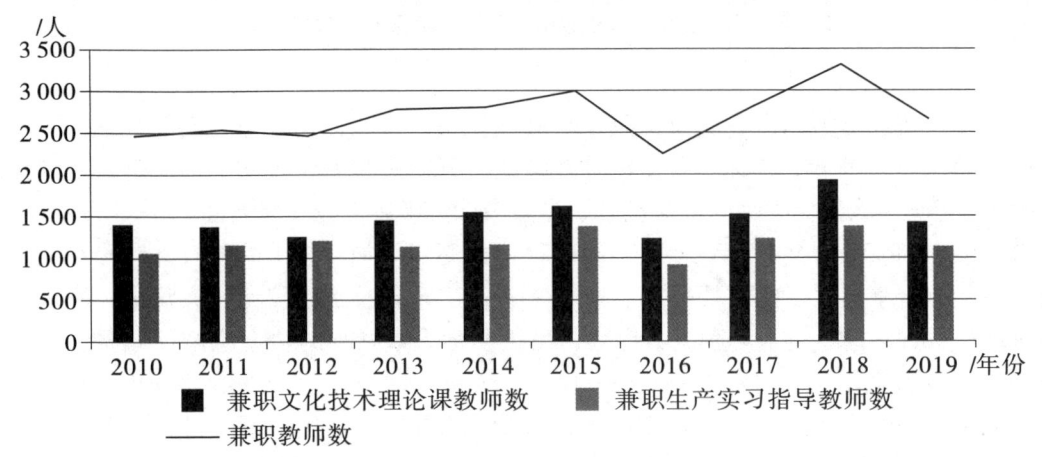

数据来源：官方提供的数据统计表。

图 4-20　广东省技工院校兼职教师变化示意图（2010—2019 年）

这与国家出台的相关政策有重要关系。2018 年，人力资源和社会保障部与国务院国资委下发《关于深入推进技工院校与国有企业开展校企合作的若干意见》（人社部发〔2018〕62 号），提到技工院校可在教职工总额中安排一定比例或者通过流动岗位等形式，用于面向社会和企业聘用经营管理人员、专业技术人员、高技能人才等担任兼职教师。在政策的鼓励下，广东省技工院校兼职实习教师人数明显增加，但由于兼职教师选聘、管理、待遇等实际问题，仍阻碍着兼职教师队伍的总体发展。

（3）"一体化"教师受到重视，其占比逐年上升。近年来，"一体化"教师受到了各级行政部门的重视，"一体化"教师的比例已纳入技工院校设置标准。2010—2019 年，广东省技工院校"一体化"教师人数占比逐年增加，到 2019 年"一体化"教师人数接近专任教师总人数的一半（见图 4-21），已接近高级技工院校的设置标准。

如图 4-21 所示，2010—2019 年，广东省技工院校"一体化"教师占比逐年增长。2010 年以来"一体化"教师占比每年增幅超过 1%，到 2019 年占比达到 47.86%。其中，

2017年，广东省技工院校"一体化"教师突破10 000人。2010—2019年，广东省技工院校"一体化"教师共增加3 883人，超过专任教师增长的3 348人。

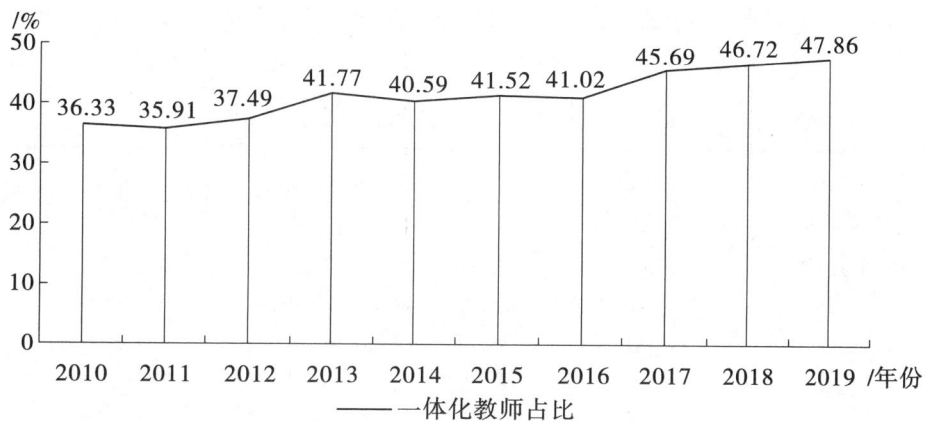

数据来源：官方提供的数据统计表。

图4-21　广东省技工院校"一体化"教师占比示意图（2010—2019年）

广东省技工院校"一体化"教师队伍建设离不开国家相关政策的鼓励。目前，广东省技工院校"一体化"教师的比例已接近人力资源和社会保障部在《关于印发技工院校设置标准（试行）的通知》（人社部发〔2012〕8号）中规定的高级技工院校设置标准，即高级技工院校"一体化"教师达到50%以上的要求。

（二）横向比较

由于经济社会发展水平不同，全国各省市的技工教育发展存在不同程度的差异。为了更好地了解广东省技工院校教师队伍建设的优势和不足，将与全国部分省市的技工教育进行比较。通过对比发现，广东省技工院校的数量和教职工人数名列前茅，教师性别结构与学科结构都相对合理；广东省技工院校教师职称结构、兼任教师比以及"一体化"教师比方面，需要进一步优化和改善；广东省各省市技工院校的生师比与国家标准仍有一定的差距，这是一个较为突出的短板，需要特别关注。

1. 整体概况

在此，选取山东省、江苏省、浙江省、北京市和天津市与广东省进行比较，分别从专任教师数、生师比、教师学科结构和教师性别结构方面进行分析。总体而言，广东省技工院校教师队伍发展较好，专任教师学科结构和教师性别结构较为合理，生师比偏高，处于中等水平。

（1）广东省生师比略高，其他5个省市生师比达到国家标准。广东省、江苏省、浙江省、北京市、天津市和山东省这6个省市中，广东省的专任教师占比达标（即专任教师数不应低于教师总数的70%），处于中间水平，而生师比是唯一一个未达到国家要求的省份。

由表4-22可知，广东省技工院校数量较多，生师比偏高。2017年，广东省有技工院校162所，仅次于山东省的194所，而专任教师生占比74.47%，低于山东省，两省均已达到国家标准,而北京和天津的专任教师占比未达到标准;在这6个省市中,广东省的生师比为24.5∶1,是唯一一个未达到国家标准的省份,其他5个省市均已达到国家标准。从生师比和专任教师比两项指标看,东南沿海地区和中部地区大都达到了国家规定的标准,技工院校教师队伍发展较为均衡。

表4-22 全国6个省市技工院校专任教师队伍情况表(2017年)

省市	技工院校数/所	教职工数/人	专任教师数/人	专任教师占比/%	在校生数/人	生师比
广东	162	30 362	22 610	74.47	553 747	24.5
江苏	118	18 160	14 235	78.39	253 325	17.8
浙江	77	11 381	9 259	81.35	141 668	15.3
北京	28	3 224	1 777	55.12	32 019	18.0
天津	24	2 414	1 534	63.55	22 283	14.5
山东	194	29 294	22 565	77.03	332 634	14.7

数据来源:《中国劳动统计年鉴(2018年)》(国家统计局人口和就业统计司、人力资源和社会保障部规划财务司编写,中国统计出版社出版,2019年)

(2)广东省技工院校教师学科结构较合理,其他5个省市专任教师学科结构有待进一步优化。这里的专任教师学科结构是指文化技术理论课教师与生产实习指导教师的比例。2017年,在广东省、北京市、天津市、江苏省、浙江省和山东省6个省市中,专任教师学科结构存在一定的差异,广东省文化技术理论课教师占比与生产实习指导教师占比相差最小,结构较为合理完善。

由表4-23可以看出,全国6个省市技工院校教师的学科结构存在一定的差异,广东省技工院校教师的学科结构较为合理。2017年,广东省技工院校文化技术理论课教师占比63.51%,生产实习指导教师占比为36.49%,文化技术理论课教师与生产实习指导教师比例接近6∶4结构,两者差异较小;北京市、山东省和浙江省生产实习指导教师所占比相比较低,山东省文化技术理论课教师与生产实习指导教师比例接近7∶3,生产实习指导教师人数有待增加,专任教师学科结构失衡较为突出。

表4-23 全国6个省市技工院校专任教师学科结构情况表(2017年)

省市	专任教师数/人	文化技术理论课教师		生产实习指导教师	
		人数/人	占比/%	人数/人	占比/%
广东	22 610	14 360	63.51	8 250	36.49
北京	1 777	1 318	74.17	459	25.83
天津	1 534	1 034	67.41	500	32.59
江苏	14 235	9 532	66.96	4 703	33.04
浙江	9 259	6 818	73.64	2 441	26.36
山东	22 565	17 088	75.73	5 477	24.27

数据来源:《中国劳动统计年鉴(2018年)》(国家统计局人口和就业统计司、人力资源和社会保障部规划财务司编写,中国统计出版社出版,2019年)

（3）广东省教师性别结构处于中等水平，其他5个省市差异不大。通过对全国6个省市技工院校教师性别结构的比较，发现教师性别结构差异不大，女性教师占比介于40%~50%之间，低于男性教师占比，而广东省女性教师占比在6个省市中处于中等水平（见表4-24）。

表4-24　全国6个省市技工院校教师队伍性别结构情况表（2017年）

省市	总教师数/人	女性教师数/人	男性教师数/人	女性教师占比/%
广东	30 362	13 822	16 540	45.52
北京	3 224	1 611	1 613	49.97
天津	2 414	1 061	1 353	43.95
江苏	18 160	8 641	9 519	47.58
浙江	11 381	5 397	5 984	47.42
山东	29 294	12 512	16 782	42.71

数据来源：《中国劳动统计年鉴（2018年）》（国家统计局人口和就业统计司、人力资源和社会保障部规划财务司编写，中国统计出版社出版，2019年）

从表4-24可知，2017年，广东省技工院校女性教师占比为45.52%，位于全国6个省市的中等位置，高于天津市和山东省，低于北京市、江苏省和浙江省。在全国6个省市技工院校教师的性别结构中，北京市的教师性别结构较为合理，男女教师性别占比接近1∶1；广东省、江苏省、浙江省的技工院校女性教师占比相差不大，女性教师比例介于45%~48%，处于中等水平；山东省和天津市的技工院校女性教师占比分别为42.71%和43.95%。总体而言，全国6个省市的技工院校教师性别结构差异不大。

2. 素质水平

在此，教师素质水平主要从教师职称结构、兼职教师占比和"一体化"教师占比进行衡量。从全国6个省市来看，广东省技工院校师资队伍素质水平处于中等位置，仍需要加强技工院校教师队伍内涵建设，不断提高教师素质水平。

（1）广东省技工院校教师职称结构有待优化，其他5个省市教师职称结构分布不均。全国6个省市的职称结构主要通过职称人数以及占比来衡量。在全国6个省市中，技工院校教师职称结构差异较大，广东省技工院校高级职称教师占比排名最末，与其他5个省市相差较大；中级职称占比处于中等水平，与其他省市相差不大。因此，广东省技工院校教师职称结构有待进一步优化和完善。

由表4-25可以看出，广东省技工院校高级职称教师占比位处在全国6个省市的最末位，中级职称教师占比也较低。2017年，广东省高级职称教师占比为12.43%，天津市占比最高，为28.62%，广东省比天津市技工院校高级职称教师占比低约16%；广东省技工院校中级职称教师占比30.98%，与北京市和浙江省几乎相同，比占比最高的天津市低了约6%。因此，天津市技工院校教师职称结构较为合理，广东省位于中间位置，职称结构有待进一步优化和完善。

表4-25 全国6个省市技工院校教师队伍职称结构情况表（2017年）

省市	专任教师数/人	高级职称		中级职称	
		人数/人	占比/%	人数/人	占比/%
广东	22 610	2 810	12.43	7 004	30.98
北京	1 777	493	27.74	548	30.84
天津	1 534	439	28.62	568	37.03
江苏	14 235	3 163	22.22	4 635	32.56
浙江	9 259	2 476	26.74	2 830	30.56
山东	22 565	5 609	24.86	8 005	35.48

数据来源：《中国劳动统计年鉴（2018年）》（国家统计局人口和就业统计司、人力资源和社会保障部规划财务司编写，中国统计出版社出版，2019年）

由图4-22可知，全国6个省市初、高级职称和无职称教师占比相差较大，中级职称教师占比则普遍偏高。2017年，广东省初级职称教师占比最高为37.71%，比北京市占比22.28%高了约15%；中级职称教师占比相差不大，介于30%～40%间。广东省技工院校教师职称结构与其他省市相比不够合理，高级职称教师占比较低，而初级职称和无职称教师占比偏高。2017年，广东省技工院校教师高级职称与初级职称占比相差超过50%，职称层次占比差距过大，无职称教师占比较高。综合来看，广东省技工院校教师职称结构不够合理，教师职称仍是"金字塔"结构。由于广东省技工院校教师人数基数较大，教师职称结构的调整和优化可能有一个较长的过程。

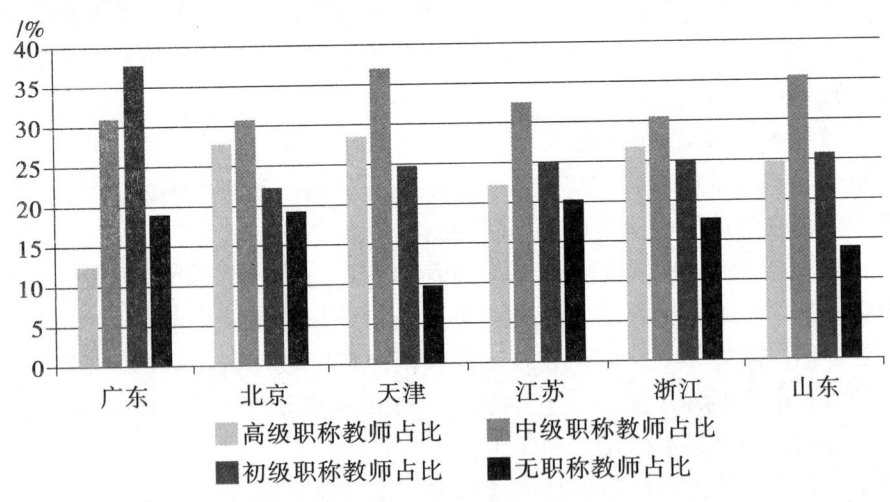

数据来源：《中国劳动统计年鉴（2018年）》（国家统计局人口和就业统计司、人力资源和社会保障部规划财务司编写，中国统计出版社出版，2019年）

图4-22 全国6个省市技工院校教师职称结构示意图（2017年）

（2）广东省技工院校兼职教师占比较低，其他5个省市兼职教师占比差别较大。兼职教师队伍在产教融合、校企合作中发挥重要作用。在技工院校设置标准中，要求技工学校应拥有一支与办学规模、专业设置相适应的专兼职教师队伍,但同时也规定兼职教师人数不得超过教师总数的1/3。全国6个省市兼职教师队伍差别较大,北京市技工院校兼职教师占比过高,而广东省技工院校兼职教师占比过低。

由表4-26可知,2017年,全国6个省市技工院校专兼职教师差异较大,广东省兼职教师占比最低,仅12.43%;北京市兼职教师占比高达73.89%,远高于其他5个省市;其兼职教师的比例已经远超国家要求的1/3的标准。其他5个省市的兼职教师占比差距不大,但广东省最低,专兼教师结构亟待调整。

表4-26 广东省技工院校兼职教师队伍情况表(2017年)

省市	专任教师数/人	兼职教师数/人	兼职教师占比/%
广东	22 610	2 810	12.43
北京	1 777	1 313	73.89
天津	1 534	309	20.14
江苏	14 235	3 294	23.14
浙江	9 259	1 643	17.74
山东	22 565	3 474	15.40

数据来源:《中国劳动统计年鉴(2018年)》(国家统计局人口和就业统计司、人力资源和社会保障部规划财务司编写,中国统计出版社出版,2019年)

(3)广东省技工院校"一体化"教师占比处于中上等水平,其他5个省市相差不大。"一体化"教师在技工院校人才培养中发挥的作用越来越重要,"一体化"教师既是人才培养的重要保障,也是衡量技工院校师资队伍素质水平的重要指标。全国6个省市技工院校"一体化"教师占基本介于40%~60%之间。广东省在全国6个省市中处于中等水平,仅次于北京市和天津市(见表4-27)。

表4-27 广东省技工院校"一体化"教师队伍情况表(2017年)

省市	专任教师数/人	"一体化"教师	
		人数/人	占比/%
广东	22 610	10 331	45.69
北京	1 777	1 037	58.36
天津	1 534	769	50.13
江苏	14 235	6 254	43.93
浙江	9 259	3 913	42.26
山东	22 565	9 056	40.13

数据来源:《中国劳动统计年鉴(2018年)》(国家统计局人口和就业统计司、人力资源和社会保障部规划财务司编写,中国统计出版社出版,2019年)

由表4-27看出,全国6个省市技工院校"一体化"教师占比中,广东省位于中间位置。2017 年，广东省技工院校"一体化"教师占比为 45.69%，比最高的北京市低了约 13%，略高于江苏省和浙江省。其中，广东省技工院校"一体化"教师人数最多，达到 10 331 人，是全国 6 个省市中唯一一个突破 10 000 人的省市；北京市和天津市技工院校"一体化"教师占比超过 50%，符合国家要求高级技工院校的设置标准，即"一体化"教师达到 50%；广东省、江苏省、浙江省和山东省技工院校"一体化"教师比例相差不大。总体而言，广东省技工院校"一体化"教师占比处于中上等水平，除北京市外，与其他 4 个省市相差不大。

五、主要成效与存在问题

（一）广东省技工院校教师队伍建设的主要成效

如前所述，广东省技工教育被誉为全国技工教育的一面旗帜，这与广东省技工院校以教师队伍建设作为根本保障密不可分。与全国其他 5 个省市相比，广东省技工院校师资队伍建设存在一些问题，但也取得了显著的成效。其中，在被誉为"世界技能奥林匹克"的世界技能大赛中，广东省技工院校取得了令人瞩目的成绩（见表 4 - 28）。无论是在金牌的数量，还是奖牌的总数上，广东省均遥遥领先于全国其他 5 个省市（见表 4 - 29）。毫无疑问，这与广东省技工院校教师队伍建设有重要关系，尤其是金牌教练在其中发挥了重要作用。

1. 广东省技工院校获得金牌和奖牌的数量，呈现出快速增长的态势

在第 41~45 届世界技能大赛中，广东省获得的奖牌数量逐渐增加，并且获得金牌的选手人数占比逐年增加（见表 4 - 28）。其中，在第 43 届世界技能大赛中，广东省在金牌数量上实现零的突破。到第 45 届世界技能大赛，广东省技工院校有 10 人获得金牌，该届获金牌人数占中国代表团总获奖人数的一半，而获得优胜奖人数的占比达到 44%。由此可见，在世界技能大赛中，广东省技工院校无论是金牌的数量，还是奖牌的数量，均呈现出快速增长的态势。

表 4 - 28 广东省技工院校世界技能大赛获奖情况一览表（第 41~45 届）

大赛届数	金牌		银牌		铜牌		优胜奖	
	人数/人	占比/%	人数/人	占比/%	人数/人	占比/%	人数/人	占比/%
第 41 届	—	—	0	0	—	—	1	20
第 42 届	—	—	0	0	2	67	5	29
第 43 届	2	33	4	57	2	67	5	42
第 44 届	4	25	3	43	7	58	2	17
第 45 届	10	50	2	13	1	20	8	44

数据来源：中华人民共和国人力资源和社会保障部［EB/OL］（2011 - 12 - 16；2013 - 08 - 20；2015 - 08 - 19；2017 - 10 - 20；2019 - 09 - 17）［2020 - 04 - 26］(http://www.mohrss.gov.cn/)，其中"—"表示缺少相关数据。

2. 广东省技工院校获得金牌和奖牌的数量，遥遥领先全国其他5个省市

在第41~45届世界技能大赛中，广东省技工院校获得奖牌数量是北京、天津、江苏、山东、浙江5个省市获得奖牌总数的2倍之多（见表4-29）。其中，广东省技工院校有16人获得的金牌，53人获得奖牌；北京市、天津市、江苏省、山东省、浙江省5个省市获奖情况差别不大，除了在第44届大赛中取得了相应的金牌之外，获奖仍以铜牌和优胜奖为主。与全国其他5个省市相比，广东省技工院校无论是获得金牌的数量，还是获得奖牌的总数，均遥遥领先。

表4-29 全国6个省市技工院校世界技能大赛获奖情况一览表（第41~45届）

	奖项类别	北京/人	天津/人	江苏/人	山东/人	浙江/人	广东/人
第41届	优胜奖	—	—	—	1	—	1
第42届	铜牌	—	—	1	—	—	2
	优胜奖	—	2	2	—	1	5
第43届	金牌	—	—	—	—	1	2
	银牌	—	—	1	—	—	4
	铜牌	1	—	—	—	—	2
第44届	金牌	1	1	1	2	2	4
	银牌	—	—	1	—	—	3
	铜牌	—	—	—	—	—	7
	优胜奖	—	—	—	1	1	2
第45届	金牌	—	—	—	—	—	10
	银牌	2	—	—	—	1	2
	铜牌	—	—	1	—	—	1
	优胜奖	—	—	—	1	1	8
合计		4	3	7	5	7	53

数据来源：中华人民共和国人力资源和社会保障部［EB/OL］(2011-12-16；2013-08-20；2015-08-19；2017-10-20；2019-09-17)［2020-04-26］(http://www.mohrss.gov.cn/)，其中"—"表示缺少相关数据。

3. 广东省技工院校的获奖选手，主要来自"国重校"

在第41~45届世界技能大赛中，广东省技工院校获奖选手主要集中在13所技工院校（见表4-30）。其中，广东省机械技师学院和广州市工贸技师学院共有30人获奖，占全省获奖人数的半数以上。这两所院校均是国家重点技工院校、国家中职改革示范校。值得一提的是，广州市工贸技师学院现在由国家、省、市级专家和教练共19人组成的世界技能大赛指导团队，这说明了该校师资队伍的水平。在这13所获得世界技能大赛奖牌的技工院校中，除了广州城建技工学校是省级重点技工院校外，其余12所均是国家重点技工院校。

表4-30 广东省技工院校世界技能大赛获奖者分布情况（第41~45届）

序号	院校名称	国重校/省重校	学生获奖/人	教师获奖/人
1	广州市工贸技师学院	国重校	14	1
2	广东省机械技师学院	国重校	16	
3	广东省机械高级技工学校			
4	广州市机电技师学院	国重校	4	2
5	中山市技师学院	国重校	2	
6	深圳技师学院	国重校	6	
7	广东省技师学院	国重校	2	1
8	广东省高级技工学校			
9	广东省岭南工商第一技师学院	国重校	2	
10	广州市技师学院	国重校	4	2
11	广州市轻工技师学院	国重校	3	
12	广州市白云工商技师学院	国重校	1	2
13	广州城建技工学校	省重校	2	
14	广州市交通技师学院	国重校	1	
15	佛山市南海技师学院	国重校	1	

数据来源：中华人民共和国人力资源和社会保障部［EB/OL］（2011-12-16；2013-08-20；2015-08-19；2017-10-20；2019-09-17）［2020-04-26］（http://www.mohrss.gov.cn/）

（二）广东省技工院校教师队伍建设存在的问题

1. 广东省技工院校专任教师数量不足，生师比高于国家标准

2010—2019年，广东省技工院校专任教师数量总体呈上升趋势，专任教师从2010年的19 763人增长到2019年的23 111人，但生师比始终未能达到国家规定的"专任教师生师比20∶1"的标准。10年间，广东省技工院校生师比呈现递减趋向平缓稳定的特点（见图4-23）。

广东省技工院校生师比高于国家标准，其主要因素有两个方面：一是技工院校招生人数快速增长，其增长比例始终高于专任教师人数增长比例。根据广东省经济社会和产业发展对技术技能人才的需求，技工院校的招生人数从1.5万人增长至8.8万人，再回调至5.7万人。二是技工院校师资储备力量与吸引力不强。技工教育作为技术技能人才培养的重要组成部分，但由于重视程度不够、管理粗放，加上工作繁重、薪资与职称评审制度不完善等问题，影响了技工院校师资队伍的储备和职业吸引力。

在此，以2018年为例，通过与北京市、天津市、浙江省、江苏省和山东省5个省市相比，进一步体现广东省技工院校生师比在全国的总体水平。广东省历年大致情况如图4-23所示。

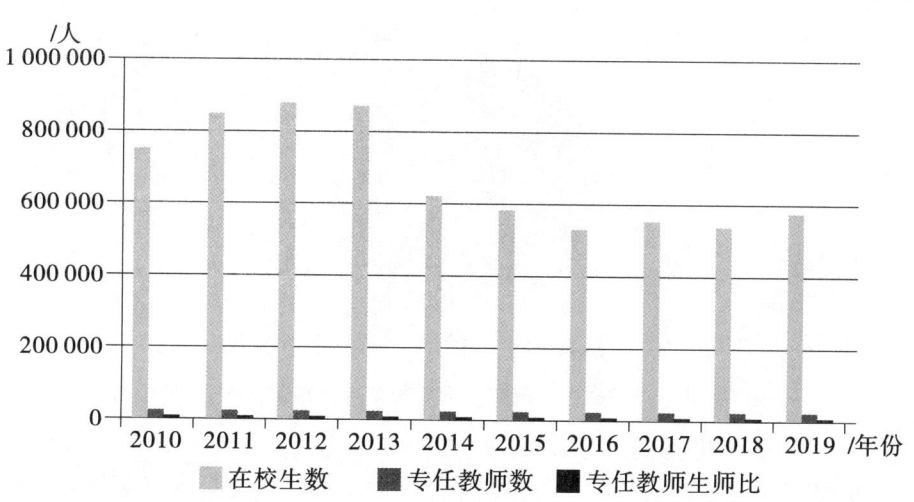

图4-23　广东省技工院校生师比情况（2010—2019年）

从图4-24可知，广东省技工院校生师比为24.5∶1，而北京为18∶1，江苏为17.8∶1，浙江为15.3∶1，山东为14.7∶1，天津为14.5∶1。由此可知，广东省技工院校生师比不仅没有达到国家规定的基本要求，而且是全国6个省市中技工院校生师比最高的省份，广东省技工院校专任教师队伍建设仍有较大的提升空间。

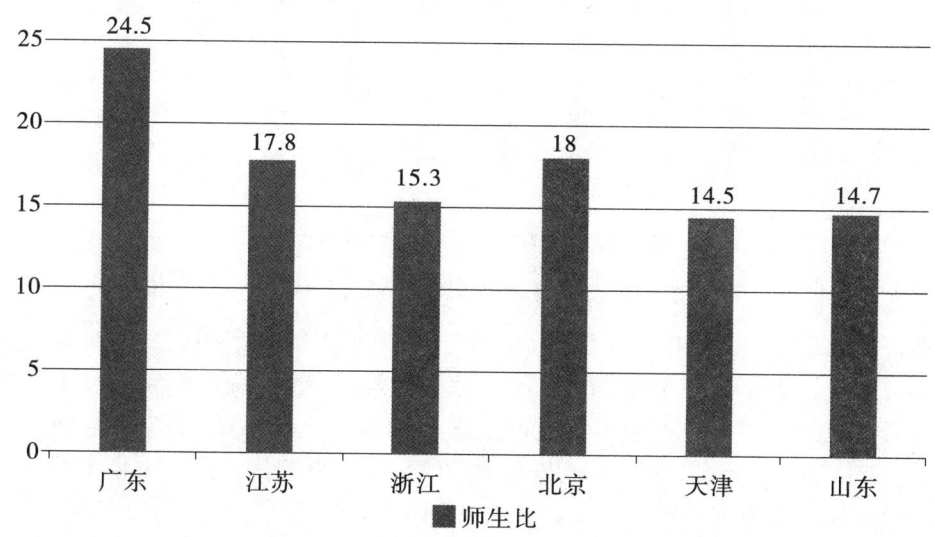

图4-24　全国6个省市技工院校生师比示意图（2017年）

2. 广东省技工院校专任教师结构局部失衡，高学历和高职称教师占比偏低

广东省技工院校教师年龄结构以30~50岁的中青年教师为主，年龄结构的分布较为合理。2018年，广东省技工院校教师年龄结构中，30~40岁的教师占比为46%，40~50岁的教师占比为30%，两者占教师总数的76%（见图4-25）。

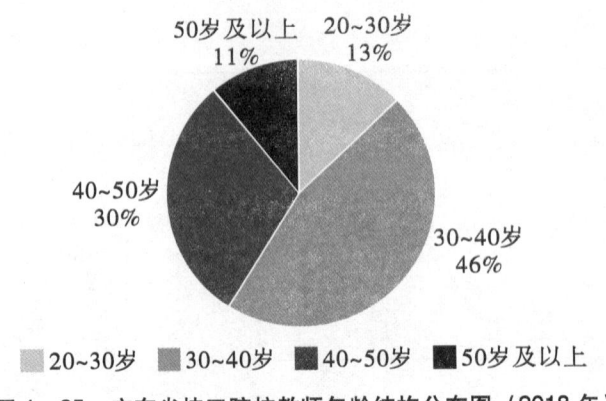

图4-25 广东省技工院校教师年龄结构分布图（2018年）

10年间，广东省技工院校女性教师占比逐渐提升，从2010年占教师总数的38.82%，到2019年占教师总数的46.50%，教师性别结构渐趋平衡（见图4-26）。

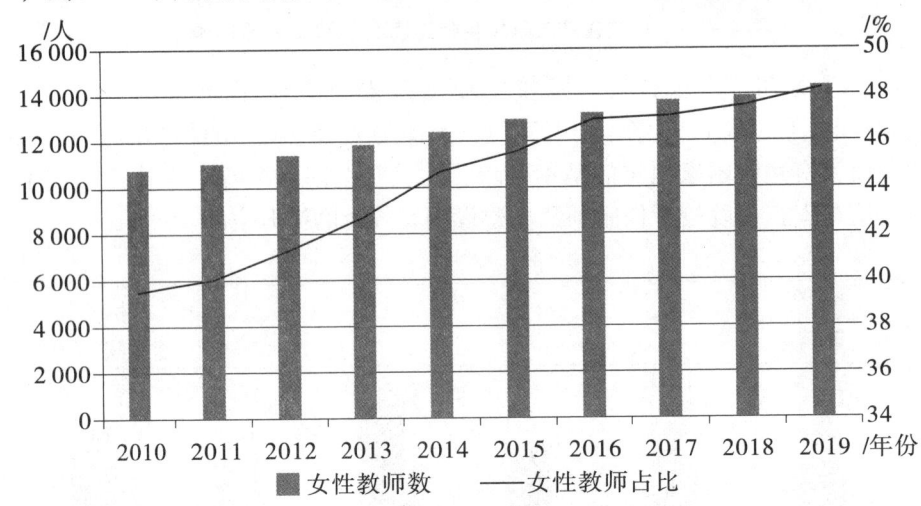

图4-26 广东省技工院校教师性别结构占比图（2010—2019年）

然而，与北京市、天津市、浙江省、江苏省、山东省等省市相比，广东省技工院校教师的学历层次、职称等仍有较大的提升空间。在学历层次方面，广东省技工院校专任教师学历层次提升较明显，大学本科及以上学历的教师人数从15 136人增加到20 958人，占比由54.55%增至67.80%。但与全国其他5个省市相比，广东省技工院校教师学历层次仍以本科学历为主，硕士及以上学历教师的占比较少。

在教师职称结构方面，广东省技工院校教师中级和副高级职称人数逐年提升，呈现出以中级及以下职称为主，高级职称为辅的职称结构。其中，高级讲师（副高级）职称占比由11.57%增至14.13%，初级及以下职称的占比维持在40%左右。广东省技工院校中级职称教师占比，几乎与全国其他5个省市相比持平，但副高级职称教师的占比较低。

此外，广东省技工院校"一体化"教师人数从2010年的7 179人持续增至2019年的11 062人，占比从36.33%提高到47.68%，但尚未达到国家规定的标准。可见，广东省技工院校教师队伍建设，基本实现了教师性别、年龄结构的均衡化，但教师学历层次、高级职称教师、"一体化"教师仍有较大的提升空间。

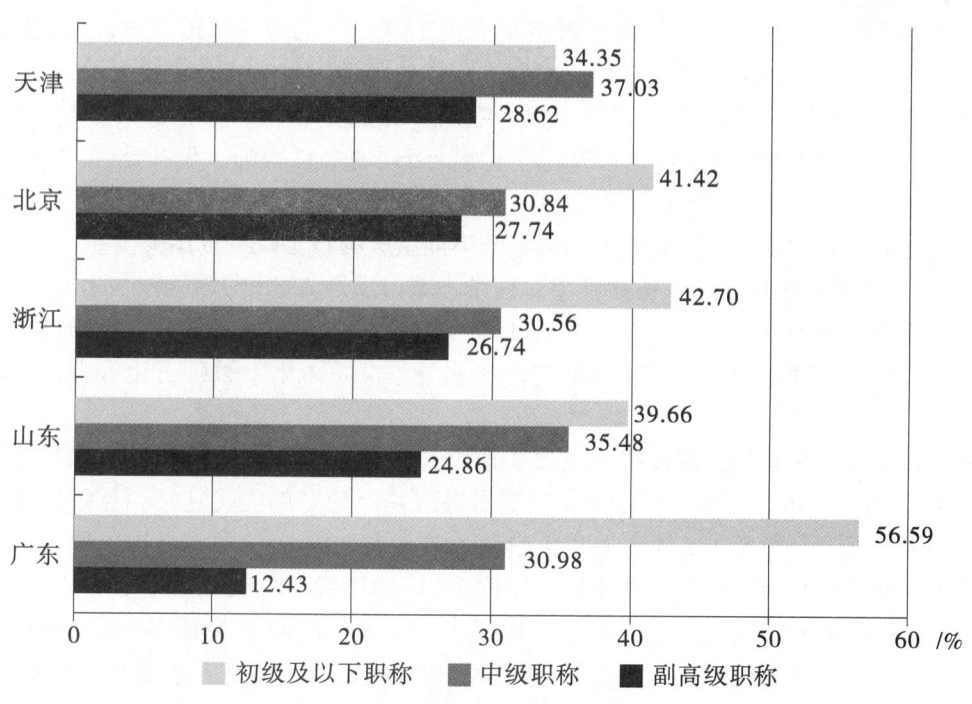

图4-27 全国6个省市技工院校教师职称占比情况（2017年）

3. 广东省技工院校间教师队伍差距较大，失衡问题较突出

目前，广东省技工院校教师队伍既呈现出珠江三角洲与粤东西北的区域化失衡，也呈现出国家级重点技工院校与省级重点技工院校的层次化差异。

2010—2016年，珠江三角洲与粤东西北地区技工院校的生师比，总体上呈现下降趋势（见图4-28）。其中，粤东地区技工院校的生师比保持较好的稳定性，且2012年汕头市的生师比为18.2∶1，达到了国家标准。

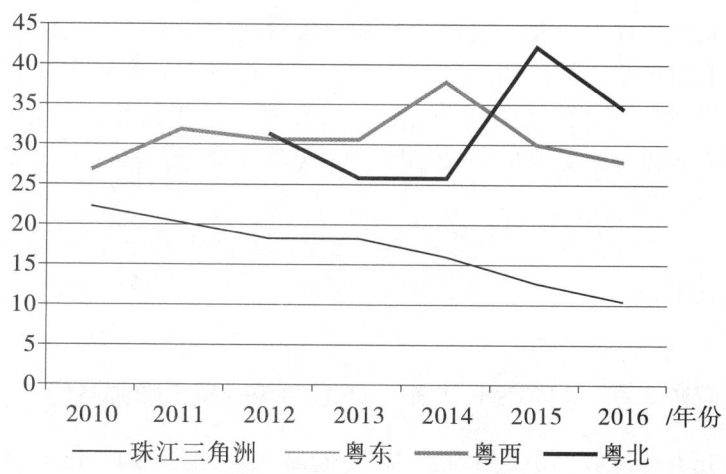

图4-28 广东省区域间技工院校生师比情况（2010—2016年，缺珠江三角洲的数据）

从"国家级重点技工院校"与"省级重点技工院校"的师资队伍来看,"国家级重点技工院校"教师队伍优势明显。在此,以广东省技师学院和广州城建技工学校 2018 年的数据为例,两校专任教师比为 347∶112,生师比分别为 17.4∶1 和 33.1∶1,"一体化"教师占比分别为 64.02% 和 29.27%。可见,两校的专任教师、生师比和"一体化"教师占比存在明显的差距。2010—2019 年,广东省从资金数量、职称名额等进行区域性与层级性分配的差异化,直接导致不同区域和不同层级的技工院校资源失衡。

4. 广东省技工院校教师队伍建设相对缓慢,难以满足人才培养需要

如前所述,2010—2019 年,广东省技工院校教师队伍,在教师数量、年龄结构、职称结构、文化技术理论课与生产实习指导教师占比、"一体化"教师占比等方面,均取得了较为显著的成效。

然而,由于广东省技工院校招生人数快速增长,所以其师资队伍建设面临着更大的挑战。10 年间,广东省技工院校生师比呈现出递减趋向稳定的变化特征,始终未达到国家规定标准;在专任教师中,本科及以上学历人数增长 40%,但硕士及以上学历教师的占比偏低;此外,高级职称教师占比增长超过 5%,而中级职称教师占比下降了 4.26%,高职职称、中级职称和初级及以下职称形成了 1∶3∶3 的倒倾斜式增长。与快速增长的招生人数相比,广东省技工院校教师队伍建设相对缓慢,难以满足人才培养的需求。

5. 广东省技工院校教师政策缺失,教师队伍建设缺乏保障

2010—2019 年,广东省积极响应国家的要求,出台了相关的技工教育政策,但专门针对技工院校师资队伍建设的政策仍存在一些不足:一是相关政策大多是从宏观层面指导,缺乏具体可操作的细则,未能很好地落到实处;如多数以意见、方向、指导实施的通知,对地市技工院校的实施缺乏指导。二是相关师资建设政策出台后,缺乏相应的配套政策,政策发展规划和方案缺乏具体数据支撑。宏观政策文本往往只是规定大致的目标或描绘美好的前景,对于具体的实施细则较少提及,这给政策的执行带来一定困难,执行的效果也不如人意,最终是政策执行失真或偏移,政策执行的结果不佳。三是政策缺乏明确的执行责任主体,以及相关的监督和评价机制,导致政策实施缺乏监督。广东省技工院校教师政策监督、评价的标准与执行均是广东省人力资源和社会保障厅,标准的制定单位与标准的执行单位属于同一主体,难免降低政策执行监督与评价的客观性,使得政策问责难以操作。四是专门的技工院校教师政策缺乏,其内容大多散落在技工教育政策条文。

六、对策建议

(一)扩大教师来源,打造专任为主、兼职为辅的技工教师队伍

第一,积极拓宽技工教师引进渠道,扩大技工院校专任教师队伍规模,缓解教师数量不足的问题。广东省技工院校应在吸收高职院校与应用型大学优秀应届毕业生基础上,增开优秀人才、企业能工巧匠进入技工院校的专项就职通道,着力制定符合优秀技术技能人才的匹配性考核方式,构建优秀匠师参与技工人才协同培养的渠道制度。从企业引

进一批具有丰富实践经验的专业技术人员、高技能人才进入技工院校担任企业与院校的双岗专任教师，促进技工技术技能与行业企业的契合度。如广东省技工院校紧缺的人工智能、智能汽车维修等专业的教师可直接进入面试，应不局限于岗位需求与应聘人员比例限制，简化技术技能人才的招聘流程，提高持有专业技术资格证书或职业资格证书的教师比例。广东省技工院校还应积极与广东省人力资源和社会保障厅及教育行政部门进行沟通，争取获得人才引进政策的支持。如运用互联网平台技术，动态协调高职院校与应用型大学人才培养的能力培养结构需求；制定高技能人才招聘管理办法，加强与各类院校及各类培训机构、企业人力资源部门密切合作，建立行业、企业高级技工技能人才信息库；完善相关技工院校职务与职称的政策，解决优秀技术技能型人才转为教师、生产实习指导教师的身份转换、教学培训、职称评审等具体问题；制定学校聘用行业、企业优秀技能型人才担任兼职教师的管理办法。

第二，完善技工院校教师聘用制度，促进教师队伍的流动性。制定广东省技工院校兼职教师聘用制度和方法，鼓励行业企业的高技能人才和能工巧匠到技工院校兼职任教，着力推进兼职教师队伍的建设。设立"特聘教师"岗位，吸收行业企业具有丰富实践经验的专业技术人员和高级技师担任专业课和实习指导课的兼职教师，并给予专项经费支持。建议人力资源和社会保障部门与行业企业联合发布《技工院校紧缺急需人才目录》，对目录中涉及的专业人才，如无法达到入编条件，经学校申请，省人力资源和社会保障厅审批，可作为兼职教师，并由省人力资源和社会保障厅通过购买服务实行财政补助，或牵头共建定点院校与企业进行项目合作。

第三，加大技工院校教师招聘的宣传力度，推广和普及招聘信息。一是通过各大网站、相关公众号、电视、报刊等多种媒体方式，加大教师招聘信息的宣传和推广力度。二是广东省技工院校打破归属局限性，积极参与高校的校园招聘活动，体现招聘方式的灵活性和主动性。如举行技工院校教师专场招聘宣讲，增进应届毕业生群体对技工院校的了解，吸引更多优秀的毕业生加入技工院校教师队伍。

（二）加强常规化培训，提升教师学历层次，促进教师专业发展

第一，持续加强开展技工院校在职教师的校内外培训。基于广东省技工院校师资提升计划背景，充分利用现代化教学媒介，聘请校内优秀教师，与专业理论教师和实训指导教师结成师徒联合小组，通过优秀教师的"一传、二帮、三带、四导"的四环点拨导师制，促进新老教师的互帮互助；聘请校外专家对在职教师进行短期小班轮番式培训，实施专项理论或技能主题培训项目，提高技工院校教师的学科理论和专业水平。通过校内外的教师培训，进一步优化技工院校教师队伍的知识结构和专业技能，促进理论型与技术（实践）型教师相互转化，从而加快广东省技工院校"一体化"教师的建设。

第二，持续提高技工院校常规化培训内容的匹配性。常规化培训内容应基于技工院校教师职业生涯发展规律的基础上，针对特聘教师、骨干教师、专业带头人等不同层级的教师，开发具有针对性的培训项目体系，分层分类开展教师培训工作。同时，建立相应的教师激励政策体系，全面提升广东省技工院校教师队伍的整体素质。

第三，积极开展在职教师继续教育计划，提高技工院校教师的学历层次。广东省人

力资源和社会保障厅与广东省教育厅通过协调性沟通，加快推进实施技工院校在职教师学历提升专项工作，开办技工院校教师教育硕士提升班，支持并鼓励在职教师积极参加在职进修学习，提升技工院校教师的学历层次，完善教师队伍的学历结构体系。

第四，逐步扩大技工院校教师培养规模，引进企业行业前沿专业能力标准，探索师资校企共同培养模式，完善以企业实践为重点的培训制度。对于专任教师而言，每3年间应有不少于5个月时间参与企业或生产服务的活动，并将教师实训工作正式纳入企业与生产服务的岗位责任，实现职业技术技能与行业企业需求的匹配性。对于培训与培养单位而言，通过遴选一批具有行业代表性的行业企业单位，与技工教育师资培养培训基地联合开展师资培养培训工作，制定在行业企业建立技工院校教师实践基地的管理办法，明确行业企业在教师实践中的职责，并提供相应的保障。与此同时，依托广东省高等职业院校及应用型大学的优势，整合相关的教师培训资源，加强对技工院校校长和教师的业务培训。

（三）提升技工院校教师整体能力，实现区域间均衡发展

一是加大对薄弱技工院校教师培训力度，提高教师培训质量。充分发挥省政府与省人社厅的宏观调控作用，统筹实施区域化专项行动计划，对相对落后的技工院校给予政策上的倾斜。如实施"广东省技工院校均衡发展行动计划""清远市技工院校均衡实施规划""粤东地区技工院校合作化发展联盟"等专项计划，并制定配套的实施方案，提高弱势地区技工院校教师的教育教学水平与技能素质，逐步改变不同区域间技工院校教师发展不均衡的状况，形成广东技工院校教师队伍数量与质量的优质均衡、特色化发展的局面。

二是加强不同区域技工院校教师的交流合作。一方面，积极组织技工院校教师开展常规性交流学习活动，实现不同区域间教师的良性互动，如实施"副高级教师区域联盟制度""骨干教师轮岗交流计划""学科课题项目教师专项交流规划"等计划，逐步建立区域间教师团体互助性制度和常规化流动循环制度，初步实现省内技工院校教师的均衡化发展；另一方面，建立区域技工院校与企业联盟，实施"导师制""师徒制"等为代表的定点培养制度，由发达地区优秀教师与企业代表通过结对帮扶指导，带动薄弱地区技工院校教师的快速成长。此外，面向薄弱地区技工院校教师，共享发达地区技工院校的优质教育教学资源，提高他们教学水平的同时，改善区域间因资源造成的教师队伍不均衡。

（四）创新技工院校"一体化"教师评价体系，完善职称评审制度

第一，加快提升技工院校教师的专业理论与技能的综合素质与能力。以创新"一体化"技工院校教师政策为突破口，以建设校企联合培养师资培养培训体系为保障，以补充教师队伍的数量为基础，以提升教师队伍的质量为重点，全面提高技工院校教师队伍的整体素质，打造一支师德高尚、业务精湛、数量充足、结构合理的高素质、专业化教师队伍。研制"一体化"教师的管理办法，制订动态的师资均衡发展与流动计划，实现技工院校教师编制的动态化管理，按标准及时核定教师编制名额。

第二，切实提高技工院校教师的专业实践能力，促进"一体化"教师的成长。广东省人力资源和社会保障厅需定期组织技工院校教师轮番接受顶岗实训，重点突出掌握先进的前沿技术技能，了解企业行业的最新需求及发展动向，建立开放性的教师培训体系。逐步形成学历教育、继续教育、出国访学、短期培训、基地轮训、专家培训及教师互训等培养培训体系，切实提高教师专业实践能力。同时，充分利用职教师资培训基地，实现技术技能训练仪器与设备等高耗性教育资源的高效运用，鼓励在职教师回到生产实践操作现场，在生产实践中不断学习新工艺、新方法，发现新问题，掌握行业企业的发展动态，真正成为"一体化"教师。

第三，逐渐解决技工院校职称改革遗留的问题，完善技工院校教师职称评审制度。一是设立广东省技工院校教师职称评价反馈系统，基于互联网信息收集系统，实时接收职称评审过程中存在的问题；二是出台符合技工院校教师资格标准和技术职务（职称）评聘方法，加快完善技工院校理论课与实习指导课教师职称评审制度。

（五）制定技工院校教师发展政策，切实提高政策执行的实效性

政策过程一般包括政策制定、政策执行、政策执行评估三个环节，政策的有效执行是实现政策目标的关键。重设立、轻程序，重立项、轻监管，是落实政策执行过程中存在的主要问题，往往造成政策的预期目标难以实现。为此，建议加强对各地级市的政策指导，通过加大宣传与逐层指导，制定政策执行的监督程序，明确相应的奖惩措施，并实施政策执行过程的监管，形成制度性督导评估报告并公开相关信息。

珠江三角洲与粤东、粤西、粤北地区存在较大的差异，根据全省21个地级市的区域特点与差异化需求，逐级细化和落实相关政策，并制定具体的实施细则和配套办法，提高政策的实效性、针对性。由于对政策内容的不熟悉、政策精神的把握不到位、政策要求理解偏差等原因，导致政策执行初期的效率低下，从而造成政策红利的滞后性。广东省技工院校教师培训活动由原来的自主申报到强制性分配名额，在此基础上，进一步加强系统化的政策执行体系。因此，在现有师资提升计划基础上，开展专项培训计划，提升主题教育会与省级政策法规解读报告会等，指导各地市制定所在地的技工院校的师资培训实施方案。

此外，各层级技工院校教师政策的出台，还应明确政策实施的责任主体，完善政策监督和评价机制。通过明确相关责任主体的权利与义务，完善由省到市的政策实施督导与评价体系，建立督政、督学和评测三位一体的监管与督导体系，避免单一性执行的政策执行失真或执行不力的问题，确保政策实施的应有效果。

广东省职业学校师资人才职前培养报告

一、基本情况

（一）广东省职教师资人才职前培养的办学院校

广东省中等职业学校师资培养主要由广东技术师范大学、岭南师范学院、华南师范大学等多所高校承担。

目前，为广东省中职学校培养师资独立设置的职业技术师范院校仅有广东技术师范大学一所。广东技术师范大学是首批广东省普通本科转型试点高校、广东省"冲一流、补短板、强特色"特色高校提升计划建设学校。学校于2018年11月30日正式更名为"广东技术师范大学"。作为广东"职教母机"、职业教育研究和职教师资培养培训"重镇"，学校致力于培养高素质职业教育师资和应用型高级专门人才，发挥培养培训职教师资的母机作用，先后被教育部、财政部、广东省教育厅选定为"全国重点建设职教师资培养培训基地""国家民委职业教育师资培训中心""广东省职业技术教育协同创新发展中心""广东省中职校长培训中心""广东省职业院校教师教学发展中心""广东省中等职业学校教师发展中心"等。学校是粤港澳大湾区职业教育教师发展联盟、中德合作职教师资培养培训联盟理事长单位。

2017年成立了广东省职教师资培养培训联盟，成立大会由95个理事会成员表决通过《广东省职教师资培养培训联盟章程》，选举产生了理事会、理事长单位、副理事长单位、常务理事单位和理事单位，广东技术师范学院当选为理事长单位，华南师范大学等16个单位当选为副理事长单位，佛山科学技术学院等35个单位当选为常务理事单位；汕头市教育局等45个单位当选为理事单位。

华南师范大学等学校也设有培养职教师资的组织机构，如华南师范大学职教师资培养基地、岭南师范学院省级职业教育师资培育基地等。然而在规模、组织形式、专业设置、管理方法等多个方面仍相对分散。

（二）广东省职教师资人才职前培养的层次与专业结构

广东技术师范大学是全国教育硕士培养试点高校之一，设有本科师范类专业 30 个（包括职教师范专业 22 个、普通师范专业 8 个）。

目前，广东技术师范大学开设有信息技术、加工制造、财经商贸、旅游服务和文化艺术等 5 个专业方向，2016—2019 年共招收硕士研究生 191 人；华南师范大学开设有信息技术、财经商贸、公共管理与服务、旅游服务和文化艺术等 5 个专业方向，2016—2019 年共招收硕士研究生 267 人。试点工作开展以来，两所高校合计招收研究生 458 人。

广东省职业教育师资才人培养端在数量和规模上有待进一步扩大，尤其是研究生层次的职教师资人才培养的比例有待进一步提高，而整个师资培养结构链条的内部交流与合作、分工与创新等潜能需要进一步挖掘，职教师资培养的学历层次还需要进一步提升。

二、主要成效

（一）创新职教师资人才培养理念

创新职教师资人才培养理念是实施师资人才培养的重要环节之一，广东省创造性地在职教师资人才培养机制中引入"3+2""2+2""4+0"等人才培养模式，打通了中职、高职、本科之间的晋升途径，丰富了人才培养的多样性，推动了高等教育，尤其是师范教育向公平公正化发展。

针对"3+2"职教师资人才培养特点，广东技术师范大学提出了"学科专业教育与技术技能教育相结合"的教育理念，将人才培养改革创新主要定位于三个方面，即拓展学生的学科事业、提升学生的专业与职业能力（尤其是职业技能传授能力），并制定相应"拓展、提升与培育相结合"、突出教学实践能力培养的人才培养方案。我校先后制定了 2009 级、2010 级、2011 级、2012 级、2013 级、2014 级、2015 级、2016 级、2017 级、2018 级、2019 级"3+2"专升本"双师型"职教师资人才培养试点专业人才培养方案。方案强调培养学生的核心能力（职业教育从业能力），突出职教师范性，培养"本科+技师+教师"职教师资毕业生。方案中实践教学学分比例高达 35% 以上；教师教育模块学分数占学分的 20% 以上，突出职业技能传授能力培养；专业方向课以模块设置，根据中职学校对职教师资的发展要求灵活设置课程；借鉴新加坡南洋理工学院经验，设置了学期训练项目，强化学生的实践技能；注重提升学生的专业技能，设置了技能考证模块，要求学生在高职阶段已获取技能证书的基础上，进一步加强专业技能训练，使学生达到技师水平并获取教师资格证，实现"本科+技师+教师"培养目标。

（二）凸显职教师范专业办学特色

广东技术师范大学立足广东产业与职业教育发展需要，根据"面向职教，服务职教，引领职教，特色发展"的办学定位，不断调整专业结构、优化专业布局，已初步形成以工为主、文理渗透、师范与非师范并举，技术师范特色鲜明的多学科协调发展的专业格局。从 2016 年开始，结合学校办学特色和定位，实施了学校专业动态调整，通过提高理工类专业比例、提高师范类专业比例、淘汰部分与经济社会发展脱节的专业，建立了本科专业横向为三类（职教师资、普通师范、应用型）和纵向为三级（国家级、省级、校级）的专业结构。2019 年本科招生专业 67 个，其中招收师范生专业有 42 个，占当年招生专业总数的 62.7%，职教师范特色得以凸显。

一是实施国家级、省级和校级三级特色专业建设点建设工作，发挥特色专业建设点的示范引领作用。学校拥有国家级、省级优势专业 39 个，其中国家级优势专业 4 个、省级优势专业 35 个。二是积极推进国家级、省级和校级三级"专业综合改革试点"项目建设工作，推动各专业综合改革试点项目从课程体系建设、教学团队、课程教材、教学方法与手段、教学管理等方面进行全面试点改革，优化人才培养方案，促进人才培养水平的整体提升，引领示范其他专业的改革建设。广东技术师范大学现有国家级"专业综合改革试点"项目 1 项，省级"专业综合改革试点"项目 11 项，校级"专业综合改革试点"项目 8 项。三是以协同培养为抓手，推进应用型人才培养模式改革，开展省级应用型人才培养示范专业、应用型人才培养示范基地和人才培养模式创新实验区项目建设，引导相关专业结合自身实际，科学定位，推进教学改革，强化实践教学，探索实践与企事业单位协同创新培养应用型人才的新机制和新模式，提高应用型人才培养质量。四是以重点建设学科为依托，促进各专业快速发展。近年来，广东技术师范大学在不断扩大本科专业规模的同时，逐步把本科专业的发展重点从外延的发展向内涵的发展转移，不断创新人才培养的方案和体系，依托重点建设学科的优势，集中资源，开展特色专业建设和专业综合改革项目。

（三）综合运用新型教学方法与教学手段

（1）创新性地提出和推行体现现代"双师型"职教师资人才培养特点的"做—教"教学理念和教学模式。广东技术师范大学基于职业教育从业能力（尤其是职业技能传授能力）培育，在试点专业倡导教师在教学中应用"做—教"的教学理念与教学模式，引入职教师资人才培养，在学生掌握扎实的专业能力与职业技能的基础上，着力对学生进行职业技能传授能力的培养，使学生具备实施新一轮次的"教"的能力。

（2）重视实践教学方法和考试方法、内容的改革。充分发挥校内外实验中心和实训实习基地在培养学生实践能力中的重要作用，通过增加设计性和综合性实验实训，切实强化学生实际动手能力的训练，培养学生的实践能力、研发能力以及创新能力。针对不同专业和课程，将课程考核由传统单一的试卷考试方式改变为灵活多样的考核方式，加大学生平时学习的考核力度；建设和完善考试试题库，对学生受益面大的基础课考核实行标准化试题考试，逐步实行教考分离。

（3）利用现代教育技术，改革教学手段，增强教学效果。重视现代化教育技术的研究与应用，采取多种措施促进现代教育技术水平的提高。一方面不断加大现代化教学设施及软件建设的投入，为课堂教学提供越来越多的现代化教学手段；另一方面对教师加强技术培训，使教师能够尽快适应和掌握多媒体课件、网络课件制作技术，不断丰富教学手段。近年来，广东技术师范大学必修课应用多媒体授课的课时比例以超过 75%。在第九、十、十一届全国多媒体教育软件大赛中,教师开发的多媒体教育软件荣获国家一等奖 2 项、二等奖 4 项、三等奖 3 项、优秀奖 9 项。学校还连续多年获得全国多媒体教育软件大赛和广东省计算机教育软件评审优秀组织奖。多媒体课件的开发和推广运用,有效地提高了教育教学质量和效率。

(四)全方位打造具有职教特色的课程体系

教学内容和课程体系建设作为教学基本建设和改革的核心和基础,广东省部分学校制定实施了《课程建设管理规定》《精品建设课程管理办法》等,加大了课程体系建设与相对应配套设施执行力度。

一是深化试点专业课程体系与课程教学内容改革,即结合培养目标、针对"3+2"实验班学生的现有基础,科学设计课程体系和教学内容,编写相应的讲义和特色教材。改变了旧课程内容陈旧、脱节、重复的现象,进一步明确了课程之间分工、联系、衔接与配合的关系;及时更新了教学内容,使得教学内容和课程体系能够更好地保证人才培养目标的实现和人才培养质量的进一步提高。

二是强化"职教专业课程教学法"等职教师范专业(方向)的核心课程建设。选拔一批具有丰富专业教学经验的优秀教师担任"职教专业课程教学法"课程教学工作,设立"职教专业课程教学法"课程建设专项课题经费,资助教师开展教学资源建设、教学改革研究。

三是强化试点专业实践教学体系建设,推进实训教学课程化,构建和完善与理论并行的实践教学体系,新课程体系增加了课程结构和课程设置的整体性、开发性和可操作性。广东技术师范大学改建、新建与"3+2"试点专业相关的 10 个能实施"做—教"一体化教学的实验实训室,投入资金 730 万元。同时,改造并进一步完善了职业教育师范技能训练中心的功能,加强数字化微格教学系统和网络化培训与管理平台的建设。

四是全面推行综合教学改革。实行课程理论、教学实验、专业实训、技能考证、综合设计"五位一体"的教学改革。在理论教学中,重点讲授分析方法,便于学生掌握和运用;在实验教学中,以培养学生综合分析能力和技能为目标,增加综合性、设计性实验;专业实训教学以训练学生职业技能为目标,提高学生的动手能力和实际操作技能;技能考证旨在培养"双证书"人才,增强学生的就业竞争力;综合设计以培养学生的创新能力为目标,提高学生独立分析和解决实际问题的能力。

五是不断完善国家级、省级、校级三级精品课程建设体系。截至 2019 年,广东技术师范大学拥有各级各类精品课程 405 门。其中,国家级精品课程 4 门、省级精品课程 44 门。

(五)拓宽"双师型"教师培养渠道

为培养职教师资提供保证,作为职教师资人才,应该是具有"双证书"的复合型人才。这种培养目标决定了技术师范院校必须依靠"双师型"教师培养出"双证书"人才。因此,广东省高校十分注重"双师型"教师队伍建设。如广东技术师范大学目前已有"双师型"教师 233 名,根据教育部出台的支持专业教师到企业实习实践的相关政策,学校支持教师参加项目研修、教学教法培训、岗位技能培训等，到企业生产一线、科研院所进行实践培训或参与企事业单位的合作项目研究，更多地了解企业技术发展、装备现状及未来学生工作岗位知识和技能需求，教师的实践技能和教学水平得到进一步提高。

加强"3+2"试点专业职教师资队伍建设，并与内训与外聘（中职、高职和行业专家学者等）相结合，着力打造一支学术修养高、实践能力强、能讲会做、专兼结合，具有鲜明的职业技术与技术师范特色的教师队伍。一方面，选派教师下基层参加实训，提高操作技术和指导能力，并适时把工程实践能力和技术水平同晋升、聘任挂钩，激发内在潜力；另一方面，创造条件，积极引进经验丰富的工程技术人员充实教师队伍。部分合作企业也选派技术人员来校担任兼职教师，共同提高了职教师资的培养水平。

近年来，广东省注重与国（境）外多所大学和科研机构合作开展人才培养和师资力量培训，并安排在职教师以及管理人员到新加坡、德国、美国、澳大利亚等职业教育办学经验丰富的国家和地区参观和学习先进的教育教学方法。自2009年以来广东技术师范大学选派了80多名骨干教师分别赴新加坡、英国、澳大利亚、新西兰和德国等国家和地区进行短期考察学习交流，参加英国"以学生为中心"的教学法、德国的行动导向教学法以及新加坡"教学工厂"等研习活动。学校还选派教师到企业中学习挂职。同时，还鼓励企事业单位专家担任专学校的兼职教师。学校每年选派中青年骨干教师赴国（境）外大学和科研机构进行为期半年的访学研修，这些教师大部分已开始了研修学习活动。通过国外研修，拓宽和提升教师的学术视野、国际交流能力、教学和科研水平，培养出一批富有创新能力、具有较大发展潜力的教学、科研骨干和学术带头人。

（六）创新职教师资教学改革管理方式

职教师资教学改革管理方式主要从以下三个方面进行创新。

一是开放式办学，即试行教学指导方式的改革，加强与职业院校、企事业单位的办学合作。广东技术师范大学机电学院、美术学院等5个二级学院均成立了由中职、高职、企业及院内专家等方面认识组成的、由各学院院长任主任的各学院教学指导委员会，其中教指委委员会包括来自深圳职业技术学院、广州番禺职业技术学院、顺德职业技术学院、广东省技师学院、广东省机械高级技工学院、顺德梁銶琚职业技术学校等知名职业院校的教师，广州数控设备有限公司、广州天河软件园、华南咨询科技有限公司、广州南天电脑系统有限公司、广东银旅通信信息网络发展有限公司等企事业单位的专家学者，对我校"3+2"试点专业人才培养方案的制定、教学内容与教学组织实施等关键环节进行全面指导。试点专业还通过与校外企业联合指导学生毕业实习与毕业设计、共同创建艺术设计创意产业园和共建研发中心等形式，展开了与企业、中职学校在人才培养过程中的深度合作。

二是以系列教改项目推动综合改革，加强"3+2"专升本职教师资人才培养的项目化管理。参照"职教师资人才培养综合改革总体方案"的基本内容，将"3+2"职教师资人才培养综合改革内容分解为系列教学改革研究项目，实行项目化管理。2010年11月，广东技术师范学院批准了43项"3+2"职教师资人才培养综合改革项目，内容覆盖课堂教学模式与实践教学模式的探索与实践、特色精品课程建设、特色教材建设、职教专业课程教学法教学资源建设、教学评价机制以及职教师资人才评价机制等方面，项目经费逾55万元。

三是强化对"3+2"综合改革实施过程的管理与指导。成立学校职教人才培养综合改革领导小组，对改革中的大事项进行决策和指导，每学期以研讨会、座谈会、总结交流会和汇报检查会等不同形式，听取各试点专业综合改革工作进展以及教师和实验班学生对我校综合改革的意见建议，加强对改革实施过程的指导与管理。为确保综合改革工作的顺利推进，领导小组组织和召开"3+2"专升本职教师资人才培养综合改革专题汇报检查会，以解决存在的主要问题。

四是鼓励教学改革和研究。研究与实践结合，成果与应用一致，是教学内容与课程体系改革的有效途径和方法。加大教学改革立项的力度，深入教学内容和课程体系改革。鼓励广大教师积极申报国家和省厅、市级、校级的教育教学改革研究项目，通过科学研究提高教学改革的理论水平，并对获准的立项项目提供等额的配套经费。经过多年的教学实践和调研，基于职教师资应具备的职业道德教育、课程设计、教学组织和实施、交流与合作、行业联系等方面能力与要求，设计制定并立项多个教学研究项目。近年来，广东省高校教师承担省厅级以上教育教学改革研究课题和获得教学成果奖的数量逐年增加，有力地推动了教学内容和课程体系的改革，有效地提高了教育教学的质量。

五是强化教学治理能力，推进人才培养规范化。促进职业教育教学科学化、标准化、规范化，加快职业教育教学标准体系建设。结合教育部和省级教育行政部门组织制定公共基础课程必修课和部分选修课的教学大纲（课程标准）、部分专业核心课程标准、国家重点建设专业教学标准、顶岗实习标准、专业仪器设备装备规范等，学校组织开发具有自身特色的专业教学指导方案和课程标准。在日常的教学过程中，加强教学管理信息化建设和教学管理人员的培养培训，不断提高管理和服务水平。并逐步完善职业教育质量评价制度，定期开展职业院校教学工作和专业教学情况评价，把学生的职业道德、技术技能水平和就业质量作为考核学校教学质量的重要指标，积极推行技能抽查、学业水平测试、综合素质评价等。

（七）研究生教育培养质量稳步提高

一是确立职业胜任能力为导向的"双师型"培养目标。职教专硕人才培养以高层次"双师型"师资为目标，以服务职业需求为导向，重视加强学生职业实践能力、岗位适应能力、问题创新能力的培养。在培养过程中，成立由校内学业导师、教学论导师、职业学校相关教师、企业行业专家组成的培养指导委员会，共同参与制订职业技术教育硕士的培养目标和培养计划，加强研究生实践能力、学术能力、创新能力等的提升，努力实现研究生课程学习、教育实习、企业实践和学位论文的紧密衔接和高度统一。

二是瞄准目标定位，夯实制度保障。广东技术师范大学瞄准职教专硕研究生的培养目标，严格执行《教育硕士（职业技术教育领域）专业学位研究生指导性培养方案（试行）》的同时结合自身办学基础和特色，结合学校实际，构建了顺畅的管理体制和运行机制，建立贯穿招生、培养、学位授予整个培养过程以及落实过程监督的规章制度，保障职教专硕研究生教育质量体系完整有效。

三是创新研究生培养模式，形成"校、点、院"三级管理模式。广东技术师范大学出台《广东技术师范大学研究生教育管理工作试行办法》（广师大〔2020〕7号）（以下简称《办法》）管理文件。《办法》中指出研究生教育及管理工作在学校党委、行政统一领导下，实行学校、学位点牵头学院、培养学院各负其责的管理机制。

四是改革人才培养方案，完善课程体系设置。考虑到职教专硕培养特点，广东技术师范大学重视课程培养体系对学生教育教学能力、创新能力和专业实践能力的培养。课程分为学位基础课程、专业必修课程、专业选修课程、实践教学4个模块。实践教学包括教育实践和企业实践。实践教学采取教育实习、教育见习、企业实践、教育调查、行业企业调查、课例分析、班级与课堂管理实务等多种实践形式。实践教学时间不少于1年，其中采取顶岗实习的方式到中等职业学校和企业进行实践活动的时间分别不少于3个月。

五是加强导师队伍建设，强化实践创新能力培养。广东技术师范大学建立完善的导师队伍审核管理机制，为全日制职教专硕配备两类四种导师，建立校内学业导师、教学论导师和中职实践导师、企业实践导师为一体的"双导师制"，共同组成专兼结合的导师队伍和教学队伍，实现职教专硕多方联合培养、协同育人。

三、问题与应对策略

（一）存在问题

1. 人才培养学历层次不高

近年来，职教师资的需求端已经发生很大的变化，国家与省分别出台了相关的文件，例如，《广东省推进教育现代化先进市督导验收方案（修改）》（粤府教督〔2014〕31号）要求，建设教育现代化先进市，全市幼儿园、中小学、中等职业学校教师学历必须达到国家规定学历标准，学历达标率及提高学历层次教师比例达全省平均水平以上。在"创强"工作的基础上，为做好"争先"工作，须及早完成教师学历提升工程，具体要求为：至2018年，普通高中和中等职业学校教师研究生学历或硕士学位以上比例达到15%以上。从目前全省中等职业学校的师资构成来看，具有硕士及以上学位的师资比例是严重偏低的。

因此，在以上的政策文件要求与实际办学情况的促使下，广东省职业院校，尤其是珠江三角洲地区中职学校或者省重、国重中职学校已经几乎不再引进本科层次的专业教师。目前广东省仅有广东技术师范大学、华南师范大学两所高校作为全国49所高校中的职教专硕试点，在信息技术、加工制造、财经商贸、旅游服务、文化艺术、公共管理与服务等6个专业方向开展硕士研究生层次的中等职业教育师资培养，2016—2019年共招收研究生458人，整体规模与实际需求相比几乎微不足道。广东省职业教育师资培养主要还是依托广东技术师范大学等高校开展本科层次的人才培养，职教师资的"供"与"需"严重错位，培养的职教师资学历层次明显不能达到中等职业学校的用人标准。

2. 人才培养结构性失调

目前高校培养端人才供给结构性失调，不合乎中职要求的"双师型"职教师资，从企业吸纳进入中职学校的渠道尚不畅通。

目前，广东省中等职业学校中"双师型"教师为 18 514 人，占专任教师总数比重为 42%，尚未达到国家在《深化新时代职业教育"双师型"教师队伍建设改革实施方案》中对"双师型"职教师资比重达 50% 的要求，因此对"双师型"职教师资的培养迫在眉睫。职业技术师范院校应该是培养"双师型"教师最稳定、最规范、最重要的来源地，在培养"双师型"教师中理应发挥其重要的支撑作用。广东技术师范大学培养职教师资的规模稳定，兼具人才培养、职教研究、信息交流、服务咨询等功能，构成了我省"双师型"职教师资的主要来源，但是在培养职教师资的专业数和本科在校人数根本无法满足现有中职学校对"双师型"教师的需求。此外"双师型"职教师资的培养缺乏与行业企业的深度合作，企业技术人员能够到中职学校参加实践教学的机制不健全，导致人才双向流动不通畅。

3. 社会认知度不足

2010 年之前，广东省开展"3＋2"专升本职教师资人才培养的院校只有广东技术师范学院和五邑大学两所院校，试点招生专业也较少。由于开展时间较短，宣传不够广泛，相当多的省内高职院校对"3＋2"专升本职教师资人才培养这一新模式尚不知情，招生信息也大多不甚了解。2013 年之后，随着广东省教育厅在全省多所本科院校开展高职本科协同育人试点项目，"三二分段"专升本人才培养之后，"3＋2"模式才为更多人所知，但是目前仍有许多发展空间。

职教专硕方面，全社会相当部分人仍对职教专硕人才的培养标准和定位缺乏必要的了解和认识，同时职教专硕毕业生就业还存在专业代码不明确等瓶颈问题，政府主管部门的扶持支持与加大宣传的力度、广度有待进一步加强。

4. 优质生源得不到保证

目前，高职毕业生报考"3＋2"专升本职教师资的人数较少，究其原因主要有以下几个方面：一是上述所提及的省内高职院校对"3＋2"职教师资人才培养这一新的人才培养模式及招生信息不够了解；二是各高职院校特别是珠江三角洲地区的高职毕业生就业情况较好，而学生就读"3＋2"专升本职教师资人才试点专业后的就业前景还不明朗，大多高职毕业生优先考虑就业，不愿报考"3＋2"专升本职教师资；三是高职院校毕业生目前已有便捷的专升本、甚至升硕的多种渠道，如一些大学及社会上的综合教育培训服务机构在高职院校开展"特种"教育服务，使得高职学生专科在读期间便可进修本科课程，获得本科学历（学位），这直接影响了高职学生报考"3＋2"职教师资的积极性；四是目前"3＋2"职教师资试点专业的招生只能通过广东省本科插班生统一的招生考试方式，而这种考试方式不能很好地筛选出技能较强的优秀高职毕业生。同时，正在试点的各专业首届毕业生尚未走上就业岗位，就业前景还不明朗，培养的毕业生尚未得到中职学校的检验与认可，因此也不能有效地吸引高职院校优秀毕业生报考。

5. 预期就业前景不明朗

目前，我国还没有一套相对成熟的职教师资任职资格标准，缺乏健全的中职教师准入机制，包括"3+2"职教师资在内的本科职教师资毕业生进入中职学校的渠道并不十分畅通。尽管总体上讲目前广东省中职师资较为紧缺，但冷热分布不均。珠江三角洲一些发达城市中职学校师资接近饱和且一般都要求硕士以上研究生，而边远、欠发达地区对中职师资需求的缺口较大，但对毕业生吸引力不大，毕业生一般都不愿意去任教。

到教育系统就业的毕业生比例不够高，直接影响改革的成效。从近几年"3+2"专升本职教师资班学生就业分析来看，一次就业率达到93%。"专升本"学生虽具有较丰富的实践经验，但理论知识不深入。专科学制时限较短，课程学习内容只能局限于专业基础知识的表层，基础课程设置少，知识专科学生的基础理论知识相对匮乏。进入本科学习阶段后，进一步加深了专业基础知识和理论知识的培养，就业面更广，也能较好把个人实际能力与社会需求相结合。但到职业学校担任师资的学生较少，还需要大力加以引导和帮助。

（二）应对策略

1. 扩大目前职教专硕的规模

《教师教育振兴行动计划（2018—2022年）》（教师〔2018〕2号）指出要按照有关程序办法，增加一批教育硕士专业学位授权点，引导鼓励有关高校扩大教育硕士招生规模，对教师教育院校研究生推免指标予以统筹。《深化新时代职业教育"双师型"教师队伍建设改革实施方案》（教师〔2019〕6号）也指出要支持高校扩大职业技术教育领域教育硕士专业学位研究生招收规模。所以，首先应依据国家政策支持，在稳步增加全省教育硕士学位点数量的同时，给予职教专硕研究生招收指标一定的倾斜（比如在全省的专硕招生按比例统筹划拨出职教专硕研究生招生指标专项），稳步提升职教专硕的在读人数，提高职教专硕在中职学校师资方面的供给，在数量上满足广大中职学校的办学需求。另一方面要加强硕士点进行内涵建设，加强职业教育学科教学论师资队伍建设，扎实打牢职教师资人才的专业基础和技能，在质量上满足广大中职学校的办学需求。

2. 探索职教专硕本硕连读培养机制

《教师教育振兴行动计划（2018—2022年）》指出要支持高校探索教育硕士的普通高中、中等职业学校教师本科和硕士研究生阶段整体设计、分段考核、有机衔接的培养模式；《深化新时代职业教育"双师型"教师队伍建设改革实施方案》指出要探索职教专硕的本科与硕士阶段整体设计、分段考核、有机衔接的人才培养模式。建议依据国家政策支持，在拥有职教专硕学位点高校中，试点进行推广职教专硕研究生培养的本硕连读制度。本硕连读制度的推行，一方面有利于稳固职教师资的供给规模，防止人才的流失；另一方面本硕一体化培养，更加有利于提高职教师资培养的统一规划，人才培养更加具有连贯性。

3. 实现职教专硕培养"三性"有机统一

研究生教育肩负着为我国培养高水平、高层次人才的重任，研究生培养中普遍采用"导师负责制"这一培养模式，因此导师在研究生培养中发挥着举足轻重的作用。学校建立完备的导师审核管理制度，严格审核标准，校内遴选两种学术导师：学业导师和教学论导师；校外依据"平台共建、资源共用、成果共享、产教融合"的原则，建立教育实践基地和企业实践基地，并依托实践基地遴选两种实践导师：中职实践导师和企业实践导师，建立校内学业导师、教学论导师和中职实践导师、企业实践导师为一体的"双导师制"。强化专兼结合的导师队伍和教学队伍，开展高质量的教育实习和企业实践锻炼，实现职教专硕研究生培养课程学习、教育实习、企业实践和学位论文的无缝衔接和高度一致性，建立职教专硕多方联合培养、协调育人机制，努力探索职业性、专业性、师范性有机统一的职教专硕人才培养模式。

4. 试点推进职教博士研究生培养

教师教育是教育事业的工作母机，是提升教育质量的动力源泉，职教师资学位层次的高低是决定职业教育质量的最关键因素。《教师教育振兴行动计划（2018—2022年）》提出要适当增加教育博士专业学位授权点，引导鼓励有关高校扩大教育博士招生规模，面向基础教育、职业教育教师校长，完善教育博士选拔培养方案。《深化新时代职业教育"双师型"教师队伍建设改革实施方案》也提出要推进职业技术教育领域博士研究生培养。建议广东省教育厅依据国家政策要求，努力争取教育部专项支持，在拥有职教专硕学位点高校中推进职业技术教育领域教育博士专业学位研究生培养试点，进一步提升职教师资培养规格层次，为广东省职业教育改革发展、建立职业教育强省提供坚强有力的人才保障和智力支持。

5. 扩大省内职教师资的优质供给

一是鼓励在高水平大学中设立职教师资学院。在各学校的优势专业，尤其是理工类专业中设立职教师资培养方面鼓励本硕连读，输出优质资源。此外，还要积极推动职业院校和行业企业形成命运共同体，合作共建"双师型"教师培养基地，努力搭建校企人才动态双向交流桥梁，推动企业工程技术人员、高技能人才和职业院校教师双向流动，完善企业经营管理和技术人员与学校领导、骨干教师相互"兼职兼聘"制度是广东省中等职业教育高质量发展的必经之路。

二是适度增加师范教育招生规模。根据我省各级各类教育教师总体需求预测，建议科学准确地核定全省师范教育的总体规模，确保师范教育健康有序发展。适度增加招收本科层次师范生的限额，逐步减少招收专科层次师范生。适当扩大高职、高专院校招收五年制大专班和专升本师范类的招生专业和招生规模，启动面向欠发达地区的师范类定向招生的试点。

6. 深化产教协作，促进职教师资协同培养

学校坚持协同创新，积极探索协同培养高素质职教师资和应用型人才的新模式。基于"双师"素质职教师资人才培养目标，2013年，我校与广东机电职业技术学院共建"机电类专业'3+2'专本连读职教师资（应用型）人才培养模式创新实验区"正式启动。学校接下来将以"创新强校工程"为抓手，完善协同育人机制，探索开展多种形式的协同育人模式，大力创新教育行政部门、高校、中高职学校及行业企业一体化的协同创新机制，创新以企业实践为重点的职教师资培养模式，提高职教师资专业发展的自主性。特别是对接区域支柱产业、主导产业、新兴产业，通过体制机制创新，促进学科交叉融合，建设学科群，提升培养培训的针对性，形成政、产、学、研互动的一体化服务保障体系，为职业院校"双师型"职教师资培养提供支撑保障，全面提高职教师资和应用型专门人才的培养质量。

7. 拓宽就业渠道，推动建立广东省职业院校教师准入机制

建立职教师资培养联盟，塑造"3+2"职教师资毕业生核心竞争力。在广东省教育厅的大力支持下，"3+2"试点院校、有关高职院校、中职学校组建职教师资人才培养联盟，加强信息交流与资源共享，优化职教师资人才培养机制与培养模式，突出职业教育从业能力（职业技能传授能力）的培养，满足广东中职学校对优秀职教师资毕业生的迫切需求。

目前中职学校教师招聘事权统一由教育局管理，各学校招聘教师无自主权，这对于中职学校来说影响较大。希望在广东省教育厅的大力支持和指导下，联合相关行政部门，促成中职学校招聘具有完全自主权，使优秀职教师资毕业生到中职及高职院校的就业渠道更为通畅；积极争取给予适当的优惠政策和相应的政策倾斜，力争让职教师资毕业生在中职学校有良好的就业局面。

广东省职业院校教师职后培训发展报告

职业教育水平的提升必须依赖于教师专业素质水平，职后培训是提升职业院校师资水平的有效途径。教育部等政府部门对职业院校教师的职后培训越来越重视，逐步开发建立了全国性的网络体系和共享平台，形成一定的特色。

一、基本情况

（一）"十二五"期间职业院校教师职后培训

1. 积极组织做好国家级师资培训的学员选派工作

根据教育部下达的培训任务，广东积极组织做好国家级师资培训的学员选派工作。对各地、各校选送参训人员进行严格资格复核，对不符合报名条件或未经当地教育局推荐的予以退回。2012 年参加骨干教师国家级培训总计 463 人；2013 年参加骨干教师国家级培训 352 人，骨干教师国外培训 24 人；2014 年参加骨干教师国家级培训 180 人，专业带头人国家级培训 4 人；2015 年参加骨干教师国家级培训 141 人，专业带头人国家级培训 47 人；2012—2015 年参加青年教师企业实践项目总计 622 人。此外，我省还按照要求，积极推荐校长参加骨干校长高级研修班、校长专题研修班等。

2. 大力开展职业院校专业骨干教师省级培训

广东省"十二五"期间依托广东技术师范学院和部分办学水平较高、人才培养质量好的院校，积极开展职业院校骨干教师素质提高培训，全省高等职业院校骨干教师省级培训项目共培训 11 922 人，中等职业学校骨干教师及专业带头人、校长培训项目共培训 15 365 人，中等职业教育省级培训共投入经费 8 588.9 万元。详细情况见表 6-1。

表6－1　"十二五"期间广东省职业院校骨干教师省级培训完成情况

年份	高职				中职		
	计划数/人	完成数/人	完成率	投入资金/万元	计划数/人	完成数/人	完成率
2012	2 000	2 895	145%	3 850	3 920	4 002	102%
2013	2 000	2 856	143%		4 160	2 986	72%
2014	2 000	2 221	111%	1 600	2 736	3 033	111%
2015	2 000	1 840	92%	1 600	3 301	2 958	90%
2016	2 000	2 110	106%	1 538.9	2 621	2 386	91%
总计	10 000	11 922	119%	8 588.9	16 738	15 365	92%

（二）2017—2019年职业院校教师职后培训

进入"十三五"以来，广东省职业院校教师职后培训迎来发展新高度。

1. 2017年职业院校教师培训项目实施情况

2017年中职省培项目计划培训3 320人次，截至2018年3月底，共有3 190名中职骨干教师、校长及相关培训机构的管理人员参加了三大类54项省级项目培训项目，计划完成率为96%。2017年中职国培项目，由全省12个国培基地学校承担培训任务，根据国家要求结合广东省实际，将2017年国培与2018年省培联动开展，统一组织实施。

2. 2018年职业院校教师培训项目实施情况

2018年职业院校教师培训项目分为第一批国培、第二批国培、省培，共187个培训项目。其中，第一批国培计划培训1 860人，计划经费3 380万元；实际完成人数1 662人，使用经费1 824万元，计划完成率89.35%，经费使用率53.96%。第二批国培计划培训3 600人，计划经费3 690万元；实际完成人数2 681人，使用经费2 152万元，计划完成率74.47%，经费使用率58.32%。2018年省培计划培训1 245人，计划经费989万元；实际完成923人，使用经费711万元，计划完成率74.14%，经费使用率71.89%。

3. 2019年职业院校教师培训项目实施情况

2019年新增了高职国培项目，计划名额1 225人，中职国培名额1 525人，总计经费3 600万元。省培高端示范性计划任务338人，校地合作908人，计划经费1 048万元。据统计，2019年广东省职业教育培训任务由10所国家和省级认定的职业教育培训基地承担，分别是广东技术师范大学、岭南师范学院、深圳信息职业技术学院、广东科学技术职业学院、广东交通职业技术学院、广东机电职业技术学院、广东邮电职业技术学院、广东省科学职业技术学校、顺德梁銶琚职业技术学校等。

进入"十三五"以来，广东省国培和省培经费与"十二五"相比，得到大幅提升，教师培训进入快速发展期。

二、政策与管理

（一）主要政策分析

1. 国家层面的职业教育教师培训政策

2011 年，教育部、财政部共同制定了《关于实施职业院校教师素质提高计划的意见》（教职成〔2011〕14 号），包括骨干教师培训、中职青年教师企业实践、师资培养培训体系建设等。

同年，《教育部关于进一步完善职业教育教师培养培训制度的意见》（教职成〔2011〕16 号）提出教师要定期到企业实践，构建校企合作的职教教师培养培训体系。

2014 年，《国务院关于加快发展现代职业教育的决定》（国发〔2014〕19 号）提出实行五年一周期的全员培训，落实教师企业实践制度，校企共建"双师型"培养培训基地。

2016 年，《职业院校教师企业实践规定》（教师〔2016〕3 号）提出新任教师先实践后上岗，公共课教师要定期实践。

2016 年，教育部、财政部下发了《关于实施职业院校教师素质提高计划（2017—2020 年）的意见》（教师〔2016〕10 号），对进一步加强职业院校"双师型"教师的建设提出要求，明确培训形式及内容包括职业院校教师示范培训、中高职教师素质协同提升等，提出要强化过程管理、经费监管和绩效考评，切实提高计划的实施质量。

2019 年，《国务院关于印发国家职业教育改革实施方案的通知》（国发〔2019〕4 号）再次提出，多措并举打造"双师型"教师队伍，建设教师教学创新团队。

职业教育教师培训政策呈现出"探索—加快发展—提升—改革"的总体趋势。

2. 广东省政府在政策和资金上的大力支持

广东省委、省政府高度重视职业院校教师队伍建设，在政策和财政资金上给予大力支持，出台了《广东省人民政府关于全面实施"强师工程"建设高素质专业化教师队伍的意见》（粤府〔2012〕99 号）、《关于印发广东省"强师工程"实施方案的通知》（粤教师〔2012〕10 号）文件，推进实施"强师工程"，2012—2016 年，省级财政在"强师工程"专项资金中安排"职业教育教师技能提升工程"项目资金共计 4 亿元。推进实施高职院校"创新强校工程"，将职业院校教师素质能力提升情况纳入"创新强校工程"绩效考核，考核指标分值占 25%，考核结果作为省财政奖补资金分配的重要依据。积极推进职业教育师资培训基地的规范化建设，创新培训模式，改善培训条件。建立专业课教师定期下企业实践制度，将专业课教师到企业或生产服务一线实践的要求纳入岗位责任，把专业教师到企业实践作为职教师资继续教育的重要形式和教师职务（职称）聘任、晋升的必要条件。支持职业院校与行业、企业联合建立师资培训基地，通过校企合作途径提高专业课教师实践教学能力和职业化素养。

（二）职后培训管理模式

1. 科学管理，强化绩效评估

我省职业院校教师素质提高计划项目培训任务通过竞争性遴选，要求培训机构严格按照要求组织培训，认真编制和执行培训计划，制定培训方案。每个师资培训班都配备班主任，从筹备开班、班务管理到学员信息反馈都有一套规范的管理机制，从而保证对培训工作流程的各个环节都能进行严格的质量监督。每年定期开展绩效评估工作，要求承担培训项目的培训机构做好评估准备，一是要做好项目绩效自评工作，形成自评报告，包括项目完成情况、主要措施、培训效果、经费使用情况、存在问题和改进意见等内容；二是做好培训材料的归档工作，包括自评报告、培训方案、培训管理制度、学员名册、培训成果等资料；三是配合省专家做好实地考评工作。通过开展绩效评估工作，推进省培项目的顺利实施，确保培训项目按计划完成，并将评估结果作为以后年度省级项目资金安排的重要依据。

2. 搭建网络平台，实现信息化管理

2013年开始建设广东省职业教育教师培训平台，平台包括培训专题网站、培训项目申报及评审管理系统、培训业务管理系统。培训专题网站是广东省职业教育师资培训对外的一个重要窗口。广东省分别搭建了"广东省中职教师继续教育网"和"广东省高等职业院校教师培训网"平台，网站开设的栏目有：最新公告、教师培训、培训报名、培训课程、培训简报、政策法规、文件下载、用户登录等，让社会大众可以充分了解我省在职业教育师资培训的开展情况及最新成果，各中职学校教师也可通过登录网站进行培训班报名。目前，所有的省级培训班都已实现了网上报名、网上管理、网上评教。

3. 设立项目办，遴选培训基地

2013年广东省教育厅成立省职业院校教师素质提高项目管理办公室，协助开展培训项目的需求调研、过程监控和绩效评估等工作。2013年开展基地遴选工作，印发《广东省教育厅关于申报省级中职师资培训基地的通知》（粤教高函〔2013〕39号），经组织专家遴选，共评审出省级中职师资培训基地23个，青年教师企业实践基地24个，合作企业32家，并且给予业务和资金上的支持［《广东省教育厅关于公布2013年度省级中职师资培训基地（青年教师企业实践项目）的通知》（粤教职函〔2013〕68号）］。

（三）职后培训重点项目类型

为贯彻国家教师教育发展战略，出台了《中共广东省委、广东省人民政府关于全面深化新时代教师队伍建设改革的实施意见》（粤发〔2018〕25号），明确了广东省教师队伍建设工作的发展定位与目标取向。职业教育教师培训政策主要引导培训机构重塑培训目标、重构培训流程、再造培训评价，实现职教教师培训模式的创新发展。如《广东省教育厅关于做好2019年高职院校教师素质提高培训工作的通知》《广东省教育厅关于做好2019年中等职业学校教师素质提高培训工作的通知》《广东省教育厅办公室关于做好2019年中等职业学校骨干教师能力提升培训工作的通知》《广东省教育厅关于做好2019年第二批职业院校教师素质提高培训工作的通知》《广东省教育厅关于做好2019年"1+X"

试点院校教师培训工作的通知》等。

1. 广东省职业院校"双师型"名教师、名校长、培训专家工作室建设

（1）"十二五"期间，广东省实施中等职业学校"百千万人才工程"培养项目，首批投入 615 万元资助 4 名教学名家、19 名专业名师、4 名名校长培养对象开展为期 3 年的培养，先后组织培养对象赴台湾、香港、青岛等地开展研修工作，并安排培养对象组建讲师团分赴粤东西北地区开展中等职业教育帮扶工作。

（2）为加强职业教育青年骨干教师、校长和培训管理者队伍建设，广东省于 2018 年 8 月开展了"双师型"名教师、名校长、培训专家工作室主持人的遴选工作，其目的是在"双师型"名教师、名校长主导下，围绕名教师、名校长的教育理念和教育思想，以优秀骨干教师、校长为培养对象，以师带徒为主要培养形式，共同开展基于线上和线下的学科研究、教改探索和教学磨炼、学校管理实践与研究的实体与网络相结合的新兴工作室。以 3 年为培养周期，每个"双师型"名教师工作室要求分别培养 8~10 名专业骨干教师，每个名校长工作室培养 5 名中青年校长，促进名教师、名校长和骨干教师、校长的共同提高。

培训专家工作室是在培训专家主导下，聚焦教师培训管理者专业发展，以广东省中职学校师资培养培训基地管理者为培养对象，以师带徒为主要培养形式，共同开展基于线上和线下的培训业务管理研究的实体与网络相结合的新型工作室。以 3 年为培养周期，每个工作室要求培养 6~8 名教师培训管理骨干，促进培训管理专家和教师培训管理骨干的共同提高。

表 6-2　广东省职业教育"双师型"名教师、名校长
及培训专家工作室主持人（2018—2020 年）名单

一、高职名教师工作室主持人名单

序号	姓名	单位	序号	姓名	单位
1	刘红燕	深圳职业技术学院	8	覃成蓉	深圳信息职业技术学院
2	阚雅玲	广州番禺职业技术学院	9	邱深本	广东科贸职业学院
3	田　巨	广州民航职业技术学院	10	杨　军	广东女子职业学院
4	邓毛程	广东轻工职业技术学院	11	朴红梅	广东省外语艺术职业学院
5	徐月华	广东机电职业技术学院	12	黄元盛	江门职业技术学院
6	徐言生	顺德职业技术学院	13	王亚妮	广州铁路职业技术学院
7	曹成涛	广东交通职业技术学院	14	李军利	珠海城市职业技术学院

二、中职名教师工作室主持人名单

序号	姓名	单位	序号	姓名	单位
1	卓良福	深圳市宝安职业技术学校	7	李进豪	广东省海洋工程职业技术学校
2	邓　敏	广东省旅游职业技术学校	8	冯妹娇	东莞理工学校
3	许映花	广东省贸易职业技术学校	9	王永红	广州市信息工程职业学校
4	冯子川	中山市沙溪理工学校	10	邓　谦	珠海市第一中等职业学校

续上表

序号	姓名	单位	序号	姓名	单位
5	左　湘	佛山华材职业技术学校	11	邓　烁	汕头市林百欣科学技术中等专业学校
6	蔡基锋	广州市轻工职业学校			

三、中职名校长工作室主持人名单

序号	姓名	单位	序号	姓名	单位
1	刘建平	广州市交通运输职业学校	4	龙卫平	中山市第一中等职业技术学校
2	曾小力	广东省旅游职业技术学校	5	赵仁发	梅州农业学校
3	张立波	广州市商贸职业学校			

四、职业教育培训专家工作室主持人名单

	覃易寒	广东技术师范大学			

2. 积极推进青年教师培养和企业实践

为加强高职院校领军人才后备队伍建设，2013年起广东省积极实施省级优秀青年教师培养计划和青年教师国内外访学进修项目。项目实施以来，共选拔158名35岁以下优秀青年教师作为省级培养对象，选派12名青年教师出国进修，选拔872名教师国内访学，省财政资助经费7 300多万元。

我省继续通过省级职业教育师资培训基地组织省内知名企业承担青年教师企业实践项目，要求各基地和企业制定科学可行、具有针对性的培训方案。鼓励支持创新培训模式与方法。完善制度管理，以《中等职业学校青年教师企业实践管理办法》为基本准则，要求各基地制定具体实施办法、学员管理办法、学员与实践企业签订合作协议。加强总结交流，"十二五"期间省教育厅在2012年12月、2013年9月、2015年4月分别召开了三次青年教师企业实践工作会议。截至2016年年底，共有622名青年教师下企业锻炼，总计投入经费1 980万元，取得良好的培训效果。

3. 建立粤港澳大湾区职业教育教师发展联盟

2019年首届粤港澳大湾区职业教育发展高峰论坛在广东技术师范大学举办，广东省教育厅副厅长朱超华指出，成立大湾区职教联盟，对加强大湾区职业教育教师队伍建设、推动大湾区职业事业发展必将发挥积极而重要的作用。要求各联盟单位主动落实合作协议各项任务，做好职教师资培养培训模式探索、产教融合培训和信息化平台建设等各项工作，创造性地推动大湾区综合型、应用技能型人才的培养，打造职教师资培养培训的工作品牌，切实提升职业教育教学水平，加快大湾区职业教育内涵式发展，为大湾区建设提供坚实的智力和人才支撑。

在充分利用粤港澳大湾区的地缘和资源优势基础上，广东省引导特色培训和开展境外交流培训，"十三五"期间境外培训目的地及受益教师范围逐步增大。截至目前，发布《广东省教育厅关于组织广东省中等职业学校专业带头人赴台湾培训的通知》《广东省教育厅关于举办2019年广东省职教名师名校长工作室主持人专业领导力提升赴加拿大培训班的通知》《广东省教育厅关于组织广东省中等职业学校校长赴香港培训的通知》等，组建近20个境外培训团队。

4. 加强高层次技能型兼职教师培养培训

实施中等职业学校"能工巧匠进校园计划"。自2012年起，广东省"强师工程"每年投入1 600万元专项资金实施中职"能工巧匠进校园计划"，资助省属中职学校300个岗位聘请高技能人才担任兼职教师，带动各地和各校建立聘用高技能人才到职业学校兼职任教的常态机制，并对实施情况较好的地级市实施奖补。省教育厅先后在省民政职业技术学校、省海洋工程职业技术学校等学校开展项目现场观摩和交流推广工作，明确到2016年，全省中等职业学校专任教师中兼职教师的比例不低于10%。开展高职院校高层次技能型兼职教师认定，吸引一批高层次专业技术人才到高等职业院校担任兼职教师，进一步提升师资队伍水平，提高技术技能人才培养质量，2013—2015年共认定高层次技能型教师607人，2016年高层次技能型兼职教师认定工作正在进行中。

三、体系及实施特点

（一）教师培训项目体系

1. 培训项目层级

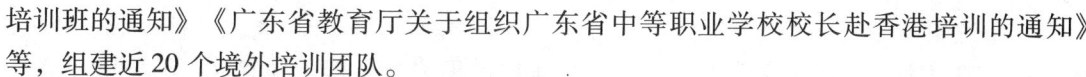

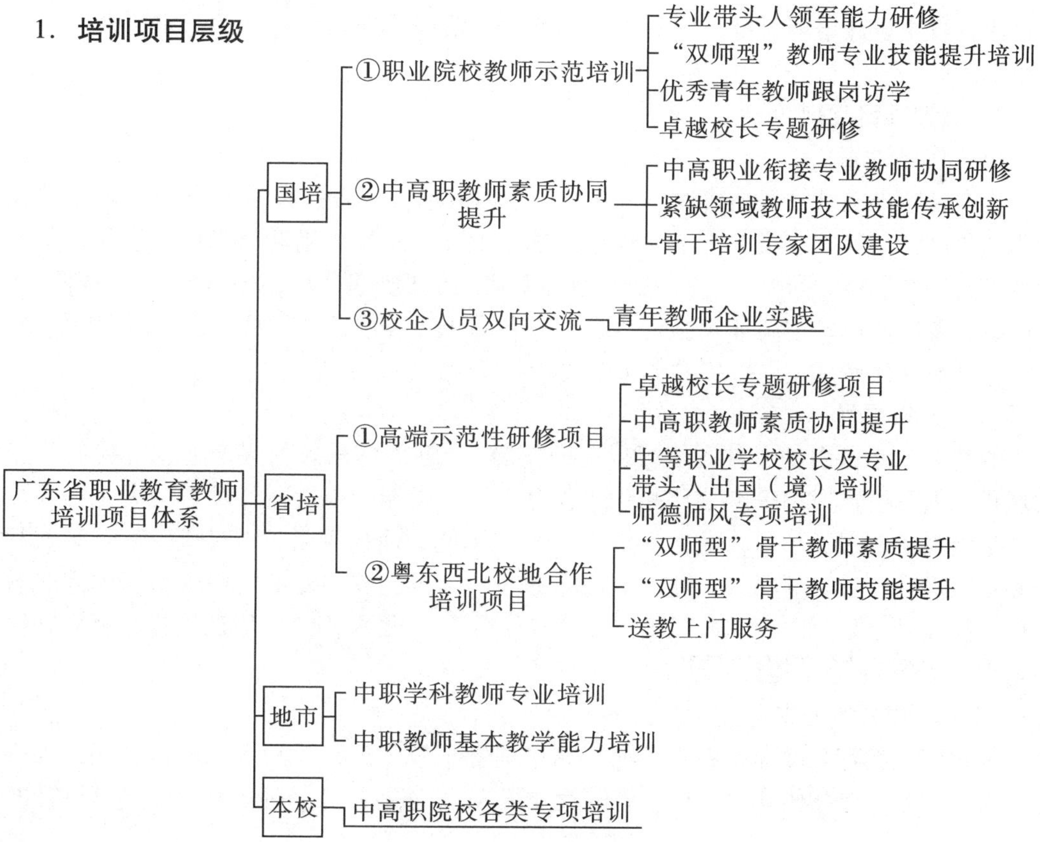

图6-1　培训项目层级

广东省职业院校教师培训项目体系共分为四个层级：国家级、省级、地市级、校级，各个层级项目之间相互关联、相互促进。总体设计思路是国培引领省培、国培省培联动方式。根据《教育部、财政部关于实施职业院校教师素质提高计划（2017—2020年）的意见》（教师〔2016〕10号），按照"中央引领、地方为主、对接需求、重点支持、协同创新、注重实效、规范管理、确保质量"的原则，采取国培引领省培、国培省培联动的方式组织职业院校教师分层分类参加国家级、省级等各级培训，地区或者学校在国家级和省级培训的示范引领下，集合自身实际需求，自主开展专题培训项目，共同有计划、有步骤地推动5年一周期教师全员培训工作。

教师培训项目体系既注重系统性和完整性，也重视围绕需求强化项目指向性。其中，国家培训项目的定位主要根据教育要求，结合新时代教师发展需求，面向职业院校学科带头人、专业骨干教师和学校领导及培训骨干开展高端示范引领项目，主要采用集中面授、观摩交流、跟岗实践和网络研修等模式实施培训，通过示范引领、创新机制、重点推进、以点带面，切实提高职业院校"双师"教师队伍整体素质。省级培训项目突出"示范引领、补齐短板、促进发展"，对接广东省新兴产业、现代制造业等领域优化项目设置，推动职业院校省级培训校地合作，提升培训质量。地市级培训项目主要是由教育局统筹，教师发展中心面向中职教师开展各类市级培训项目，培训形式主要是集中面授、观摩交流等。校级培训主要是根据高职院校和中职学校结合学校发展规划，集合教师实际需求，自主设计培训项目，自主或者通过教师培训基地聘请合适的专家，开展集中面授培训。

2．培训项目类别

（1）国培项目。

为实施精准施训，提高培训质量，结合实际需求，广东省按照教育部"职业院校教师素质提高计划"三大类8个子项目总体框架设计广东省中高职教师国培项目，分别是专业带头人领军能力研修、"双师型"教师专业技能提升培训、优秀青年教师跟岗访学、卓越校长专题研修、中高职衔接专业教师协同研修、紧缺领域教师技术技能传承创新、骨干培训专家团队建设、青年教师企业实践。

（2）省培项目。

为突出"示范引领、补齐短板、促进发展"，对接广东省新兴产业、现代制造业等领域优化项目设置，2019年省级培训工作分类开展高端示范性研修项目与粤东西北校地合作培训项目两大类项目，涵盖专业带头人领军能力研修项目、"双师型"骨干教师素质和技能提升专项培训项目、送教上门服务项目、卓越校长专题研修项目、中高职教师素质协同提升项目、中等职业学校校长及专业带头人出国（境）培训项目、师德师风专项培训项目等11个子项目。

（3）职教名师工作室。

强化职业教育名教师、名校长在培养培训骨干教师、校长的示范辐射作用，加强职业教育培训管理者队伍建设，广东省继续加强31个职业教育名师工作室的建设与管理。

（二）教师培训实施特点

1. 充分调研培训需求，精心设计培训方案

培训机构充分调研广东地区行业产业需求以及中职学校和中职教师的需求，发挥自身优势、师资特色和听取各承办专业专家建议，使培训工作做到有的放矢。如广东技术师范大学"数字媒体技术项目"承接单位培训经验丰富，制度完善，管理规范。项目培训结合新技术的应用，采取理念、技术与实战相结合，通过基于任务驱动的方式开展，有效推进教师实践教学和课程开发能力和"双师型"教师队伍建设。广东轻工职业技术学院为应对我省现代学徒制试点单位数量全国领先的现状，开设"现代学徒制中职学校骨干校长班"，从职业院校治理、依法治校、现代学徒制以及职业院校品牌建设出发，结合了现阶段职业院校现阶段发展的需要进行了课程设置。从实际的效果来看，达到了课程设置目的，激发了学员参训积极性，获得学员的好评。

2. 精心遴选培训内容，构建精准培训体系

针对职业教育改革发展面临的新任务，各培训单位能按照不同专业教师的特点和需求开展培训，构建分级负责、层次分明、相互衔接的具有学科特色的精准培训体系。如广东科学技术职业学院举办的2018年国培项目"中职骨干教师农产品移动电商品牌化运营实战培训班"，以学习成果为导向，以产教融合为抓手，突出实践性培训，培训内容聚焦职业教育、移动电子商务发展前沿，主要从电商、移动商务、信息化教学等方面开展多层次、递进性的培训，提升学员项目实践技能和信息化教学能力。广东机电职业技术学院新能源汽车等培训项目，把握汽车产业转型升级和新能源汽车迅猛发展的契机，运用现代职教理念和教学方法，和企业高度配合，培养新能源汽车领域紧缺的技术技能型人才，培训项目受到各中职学校欢迎，成效显著。

3. 注重校、企、行的协同育人，精心挑选培训授课专家

为增强培训的实效性，培训机构邀请业界学术造诣高、有声望的专家教授，行业内有影响的企业和行业专家，世界和国家级技能大赛的专家评委等作为授课讲师。如广东轻工职业技术学院的"华为云计算ICT培训班"，由广东轻工职业技术学院与浙江华为通信技术有限公司联合申报，对学校与企业的资源进行了有效整合，并带领学员到企业进行实地考察，安排高级别、企业实践经验丰富的讲师负责部分集中培训。浙江华为公司还为该培训提供了提供网络研修平台。职业院校的教师通过研修活动，接触到行业应用，同时能够了解到行业在新兴技术方面的发展，整合校企行的有利资源，为教师对未来的新技术的学习和应用做好准备，取得了良好的效果。

4. 规范培训过程管理，精心确保安全

为了做好过程监督，例如广东省职业院校教师素质提高计划项目管理办公室在2018年共检查督导了广州番禺职业技术学院、广东科学技术职业学院、广东技术师范大学、广东轻工职业技术学院、广东机电职业技术学院等8个培训机构的13个项目，含中职项目8个、高职项目5个。

在督导过程中了解到大部分培训单位均认真执行各项培训管理规定，编制和执行培训方案；教学过程管理和质量监控规范严格；培训团队及管理认真负责，专业化程度较高。

同时督导专家提出培训项目设置和课程设置需进一步契合学员的学习需求、加强培训效果的训后追踪等。学员提出培训机构都在省内、学员也全部来自省内,借鉴省外其他职业院校先进经验不够。建议在2019年国培引入省外培训机构或安排省外研修。

总体来说,近几年职业院校教师培训项目实施能做到目标明确、组织有序、保障有力、注重实践、效果明显,通过培训,进一步提升了中职、高职教师的整体素质和专业能力,起到省级项目的示范指导作用。

四、主要成效

为验证职业院校教师职后培训成效,自2019年开始广东省教育厅委托第三方机构对"强师工程"省培项目进行绩效考核。2019年广东省"强师工程"中等职业学校教师省级培训项目包括专业带头人领军能力研修项目、"双师型"骨干教师素质和技能提升专项培训项目、送教上门服务项目、卓越校长专题研修项目、中高职教师素质协同提升项目、中等职业学校校长及专业带头人出国(境)培训项目、师德师风专项培训项目等11个项目,共计划培训1 245人。

本次以广东省"强师工程"省级教师培训为例,发放相关调查问卷,回收问卷761份。

(一)参训教师地区分布

表6-3 参与培训的教师地区分布

地级市	小计	比例/%
广州市	75	9.86
深圳市	4	0.54
佛山市	52	6.83
东莞市	35	4.6
江门市	59	7.75
揭阳市	14	1.84
汕尾市	117	15.37
湛江市	61	8.02
茂名市	55	7.28
阳江市	24	3.15
韶关市	12	1.58
清远市	31	4.07
云浮市	57	7.49
梅州市	44	5.78
河源市	34	4.47
其他	6	0.79
本题有效填写次数	680	

从统计数据可以看出，广东省职业院校教师职后培训更关注培训的辐射面，考虑地区差异，粤东西北教师参加培训的人数大大超过珠江三角洲地区的教师培训人数。

（二）参训教师的年龄情况

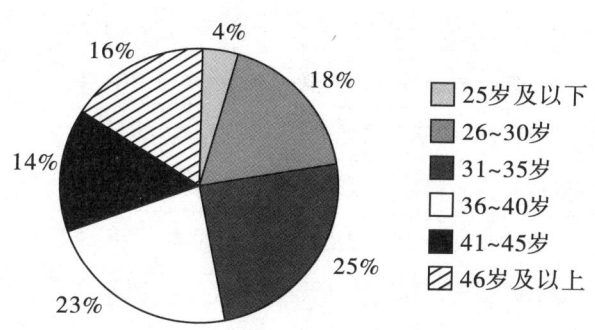

图6-2 参训教师的年龄情况

参训教师31~40岁之间的教师占比48%，接近一半；有81.2%的教师为本科学历，14.45%的教师为硕士学历，博士学历参训教师比例不足0.8%。

（三）参训教师对目的重要性认识

表6-4 参训教师对目的重要性认识

选项	平均综合得分/分
提高自己专业能力和水平	5.18
获得与其他教师、专家相互交流的机会	3.74
及时解决教育教学中的问题	3.39
完成学校或上级主管部门安排的任务	1.23
晋升职业发展需要	1.02
其他原因【详细】	0.03

参训教师对参加培训的目的，主要聚焦于提高自己的专业能力和水平，渴望通过培训进一步提升本领域技术技能水平，同时也渴望得到与其他教师或专家更多交流的机会，及时解决在日常教学中的各项困惑。通过培训项目的反馈，教师对于培训共同体的认知及参与热情非常高，大家集体交流，可以互相学习借鉴良好的教学方法和经验。

(四) 参训教师对课程设计的认同度

表6-5 参训教师对课程设计的认同

选项	小计	比例/%
课程设计科学合理，便于理解和接受	364	47.83
课程设计符合预期，能够理解和掌握培训的核心内容	331	43.5
课程与课程之间设计跨度比较大，需要一段时间理解和消化	57	7.49
课程设计没有充分考虑学员的接受能力，接受起来比较困难	9	1.18
本题有效填写人次	761	

通过本次调查，可以发现大多数参训教师对于课程设计的认同度较高，认为培训课程的设计内容及模块适合自身的发展需求，便于理解接受。尤其是培训的一些核心内容掌握较好，对于一些短时间难以掌握的知识也意味着培训课程设计具有一定的挑战性，能够让参训教师接触新领域、习得新收获。

(五) 参训教师对课程内容的符合度认识

表6-6 参训教师对课程内容的符合度认识

选项	小计	比例/%
符合程度高，讲授内容正是我目前工作所需要	489	64.26
有偏离度，但通过这次培训拓宽了我的视野，有助于未来工作的开展	244	32.06
有偏离度，讲授的内容和目前实际工作及开展还存在一定的距离	20	2.63
不符合预期，讲授的内容与实际工作帮助不大	3	0.39
其他情况（详细）	5	0.66

通过表6-6可以发现，参训教师对于省培项目课程内容的安排，大部分表示契合目前自身工作需求，能够帮助解决日常工作的教学疑问，虽然有些内容偏离了预期的自身工作环境，但是对拓宽自身教学和研究视野，具有积极的帮助作用，对于应对未来工作中的问题提供了一定的解决问题的思路和方法。

（六）参训教师对培训收获的认识（按重要性排序）

表6-7 参训教师对培训收获的认识（按重要性排序）

选项	平均综合得分/分
拓宽视野，提升了综合素质	7.6
了解前沿动态和课程改革理念	5.72
拓展和更新了专业知识	4.87
提高了教育教学技能、技巧	4.61
结识了更多的学习者和研究者	2.45
解决了教育教学实际问题	2.08
掌握了现代教育技术和方法	1.3
提高了科研能力	0.68
其他（详细）	0.02

教师表示经过培训，拓宽了自身的视野，了解了本学科先进的教学理念、研究方法和专业技能，对于提升综合素质有较大帮助。同时，培训使各地的教师联结在一起，大家群策群力建立良好的友谊，成为日后学术交流和互帮互助的异地教学团体，在培训过程中，现代教育技术的应用也让很多教师掌握了前沿科技对于提升教学质量的重要方法；部分教师跟随培训负责人和讲师，在科研能力方面也得到了精进。

五、存在问题

职业院校教师职后培训存在的问题也多种多样，据调查，对参训教师参加培训积极性的影响因素进行排序，主要包括如下几项。

表6-8 职业院校教师职后培训存在问题

选项	平均综合得分/分
培训机会少，名额有限	4.81
工作比较繁忙，没精力去参加培训	3.39
多是理论上的更新，对实际帮助不大	2.62
家庭或个人事务多，没有精力参加	2.36
能够很好地胜任工作，培训对自身成长帮助不大	1.37
单调的工作模式带来的职业倦怠	1.34
培训项目不受单位重视，不鼓励参加	1.22

（一）培训的机会少，名额有限

通过调查了解到，绝大部分职校教师都希望参与培训学习，期待通过职后培训或继续教育，促进专业发展和素质提升。但是，培训次数过多也会降低教师培训的热情和效果。

据 2018 年广东省职业院校教师素质提高计划项目管理办公室开展的一项调查表明：23.07% 的中职教师期望一年参加一次培训，51.37% 的教师希望一年参加两次培训，"三次"和"四次以上"各占调查总数的 16.83% 和 8.73%。因此，教育主管部门和学校每年为教师提供 1~2 次的培训较为适宜。

近年来，国家和地方高度重视教师继续教育，从省到地市、区县每年都会安排国培、省培、市培、县培以及校培，尤其是市级以上的培训，学员均需符合一定的条件才有资格报名，这导致部分教师成为培训专业户，年年次次参与培训，而部分专业教师、基础课教师等获得培训的机会较少。

（二）教师缺乏足够的时间精力来参加职后培训

为保证教师培训质量，一般省级以上的培训都会有一段固定时间的培训周期。例如，大部分的国培项目时间为 21~28 天不等。

从培训时间长短来看，据调查，有 43.1% 的教师希望集中培训时长为 1 周左右，36.53% 的希望培训时间为 2 周，过长的培训时间需要教师付出较多的时间精力，教师调停课等相关手续办理不方便，造成教师缺乏足够的精力参与培训。

从培训时段安排来看，59.73% 的教师希望培训能够安排在暑假，有 43.77% 的教师认为最好安排在"工作时间"，由于各类培训较多，囿于培训资源和教师配置等方面的原因考虑，很多培训往往不可能集中在暑假进行，而需要在学期中进行。而参加培训的学员多数是学校的骨干教师，承担着重要的教学和管理任务，有的教师在校期间每周至少有 12~20 节课不等，出来培训就意味着缺少足够的教师维持课堂教学，原学校繁杂的工作任务给学员培训带来更多的压力。

（三）职业培训规划的个性化不足

这尤其体现在通识性的职业培训过程中，由于参加培训教师的专业背景、授课科目、教学方向等存在一定的差异，例如即使都是讲解教学法或课堂信息技术应用等共性的培训内容，也会存在对部分专业教师来说缺乏教学针对性和专业紧密契合度的情况。职后培训在培训内容上无法照顾到所有参训教师的个性化需求，因此部分职后培训的有效性还有待提升。

（四）培训方式欠缺灵活性和多样化

职业学校的教师因为强调"双师"素质，更加需要与行业企业密切联系，中职教师也更希望参与行业企业的实践活动中，了解专业技术技能的前沿发展。但是，目前除了在国培、省培项目中有明确规定和安排外，其余项目进入企业考察与实践的安排均显得不足，而培训中课堂教学（理论教学）比重偏高。

六、对策建议

（一）完善教师继续培养机制

目前，职业院校教师队伍仍需继续补充，一方面要完善高技术技能人才到职业院校专兼职任教的政策机制，另一方面更要激励职教师资培养院校积极参与专业院校教师的培训工作。继续教育是教师专业发展的重要手段。政府教育主管部门应制定相关政策、制度以及措施，既鼓励教师积极参加培训，提升自身专业能力和素质水平，也要提出明确要求，强化教师培训是教师教育教学工作的必要组成部门。要建立严格的继续教育学分制度，将参加培训作为教师职称评定、评先评优、名师选拔的重要条件。同时教育主管部门也要提高教师培训管理的服务能力和服务水平。

（二）提升教师参加培训的积极性和投入度

由于专业骨干教师空闲时间有限，没时间参加培训；激励机制不够，外出培训影响教师课酬与薪酬；培训课程内容安排不能满足教师真实需求等因素，造成教师不愿外出。培训机构应从职业院校和教师的需求出发，满足教师专业成长需要；探索各种培训模式，通过长短结合、线上线下结合、以老带新、送培到校、置换培训等多种形式，满足教师多样化培训需求，提升职业院校送培的积极性；通过真实教学情境，开展团队学习、行动学习、教学反思、问题化学习等，解决教师教学中的真实问题，提升教师参加培训的积极性。加强校企合作或产学研合作，让教师得以接触真实的企业生产环境，通过"在做中学、在做中教"，提高专业教师实践动手能力。联系与鼓励更多企业参与教师培训工作，提供更多的真实生产岗位让教师实践。

（三）注重培训项目的设计与质量

要实现培训的精准有效，在很大程度上取决于培训项目的设计。中职教育对于师资培训需求更为多样和复杂，因此培训基地和项目实施单位在进行项目设计之前，应组织培训教师走进学校，走入课堂一线，走近教师群体，充分做好教师需求的调研工作。针对不同类型、不同层次的教师，设计个性化的培训计划，使教师有合适的时间、地点和任务，改变低效乃至无效培训的情况，有效提升培训效果。

另外，培训项目的质量有赖于各类培训项目之间的协调和内在一致。省级主导的国培、省培项目，市、县级培训项目及校本培训项目除了要体现"层次"的差异，还要体现"类别"的差异。这需要省级师资培训主管部门对本省区的师资培训项目进行"顶层设计"，改变因项目重复、课程雷同而影响培训质量的现状。

广东省省培项目与国培项目在此类别上就进行了有效的区分，国培项目主要包括专业带头人高端研修、紧缺领域教师技术技能传承、优秀青年教师跟岗访学、高技能"双师型"教师、卓越校长高级研修、中高职衔接培训等。

省培项目类别则包括：名师名校长工作室团队建设研修、专业带头人高端研修、管理人员培训、中高职衔接培训、公共基础课教师教育教学能力提升培训、服务粤港澳大湾区骨干教师及校长专项培训、粤东西北校地合作培训。可以发现,广东省中职培训省培项目既覆盖了大部分的国培项目类别又体现区域特色,既突出了服务湾区的培训特点又关注省内各地区均衡,助力教育扶贫。

(四)促进项目管理水平提高

要对培训项目的开展进行严格的过程管理,对不符合参训条件或参训过程不认真的学员进行劝退,及时向学员所在单位通报培训情况。

加强培训后期跟踪,建立培训发展共同体,与学员、学员所在单位、教育局等保持密切沟通,建立更为精准的数据分析系统和教师个性化培训档案库。

培训项目承担高校应采取综合措施激励教师参与培训工作的积极性,将教师参与授课、指导、管理等纳入工作量考核范围,聘请高水平专家担任项目首席专家,遴选专业能力强、业务素质高的培训者担任班主任工作。

广东省职业教育师资需求报告

改革开放以来,国家高度重视职业教育师资队伍建设。在当时的时代背景下,为满足经济建设和中等职业教育结构调整、职业教育大力发展的需求,我国职业教育的师资队伍建设工作逐步启动。通过独立设置职业技术师范院校、建立师资培养培训基地、开展教师在职攻读硕士学位、实施教师素质提高计划、开展职业技术教育方向教育硕士招生和培养工作试点等一系列重大举措,我国职业教育师资队伍建设取得了明显的成效。经过40余年的努力,我国职教师资队伍建设从"短、平、快"应急性发展走向平稳性发展。

随着产业的不断升级和国家经济结构的调整,社会各行各业对应用技能型人才的需求持续增长。职业技术教育培养的学生为企业提供了强大的人力资源支撑,在国民经济发展中起着举足轻重的作用。开展广东省高职师资需求预测方法研究,能够有效地预测师资需求,为高校培养职业教育师资以及企业和社会力量补充高职师资的规划提供参考依据,促进国家职业教育改革的发展。

一、中职学校师资需求分析

(一)师资需求模型

在对2014—2018年中职招生人数据进行汇总统计的基础上,本报告运用灰色GM(1,1)预测模型对中职年招生人数、专任教师队伍人数以及教师需求人数进行了预测和分析,以期为我国中职学校师资需求研究提供借鉴。根据未来十年中职学校师资需求趋势,分析其原因并提供发展建议,推动我国职业技术教育的发展。

1. 预测模型的选择

(1)GM(1,1)模型是一个灰色预测模型。

灰色预测模型称为GM模型,GM(1,1)表示一阶、单变量的线性动态灰(Grey)模型(Model),用于时间序列预测的是其离散形式的微分方程型预测模型。GM(1,1)预测模型的实质是对原始数据序列做一次累加生成,使生成序列成一定规律,并用典型曲线拟合，建立其数学模型。灰色预测模型可以避免由于个人经验、知识、偏好等造成的人为主观臆断。

灰色预测模型 GM（1，1）是单变量的动态灰色模型，这里指的单变量抽取比较简单，但其内涵却可以很丰富，比如职业院校招生数、毕业生数、在校生数等都属于单变量，但这些变量也包含了人口增长率、产业需求（人才求人比）和普通高中和职业学校在校生比例等丰富信息。如果变量选取得当，灰色模型可以很好地预测未来需求。

灰色预测模型 GM（1，1）是一个一阶的模型，各项参数相对简便，易于运算操作。

（2）灰色预测模型 GM（1，1）适用职教师资需求的预测。

灰色预测模型适用职教师资需求的预测，理由如下：

a. 职教师资需求预测是一个动态的过程，总体上适用灰色预测模型；

b. 职教师资的需求预测在本质上是一个系列在离散时间上的数据的微分回归分析，比较适用灰色预测模型；

c. 职教师资需求是一个灰色系统，既包含已知信息，也包含未知信息，特别是与人口增长、产业发展需求以及职业教育发展政策等因素关系十分密切，非常适用灰色预测模型。

2. 灰色预测模型建模和检验

灰色预测模型常用于受到复杂因素作用影响的变量的预测，其重要特征之一是将影响变量的各因素看作整体，并探究各因素综合作用结果关于变量演变的规律，从而进行预测。在本灰色模型的构建中，鉴于中职教育的特殊性，我们充分考虑了人口增长率、普职比、产业求人比等关键因素，并在各变量真正预测前，代入了2014—2019年的中职相关数据对模型进行优化和训练，旨在使得该模型的预测更贴合中职教育预测的需要。具体步骤如下：

（1）灰色预测模型的建模。

灰色预测模型的建模方法如下：

a. 选取单变量数据序列，并对数据序列进行累加

设原始数据序列为：

$$x^{(0)} = (x^{(0)}(1), x^{(0)}(2), \cdots, x^{(0)}(n)) \tag{1}$$

对序列 $x^{(0)}$ 做一次累加，得到新的累加生成序列，即：

$$x^{(1)} = (x^{(1)}(1), x^{(1)}(2), \cdots, x^{(1)}(n)) \tag{2}$$

其中 $x^{(1)}(k) = \sum_{i=1}^{k} x^{(0)}(i), k = 1, 2, \cdots, n$。

b. 通过运算确定平均模拟相对误差

c. 确定灰色模型发展系数 α, μ，构造数据矩阵 B 和 Y

通过最小二乘法估计 α, μ 的值，

$$\begin{pmatrix} \alpha \\ \mu \end{pmatrix} = (B^T B)^{-1} B^T Y, \tag{3}$$

其中，

$$B = \begin{pmatrix} -\frac{1}{2}(x^{(1)}(1) + x^{(1)}(2)) & 1 \\ -\frac{1}{2}(x^{(1)}(2) + x^{(1)}(3)) & 1 \\ \vdots & \vdots \\ -\frac{1}{2}(x^{(1)}(n-1) + x^{(1)}(n)) & 1 \end{pmatrix},$$

$$Y = (x^{(0)}(2), x^{(0)}(3), \cdots, x^{(0)}(n))^T。 \tag{4}$$

d. 建立一阶常微分方程模型

$$\frac{\mathrm{d}x^{(1)}}{\mathrm{d}t}\alpha x^{(1)} = \mu, \tag{5}$$

微分方程（5）就是灰色 GM（1，1）预测模型，满足初始条件 $x^{(1)} = x^{(1)}(t_0)$ 时的解为：

$$x^{(1)}(k+1) = \left[x^{(1)}(1) - \frac{\mu}{\alpha}\right]e^{-\alpha k} + \frac{\mu}{\alpha} \tag{6}$$

e. 预测值还原

由于（6）式得到的是一次累加生成数据序列的预测值，可通过累减生成原始数据序列的预测值，即：

$$\hat{y}(k) = \hat{x}^{(0)}(k+1) = x^{(1)}(k+1) - x^{(1)}(k) \tag{7}$$

（2）灰色模型检验。

a. 输入待预测数据

比如实际招生总人数的预测：

由上文可知 2014—2019 年实际招生总人数（万人）数据序列 $x^{(0)}$ = [41.704 6，35.190 9，29.719]，对序列 $x^{(0)}$ 做一次累加生成，得到新的累加序列 $x^{(1)}$，由(3)、(4)式计算[α, μ] = [0.168 6，45.188 9]，并由（5）式可知 2016—2024 年招生人数的预测值。

b. 输出预测数据

由上一步骤可得 2016—2024 年招生人数预测（万人）为：

$$y = [35.114\ 2, 29.666\ 1, 25.063\ 3, 21.174\ 7, 17.889\ 4]$$

表 7-1 中职生师人数预测（2014—2019 年）

年份	实际在校学生/万人	预测在校学生/万人	教师需求人数/人
2014	128.22		64 110
2015	117.21	117.555 9	58 605
2016	106.574 5	106.825 0	53 287.25
2017	99.385	97.073 7	49 692.5
2018	86.725 4	88.212 5	43 362.7
2019	79.784 2	80.160 2	39 892.1

c. 模型误差检验

根据已建好的灰色模型，对 2016 年的招生人数进行预测，得出 2016 年的招生人数为 35.11 万人（四舍五入，保留两位数，下同），与实际的 35.19 万人（四舍五入，保留两位数，下同）的相对误差为 0.23%（四舍五入，保留两位数，下同）。根据灰色模型预测，2018 年的招生人数为 29.67 万人，与 2018 年的实际招生人数的相对误差为 0.18%。其他已有数据与灰色模型所预测出的数据的相对误差将在后文的图表予以呈现。

（二）中职学校专任教师需求预测及结果分析

根据已有的数据，本报告对中职年招生人数、专任教师队伍人数以及教师需求人数进行预测。此外，教师需求人数的数据由在校生人数与国家标准中职师生比（1∶20）计算得出。

1. 中职招生人数预测数据分析

在对 2014—2019 年中职招生人数据进行汇总统计的基础上，运用灰色 GM（1，1）预测模型得出 2020—2024 年的中职招生人数。如表 7-2 和图 7-1 所示。

表 7-2 中职招生人数预测（2014—2024 年）

年份	实际招生/万人	预测招生/万人	相对误差
2014	41.704 6		
2015	39.537 7	39.193 2	-0.008 712 899
2016	35.190 9	35.614 8	0.012 044 931
2017	32.226 7	32.363 1	0.004 231 044
2018	29.719 0	29.408 2	-0.010 457 166
2019	27.001 1	26.723 2	-0.010 294 528
2020		24.283 3	
2021		22.066 2	
2022		20.051 5	
2023		18.220 7	
2024		16.557 1	

图 7-1 中职招生人数图

总体来看，在2020—2030年的11年中，中职招生人数随时间变化呈现波动下降的趋势。

分析其原因发现：第一，长期以来中职教育被当作调节普高招生的缓冲系统，在招生和经费投入中一直处于次要地位。第二，当今社会生活水平不断提高，独生子女比例加大，学生和家长对接受高等教育的需求日趋旺盛。年青一代的流向决定着各级各类的学校办学的兴衰。

究其原因，当下社会教育理念的不合时宜与教育内部的不当竞争是造成此现象的主要成因，在许多人看来，只有读大学才是改变自己或者子女身份和地位的机会。这种观点虽然不合时宜，但在好多家庭中仍然存在，且一下子难以改变。同时，中等职业教育自身结构不合理也制约着职业教育的发展。

2. 中职教师需求人数预测数据分析

中职学校教师需求人数受当年的在校学生数影响，因此可以利用在校学生数和师生比去计算出教师需求人数。预测教师需求人数不像前面两项的预测可以一步完成，需要利用灰色GM（1，1）模型将2014—2019年的实际在校学生数作为原始的数据，预测出2020—2024年的在校学生数分别约为：72.84万人、66.19万人、60.15万人、54.66万人、49.67万人。一直以来中职学校的师生比每年变化不大，因此在预测过程中可以直接采用国家目前颁布的师生比为20∶1，然后结合预测出来的2020—2022年的在校学生数和师生比20∶1，可以分别计算出2020—2024年的教师需求人数。预测结果如表7-3和图7-2所示。

表7-3 中职生师需求人数预测（2020—2024年）

年份	预测在校学生/万人	教师需求人数/万人
2020	72.842 9	3.642 2
2021	66.193 6	3.309 7
2022	60.151 2	3.007 6
2023	54.660 4	2.730 2
2024	49.670 9	2.483 5

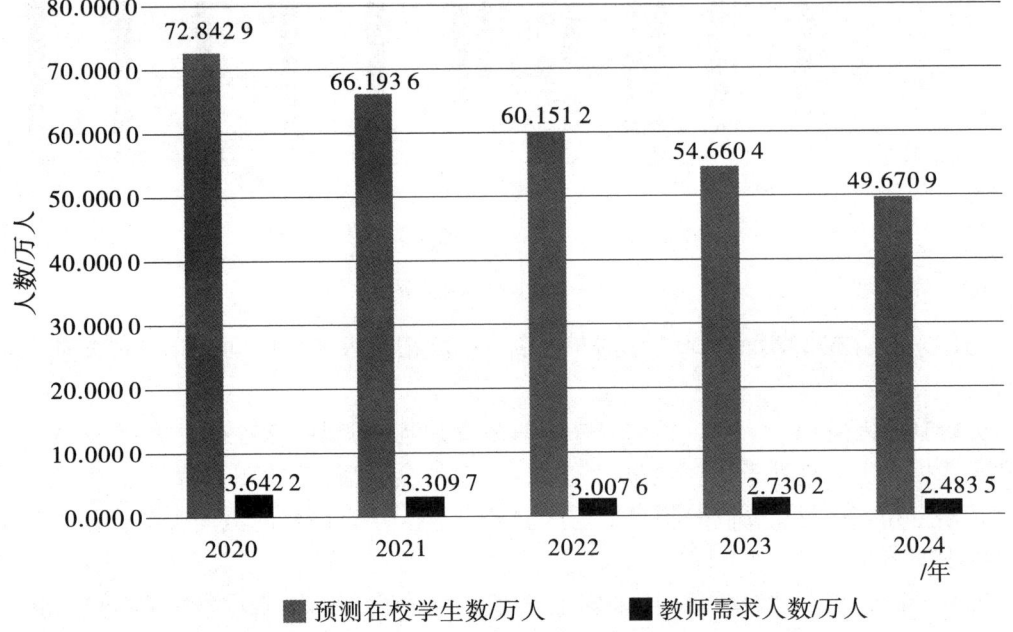

图7-2 中职生师需求人数图

可以看到未来两年在校学生数一直处于下降的趋势，平均每年的下降幅度约为19%，平均每年下降的人数为14.59万人。同时相对应地教师需求人数在2016—2022年也是呈现下降的趋势，平均每年下降幅度约为19%，即预测的教师需求人数平均每年下降了7 338人。

3．结论

表7-4 中职师资队伍调整预测分析（2020—2024年）

年份	预测师资队伍人数/人	教师需求人数/人	教师队伍调整预测人数/人
2020	44 008	36 422	36 293.57
2021	43 795	33 097	32 952.91
2022	43 583	30 076	29 919.74
2023	43 372	27 302	27 165.76
2024	43 163	24 835	24 665.28

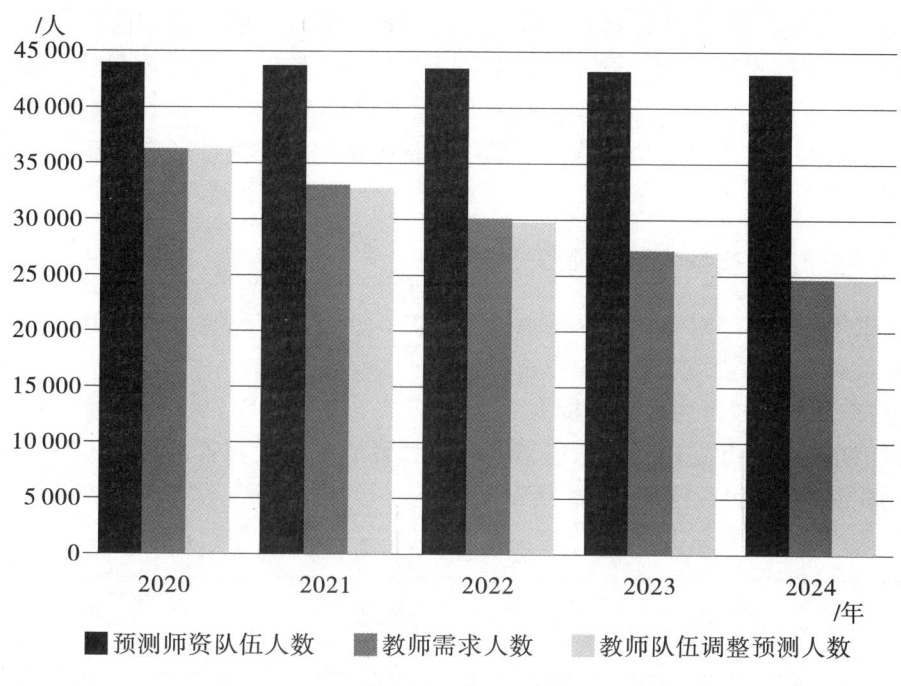

图 7-3 中职师资队伍调整预测分析图

本文首先根据灰色 GM（1，1）模型原理构建出中职招生人数预测模型，并根据师生比 1∶20 预测出中职师资队伍人数。得出的结论则是中职招生人数呈现逐年减少的趋势，且中职师资需求人数在不断下降，中职师资需求人数恒比预测师资人数少。

二、高职院校师资需求分析

本文采用灰色 GM 预测模型对广东省高职院校师资需求进行预测，并考虑未来人口趋势、产业趋势、本科院校扩招等因素，讨论和分析未来五年广东省高职院校财经商贸、电子信息、医药健康、交通运输、加工制造、文化教育等大类师资的需求人数情况。同时也根据招生规模稳定以及扩招情况下对师资需求情况进行了讨论。

（一）高职师资需求预测模型

灰色预测法是一种预测灰色系统的预测方法。灰色预测通过鉴别系统因素之间发展趋势的相异程度，即进行关联分析，并对原始数据进行生成处理来寻找系统变动的规律，生成有较强规律性的数据序列，然后建立相应的微分方程模型，从而预测事物未来发展趋势的状况。

设原始数列为 $x^{(0)} = \{x^{(0)}(k) \mid k = 1,2,3\cdots N\}$

$x^{(1)}$ 为原始数据 $x^{(0)}$ 的累加生成值

即 $x^{(1)}(t) = \sum_{k=1}^{t} x^{(0)}(k) \, t = 1,2,3\cdots N$

高职院校师资需求主要是受学生招生人数影响，而学生招生人数主要受到广东省未来五年的人口因素、产业因素和大学本科扩招因素的影响。所以采用前面类似的 GM 模型，并考虑人口因素 K1、产业因素 K2 和大学本科扩招因素 K3 对师资需求的影响，可以对广东省未来五年（2020—2024 年）的高职院校师资需求进行预测。由于师资需求历史数据也会受到以上三个因素的影响，所以可以首先使用 GM 模型进行预测，然后再对结果进行修正。

（二）基于 GM 模型的高职师资需求预测

本文采用 GM 模型对高职师资需求进行预测，并讨论了原有师资年龄结构以及因教师退休导致对实际师资需求产生的影响。

1. 广东高职院校师生数据分析

根据广东省统计年鉴以及广东省高等职业教育质量年度报告的数据，2015—2019 年广东省高职院校招生人数如表 7-5 所示。

表 7-5　2015—2019 年广东省高职院校招生人数

年份	2015	2016	2017	2018	2019
招生人数/万人	28.61	26.94	28.52	29.53	44.33

广东省近五年高职学生人数由《广东省统计年鉴》整理，由于数据有 1 年的时滞，截至目前，最新的数据为 2019 年统计年鉴公布的 2018 年的高职学生人数数据。2019 年全国"两会"上，李克强总理在政府工作报告中提出，"今年高职院校大规模扩招 100 万人"。5 月 11 日，广东省发布《关于做好 2019 年高职院校扩招工作的通知》，明确广东将扩招 8.12 万人。根据最终实际数据统计，确定 2019 年招生人数为 2018 年基础上增加 14.8 万人。同时根据《广东省统计年鉴》，2015—2019 年广东省高职院校在校学生人数如表 7-6 所示。

表 7-6　2015—2019 年广东省高职院校在校学生人数

年份	2015	2016	2017	2018	2019
在校学生人数/人	700 501	742 899	762 334	785 208	855 208

2018 年年初，广东高职院校专任教师共有 39 242 人，按学科分类统计如表 7-7 所示。

表 7-7　2018 年广东高职院校专任教师按学科分类统计

学科	哲学	管理学	经济学	法学	教育学	文学	历史学	理学	工学	农学	医学
人数/人	909	2 762	2 924	1 378	3 538	5 100	2 530	11 368	3 169	79	5 485
占比/%	2.4	7.2	7.7	3.6	9.3	13.4	6.6	29.8	8.3	—	14.4

2. 财经商贸类师资需求预测

根据《广东省高等职业教育质量年度报告》中关于专业结构的数据，高职院校在校生规模最大的是占比达到 25.49% 的财经商贸大类，据此估算出 2015—2019 年广东省高职院校财经商贸专业大类在校学生人数如表 7-8 所示。

表7-8 2015—2019年广东省高职院校财经商贸专业大类在校学生人数

年份	2015	2016	2017	2018	2019
在校学生人数/人	189 626	201 103	200 341	200 149	217 992

利用灰色系统模型GM（1，1）对2020—2024年广东省高职院校财经商贸专业大类在校学生人数进行预测，结果如表7-9所示。

表7-9 2020—2024年广东省高职院校财经商贸专业大类在校学生人数预测

年份	2020	2021	2022	2023	2024
在校学生人数/人	218 056	223 595	229 275	235 099	241 071

依据2018年年初广东高职院校专任教师人数，其中财经商贸大类教师对应管理学、经济学专任教师共5 686人，占全省高职专任教师总数的14.9%，师生比达到35∶1。考虑到双肩挑、兼职教师的情况下师生比会稍微低一些，但根据《广东省高等职业教育质量年度报告》，2016—2018年广东省高职院校生师比约为16∶1，可以看出广东省高职院校中财经商贸类师生比仍然相对较高。以该比例为依据，测算得出2020—2024年广东省高职院校财经商贸专业大类师资需求预测表，如表7-10所示。

表7-10 2020—2024年广东省高职院校财经商贸专业大类师资需求预测

年份	2020	2021	2022	2023	2024
教师需求人数/人	13 629	13 975	14 330	14 694	15 067

由表7-10可知，从2020—2024年，广东省高职院校财经商贸专业大类师资的需求呈不断增加趋势，预测每年需要增加大约360名财经商贸专业大类新进教师。

广东省高职院校教师年龄结构暂无统计数据考证，以2018年广东省中职专任教师年龄结构估算高职教师年龄结构。假设2019年与2018年相比，年龄结构保持不变。则2019年广东省高职院校教师年龄结构如表7-11所示。

表7-11 2019年广东省高职院校教师年龄结构

年龄	29岁及以下	30~34岁	35~39岁	40~44岁	45~49岁	50~54岁	55~59岁	60岁及以上
人数/人	7 675	8 915	8 836	6 355	5 866	4 655	1 683	117

根据国家规定的教师法定退休年龄，男性为60岁，女性为55岁。2019年中国教育在线公布的高等教育专任教师中女教师人数占比显示，到2018年，女教师占比突破半数达到50.32%。以2018年高等教育专任教师中女教师人数占比估算2018年高等职业教育专任教师中女教师人数占比。假设2019年与2018年相比，女教师人数占比不变，仍为50.32%。在正常退休前提下，60岁及以上教师人数忽略不计，55~59岁的都为男性教师。表7-11中，50~54岁教师人数为4 655人，假设50岁、51岁、52岁、53岁、

54 岁的教师人数均等,都为 931 人。其中,女性教师占比 50.32%,即 50~54 岁每个年龄女性教师人数约为 468 人。55~59 岁人数为 1 683 人,同样假设 55 岁、56 岁、57 岁、58 岁、59 岁教师人数均等,都为 337 人。可以得出:

2020 年退休的教师人数 = 54 岁女性教师人数 + 59 岁男性教师人数 = 468 + 337 = 806(人)

根据财经商贸专业大类在校生规模测算出教师规模占比约为 25%,则财经商贸专业大类教师退休人数约为 201 人。在上述 50~54 岁、55~59 岁每个年龄人数的假设前提条件下,2020—2024 年教师退休人数保持不变,为 201 人。随着老教师的退休,需要引进新教师,以补充教师资源空缺。假设新进教师人数 = 退休教师人数 = 201(人)。因此,保守估计,引进新教师人数为 201 人。

与灰色预测模型的预测结果结合分析,2020—2024 年每年广东省高职财经商贸专业大类教师需求人数增加的范围是 201~360 人。

3. 电子信息专业大类师资需求预测

全省高职院校开设专业中,电子信息专业大类在校生规模位居第二。根据《广东省高等职业教育质量年度报告》中关于专业结构的数据得出 2015—2019 年广东省高职院校电子信息专业大类在校学生人数如表 7-12 所示。

表 7-12 2015—2019 年广东省高职院校电子信息专业大类在校学生人数

年份	2015	2016	2017	2018	2019
在校学生人数/人	108 787	117 600	122 049	127 512	138 886

利用灰色系统模型 GM(1,1)对 2020—2024 年广东省高职院校电子信息专业大类在校学生人数进行预测,结果如表 7-13 所示。

表 7-13 2020—2024 年广东省高职院校电子信息专业大类在校学生人数预测

年份	2020	2021	2022	2023	2024
在校学生人数/人	144 967	153 220	161 943	171 162	180 906

根据《广东省高等职业教育质量年度报告》,2016—2018 年广东省高职院校教师基本情况表可得生师比约为 16:1,因此以该比例为依据,测算得出 2020—2024 年广东省高职院校电子信息专业大类师资需求预测表,如表 7-14 所示。

表 7-14 2020—2024 年广东省高职院校电子信息专业大类师资需求预测

年份	2020	2021	2022	2023	2024
教师需求人数/人	9 060	9 576	10 121	10 698	11 307

由表 7-14 可知,从 2020—2024 年,广东省高职院校电子信息专业大类师资的需求呈不断增加趋势,预测每年需要增加大约 500 名电子信息专业大类新进教师。运用类似于财经商贸专业大类退休教师人数的测算方法,算得 2020 年需引进新教师人数约为 160 人。

基于社会发展对电子信息人才需求不断加大,结合与灰色预测模型的预测结果分析,保守估计，2020—2024 年每年广东省高职电子信息专业大类教师需求人数增加的范围是 160~500 人。

4. 医药健康专业大类师资需求预测

根据《广东省高等职业教育质量年度报告》中关于专业结构的数据得出 2015—2019 年广东省高职院校医药健康专业大类在校学生人数如表 7-15 所示。

表 7-15 2015—2019 年广东省高职院校医药健康专业大类在校学生人数

年份	2015	2016	2017	2018	2019
在校学生人数/人	33 974	36 179	37 507	38 868	42 333

利用灰色系统模型 GM（1，1）对 2020—2024 年广东省高职院校医药健康专业大类在校学生人数进行预测，结果如表 7-16 所示。

表 7-16 2020—2024 年广东省高职院校医药健康专业大类在校学生人数预测

年份	2020	2021	2022	2023	2024
在校学生人数/人	43 982	46 318	48 777	51 367	54 095

根据《广东省高等职业教育质量年度报告》，2016—2018 年广东省高职院校教师基本情况表可得生师比约为 16∶1，因此以该比例为依据，测算得出 2020—2024 年广东省高职院校医药健康专业大类师资需求预测表，如表 7-17 所示。

表 7-17 2020—2024 年广东省高职院校医药健康专业大类师资需求预测

年份	2020	2021	2022	2023	2024
教师需求人数/人	2 749	2 895	3 049	3 210	3 381

由表 7-17 可知，从 2020—2024 年，广东省高职院校医药健康专业大类师资的需求呈不断增加趋势，预测每年需要增加大约 160 名医药健康专业大类新进教师。运用类似于财经商贸专业大类退休教师人数的测算方法，算得 2020 年需引进新教师人数约为 50 人。

结合灰色预测模型的预测结果分析，保守估计，2020—2024 年每年广东省高职医药健康专业大类教师需求人数增加的范围是 50~160 人。

5. 交通运输专业大类师资需求预测

根据《广东省高等职业教育质量年度报告》中关于专业结构的数据得出 2015—2019 年广东省高职院校交通运输专业大类在校学生人数如表 7-18 所示。

表 7-18 2015—2019 年广东省高职院校交通运输专业大类在校学生人数

年份	2015	2016	2017	2018	2019
在校学生人数/人	25 638	28 230	28 588	29 210	32 156

利用灰色系统模型 GM（1,1）对 2020—2024 年广东省高职院校交通运输专业大类在校学生人数进行预测，结果如表 7-19 所示。

表 7-19　2020—2024 年广东省高职院校交通运输专业大类在校学生人数

年份	2020	2021	2022	2023	2024
在校学生人数/人	32 830	34 262	35 757	37 317	38 945

根据《广东省高等职业教育质量年度报告》，2016—2018 年广东省高职院校教师基本情况表可得生师比约为 16∶1，因此以该比例为依据，测算得出 2020—2024 年广东省高职院校交通运输专业大类师资需求预测表，如表 7-20 所示。

表 7-20　2020—2024 年广东省高职院校交通运输专业大类师资需求预测

年份	2020	2021	2022	2023	2024
教师需求人数/人	2 052	2 141	2 235	2 332	2 434

由表 7-20 可知，从 2020—2024 年，广东省高职院校交通运输专业大类师资的需求趋势不断增加，预测每年需要增加大约 95 名交通运输专业大类新进教师。运用类似于以上退休教师人数的测算方法，2020 年需引进新教师人数约为 40 人。

与灰色预测模型的预测结果结合分析，保守估计，2020—2024 年每年广东省高职交通运输专业大类教师需求人数增加的范围是 40~95 人。

6. 加工制造专业大类师资需求预测

根据《广东省高等职业教育质量年度报告》中关于专业结构的数据得出 2015—2019 年广东省高职院校加工制造专业大类在校学生人数如表 7-21 所示。

表 7-21　2015—2019 年广东省高职院校加工制造专业大类在校学生人数

年份	2015	2016	2017	2018	2019
在校学生人数/人	74 603	78 970	81 875	85 352	93 047

利用灰色系统模型 GM（1,1）对 2020—2024 年广东省高职院校加工制造专业大类在校学生人数进行预测，结果如表 7-22 所示。

表 7-22　2020—2024 年广东省高职院校加工制造专业大类在校学生人数预测

年份	2020	2021	2022	2023	2024
在校学生人数/人	96 975	102 404	108 138	114 192	120 586

根据《广东省高等职业教育质量年度报告》，2016—2018 年广东省高职院校教师基本情况表可得生师比约为 16∶1，因此以该比例为依据，测算得出 2020—2024 年广东省高职院校加工制造专业大类师资需求预测表，如表 7-23 所示。

表 7-23 2020—2024 年广东省高职院校加工制造专业大类师资需求预测

年份	2020	2021	2022	2023	2024
教师需求人数/人	6 061	6 400	6 759	7 137	7 537

由表 7-23 可知，从 2020—2024 年，广东省高职院校加工制造专业大类师资的需求呈不断增加趋势，预测每年需要增加大约 350 名加工制造专业大类新进教师。

运用类似于财经商贸专业大类退休教师人数的测算方法，算得 2020 年需引进新教师人数约为 110 人。结合灰色预测模型的预测结果分析，保守估计，2020—2024 年每年广东省高职加工制造专业大类教师需求人数增加的范围是 110～350 人。

7. **文化教育专业大类师资需求预测**

根据《广东省高等职业教育质量年度报告》中关于专业结构的数据得出 2015—2019 年广东省高职院校文化教育专业大类在校学生人数如表 7-24 所示。

表 7-24 2015—2019 年广东省高职院校文化教育专业大类在校学生人数

年份	2015	2016	2017	2018	2019
在校学生人数/人	77 896	82 313	86 296	91 241	99 375

利用灰色系统模型 GM（1，1）对 2020—2024 年广东省高职院校文化教育专业大类在校学生人数进行预测，结果如表 7-25 所示。

表 7-25 2020—2024 年广东省高职院校文化教育专业大类在校学生人数预测

年份	2020	2021	2022	2023	2024
在校学生人数/人	104 830	111 651	118 916	126 653	134 894

根据《广东省高等职业教育质量年度报告》，2016—2018 年广东省高职院校教师基本情况表可得生师比约为 16∶1，因此以该比例为依据，测算得出 2020—2024 年广东省高职院校文化教育专业大类师资需求预测表，如表 7-26 所示。

表 7-26 2020—2024 年广东省高职院校文化教育专业大类师资需求预测

年份	2020	2021	2022	2023	2024
教师需求人数/人	6 552	6 978	7 432	7 916	8 431

由表 7-26 可知，从 2020—2024 年，广东省高职院校文化教育专业大类师资的需求呈不断增加趋势，预测每年需要增加大约 430 名文化教育专业大类新进教师。运用类似于财经商贸专业大类退休教师人数的测算方法，算得 2020 年需引进新教师人数约为 130 人。与灰色预测模型的预测结果结合分析，保守估计，2020—2024 年每年广东省高职文化教育专业大类教师需求人数增加的范围是 130～430 人。

8. **结果数据修正**

以上采用 GM 模型对广东省未来五年（2020—2024 年）的高职院校师资需求进行了

分类预测。以下讨论人口因素 $K1$、产业因素 $K2$ 和大学本科扩招因素 $K3$ 对师资需求预测结果的影响。

未来 2024 年参加高考的学生目前是初二，也即是 2018 年入读初中。依据教育部统计数据可以知道广东省 2018 年初中招生约 132 万人。对比 2020 年参加高考的学生是 2014 年入读中学，而 2014 年广东省初中招生人数约为 119.56 万人，所以人口因素 $K1$ = 132/119.56 = 1.1。未来产业因素 $K2$ 可以考虑等于未来广东省 GDP 的增长率，因为 2019 年广东省 GDP 增长率为 6.3%，以及考虑未来经济的稳定增长，所以 $K2$ 可以估算为 1.06。而 2019 年广东省高考报名人数 76.8 万人，其中最终本科招生人数约为 28.7 万人，高职招生人数为 44.33 万人，也即高考录取率达到 95% 左右，未来如果大学本科生继续扩招，会对高职招生有一定影响，所以 $K3$ 受政策影响因素较大，目前初步假设 $K3$ =1。所以最终人口因素、产业因素以及本科扩招因素对高职师资需求的影响综合系数 K 约为 $K = K1 * K2 * K3 = 1.1 * 1.06 = 1.1166$（每年）。每年的高职师资需求预测值范围修正如表 7 - 27 所示，其中出现数据范围主要是因为每年退休教师人数波动以及各类影响因素叠加所导致。

表 7 - 27 高职师资需求预测修正表

专业大类	2020—2024 年年均 师资需求预测值范围	数据修正结果 = 原预测值范围 * K
财经商贸	230 ~ 360	257 ~ 402
电子信息	160 ~ 500	179 ~ 558
医药健康	50 ~ 160	59 ~ 179
交通运输	40 ~ 95	45 ~ 106
加工制造	110 ~ 350	123 ~ 391
文化教育	130 ~ 430	145 ~ 480

（三）高职师资需求模糊预测

根据招生稳定和扩招两种情况，对高职师资需求人数进行分析讨论。

1. 招生稳定情况下的师资需求估算

假设 2019 年广东省高职院校教师年龄结构如表 7 - 28 所示。

表 7 - 28 2019 年广东省高职院校教师年龄结构

年龄	29 岁及以下	30 ~ 34 岁	35 ~ 39 岁	40 ~ 44 岁	45 ~ 49 岁	50 ~ 54 岁	55 ~ 59 岁	60 岁及以上
人数/人	A1	A2	A3	A4	A5	A6	A7	A8

根据国家规定的教师法定退休年龄，男性为 60 岁，女性为 55 岁。2019 年"中国教育在线"公布的高等教育专任教师中女教师人数占比显示，2018 年女教师占比达到

50.32%。在正常退休前提下,60 岁及以上教师人数忽略不计,55~59 岁的都为男性教师,其他年龄段男女教师各占一半,所以未来 5 年(2020—2024 年)退休的教师人数 = A7 + A6/2,按招生数稳定的情况下预测未来补充的教师至少等于退休的教师人数。

2. 招生扩招情况下的师资需求估算

假设广东省高职院校 2020—2024 年每一年分别扩招 $X1 \sim X5$ 万人。以 2019 年高职在校学生人数为 $S = 85.52$ 万人为基数,以及生师比要求为 16∶1 前提下,设财经商贸类学生人数占高职学生总人数比例为 $P1 \sim P5$。则 2020—2024 年财经商贸专业大类师资需求估算如表 7 – 29 所示。

表 7 – 29　2020—2024 年广东省高职院校师资需求估算

年份	师资需求计算公式
2020	$X1 * \dfrac{P1}{16}$
2021	$X2 * \dfrac{P2}{16}$
2022	$X3 * \dfrac{P3}{16}$
2023	$X4 * \dfrac{P4}{16}$
2024	$X5 * \dfrac{P5}{16}$

3. 高职院校各大类师资需求估算

(1) 财经商贸专业大类师资需求估算。

a. 未来 5 年招生稳定情况下

财经商贸类需要补充的教师人数 = (A7 + A6/2) *P1 = (A7 + A6/2) *14.9%,其中 P1 是财经商贸类教师占比。假设年龄结构呈正态分布估算 (A7 + A6/2) = 1 000 人,则财经商贸类教师需要补充人数为 1 000 × 14.9% = 149(人),年均 30 人左右。

b. 未来 5 年招生扩招情况下

当 $X1 = X2 = X3 = X4 = X5$ 取值为 8,即每年扩招 8 万人时。根据《广东省高等职业教育质量年度报告》中关于专业结构的数据,2020—2024 年财经商贸专业大类学生人数占高职学生总人数的 26%,以及根据以上统计数据财经商贸类教师人数为 5 686 人,未来 5 年每年需要新增的财经商贸专业大类教师数大约 $\dfrac{80\ 000 \times 26\%}{16} = 1\ 300$(人)。

所以累计每年需要补充的财经商贸类教师人数 = 因退休需要补充教师人数 + 因扩招需补充教师人数 = 30 + 1 300 = 1 330(人)。

(2) 电子信息专业大类师资需求估算。

a. 未来 5 年招生稳定情况下

电子信息专业大类教师对应专任教师的学科为工学和理学,因学科为工学和理学的教师有相当比例在土木建筑、装备制造、生物与化工等专业大类任教,因此不能以工学和理学专任教师数测算电子信息专业大类教师占全省高职专任教师总数的比例。该比例暂无准确的统计数据考证,根据《广东省高等职业教育质量年度报告》中关于专业结构的数据,电子信息大类在校生规模比例约为16.2%,据此估算电子信息大类教师数占全省高职专任教师总数为16.2%。

电子信息类需要补充的教师人数 = (A7 + A6/2)*P1 = (A7 + A6/2)*16.2%,其中 $P1$ 是电子信息类教师占比。假设年龄结构呈正态分布估算(A7 + A6/2) = 1 000 人,则电子信息类教师需要补充人数为 1 000 × 16.2% = 162(人),年均 30 人左右。

b. 未来 5 年招生扩招情况下

当 $X1 = X2 = X3 = X4 = X5$ 取值为 8,即每年扩招 8 万人时。根据《广东省高等职业教育质量年度报告》中关于专业结构的数据,2020—2024 年电子信息专业大类学生人数占高职学生总人数的 16.2%,未来 5 年每年需要新增的电子信息专业大类教师数大约 $\frac{80\,000 \times 16.2\%}{16} = 810$(人)。

所以累计每年需要补充的电子信息类教师人数 = 因退休需要补充教师人数 + 因扩招需补充教师人数 = 30 + 810 = 840(人)。

(3)医药健康专业大类师资需求估算。

a. 未来 5 年招生稳定情况下

医药健康专业大类教师对应医学专任教师共 5 485 人,占全省高职专任教师总数的 14.4%。

医药健康类需要补充的教师人数 = (A7 + A6/2)*P1 = (A7 + A6/2)*14.4%,其中 $P1$ 是医药健康类教师占比。假设年龄结构呈正态分布估算(A7 + A6/2) = 1 000 人,则医药健康类教师需要补充人数为 1 000 × 14.9% = 144(人),年均 30 人左右。

b. 未来 5 年招生扩招情况下

当 $X1 = X2 = X3 = X4 = X5$ 取值为 8,即每年扩招 8 万人时。根据《广东省高等职业教育质量年度报告》中关于专业结构的数据,2020—2024 年医药健康专业大类学生人数占高职学生总人数的 5%,未来五年每年需要新增的医药健康专业大类教师数大约 $\frac{80\,000 \times 5\%}{16} = 250$(人)。

所以累计每年需要补充的医药健康类教师人数 = 因退休需要补充教师人数 + 因扩招需补充教师人数 = 30 + 250 = 280(人)。

(4)交通运输专业大类师资需求估算。

a. 未来 5 年招生稳定情况下

交通运输专业大类教师对应专任教师的学科为工学,因学科为工学的教师有相当比例在电子信息、土木建筑、装备制造等专业大类任教,因此不能以工学专任教师数测算交通运输专业大类教师占全省高职专任教师总数的比例。该比例暂无准确的统计数据考证,根据《广东省高等职业教育质量年度报告》中关于专业结构的数据,交通运输大类在校生规模比例约为 4%,据此估算交通运输大类教师数占全省高职专任教师总数为 4%。

交通运输类需要补充的教师人数 = (A7 + A6/2)*P1 = (A7 + A6/2)*4%,其中 $P1$ 是交通运输类教师占比。假设年龄结构呈正态分布估算(A7 + A6/2) = 1 000 人,则交通运输类教师需要补充人数为 1 000 × 4% = 40(人),年均 10 人左右。

b. 未来 5 年招生扩招情况下

当 $X1 = X2 = X3 = X4 = X5$ 取值为 8，即每年扩招 8 万人时。根据《广东省高等职业教育质量年度报告》中关于专业结构的数据，2020—2024 年交通运输专业大类学生人数占高职学生总人数的 4%，未来五年每年需要新增的交通运输专业大类教师数大约 $\dfrac{80\,000 \times 4\%}{16} = 200$（人）。

所以累计每年需要补充的交通运输类教师人数 = 因退休需要补充教师人数 + 因扩招需补充教师人数 = 10 + 200 = 210（人）。

（5）加工制造专业大类师资需求估算。

a. 未来 5 年招生稳定情况下

加工制造专业大类教师对应专任教师的学科为工学，因学科为工学的教师有相当比例在电子信息、土木建筑、交通运输等专业大类任教，因此不能以工学专任教师数测算加工制造专业大类教师占全省高职专任教师总数的比例。该比例暂无准确的统计数据考证，根据《广东省高等职业教育质量年度报告》中关于专业结构的数据，加工制造大类在校生规模比例约为 10%，据此估算加工制造大类教师数占全省高职专任教师总数为 10%。

加工制造类需要补充的教师人数 = (A7 + A6/2) * P1 = (A7 + A6/2) * 10%，其中 P1 是加工制造类教师占比。假设年龄结构呈正态分布估算 (A7 + A6/2) = 1 000 人，则加工制造类教师需要补充人数为 1 000 × 10% = 100（人），年均 20 人左右。

b. 未来 5 年招生扩招情况下

当 $X1 = X2 = X3 = X4 = X5$ 取值为 8，即每年扩招 8 万人时。根据《广东省高等职业教育质量年度报告》中关于专业结构的数据，2020—2024 年加工制造专业大类学生人数占高职学生总人数的 10%，未来 5 年每年需要新增的加工制造专业大类教师数大约 $\dfrac{80\,000 \times 10\%}{16} = 500$（人）。

所以累计每年需要补充的加工制造类教师人数 = 因退休需要补充教师人数 + 因扩招需补充教师人数 = 20 + 500 = 520（人）。

（6）文化教育专业大类师资需求估算。

a. 未来 5 年招生稳定情况下

文化教育专业大类教师对应专任教师的学科为文学、教育学和管理学，因该学科的教师有相当比例在财经商贸、土木建筑、旅游等专业大类任教，因此不能以文学、教育学和管理学专任教师数测算文化教育专业大类教师占全省高职专任教师总数的比例。该比例暂无准确的统计数据考证，根据《广东省高等职业教育质量年度报告》中关于专业结构的数据，文化教育大类在校生规模比例约为 11.1%，据此估算文化教育类教师数占全省高职专任教师总数为 11.1%。

文化教育类需要补充的教师人数 = (A7 + A6/2) * P1 = (A7 + A6/2) * 11.1%，其中 P1 是文化教育类教师占比。假设年龄结构呈正态分布估算 (A7 + A6/2) = 1 000 人，则文化教育类教师需要补充人数为 1 000 × 11.1% = 111 人，年均 20 人左右。

b. 未来 5 年招生扩招情况下

当 $X1 = X2 = X3 = X4 = X5$ 取值为 8，即每年扩招 8 万人时。根据《广东省高等职业教育质量年度报告》中关于专业结构的数据，2020—2024 年文化教育专业大类学生人数占高职学生总人数的 11.1%，未来 5 年每年需要新增的文化教育专业大类教师数大约 $\frac{80\,000 \times 11.1\%}{16} = 555$（人）。

所以累计每年需要补充的文化教育类教师人数 = 因退休需要补充教师人数 + 因扩招需补充教师人数 = 20 + 555 = 575（人）。

三、结论

（一）中等职业教育规模逐步缩小，师资队伍素质需进一步提升

由于传统观念的制约、科学技术的进步以及市场对应用型人才职业能力要求的变化等，全省中等职业教育规模逐步缩小。中等职业学校总数、在校生数、专任教师总数均逐年减少。从结构来看，高学历教师比例、高级职称教师比例以及"双师型"教师比例均有所提升。然而，相对省政府出台的相关文件，硕士以上学历教师比例和"双师型"教师比例分别还有 3.87% 和 2.56% 的差距。此外，师资表现出明显的不均衡现象。相对珠江三角洲地区，粤东西北地区师生比不合理的问题较为明显。总体来看，中等职业教育师资队伍素质还需要进一步提升。

（二）高等职业教育规模逐步扩大，师资队伍结构得到明显改善

随着 2019 年政府工作报告、《国家职业教育改革实施方案》，以及《加快推进教育现代化实施方案（2018—2022 年）》等政策文件的出台，高等职业教育规模迅速扩大。近 6 年来，广东省高等职业院校数量、在校生人数以及专任教师人数呈现逐年递增的发展趋势，分别提高了 11.11%、10.21%、18.32%。硕士学位和博士学位教师人数明显增加，高级职称教师迅速扩大，"双师型"教师比例稳步提高，2019 年广东省高职院校"双师型"教师实现 65.20%，师资队伍结构不断优化，质量不断提高。然而，全省各区域高职院校同样存在发展不均衡的问题。粤东西北地区教师数量远远落后于珠江三角洲地区，尤其是粤西地区教师资源最为紧缺。

（三）受多种因素影响，中职教师需求将逐步缩减

利用灰色系统模型 GM（1，1），2020—2024 年中职教师需求人数分别为 36 422 人、33 097 人、30 076 人、27 302 人、24 835 人，需求人数逐年递减，平均每年下降幅度约为 9%。经济的发展、科技的进步加快了产业的转型升级，产教融合的深化进一步提高了市场对应用型人才职业能力的要求，加之办学规模缩小、供需不平衡等因素的影响，中职招生人数逐年减少，中职师资需求人数不断下降。

（四）高职教师需求将逐步扩大，不同专业大类师资需求有一定差异

利用灰色系统模型 GM（1，1），2020—2024 年每年广东省高职主要专业大类教师需求人数增加范围从高到低依次为：财经商贸专业大类（230~360 人）、电子信息专业大类（160~500 人）、文化教育专业大类（130~430 人）、加工制造专业大类（110~350 人）、医药健康专业（50~160 人）、交通运输专业大类（40~95 人）。由于高职扩招政策的引导，高职将大规模扩招 100 万人，且随着专业设置与产业发展的不断融合，加快培养国家发展急需的各类技术技能人才，而师资队伍作为其重要的人才和智力支撑，其需求也将进一步扩大，且不同专业大类师资需求量具有较大的差异。

附录 2010—2020年广东省职教师资队伍建设相关文件

1. 《关于加强和改进新时代师德师风建设的意见》
2. 《深化新时代职业教育"双师型"教师队伍建设改革实施方案》
3. 《教育部关于实施卓越教师培养计划2.0的意见》
4. 《教师教育振兴行动计划（2018—2022年）》
5. 《中共中央 国务院关于全面深化新时代教师队伍建设改革的意见》
6. 《教育部关于全面推进教师管理信息化的意见》
7. 《职业学校教师企业实践规定》
8. 《教育部 财政部关于实施职业院校教师素质提高计划（2017—2020年）的意见》
9. 《中等职业学校教师专业标准（试行）》
10. 《关于深化教师教育改革的意见》
11. 《职业学校兼职教师管理办法》
12. 《国务院关于加强教师队伍建设的意见》
13. 《教育部关于"十二五"期间加强中等职业学校教师队伍建设的意见》
14. 《教育部关于大力推进教师教育课程改革的意见》
15. 《教育部关于进一步完善职业教育教师培养培训制度的意见》
16. 《广东省人民政府关于全面实施"强师工程"建设高素质专业化教师队伍的意见》
17. 《中共广东省委 广东省人民政府关于全面深化新时代教师队伍建设改革的实施意见》
18. 《广东省教师队伍建设"十三五"规划》

教育部等七部门印发《关于加强和改进新时代师德师风建设的意见》的通知

教师〔2019〕10 号

各省、自治区、直辖市教育厅（教委）、党委组织部、党委宣传部、发展改革委、财政厅（局）、人力资源社会保障厅（局）、文化和旅游厅（局），新疆生产建设兵团教育局、党委组织部、党委宣传部、发展改革委、财政局、人力资源社会保障局、文化体育广电和旅游局，有关部门（单位）教育司（局），部属各高等学校、部省合建各高等学校：

为深入贯彻落实习近平总书记关于教育的重要论述和全国教育大会精神，落实《新时代公民道德建设实施纲要》和《中共中央 国务院关于全面深化新时代教师队伍建设改革的意见》，加强和改进新时代师德师风建设，倡导全社会尊师重教，教育部、中央组织部、中央宣传部、国家发展改革委、财政部、人力资源社会保障部、文化和旅游部研究制定了《关于加强和改进新时代师德师风建设的意见》，现印发给你们，请结合实际认真贯彻执行。

教育部　中央组织部　中央宣传部
国家发展改革委　财政部
人力资源社会保障部　文化和旅游部
2019 年 11 月 15 日

关于加强和改进新时代师德师风建设的意见

为认真贯彻落实《新时代公民道德建设实施纲要》，深入推进实施《中共中央 国务院关于全面深化新时代教师队伍建设改革的意见》，全面提升教师思想政治素质和职业道德水平，现就加强和改进新时代师德师风建设提出如下意见。

一、加强师德师风建设的总体要求

1. 指导思想。以习近平新时代中国特色社会主义思想为指导，深入学习贯彻习近平总书记关于教育的重要论述和全国教育大会精神，把立德树人的成效作为检验学校一切工作的根本标准，把师德师风作为评价教师队伍素质的第一标准，将社会主义核心价值观贯穿师德师风建设全过程，严格制度规定，强化日常教育督导，加大教师权益保护力度，倡导全社会尊师重教，激励广大教师努力成为"四有"好老师，着力培养德智体美劳全面发展的社会主义建设者和接班人。

2. 基本原则

——坚持正确方向。加强党对教育工作的全面领导，坚持社会主义办学方向，确保教师在落实立德树人根本任务中的主体作用得到全面发挥。

——坚持尊重规律。遵循教育规律、教师成长发展规律和师德师风建设规律，注重高位引领与底线要求结合、严管与厚爱并重，不断激发教师内生动力。

——坚持聚焦重点。围绕重点内容，针对突出问题，强化各地各部门的领导责任，压实学校主体责任，引导家庭、社会协同配合，推进师德师风建设工作制度化、常态化。

——坚持继承创新。传承中华优秀师道传统，全面总结改革开放特别是党的十八大以来师德师风建设经验，适应新时代变化，加强创新，推动师德师风建设工作不断深化。

3. 总体目标。经过 5 年左右的努力，基本建立起完备的师德师风建设制度体系和有效的师德师建设长效机制。教师思想政治素质和职业道德水平全面提升，教师敬业立学、崇德尚美呈现新风貌。教师权益保障体系基本建立，教师安心、热心、舒心、静心从教的良好环境基本形成，师道尊严进一步提振。全社会对教师职业认同度加深，教师政治地位、社会地位、职业地位显著提高，尊师重教蔚然成风。

二、全面加强教师队伍思想政治工作

4. 坚持思想铸魂，用习近平新时代中国特色社会主义思想武装教师头脑。健全教师理论学习制度，开展习近平新时代中国特色社会主义思想系统化、常态化学习，重点加强习近平总书记关于教育的重要论述的学习，使广大教师学懂弄通、入脑入心，自觉用"四个意识"导航，用"四个自信"强基，用"两个维护"铸魂。依托高水平高校建设一批教育基地，同时统筹党校（行政学院）资源，定期开展教师思想政治轮训，使广大教师更好掌握马克思主义立场观点方法，认清中国和世界发展大势，增进对中国特色社会主义的政治认同、思想认同、理论认同、情感认同。

5. 坚持价值导向，引导教师带头践行社会主义核心价值观。将社会主义核心价值观融入教育教学全过程，体现到学校管理及校园文化建设各环节，进一步凝聚起师生员工思想共识，使之成为共同价值追求。弘扬中华优秀传统文化、革命文化和社会主义先进文化，培育科技创新文化，充分发挥文化涵养师德师风功能。身教重于言教，引导教师开展社会实践，深入了解世情、党情、国情、社情、民情，强化教育强国、教育为民的责任担当。健全教师志愿服务制度，鼓励支持广大教师参加志愿服务活动，在服务社会的实践中厚植教育情怀。重视高层次人才、海外归国教师、青年教师的教育引导，增强工作针对性。

6. 坚持党建引领，充分发挥教师党支部和党员教师作用。建强教师党支部，使教师党支部成为涵养师德师风的重要平台。建好党员教师队伍，使党员教师成为践行高尚师德的中坚力量。重视在高层次人才和优秀青年教师中发展党员工作，完善学校领导干部联系教师入党积极分子等制度。开展好"三会一课"，健全党的组织生活各项制度，通过组织集中学习、定期开展主题党日活动、经常开展谈心谈话、组织党员教师与非党员教师结对联系等，充分发挥教师党支部的战斗堡垒作用和党员教师的先锋模范作用。涉及教师利益的重要事项、重点工作，应征求教师党支部意见。

三、大力提升教师职业道德素养

7. 突出课堂育德，在教育教学中提升师德素养。充分发挥课堂主渠道作用，引导广大教师守好讲台主阵地，将立德树人放在首要位置，融入渗透到教育教学全过程，以心育心、以德育德、以人格育人格。把握学生身心发展规律，实现全员全过程全方位育人，增强育人的主动性、针对性、实效性，避免重教书轻育人倾向。加强对新入职教师、青年教师的指导，通过老带新等机制，发挥传帮带作用，使其尽快熟悉教育规律、掌握教育方法，在育人实践中锤炼高尚道德情操。将师德师风教育贯穿师范生培养及教师生涯全过程，师范生必须修学师德教育课程，在职教师培训中要确保每学年有师德师风专题教育。

8. 突出典型树德，持续开展优秀教师选树宣传。大力宣传新时代广大教师阳光美丽、爱岗敬业、甘于奉献、改革创新的新形象。深入挖掘优秀教师典型，综合运用授予荣誉、事迹报告、媒体宣传、创作文艺作品等手段，充分发挥典型引领示范和辐射带动作用。开展多层次的优秀教师选树宣传活动，形成校校有典型、榜样在身边、人人可学可做的局面。组织教师中的"时代楷模"、全国教书育人楷模、国家教学名师、最美教师等开展师德宣讲。鼓励各地各校采取实践反思、情景教学等形式，把一线优秀教师请进课堂，用真人真事诠释师德内涵。

9. 突出规则立德，强化教师的法治和纪律教育。以学习《中华人民共和国教师法》、新时代教师职业行为十项准则系列文件等为重点,提高全体教师的法治素养、规则意识,提升依法执教、规范执教能力。制订教师法治教育大纲,将法治教育纳入各级各类教师培训体系。强化纪律建设,全面梳理教师在课堂教学、关爱学生、师生关系、学术研究、社会活动等方面的纪律要求,依法依规健全规范体系,开展系统化、常态化宣传教育。加强警示教育,引导广大教师时刻自重、自省、自警、自励,坚守师德底线。

四、将师德师风建设要求贯穿教师管理全过程

10. 严格招聘引进,把好教师队伍入口。规范教师资格申请认定,完善教师招聘和引进制度,严格思想政治和师德考察,充分发挥党组织的领导和把关作用,建立科学完备的标准、程序,坚决避免教师招聘引进中的唯分数、唯文凭、唯职称、唯论文、唯帽子等倾向。鼓励有条件的地方和学校结合实际探索开展拟聘人员心理健康测评,作为聘用的重要参考。严格规范教师聘用,将思想政治和师德要求纳入教师聘用合同。加强试用期考察,全面评价聘用人员的思想政治和师德表现,对不合格人员取消聘用,及时解除聘用合同。高度重视从海外引进人才的全方位考察,提升人才引进质量。

11. 严格考核评价,落实师德第一标准。将师德考核摆在教师考核的首要位置,坚持多主体多元评价,以事实为依据,定性与定量相结合,提高评价的科学性和实效性,全面客观评价教师的师德表现。发挥师德考核对教师行为的约束和提醒作用,及时将考核发现的问题向教师反馈,并采取针对性举措帮助教师提高认识、加强整改。强化师德考核结果的运用,师德考核不合格者年度考核应评定为不合格,并取消教师职称评聘、推优评先、表彰奖励、科研和人才项目申请等方面的资格。

12. 严格师德督导,建立多元监督体系。完善多方广泛参与、客观公正科学合理的师德师风监督机制。加强政府督导,将各级各类学校师德师风建设长效机制落实情况作为对地方政府履行教育职责评价的重要测评内容,针对群众反映强烈的问题、师德师风问题多发的地方开展专项督导。加强学校监督,各级各类学校要在校园显著位置公示学校及教育主管部门举报电话、邮箱等信息,依法依规接受监督举报。强化社会监督,探索建立师德师风监督员制度,定期对学校师德师风建设情况进行监督评议,向教育主管部门反馈,将监督评议情况作为学校及领导班子年度考核的重要内容。

13. 严格违规惩处,治理师德突出问题。推动地方和高校落实新时代教师职业行为十项准则等文件规范,制定具体细化的教师职业行为负面清单。把群众反映强烈、社会影响恶劣的突出问题作为重点从严查处,针对高校教师性骚扰学生、学术不端以及中小学教师违规有偿补课、收受学生和家长礼品礼金等开展集中治理。一经查实,要依规依纪给予组织处理或处分,严重的依法撤销教师资格、清除出教师队伍。建立师德失范曝光平台,健全师德违规通报制度,起到警示震慑作用。建立并共享有关违法信息库,健全教师入职查询制度和有关违法犯罪人员从教限制制度。

五、着力营造全社会尊师重教氛围

14. 强化地位提升,激发教师工作热情。制定教育改革发展和教师队伍建设重大决策、重要文件充分听取教师代表意见。各地重要节庆日活动,邀请优秀教师代表参加。做好优秀教师表彰奖励,依法依规在作出重大贡献、享有崇高声誉的教师中开展"人民教育家"荣誉称号评选授予工作,健全教书育人楷模、模范教师、优秀教师等多元的教师荣誉表彰体系。完善表彰奖励及管理办法,依法依规确定荣誉获得者享受的政治、生活待遇,加强对荣誉获得者后续支持服务。

15. 强化权利保护,维护教师职业尊严。维护教师依法执教的职业权利,推动完善相关法律法规,明确教师教育管理学生的合法职权,研究出台教师惩戒权办法。学校和相关部门依法保障教师履行教育职责,对无过错但客观上发生学生意外伤害的,教师依法不承担责任。教师尊严不可侵害,对发生学生、家长及其亲属等因为教师履职行为而对教师进行侮辱、谩骂、肢体侵害,或者通过网络对教师

进行诽谤、恶意炒作等行为，有关部门要高度重视，从严处理，构成违法犯罪的，依法追究相应责任。学校及教育部门应为教师维护合法权益提供必要的法律等方面支持。

16．强化尊师教育，厚植校园师道文化。从幼儿园开始加强尊师教育，加快形成接续我国优秀传统、符合时代精神的尊师重教文化。推进尊师文化进教材、进课堂、进校园，通过尊师第一课、9月尊师主题月等形式，将尊师重教观念渗透进学生的价值体系。有条件的地方和学校可结合实际统筹有关资源，因地制宜安排一线教师特别是长期从教教师进行疗休养，重点向符合条件的班主任和乡村教师倾斜。做好教师荣休工作，礼敬退休教师，弘扬尊师风尚。建立健全教职工代表大会制度，保障教师参与学校决策的民主权利。加强家庭教育，健全家校联系制度，引导家长尊重学校教育安排，尊敬教师创造发挥，配合学校做好学生的学习教育。

17．强化各方联动，营造尊师重教氛围。加强展现新时代教师风貌的影视文学作品创作，善用微博、微信、微视频、微电影等新媒体形式，传递教师正能量，让全社会广泛了解教师工作的重要性和特殊性。支持鼓励行业企业在向社会公众提供服务时"教师优先"。鼓励图书馆、博物馆、科技馆、体育场馆以及历史文化古迹和革命纪念馆（地）等对教师实行优待。鼓励社会团体、企业、民间组织对教师出资奖励，或通过依法成立基金、设立项目等方式，支持教师提升能力素质、进行疗休养或予以奖励激励。

六、推进师德师风建设任务落到实处

18．加强工作保障，强化责任落实。各地各校要把加强师德师风建设、弘扬尊师重教传统作为教师队伍建设的首要任务，夯实学校主体责任，压实学校主要负责人第一责任人责任。高校要强化党委教师工作部建设，明确将教师思想政治和师德师风建设作为其主要职责。各地各校要建立健全责任落实机制，坚持失责必问、问责必严。财政部门要坚持将教师队伍建设作为教育投入重点予以优先保障，按规定统筹现有资金渠道支持师德师风建设。依托现有资源，建设一批师德师风建设基地，加强工作支撑，提高师德师风建设工作的科学性、实效性。

教育部等四部门关于印发《深化新时代职业教育"双师型"教师队伍建设改革实施方案》的通知

教师〔2019〕6号

各省、自治区、直辖市教育厅（教委）、发展改革委、财政厅（局）、人力资源社会保障厅（局），新疆生产建设兵团教育局、发展改革委、财政局、人力资源社会保障局：

现将《深化新时代职业教育"双师型"教师队伍建设改革实施方案》印发给你们，请结合实际认真贯彻执行。

教育部　国家发展改革委

财政部　人力资源社会保障部

2019年8月30日

深化新时代职业教育"双师型"教师队伍建设改革实施方案

教师队伍是发展职业教育的第一资源，是支撑新时代国家职业教育改革的关键力量。建设高素质"双师型"教师队伍（含技工院校"一体化"教师，下同）是加快推进职业教育现代化的基础性工作。改革开放以来特别是党的十八大以来，职业教育教师培养培训体系基本建成，教师管理制度逐步健全，教师地位待遇稳步提高，教师素质能力显著提升，为职业教育改革发展提供了有力的人才保障和智力支撑。但是，与新时代国家职业教育改革的新要求相比，职业教育教师队伍还存在着数量不足、来源单一、校企双向流动不畅、结构性矛盾突出、管理体制机制不灵活、专业化水平偏低的问题，尤其是同时具备理论教学和实践教学能力的"双师型"教师和教学团队短缺，已成为制约职业教育改革发展的瓶颈。为贯彻落实《中共中央　国务院关于全面深化新时代教师队伍建设改革的意见》和《国家职业教育改革实施方案》，深化职业院校教师队伍建设改革，培养造就高素质"双师型"教师队伍，特制定《深化新时代职业教育"双师型"教师队伍建设改革实施方案》。

总体要求与目标：坚持以习近平新时代中国特色社会主义思想为指导，贯彻落实习近平总书记关于教育工作的重要论述，把教师队伍建设作为基础性工作来抓，支撑职业教育改革发展，落实立德树人根本任务，加强师德师风建设，突出"双师型"教师个体成长和"双师型"教学团队建设相结合，提高教师教育教学能力和专业实践能力，优化专兼职教师队伍结构，大力提升职业院校"双师型"教师队伍建设水平，为实现我国职业教育现代化、培养大批高素质技术技能人才提供有力的师资保障。

经过5～10年时间，构建政府统筹管理、行业企业和院校深度融合的教师队伍建设机制，健全中等和高等职业教育教师培养培训体系，打通校企人员双向流动渠道，"双师型"教师和教学团队数量充足，双师结构明显改善。建立具有鲜明特色的"双师型"教师资格准入、聘用考核制度，教师职业发展通道畅通，待遇和保障机制更加完善，职业教育教师吸引力明显增强，基本建成一支师德高尚、技艺精湛、专兼结合、充满活力的高素质"双师型"教师队伍。

具体目标：到2022年，职业院校"双师型"教师占专业课教师的比例超过一半，建设100家校企合作的"双师型"教师培养培训基地和100个国家级企业实践基地，选派一大批专业带头人和骨干教师出国研修访学，建成360个国家级职业教育教师教学创新团队，教师按照国家职业标准和教学标准开展教学、培训和评价的能力全面提升，教师分工协作进行模块化教学的模式全面实施，有力保障1+X证书制度试点工作，辐射带动各地各校"双师型"教师队伍建设，为全面提高复合型技术技能人才培养质量提供强有力的师资支撑。

一、建设分层分类的教师专业标准体系

教师标准是对教师素养的基本要求。没有标准就没有质量。适应以智能制造技术为核心的产业转型升级需要，促进教育链、人才链与产业链、创新链有效衔接。建立中等和高等职业教育层次分明，覆盖公共课、专业课、实践课等各类课程的教师专业标准体系。修订《中等职业学校教师专业标准（试行）》和《中等职业学校校长专业标准》，研制高等职业学校、应用型本科高校的教师专业标准。通过健全标准体系，规范教师培养培训、资格准入、招聘聘用、职称评聘、考核评价、薪酬分配等环节，推动教师聘用管理过程科学化。引进第三方职教师资质量评价机构，不断完善职业教育教师评价标准体系，提高教师队伍专业化水平。

二、推进以双师素质为导向的新教师准入制度改革

完善职业教育教师资格考试制度，在国家教师资格考试中，强化专业教学和实践要求，按照专业大类（类）制定考试大纲、建设试题库、开展笔试和结构化面试。建立高层次、高技能人才以直接考察方式公开招聘的机制。加大职业院校选人用人自主权。聚焦专业教师双师素质构成，强化新教师入职教育，结合新教师实际情况，探索建立新教师为期1年的教育见习与为期3年的企业实践制度，严格见习期考核与选留环节。自2019年起，除持有相关领域职业技能等级证书的毕业生外，职业院校、应用型本科高校相关专业教师原则上从具有3年以上企业工作经历并具有高职以上学历的人员中公开招聘；自2020年起，除"双师型"职业技术师范专业毕业生外，基本不再从未具备3年以上行业企业工作经历的应届毕业生中招聘，特殊高技能人才（含具有高级工以上职业资格或职业技能等级人员）可适当放宽学历要求。

三、构建以职业技术师范院校为主体、产教融合的多元培养培训格局

优化结构布局，加强职业技术师范院校和高校职业技术教育（师范）学院建设，支持高水平工科大学举办职业技术师范教育，开展在职教师的双师素质培训进修。实施职业技术师范类专业认证。建设100家校企合作的"双师型"教师培养培训基地和100个国家级企业实践基地，明确资质条件、建设任务、支持重点、成果评价。校企共建职业技术师范专业能力实训中心，办好一批一流职业技术师范院校和一流职业技术师范专业。健全普通高等学校与地方政府、职业院校、行业企业联合培养教师机制，发挥行业企业在培养"双师型"教师中的重要作用。鼓励高校以职业院校毕业生和企业技术人员为重点培养职业教育教师，完善师范生公费教育、师范院校接收职业院校毕业生培养、企业技术人员学历教育等多种培养形式。加强职业教育学科教学论师资队伍建设。支持高校扩大职业技术教育领域教育硕士专业学位研究生招生规模，探索本科与硕士教育阶段整体设计、分段考核、有机衔接的人才培养模式，推进职业技术教育领域博士研究生培养，推动高校联合行业企业培养高层次"双师型"教师。

四、完善"固定岗+流动岗"的教师资源配置新机制

在现有编制总量内，盘活编制存量，优化编制结构，向"双师型"教师队伍倾斜。推进地方研究制定职业院校人员配备规范，促进教师规模、质量、结构适应职业教育改革发展需要。根据职业院校、应用型本科高校及其专业特点，优化岗位设置结构，适当提高中、高级岗位设置比例。优化教师岗位分类，落实教师从教专业大类（类）和具体专业归属，明确教师发展定位。建立健全职业院校自主聘任兼职教师的办法。设置一定比例的特聘岗位，畅通高层次技术技能人才兼职从教渠道，规范兼职教

师管理。实施现代产业导师特聘岗位计划，建设标准统一、序列完整、专兼结合的实践导师队伍，推动形成"固定岗+流动岗"、双师结构与双师素质兼顾的专业教学团队。

五、建设"国家工匠之师"引领的高层次人才队伍

实施职业院校教师素质提高计划，分级打造师德高尚、技艺精湛、育人水平高超的教学名师、专业带头人、青年骨干教师等高层次人才队伍。通过跟岗访学、顶岗实践等方式，重点培训数以万计的青年骨干教师。加强专业带头人领军能力培养，为职业院校教师教学创新团队培育一大批首席专家。建立国家杰出职业教育专家库及其联系机制。建设1 000个国家级"双师型"名师工作室和1 000个国家级教师技艺技能传承创新平台。面向战略性新兴产业和先进制造业人才需要，打造一批覆盖重点专业领域的"国家工匠之师"。在国家级教学成果奖、教学名师等评选表彰中，向"双师型"教师倾斜。

六、创建高水平结构化教师教学创新团队

2019—2021年，服务职业教育高质量发展和1+X证书制度改革需要，面向中等职业学校、高等职业学校和应用型本科高校，聚焦战略性重点产业领域和民生紧缺领域专业，分年度、分批次、分专业遴选建设360个国家级职业教育教师教学创新团队，全面提升教师开展教学、培训和评价的能力以及团队协作能力，为提高复合型技术技能人才培养培训质量提供强有力的师资保证。优化结构，统筹利用现有资源，实施职业院校教师教学创新团队境外培训计划，组织教学创新团队骨干教师分批次、成建制赴德国等国家研修访学，学习国际"双元制"职业教育先进经验，每年选派1 000人，经过3~5年的连续培养，打造高素质"双师型"教师教学创新团队。各地各校对接本区域重点专业集群，促进教学过程、教学内容、教学模式改革创新，实施团队合作的教学组织新方式、行动导向的模块化教学新模式，建设省级、校级教师教学创新团队。

七、聚焦1+X证书制度开展教师全员培训

全面落实教师5年一周期的全员轮训制度，对接1+X证书制度试点和职业教育教学改革需求，探索适应职业技能培训要求的教师分级培训模式，培育一批具备职业技能等级证书培训能力的教师。把国家职业标准、国家教学标准、1+X证书制度和相关标准等纳入教师培训的必修模块。发挥教师教学创新团队在实施1+X证书制度试点中的示范引领作用。全面提升教师信息化教学能力，促进信息技术与教育教学融合创新发展。健全完善职业教育师资培养培训体系，推进"双师型"教师培养培训基地在教师培养培训、团队建设、科研教研、资源开发等方面提供支撑和服务。支持高水平学校和大中型企业共建"双师型"培训者队伍，认定300个"双师型"教师培养培训示范单位。

八、建立校企人员双向交流协作共同体

加大政府统筹，依托职教园区、职教集团、产教融合型企业等建立校企人员双向交流协作共同体。建立校企人员双向流动相互兼职常态运行机制。发挥央企、国企、大型民企的示范带头作用，在企业设置访问工程师、教师企业实践流动站、技能大师工作室。在标准要求、岗位设置、遴选聘任、专业发展、考核管理等方面综合施策，健全高技能人才到职业学校从教制度，聘请一大批企事业单位高技能人才、能工巧匠、非物质文化遗产传承人等到学校兼职任教。鼓励校企共建教师发展中心，在教师和员工培训、课程开发、实践教学、技术成果转化等方面开展深度合作，推动教师立足行业企业，开展科学研究，服务企业技术升级和产品研发。完善教师定期到企业实践制度，推进职业院校、应用型本科高校专业课教师每年至少累计1个月以多种形式参与企业实践或实训基地实训。联合行业组织，遴选、建设教师企业实践基地和兼职教师资源库。

九、深化突出"双师型"导向的教师考核评价改革

建立职业院校、行业企业、培训评价组织多元参与的"双师型"教师评价考核体系。将师德师风、工匠精神、技术技能和教育教学实绩作为职称评聘的主要依据。落实教师职业行为准则,建立师德考核负面清单制度,严格执行师德考核一票否决。引入社会评价机制,建立教师个人信用记录和违反师德行为联合惩戒机制。深化教师职称制度改革,破除"唯文凭、唯论文、唯帽子、唯身份、唯奖项"的顽瘴痼疾。推动各地结合实际,制定"双师型"教师认定标准,将体现技能水平和专业教学能力的双师素质纳入教师考核评价体系。继续办好全国职业院校技能大赛教学能力比赛,将行动导向的模块化课程设置、项目式教学实施能力作为重要指标。试点开展专业课教师技术技能和教学能力分级考核,并作为教师聘期考核、岗位等级晋升考核、绩效分配考核的重要参考。完善考核评价的正确导向,强化考评结果运用和激励作用。

十、落实权益保障和激励机制提升社会地位

在职业院校教育教学、科学研究、社会服务等过程中,全面落实和依法保障教师的管理学生权、报酬待遇权、参与管理权、进修培训权。强化教师教育教学、继续教育、技术技能传承与创新等工作内容,制定职业教育教师减负政策,适当减少专任教师事务性工作。依法保障教师对学生实施教育、管理的权利。职业院校、应用型本科高校校企合作、技术服务、社会培训、自办企业等所得收入,可按一定比例作为绩效工资来源;教师依法取得的科技成果转化奖励收入不纳入绩效工资,不纳入单位工资总额基数。各地要结合职业院校承担扩招任务、职业培训的实际情况,核增绩效工资总量。教师外出参加培训的学时(学分)应核定工作量,作为绩效工资分配的参考因素。按规定保障中等职业学校教师待遇。

十一、加强党对教师队伍建设的全面领导

充分发挥各级党组织的领导和把关定向作用,充分发挥教师党支部的战斗堡垒作用,加强对教师党员的教育管理监督和组织宣传,充分发挥党员教师的先锋模范作用。实施教师党支部书记"双带头人"培育工程,配齐建强思想政治和党务工作队伍。着力提升教师思想政治素质,用习近平新时代中国特色社会主义思想武装头脑,坚持不懈培育和弘扬社会主义核心价值观,争做"四有"好老师,全心全意做学生锤炼品格、学习知识、创新思维、奉献祖国的引路人。健全德技并修、工学结合的育人机制,构建"思政课程"与"课程思政"大格局,全面推进"三全育人",实现思想政治教育与技术技能培养融合统一。落实立德树人根本任务,挖掘师德典型、讲好师德故事,大力宣传职业教育中的"时代楷模"和"最美教师",弘扬职业精神、工匠精神、劳模精神。

十二、强化教师队伍建设改革的保障措施

加强组织领导,将教师队伍建设摆在重要议事日程,建立工作联动机制,推动解决教师队伍建设改革的重大问题。深化"放管服"改革,提高职业院校和各类办学主体的积极性、主动性,引导广大教师积极参与,推动教师队伍建设与深化职业教育改革有机结合。将教师队伍建设作为中国特色高水平高职学校和专业建设计划投入的支持重点,现代职业教育质量提升计划进一步向教师队伍建设倾斜。鼓励各地结合实际,适时提高职业技术师范专业生均拨款标准,提升师范教育保障水平。加强督导评估,将职业教育教师队伍建设情况作为政府履行教育职责评价和职业院校办学水平评估的重要内容。

教育部关于实施卓越教师培养计划2.0的意见

教师〔2018〕13号

各省、自治区、直辖市教育厅（教委），新疆生产建设兵团教育局，有关部门（单位）教育司（局），部属有关高等学校，省部合建各高等学校：

为贯彻《中共中央　国务院关于全面深化新时代教师队伍建设改革的意见》决策部署，落实《教育部等5部门关于印发〈教师教育振兴行动计划〉（2018—2022年）的通知》（教师〔2018〕2号）工作要求，根据《教育部关于加快建设高水平本科教育　全面提高人才培养能力的意见》，现就实施卓越教师培养计划2.0提出如下意见。

一、总体思路

围绕全面推进教育现代化的时代新要求，立足全面落实立德树人根本任务的时代新使命，坚定办学方向，坚持服务需求，创新机制模式，深化协同育人，贯通职前职后，建设一流师范院校和一流师范专业，全面引领教师教育改革发展。通过实施卓越教师培养，在师范院校办学特色上发挥排头兵作用，在师范专业培养能力提升上发挥领头雁作用，在师范人才培养上发挥风向标作用，培养造就一批教育情怀深厚、专业基础扎实、勇于创新教学、善于综合育人并具有终身学习发展能力的高素质专业化创新型中小学（含幼儿园、中等职业学校、特殊教育学校，下同）教师。

二、目标要求

经过五年左右的努力，办好一批高水平、有特色的教师教育院校和师范专业，师德教育的针对性和实效性显著增强，课程体系和教学内容显著更新，以师范生为中心的教育教学新形态基本形成，实践教学质量显著提高，协同培养机制基本健全，教师教育师资队伍明显优化，教师教育质量文化基本建立。到2035年，师范生的综合素质、专业化水平和创新能力显著提升，为培养造就数以百万计的骨干教师、数以十万计的卓越教师、数以万计的教育家型教师奠定坚实基础。

三、改革任务和重要举措

（一）全面开展师德养成教育。将学习贯彻习近平总书记对教师的殷切希望和要求作为师范生师德教育的首要任务和重点内容，将"四有"好老师标准、四个"引路人"、四个"相统一"和"四个服务"等要求细化落实到教师培养全过程。加强师范特色校园、学院文化建设，着力培养"学高为师、身正为范"的卓越教师。通过实施导师制、书院制等形式，建立师生学习、生活和成长共同体，充分发挥导师在学生品德提升、学业进步和人生规划方面的作用。通过开展实习支教、邀请名师名校长与师范生对话交流等形式，切实培养师范生的职业认同和社会责任感。通过组织经典诵读、开设专门课程、组织专题讲座等形式，推动师范生汲取中华优秀传统文化精髓，传承中华师道，涵养教育情怀，做到知行合一。

（二）分类推进培养模式改革。适应五类教育发展需求，分类推进卓越中学、小学、幼儿园、中等职业学校和特殊教育学校教师培养改革。面向培养专业突出、底蕴深厚的卓越中学教师，重点探索本科和教育硕士研究生阶段整体设计、分段考核、有机衔接的培养模式，积极支持高水平综合大学参与。面向培养素养全面、专长发展的卓越小学教师，重点探索借鉴国际小学全科教师培养经验、继承我国养成教育传统的培养模式。面向培养幼儿为本、擅长保教的卓越幼儿园教师，重点探索幼儿园教师融合培养模式，积极开展初中毕业起点五年制专科层次幼儿园教师培养。面向培养理实一体、德业双修的卓越中职教师，重点探索校企合作"双师型"教师培养模式，主动对接战略新兴产业发展需要，开展教育硕士（职业技术教育领域）研究生培养工作。面向培养富有爱心、具有复合型知识技能的卓越特教教师，重点探索师范院校特殊教育知识技能与学科教育教学融合培养、师范院校与医学院校联合培养模式。

（三）深化信息技术助推教育教学改革。推动人工智能、智慧学习环境等新技术与教师教育课程全方位融合，充分利用虚拟现实、增强现实和混合现实等，建设开发一批交互性、情境化的教师教育课程资源。及时吸收基础教育、职业教育改革发展最新成果，开设模块化的教师教育课程，精选中小学教育教学和教师培训优秀案例，建立短小实用的微视频和结构化、能够进行深度分析的课例库。建设200门国家教师教育精品在线开放课程，推广翻转课堂、混合式教学等新型教学模式，形成线上教学与线下教学有机结合、深度融通的自主、合作、探究学习模式。创新在线学习学分管理、学籍管理、学业成绩评价等制度，大力支持名师名课等优质资源共享。利用大数据、云计算等技术，对课程教学实施情况进行监测，有效诊断评价师范生学习状况和教学质量，为教师、教学管理人员等进行教学决策、改善教学计划、提高教学质量、保证教学效果提供参考依据。

（四）着力提高实践教学质量。设置数量充足、内容丰富的实践课程，建立健全贯穿培养全程的实践教学体系，确保实践教学前后衔接、阶梯递进，实践教学与理论教学有机结合、相互促进。全面落实高校教师与优秀中小学教师共同指导教育实践的"双导师制"，为师范生提供全方位、及时有效的实践指导。推进师范专业教学实验室、师范生教育教学技能实训教室和师范生自主研训与考核数字化平台建设，强化师范生教学基本功和教学技能训练与考核。建设教育实践管理信息系统平台，推进教育实践全过程管理，做到实习前有明确要求、实习中有监督指导、实习后有考核评价。遴选建设一批优质教育实践和企业实践基地，在师范生教育实践和专业实践、教师教育师资兼职任教等方面建立合作共赢长效机制。

（五）完善全方位协同培养机制。支持建设一批省级政府统筹，高等学校与中小学协同开展培养培训、职前与职后相互衔接的教师教育改革实验区，着力推进培养规模结构、培养目标、课程设置、资源建设、教学团队、实践基地、职后培训、质量评价、管理机制等全流程协同育人。鼓励支持高校之间交流合作，通过交换培养、教师互聘、课程互选、同步课堂、学分互认等方式，使师范生能够共享优质教育资源。积极推动医教联合培养特教教师，高校与行业企业、中等职业学校联合培养中职教师。大力支持高校开展教师教育管理体制改革，构建教师培养校内协同机制和协同文化，鼓励有条件的高校依托现有资源组建实体化的教师教育学院，加强办公空间与场所、设施与设备、人员与信息等资源的优化与整合，聚力教师教育资源，彰显教师教育文化，促进教师培养、培训、研究和服务一体化。

（六）建强优化教师教育师资队伍。推动高校配足配优符合卓越教师培养需要的教师教育师资队伍，在岗位聘用、绩效工资分配等方面，对学科课程与教学论教师实行倾斜政策。加大学科课程与教学论博士生培养力度和教师教育师资国内访学支持力度，通过组织集中培训、校本教研、见习观摩等，提高教师教育师资的专业化水平。加强教师教育学科建设，指导高校建立符合教师教育特点的教师考核评价机制，引导和推动教师教育师资特别是学科课程与教学论教师开展基础教育、职业教育研究。通过共建中小学名师名校长工作室、特级教师流动站、企业导师人才库等，建设一支长期稳定、深度参与教师培养的兼职教师教育师资队伍。指导推动各地开展高等学校与中小学师资互聘，建立健全高校与中小学等双向交流长效机制。

（七）深化教师教育国际交流与合作。加强与境外高水平院校的交流与合作，共享优质教师教育资源，积极推进双方联合培养、学生互换、课程互选、学分互认。提高师范生赴境外观摩学习比例，采取赴境外高校交流、赴境外中小学见习实习等多种形式，拓展师范生国际视野。积极参与国际教师教育创新研究，加大教师教育师资国外访学支持力度，学习借鉴国际先进教育理念经验，扩大中国教育的国际影响。

（八）构建追求卓越的质量保障体系。落实《普通高等学校师范类专业认证实施办法》，构建中国特色、世界水平的教师教育质量监测认证体系，分级分类开展师范类专业认证，全面保障、持续提升师范类专业人才培养质量。推动高校充分利用信息技术等多种手段，建立完善基于证据的教师培养质量全程监控与持续改进机制和师范毕业生持续跟踪反馈机制以及中小学、教育行政部门等利益相关方参与的多元社会评价机制，定期对校内外的评价结果进行综合分析并应用于教学，推动师范生培养质量的持续改进和提高，形成追求卓越的质量文化。

四、保障机制

（一）构建三级实施体系。教育部统筹计划的组织实施工作，做好总体规划。各省（区、市）教育行政部门要结合实际情况，制定实施省级"卓越教师培养计划2.0"。各高校要结合本校实际，制定落实计划2.0的具体实施方案，纳入学校整体发展规划。

（二）加强政策支持。优先支持计划实施高校学生参与国际合作交流、教师教育师资国内访学和出国进修；对计划实施高校适度增加教育硕士招生计划，加强教师教育学科建设，完善学位授权点布局，教育硕士、教育博士授予单位及授权点向师范院校倾斜。推进教育硕士专业学位研究生培养与教师职业资格的有机衔接。将卓越教师培养实施情况特别是培养指导师范生情况作为高校教师考核评价和职称晋升、中小学工作考核评价和特色评选、中小学教师评优和职称晋升、中小学特级教师和学科带头人评选、名师名校长遴选培养的重要依据。

（三）加大经费保障。中央高校应统筹利用中央高校教育教学改革专项等中央高校预算拨款和其他各类资源，结合学校实际，支持计划的实施。各省（区、市）加大经费投入力度，统筹地方财政高等教育、教师队伍建设资金和中央支持地方高校改革发展资金，支持计划实施高校。

（四）强化监督检查。成立"卓越教师培养计划2.0"专家委员会，负责计划的指导、咨询服务等工作。实行动态调整，专家组将通过查阅学校进展报告、实地调研等形式对计划实施情况进行定期检查。对完成培养任务、实施成效显著的，予以相关倾斜支持；对检查不合格的，取消"卓越教师培养计划2.0"改革项目承担资格。

教育部
2018年9月17日

教育部等五部门关于印发《教师教育振兴行动计划（2018—2022年）》的通知

教师〔2018〕2号

各省、自治区、直辖市教育厅（教委）、发展改革委、财政厅（局）、人力资源和社会保障厅（局）、编办，新疆生产建设兵团教育局、发展改革委、财政局、人事局、劳动和社会保障局、编办：

现将《教师教育振兴行动计划（2018—2022年）》印发给你们，请结合实际认真贯彻执行。

教育部　国家发展改革委

财政部　人力资源社会保障部　中央编办

2018年2月11日

教师教育振兴行动计划（2018—2022年）

教师教育是教育事业的工作母机，是提升教育质量的动力源泉。为深入认真贯彻习近平新时代中国特色社会主义思想和党的十九大精神，根据《中共中央　国务院关于全面深化新时代教师队伍建设改革的意见》（中发〔2018〕4号）的决策部署，按照国民经济和社会发展第十三个五年规划纲要及国家教育事业发展"十三五"规划工作要求，采取切实措施建强做优教师教育，推动教师教育改革发展，全面提升教师素质能力，努力建设一支高素质专业化创新型教师队伍，特制定教师教育振兴行动计划。

一、指导思想

以习近平新时代中国特色社会主义思想为指导，全面学习贯彻党的十九大精神，紧紧围绕统筹推进"五位一体"总体布局和协调推进"四个全面"战略布局，坚持和加强党的全面领导，坚持以人民为中心的发展思想，坚持全面深化改革，牢固树立新发展理念，全面贯彻党的教育方针，坚持社会主义办学方向，落实立德树人根本任务，主动适应教育现代化对教师队伍的新要求，遵循教育规律和教师成长发展规律，着眼长远，立足当前，以提升教师教育质量为核心，以加强教师教育体系建设为支撑，以教师教育供给侧结构性改革为动力，推进教师教育创新、协调、绿色、开放、共享发展，从源头上加强教师队伍建设，着力培养造就党和人民满意的师德高尚、业务精湛、结构合理、充满活力的教师队伍。

二、目标任务

经过5年左右的努力，办好一批高水平、有特色的教师教育院校和师范类专业，教师培养培训体系基本健全，为我国教师教育的长期可持续发展奠定坚实基础。师德教育显著加强，教师培养培训的内容方式不断优化，教师综合素质、专业化水平和创新能力显著提升，为发展更高质量更加公平的教育提供强有力的师资保障和人才支撑。

——落实师德教育新要求，增强师德教育实效性。将学习贯彻习近平总书记对教师的殷切希望和要求作为教师师德教育的首要任务和重点内容。加强师德养成教育，用"四有好老师"标准、"四个引路人"、"四个相统一"和"四个服务"等要求，统领教师成长发展，细化落实到教师教育课程，引导教师以德立身、以德立学、以德施教、以德育德。

——提升培养规格层次，夯实国民教育保障基础。全面提高师范生的综合素养与能力水平。根据各地实际，为义务教育学校培养更多接受过高质量教师教育的素质全面、业务见长的本科层次教师，为普通高中培养更多专业突出、底蕴深厚的研究生层次教师，为中等职业学校（含技工学校，下同）

大幅增加培养具有精湛实践技能的"双师型"专业课教师，为幼儿园培养一大批关爱幼儿、擅长保教的学前教育专业专科以上学历教师，教师培养规格层次满足保障国民教育和创新人才培养的需要。

——改善教师资源供给，促进教育公平发展。加强中西部地区和乡村学校教师培养，重点为边远、贫困、民族地区教育精准扶贫提供师资保障。支持中西部地区提升师范专业办学能力。推进本土化培养，面向师资补充困难地区逐步扩大乡村教师公费定向培养规模，为乡村学校培养"下得去、留得住、教得好、有发展"的合格教师。建立健全乡村教师成长发展的支持服务体系，高质量开展乡村教师全员培训，培训的针对性和实效性不断提高。

——创新教师教育模式，培养未来卓越教师。吸引优秀人才从教，师范生生源质量显著提高，用优秀的人去培养更优秀的人。注重协同育人，注重教学基本功训练和实践教学，注重课程内容不断更新，注重信息技术应用能力，教师教育新形态基本形成。师范生与在职教师的社会责任感、创新精神和实践能力不断增强。

——发挥师范院校主体作用，加强教师教育体系建设。加大对师范院校的支持力度，不断优化教师教育布局结构，基本形成以国家教师教育基地为引领、师范院校为主体、高水平综合大学参与、教师发展机构为纽带、优质中小学为实践基地的开放、协同、联动的现代教师教育体系。

三、主要措施

（一）师德养成教育全面推进行动。研制出台在教师培养培训中加强师德教育的文件和师德修养教师培训课程指导标准。将师德教育贯穿教师教育全过程，作为师范生培养和教师培训课程的必修模块。培育和践行社会主义核心价值观，引导教师全面落实到教育教学实践中。制订教师法治培训大纲，开展法治教育，提升教师法治素养和依法执教能力。在师范生和在职教师中广泛开展中华优秀传统文化教育，注重通过中华优秀传统文化涵养师德，通过经典诵读、开设专门课程、组织专题培训等形式，汲取文化精髓，传承中华师道。将教书育人楷模、一线优秀教师校长请进课堂，采取组织公益支教、志愿服务等方式，着力培育师范生的教师职业认同和社会责任感。借助新闻媒体平台，组织开展师范生"师德第一课"系列活动。每年利用教师节后一周时间开展"师德活动周"活动。发掘师德先进典型，弘扬当代教师风采，大力宣传阳光美丽、爱岗敬业、默默奉献的新时代优秀教师形象。

（二）教师培养层次提升行动。引导支持办好师范类本科专业，加大义务教育阶段学校本科层次教师培养力度。按照有关程序办法，增加一批教育硕士专业学位授权点。引导鼓励有关高校扩大教育硕士招生规模，对教师教育院校研究生推免指标予以统筹支持。支持探索普通高中、中等职业学校教师本科和教育硕士研究生阶段整体设计、分段考核、有机衔接的培养模式。适当增加教育博士专业学位授权点，引导鼓励有关高校扩大教育博士招生规模，面向基础教育、职业教育教师校长，完善教育博士选拔培养方案。办好一批幼儿师范高等专科学校和若干所幼儿师范学院。各地根据学前教育发展的实际需求，扩大专科以上层次幼儿园教师培养规模。支持师范院校扩大特殊教育专业招生规模，加大特殊教育领域教育硕士培养力度。

（三）乡村教师素质提高行动。各地要以集中连片特困地区县和国家级贫困县为重点，通过公费定向培养、到岗退费等多种方式，为乡村小学培养补充全科教师，为乡村初中培养补充"一专多能"教师，优先满足边远贫困地区教师补充需要。加大紧缺薄弱学科教师和民族地区双语教师培养力度。加强县区乡村教师专业发展支持服务体系建设，强化县级教师发展机构在培训乡村教师方面的作用。培训内容针对教育教学实际需要，注重新课标新教材和教育观念、教学方法培训，赋予乡村教师更多选择权，提升乡村教师培训实效。推进乡村教师到城镇学校跟岗学习，鼓励引导师范生到乡村学校进行教育实践。"国培计划"集中支持中西部乡村教师校长培训。

（四）师范生生源质量改善行动。依法保障和提高教师的地位待遇，通过多种方式吸引优质生源报考师范专业。改进完善教育部直属师范大学师范生免费教育政策，将"免费师范生"改称为"公费师范生"，履约任教服务期调整为6年。推进地方积极开展师范生公费教育工作。积极推行初中毕业起点五年制专科层次幼儿园教师培养。部分办学条件好、教学质量高的高校师范专业实行提前批次录取。加大入校后二次选拔力度，鼓励设立面试考核环节，考查学生的综合素养和从教潜质，招收乐教适教善教的优秀学生就读师范专业。鼓励高水平综合性大学成立教师教育学院，设立师范类专业，招收学科知识扎实、专业能力突出、具有教育情怀的学生，重点培养教育硕士，适度培养教育博士。建立健全符合教育行业特点的教师招聘办法，畅通优秀师范毕业生就业渠道。

（五）"互联网＋教师教育"创新行动。充分利用云计算、大数据、虚拟现实、人工智能等新技术，推进教师教育信息化教学服务平台建设和应用，推动以自主、合作、探究为主要特征的教学方式变革。启动实施教师教育在线开放课程建设计划，遴选认定200门教师教育国家精品在线开放课程，推动在线开放课程广泛应用共享。实施新一周期中小学教师信息技术应用能力提升工程，引领带动中小学教师校长将现代信息技术有效运用于教育教学和学校管理。研究制定师范生信息技术应用能力标准，提高师范生信息素养和信息化教学能力。依托全国教师管理信息系统，加强在职教师培训信息化管理，建设教师专业发展"学分银行"。

（六）教师教育改革实验区建设行动。支持建设一批由地方政府统筹，教育、发展改革、财政、人力资源社会保障、编制等部门密切配合，高校与中小学协同开展教师培养培训、职前与职后相互衔接的教师教育改革实验区，带动区域教师教育综合改革，全面提升教师培养培训质量。深入实施"卓越教师培养计划"，建设一流师范院校和一流师范专业，分类推进教师培养模式改革。推动实践导向的教师教育课程内容改革和以师范生为中心的教学方法变革。发挥"国培计划"示范引领作用，加强教师培训需求诊断，优化培训内容，推动信息技术与教师培训的有机融合，实行线上线下相结合的混合式培训。实施新一周期职业院校教师素质提高计划，引领带动高层次"双师型"教师队伍建设。实施中小学名师名校长领航工程，培养造就一批具有较大社会影响力、能够在基础教育领域发挥示范引领作用的领军人才。加强教育行政部门对新教师入职教育的统筹规划，推行集中培训和跟岗实践相结合的新教师入职教育模式。

（七）高水平教师教育基地建设行动。综合考虑区域布局、层次结构、师范生招生规模、校内教师教育资源整合、办学水平等因素，重点建设一批师范教育基地，发挥高水平、有特色教师教育院校的示范引领作用。加强教师教育院校师范生教育教学技能实训平台建设。国家和地方有关重大项目充分考虑教师教育院校特色，在规划建设方面予以倾斜。推动高校有效整合校内资源，鼓励有条件的高校依托现有资源组建实体化的教师教育学院。制定县级教师发展中心建设标准。以优质市县教师发展机构为引领，推动整合教师培训机构、教研室、教科所（室）、电教馆的职能和资源，按照精简、统一、效能原则建设研训一体的市县教师发展机构，更好地为区域教师专业发展服务。高校与地方教育行政部门依托优质中小学，开展师范生见习实习、教师跟岗培训和教研教改工作。

（八）教师教育师资队伍优化行动。国家和省级教育行政部门加大对教师教育师资国内外访学支持力度。引导支持高校加大学科课程与教学论博士生培养力度。高校对教师教育师资的工作量计算、业绩考核等评价与管理，应充分体现教师教育工作特点。在岗位聘用、绩效工资分配等方面，对学科课程与教学论教师实行倾斜政策。推进职业学校、高等学校与大中型企业共建共享师资，允许职业学校、高等学校依法依规自主聘请兼职教师，支持有条件的地方探索产业导师特设岗位计划。推进高校与中小学教师、企业人员双向交流。高校与中小学、高校与企业采取双向挂职、兼职等方式，建立教师教育师资共同体。实施骨干培训者队伍建设工程，开展万名专兼职教师培训者培训能力提升专项培训。组建中小学名师工作室、特级教师流动站、企业导师人才库，充分发挥教研员、学科带头人、特级教师、高技能人才在师范生培养和在职教师常态化研修中的重要作用。

（九）教师教育学科专业建设行动。建立健全教师教育本专科和研究生培养的学科专业体系。鼓励支持有条件的高校自主设置"教师教育学"二级学科，国家定期公布高校在教育学一级学科设立"教师教育学"二级学科情况，加强教师教育的学术研究和人才培养。明确教育实践的目标任务，构建全方位教育实践内容体系，与基础教育、职业教育课程教学改革相衔接，强化"三字一话"等师范生教学基本功训练。修订《教师教育课程标准》，组织编写或精选推荐一批主干课教材和精品课程资源。发布《中小学幼儿园教师培训课程指导标准》。开发中等职业学校教师教育课程和特殊教育课程资源。鼓励高校针对有从教意愿的非师范类专业学生开设教师教育课程，协助参加必要的教育实践。建设公益性教师教育在线学习中心，提供教师教育核心课程资源，供非师范类专业学生及社会人士修习。

（十）教师教育质量保障体系构建行动。建设全国教师教育基本状态数据库，建立教师培养培训质量监测机制，发布《中国教师教育质量年度报告》。出台《普通高等学校师范类专业认证标准》，启动开展师范类专业认证，将认证结果作为师范类专业准入、质量评价和教师资格认定的重要依据，并向社会公布。建立高校教师教育质量自我评估制度。建立健全教育专业学位认证评估制度和动态调整机制，推动完善教育硕士培养方案，聚焦中小学教师培养，逐步实现教育硕士培养与教师资格认定相衔接。建立健全教师培训质量评估制度。高校教学、学科评估要考虑教师教育院校的实际，将教师培养培训工作纳入评估体系，体现激励导向。

四、组织实施

（一）明确责任主体。要加强组织领导，把振兴教师教育作为全面深化新时代教师队伍建设改革的重大举措，列入重要议事日程，切实将计划落到实处。教育行政部门要加强对教师教育工作的统筹管理和指导，发展改革、财政、人力资源社会保障、编制部门要密切配合、主动履职尽责，共同为教师教育振兴发展营造良好的法治和政策环境。成立国家教师教育咨询专家委员会，为教师教育重大决策提供有力支撑。

（二）加强经费保障。要加大教师教育财政经费投入力度，提升教师教育保障水平。根据教师教育发展以及财力状况，适时提高师范生生均拨款标准。教师培训经费要列入财政预算。幼儿园、中小学和中等职业学校按照年度公用经费预算总额的5%安排教师培训经费。中央财政通过现行政策和资金渠道对教师教育加大支持力度。在相关重大教育发展项目中将教师培养培训作为资金使用的重要方向。积极争取社会支持，建立多元化筹资渠道。

（三）开展督导检查。建立教师教育项目实施情况的跟踪、督导机制。国家有关部门组织开展对教师教育振兴行动计划实施情况的专项督导检查，确保各项政策举措落到实处。按照国家有关规定对先进典型予以表彰奖励，对实施不到位、敷衍塞责的，要追究相关部门负责人的领导责任。

各省、自治区、直辖市要因地制宜提出符合本地实际的实施办法，将本计划的要求落到实处。

中共中央 国务院关于全面深化新时代教师队伍建设改革的意见

(2018 年 1 月 20 日)

百年大计,教育为本;教育大计,教师为本。为深入贯彻落实党的十九大精神,造就党和人民满意的高素质专业化创新型教师队伍,落实立德树人根本任务,培养德智体美全面发展的社会主义建设者和接班人,全面提升国民素质和人力资源质量,加快教育现代化,建设教育强国,办好人民满意的教育,为决胜全面建成小康社会、夺取新时代中国特色社会主义伟大胜利、实现中华民族伟大复兴的中国梦奠定坚实基础,现就全面深化新时代教师队伍建设改革提出如下意见。

一、坚持兴国必先强师,深刻认识教师队伍建设的重要意义和总体要求

1. 战略意义。教师承担着传播知识、传播思想、传播真理的历史使命,肩负着塑造灵魂、塑造生命、塑造人的时代重任,是教育发展的第一资源,是国家富强、民族振兴、人民幸福的重要基石。党和国家历来高度重视教师工作。党的十八大以来,以习近平同志为核心的党中央将教师队伍建设摆在突出位置,作出一系列重大决策部署,各地区各部门和各级各类学校采取有力措施认真贯彻落实,教师队伍建设取得显著成就。广大教师牢记使命、不忘初衷,爱岗敬业、教书育人,改革创新、服务社会,作出了重要贡献。

当今世界正处在大发展大变革大调整之中,新一轮科技和工业革命正在孕育,新的增长动能不断积聚。中国特色社会主义进入了新时代,开启了全面建设社会主义现代化国家的新征程。我国社会主要矛盾已经转化为人民日益增长的美好生活需要和不平衡不充分的发展之间的矛盾,人民对公平而有质量的教育的向往更加迫切。面对新方位、新征程、新使命,教师队伍建设还不能完全适应。有的地方对教育和教师工作重视不够,在教育事业发展中重硬件轻软件、重外延轻内涵的现象还比较突出,对教师队伍建设的支持力度亟须加大;师范教育体系有所削弱,对师范院校支持不够;有的教师素质能力难以适应新时代人才培养需要,思想政治素质和师德水平需要提升,专业化水平需要提高;教师特别是中小学教师职业吸引力不足,地位待遇有待提高;教师城乡结构、学科结构分布不尽合理,准入、招聘、交流、退出等机制还不够完善,管理体制机制亟须理顺。时代越是向前,知识和人才的重要性就愈发突出,教育和教师的地位和作用就愈发凸显。各级党委和政府要从战略和全局高度充分认识教师工作的极端重要性,把全面加强教师队伍建设作为一项重大政治任务和根本性民生工程切实抓紧抓好。

2. 指导思想。全面贯彻落实党的十九大精神,以习近平新时代中国特色社会主义思想为指导,紧紧围绕统筹推进"五位一体"总体布局和协调推进"四个全面"战略布局,坚持和加强党的全面领导,坚持以人民为中心的发展思想,坚持全面深化改革,牢固树立新发展理念,全面贯彻党的教育方针,坚持社会主义办学方向,落实立德树人根本任务,遵循教育规律和教师成长发展规律,加强师德师风建设,培养高素质教师队伍,倡导全社会尊师重教,形成优秀人才争相从教、教师人人尽展其才、好教师不断涌现的良好局面。

3. 基本原则

——确保方向。坚持党管干部、党管人才,坚持依法治教、依法执教,坚持严格管理监督与激励关怀相结合,充分发挥党委(党组)的领导和把关作用,确保党牢牢掌握教师队伍建设的领导权,保证教师队伍建设正确的政治方向。

——强化保障。坚持教育优先发展战略,把教师工作置于教育事业发展的重点支持战略领域,优

先谋划教师工作，优先保障教师工作投入，优先满足教师队伍建设需要。

——突出师德。把提高教师思想政治素质和职业道德水平摆在首要位置，把社会主义核心价值观贯穿教书育人全过程，突出全员全方位全过程师德养成，推动教师成为先进思想文化的传播者、党执政的坚定支持者、学生健康成长的指导者。

——深化改革。抓住关键环节，优化顶层设计，推动实践探索，破解发展瓶颈，把管理体制改革与机制创新作为突破口，把提高教师地位待遇作为真招实招，增强教师职业吸引力。

——分类施策。立足我国国情，借鉴国际经验，根据各级各类教师的不同特点和发展实际，考虑区域、城乡、校际差异，采取有针对性的政策举措，定向发力，重视专业发展，培养一批教师；加大资源供给，补充一批教师；创新体制机制，激活一批教师；优化队伍结构，调配一批教师。

4. 目标任务。经过5年左右的努力，教师培养培训体系基本健全，职业发展通道比较畅通，事权人权财权相统一的教师管理体制普遍建立，待遇提升保障机制更加完善，教师职业吸引力明显增强。教师队伍规模、结构、素质能力基本满足各级各类教育发展需要。

到2035年，教师综合素质、专业化水平和创新能力大幅提升，培养造就数以百万计的骨干教师、数以十万计的卓越教师、数以万计的教育家型教师。教师管理体制机制科学高效，实现教师队伍治理体系和治理能力现代化。教师主动适应信息化、人工智能等新技术变革，积极有效开展教育教学。尊师重教蔚然成风，广大教师在岗位上有幸福感、事业上有成就感、社会上有荣誉感，教师成为让人羡慕的职业。

二、着力提升思想政治素质，全面加强师德师风建设

5. 加强教师党支部和党员队伍建设。将全面从严治党要求落实到每个教师党支部和教师党员，把党的政治建设摆在首位，用习近平新时代中国特色社会主义思想武装头脑，充分发挥教师党支部教育管理监督党员和宣传引导凝聚师生的战斗堡垒作用，充分发挥党员教师的先锋模范作用。选优配强教师党支部书记，注重选拔党性强、业务精、有威信、肯奉献的优秀党员教师担任教师党支部书记，实施教师党支部书记"双带头人"培育工程，定期开展教师党支部书记轮训。坚持党的组织生活各项制度，创新方式方法，增强党的组织生活活力。健全主题党日活动制度，加强党员教师日常管理监督。推进"两学一做"学习教育常态化制度化，开展"不忘初心、牢记使命"主题教育，引导党员教师增强政治意识、大局意识、核心意识、看齐意识，自觉爱党护党为党，敬业修德，奉献社会，争做"四有"好教师的示范标杆。重视做好在优秀青年教师、海外留学归国教师中发展党员工作。健全把骨干教师培养成党员，把党员教师培养成教学、科研、管理骨干的"双培养"机制。

配齐建强高等学校思想政治工作队伍和党务工作队伍，完善选拔、培养、激励机制，形成一支专职为主、专兼结合、数量充足、素质优良的工作力量。把从事学生思想政治教育计入高等学校思想政治工作兼职教师的工作量，作为职称评审的重要依据，进一步增强开展思想政治工作的积极性和主动性。

6. 提高思想政治素质。加强理想信念教育，深入学习领会习近平新时代中国特色社会主义思想，引导教师树立正确的历史观、民族观、国家观、文化观，坚定中国特色社会主义道路自信、理论自信、制度自信、文化自信。引导教师准确理解和把握社会主义核心价值观的深刻内涵，增强价值判断、选择、塑造能力，带头践行社会主义核心价值观。引导广大教师充分认识中国教育辉煌成就，扎根中国大地，办好中国教育。

加强中华优秀传统文化和革命文化、社会主义先进文化教育，弘扬爱国主义精神，引导广大教师热爱祖国、奉献祖国。创新教师思想政治工作方式方法，开辟思想政治教育新阵地，利用思想政治教育新载体，强化教师社会实践参与，推动教师充分了解党情、国情、社情、民情，增强思想政治工作

的针对性和实效性。要着眼青年教师群体特点，有针对性地加强思想政治教育。落实党的知识分子政策，政治上充分信任，思想上主动引导，工作上创造条件，生活上关心照顾，使思想政治工作接地气、入人心。

7. 弘扬高尚师德。健全师德建设长效机制，推动师德建设常态化长效化，创新师德教育，完善师德规范，引导广大教师以德立身、以德立学、以德施教、以德育德，坚持教书与育人相统一、言传与身教相统一、潜心问道与关注社会相统一、学术自由与学术规范相统一，争做"四有"好教师，全心全意做学生锤炼品格、学习知识、创新思维、奉献祖国的引路人。

实施师德师风建设工程。开展教师宣传国家重大题材作品立项，推出一批让人喜闻乐见、能够产生广泛影响、展现教师时代风貌的影视作品和文学作品，发掘师德典型、讲好师德故事，加强引领，注重感召，弘扬楷模，形成强大正能量。注重加强对教师思想政治素质、师德师风等的监察监督，强化师德考评，体现奖优罚劣，推行师德考核负面清单制度，建立教师个人信用记录，完善诚信承诺和失信惩戒机制，着力解决师德失范、学术不端等问题。

三、大力振兴教师教育，不断提升教师专业素质能力

8. 加大对师范院校支持力度。实施教师教育振兴行动计划，建立以师范院校为主体、高水平非师范院校参与的中国特色师范教育体系，推进地方政府、高等学校、中小学"三位一体"协同育人。研究制定师范院校建设标准和师范类专业办学标准，重点建设一批师范教育基地，整体提升师范院校和师范专业办学水平。鼓励各地结合实际，适时提高师范专业生均拨款标准，提升师范教育保障水平。切实提高生源质量，对符合相关政策规定的，采取到岗退费或公费培养、定向培养等方式，吸引优秀青年踊跃报考师范院校和师范专业。完善教育部直属师范大学师范生公费教育政策，履约任教服务期调整为6年。改革招生制度，鼓励部分办学条件好、教学质量高院校的师范专业实行提前批次录取或采取入校后二次选拔方式，选拔有志于从教的优秀学生进入师范专业。加强教师教育学科建设。教育硕士、教育博士授予单位及授权点向师范院校倾斜。强化教师教育师资队伍建设，在专业发展、职称晋升和岗位聘用等方面予以倾斜支持。师范院校评估要体现师范教育特色，确保师范院校坚持以师范教育为主业，严控师范院校更名为非师范院校。开展师范类专业认证，确保教师培养质量。

9. 支持高水平综合大学开展教师教育。创造条件，推动一批有基础的高水平综合大学成立教师教育学院，设立师范专业，积极参与基础教育、职业教育教师培养培训工作。整合优势学科的学术力量，凝聚高水平的教学团队。发挥专业优势，开设厚基础、宽口径、多样化的教师教育课程。创新教师培养形态，突出教师教育特色，重点培养教育硕士，适度培养教育博士，造就学科知识扎实、专业能力突出、教育情怀深厚的高素质复合型教师。

10. 全面提高中小学教师质量，建设一支高素质专业化的教师队伍。提高教师培养层次，提升教师培养质量。推进教师培养供给侧结构性改革，为义务教育学校侧重培养素质全面、业务见长的本科层次教师，为高中阶段教育学校侧重培养专业突出、底蕴深厚的研究生层次教师。大力推动研究生层次教师培养，增加教育硕士招生计划，向中西部地区和农村地区倾斜。根据基础教育改革发展需要，以实践为导向优化教师教育课程体系，强化"钢笔字、毛笔字、粉笔字和普通话"等教学基本功和教学技能训练，师范生教育实践不少于半年。加强紧缺薄弱学科教师、特殊教育教师和民族地区双语教师培养。开展中小学教师全员培训，促进教师终身学习和专业发展。转变培训方式，推动信息技术与教师培训的有机融合，实行线上线下相结合的混合式研修。改进培训内容，紧密结合教育教学一线实际，组织高质量培训，使教师静心钻研教学，切实提升教学水平。推行培训自主选学，实行培训学分管理，建立培训学分银行，搭建教师培训与学历教育衔接的"立交桥"。建立健全地方教师发展机构和专业培训者队伍，依托现有资源，结合各地实际，逐步推进县级教师发展机构建设与改革，实现培训、

教研、电教、科研部门有机整合。继续实施教师国培计划。鼓励教师海外研修访学。

加强中小学校长队伍建设，努力造就一支政治过硬、品德高尚、业务精湛、治校有方的校长队伍。面向全体中小学校长，加大培训力度，提升校长办学治校能力，打造高品质学校。实施校长国培计划，重点开展乡村中小学骨干校长培训和名校长研修。支持教师和校长大胆探索，创新教育思想、教育模式、教育方法，形成教学特色和办学风格，营造教育家脱颖而出的制度环境。

11. 全面提高幼儿园教师质量，建设一支高素质善保教的教师队伍。办好一批幼儿师范专科学校和若干所幼儿师范学院，支持师范院校设立学前教育专业，培养热爱学前教育事业、幼儿为本、才艺兼备、擅长保教的高水平幼儿园教师。创新幼儿园教师培养模式，前移培养起点，大力培养初中毕业起点的五年制专科层次幼儿园教师。优化幼儿园教师培养课程体系，突出保教融合，科学开设儿童发展、保育活动、教育活动类课程，强化实践性课程，培养学前教育师范生综合能力。

建立幼儿园教师全员培训制度，切实提升幼儿园教师科学保教能力。加大幼儿园园长、乡村幼儿园教师、普惠性民办幼儿园教师的培训力度。创新幼儿园教师培训模式，依托高等学校和优质幼儿园，重点采取集中培训与跟岗实践相结合的方式培训幼儿园教师。鼓励师范院校与幼儿园协同建立幼儿园教师培养培训基地。

12. 全面提高职业院校教师质量，建设一支高素质双师型的教师队伍。继续实施职业院校教师素质提高计划，引领带动各地建立一支技艺精湛、专兼结合的双师型教师队伍。加强职业技术师范院校建设，支持高水平学校和大中型企业共建双师型教师培养培训基地，建立高等学校、行业企业联合培养双师型教师的机制。切实推进职业院校教师定期到企业实践，不断提升实践教学能力。建立企业经营管理者、技术能手与职业院校管理者、骨干教师相互兼职制度。

13. 全面提高高等学校教师质量，建设一支高素质创新型的教师队伍。着力提高教师专业能力，推进高等教育内涵式发展。搭建校级教师发展平台，组织研修活动，开展教学研究与指导，推进教学改革与创新。加强院系教研室等学习共同体建设，建立完善传帮带机制。全面开展高等学校教师教学能力提升培训，重点面向新入职教师和青年教师，为高等学校培养人才培育生力军。重视各级各类学校辅导员专业发展。结合"一带一路"建设和人文交流机制，有序推动国内外教师双向交流。支持孔子学院教师、援外教师成长发展。服务创新型国家和人才强国建设、世界一流大学和一流学科建设，实施好千人计划、万人计划、长江学者奖励计划等重大人才项目，着力打造创新团队，培养引进一批具有国际影响力的学科领军人才和青年学术英才。加强高端智库建设，依托人文社会科学重点研究基地等，汇聚培养一大批哲学社会科学名家名师。高等学校高层次人才遴选和培育中要突出教书育人，让科学家同时成为教育家。

四、深化教师管理综合改革，切实理顺体制机制

14. 创新和规范中小学教师编制配备。适应加快推进教育现代化的紧迫需求和城乡教育一体化发展改革的新形势，充分考虑新型城镇化、全面二孩政策及高考改革等带来的新情况，根据教育发展需要，在现有编制总量内，统筹考虑、合理核定教职工编制，盘活事业编制存量，优化编制结构，向教师队伍倾斜，采取多种形式增加教师总量，优先保障教育发展需要。落实城乡统一的中小学教职工编制标准，有条件的地方出台公办幼儿园人员配备规范、特殊教育学校教职工编制标准。创新编制管理，加大教职工编制统筹配置和跨区域调整力度，省级统筹、市域调剂、以县为主，动态调配。编制向乡村小规模学校倾斜，按照班师比与生师比相结合的方式核定。加强和规范中小学教职工编制管理，严禁挤占、挪用、截留编制和有编不补。实行教师编制配备和购买工勤服务相结合，满足教育快速发展需求。

15. 优化义务教育教师资源配置。实行义务教育教师"县管校聘"。深入推进县域内义务教育学校

教师、校长交流轮岗，实行教师聘期制、校长任期制管理，推动城镇优秀教师、校长向乡村学校、薄弱学校流动。实行学区（乡镇）内走教制度，地方政府可根据实际给予相应补贴。

逐步扩大农村教师特岗计划实施规模，适时提高特岗教师工资性补助标准。鼓励优秀特岗教师攻读教育硕士。鼓励地方政府和相关院校因地制宜采取定向招生、定向培养、定期服务等方式，为乡村学校及教学点培养"一专多能"教师，优先满足老少边穷地区教师补充需要。实施银龄讲学计划，鼓励支持乐于奉献、身体健康的退休优秀教师到乡村和基层学校支教讲学。

16. 完善中小学教师准入和招聘制度。完善教师资格考试政策，逐步将修习教师教育课程、参加教育教学实践作为认定教育教学能力、取得教师资格的必备条件。新入职教师必须取得教师资格。严格教师准入，提高入职标准，重视思想政治素质和业务能力，根据教育行业特点，分区域规划，分类别指导，结合实际，逐步将幼儿园教师学历提升至专科，小学教师学历提升至师范专业专科和非师范专业本科，初中教师学历提升至本科，有条件的地方将普通高中教师学历提升至研究生。建立符合教育行业特点的中小学、幼儿园教师招聘办法，遴选乐教适教善教的优秀人才进入教师队伍。按照中小学校领导人员管理暂行办法，明确任职条件和资格，规范选拔任用工作，激发办学治校活力。

17. 深化中小学教师职称和考核评价制度改革。适当提高中小学中级、高级教师岗位比例，畅通教师职业发展通道。完善符合中小学特点的岗位管理制度，实现职称与教师聘用衔接。将中小学教师到乡村学校、薄弱学校任教1年以上的经历作为申报高级教师职称和特级教师的必要条件。推行中小学校长职级制改革，拓展职业发展空间，促进校长队伍专业化建设。

进一步完善职称评价标准，建立符合中小学教师岗位特点的考核评价指标体系，坚持德才兼备、全面考核，突出教育教学实绩，引导教师潜心教书育人。加强聘后管理，激发教师的工作活力。完善相关政策，防止形式主义的考核检查干扰正常教学。不简单用升学率、学生考试成绩等评价教师。实行定期注册制度，建立完善教师退出机制，提升教师队伍整体活力。加强中小学校长考核评价，督促提高素质能力，完善优胜劣汰机制。

18. 健全职业院校教师管理制度。根据职业教育特点，有条件的地方研究制定中等职业学校人员配备规范。完善职业院校教师资格标准，探索将行业企业从业经历作为认定教育教学能力、取得专业课教师资格的必要条件。落实职业院校用人自主权，完善教师招聘办法。推动固定岗和流动岗相结合的职业院校教师人事管理制度改革。支持职业院校专设流动岗位，适应产业发展和参与全球产业竞争需求，大力引进行业企业一流人才，吸引具有创新实践经验的企业家、高科技人才、高技能人才等兼职任教。完善职业院校教师考核评价制度，双师型教师考核评价要充分体现技能水平和专业教学能力。

19. 深化高等学校教师人事制度改革。积极探索实行高等学校人员总量管理。严把高等学校教师选聘入口关，实行思想政治素质和业务能力双重考察。严格教师职业准入，将新入职教师岗前培训和教育实习作为认定教育教学能力、取得高等学校教师资格的必备条件。适应人才培养结构调整需要，优化高等学校教师结构，鼓励高等学校加大聘用具有其他学校学习工作和行业企业工作经历教师的力度。配合外国人永久居留制度改革，健全外籍教师资格认证、服务管理等制度。帮助高等学校青年教师解决住房等困难。

推动高等学校教师职称制度改革，将评审权直接下放至高等学校，由高等学校自主组织职称评审、自主评价、按岗聘任。条件不具备、尚不能独立组织评审的高等学校，可采取联合评审的方式。推行高等学校教师职务聘任制改革，加强聘期考核，准聘与长聘相结合，做到能上能下、能进能出。教育、人力资源社会保障等部门要加强职称评聘事中事后监管。深入推进高等学校教师考核评价制度改革，突出教育教学业绩和师德考核，将教授为本科生上课作为基本制度。坚持正确导向，规范高层次人才合理有序流动。

五、不断提高教师地位待遇，真正让教师成为令人羡慕的职业

20. 明确教师的特别重要地位。凸显教师职业的公共属性，强化教师承担的国家使命和公共教育服务的职责，确立公办中小学教师作为国家公职人员特殊的法律地位，明确中小学教师的权利和义务，强化保障和管理。各级党委和政府要切实负起中小学教师保障责任，提升教师的政治地位、社会地位、职业地位，吸引和稳定优秀人才从教。公办中小学教师要切实履行作为国家公职人员的义务，强化国家责任、政治责任、社会责任和教育责任。

21. 完善中小学教师待遇保障机制。健全中小学教师工资长效联动机制，核定绩效工资总量时统筹考虑当地公务员实际收入水平，确保中小学教师平均工资收入水平不低于或高于当地公务员平均工资收入水平。完善教师收入分配激励机制，有效体现教师工作量和工作绩效，绩效工资分配向班主任和特殊教育教师倾斜。实行中小学校长职级制的地区，根据实际实施相应的校长收入分配办法。

22. 大力提升乡村教师待遇。深入实施乡村教师支持计划，关心乡村教师生活。认真落实艰苦边远地区津贴等政策，全面落实集中连片特困地区乡村教师生活补助政策，依据学校艰苦边远程度实行差别化补助，鼓励有条件的地方提高补助标准，努力惠及更多乡村教师。加强乡村教师周转宿舍建设，按规定将符合条件的教师纳入当地住房保障范围，让乡村教师住有所居。拿出务实举措，帮助乡村青年教师解决困难，关心乡村青年教师工作生活，巩固乡村青年教师队伍。在培训、职称评聘、表彰奖励等方面向乡村青年教师倾斜，优化乡村青年教师发展环境，加快乡村青年教师成长步伐。为乡村教师配备相应设施，丰富精神文化生活。

23. 维护民办学校教师权益。完善学校、个人、政府合理分担的民办学校教师社会保障机制，民办学校应与教师依法签订合同，按时足额支付工资，保障其福利待遇和其他合法权益，并为教师足额缴纳社会保险费和住房公积金。依法保障和落实民办学校教师在业务培训、职务聘任、教龄和工龄计算、表彰奖励、科研立项等方面享有与公办学校教师同等权利。

24. 推进高等学校教师薪酬制度改革。建立体现以增加知识价值为导向的收入分配机制，扩大高等学校收入分配自主权，高等学校在核定的绩效工资总量内自主确定收入分配办法。高等学校教师依法取得的科技成果转化奖励收入，不纳入本单位工资总额基数。完善适应高等学校教学岗位特点的内部激励机制，对专职从事教学的人员，适当提高基础性绩效工资在绩效工资中的比重，加大对教学型名师的岗位激励力度。

25. 提升教师社会地位。加大教师表彰力度，大力宣传教师中的"时代楷模"和"最美教师"。开展国家级教学名师、国家级教学成果奖评选表彰，重点奖励贡献突出的教学一线教师。做好特级教师评选，发挥引领作用。做好乡村学校从教30年教师荣誉证书颁发工作。各地要按照国家有关规定，因地制宜开展多种形式的教师表彰奖励活动，并落实相关优待政策。鼓励社会团体、企事业单位、民间组织对教师出资奖励，开展尊师活动，营造尊师重教良好社会风尚。

建设现代学校制度，体现以人为本，突出教师主体地位，落实教师知情权、参与权、表达权、监督权。建立健全教职工代表大会制度，保障教师参与学校决策的民主权利。推行中国特色大学章程，坚持和完善党委领导下的校长负责制，充分发挥教师在高等学校办学治校中的作用。维护教师职业尊严和合法权益，关心教师身心健康，克服职业倦怠，激发工作热情。

六、切实加强党的领导，全力确保政策举措落地见效

26. 强化组织保障。各级党委和政府要满腔热情关心教师，充分信任、紧紧依靠广大教师。要切实加强领导，实行一把手负责制，紧扣广大教师最关心、最直接、最现实的重大问题，找准教师队伍建设的突破口和着力点，坚持发展抓公平、改革抓机制、整体抓质量、安全抓责任、保证抓党建，把教

师工作记在心里、扛在肩上、抓在手中，摆上重要议事日程，细化分工，确定路线图、任务书、时间表和责任人。主要负责同志和相关责任人要切实做到实事求是、求真务实、善始善终、善作善成，把准方向、敢于担当、亲力亲为、抓实工作。

各省、自治区、直辖市党委常委会每年至少研究一次教师队伍建设工作。建立教师工作联席会议制度，解决教师队伍建设重大问题。相关部门要制定切实提高教师待遇的具体措施。研究修订教师法。统筹现有资源，壮大全国教师力量，培育一批专业机构，专门研究教师队伍建设重大问题，为重大决策提供支撑。

27. 强化经费保障。各级政府要将教师队伍建设作为教育投入重点予以优先保障，完善支出保障机制，确保党和国家关于教师队伍建设重大决策部署落实到位。优化经费投入结构，优先支持教师队伍建设最薄弱、最紧迫的领域，重点用于按规定提高教师待遇保障、提升教师专业素质能力。加大师范教育投入力度。健全以政府投入为主、多渠道筹集教育经费的体制，充分调动社会力量投入教师队伍建设的积极性。制定严格的经费监管制度，规范经费使用，确保资金使用效益。

各级党委和政府要将教师队伍建设列入督查督导工作重点内容，并将结果作为党政领导班子和有关领导干部综合考核评价、奖惩任免的重要参考，确保各项政策措施全面落实到位，真正取得实效。

教育部关于全面推进教师管理信息化的意见

教师〔2017〕2号

各省、自治区、直辖市教育厅（教委），新疆生产建设兵团教育局，有关部门（单位）教育司（局），部属各高等学校：

为贯彻落实习近平总书记关于以信息化推进国家治理体系和治理能力现代化的重要指示精神，深入应用全国教师管理信息系统（以下简称教师系统），全面推进教师管理信息化，优化教师工作治理体系，提升教师工作治理能力，更好地开展教师队伍建设工作，现提出如下意见。

一、深刻认识教师管理信息化的重要意义

1. 推进教育信息化的重要支撑。教育信息化是党中央和国务院做出的重大决策部署，是事关教育现代化全局的战略选择，是破解教育难点问题的紧迫任务。教师管理信息化是推进教育信息化的根本要求和重要内容。当前，云计算、大数据、人工智能、物联网等新技术的应用日趋广泛，数字化、网络化、智能化服务正加快推进，社会整体信息化程度不断加深，教育信息化面临重大发展机遇。各地要抓住有利时机，以深入应用教师系统为抓手，加快推进教师管理信息化，推动教育信息化工作迈向新台阶。

2. 加强教师队伍建设的迫切需求。教育大计，教师为本。全面提升教育质量、扩大教育公平受益面、优化教育结构、深化教育改革、加快推进教育现代化对教师队伍建设和教师管理工作提出了更高要求。但是，教师规模庞大、类别多样、分布广泛，教师工作环节多，涉及师德建设、培养培训、资源配置、管理评价和待遇保障等，治理难度较大。传统手段很难做到对教师队伍的科学、精准、高效管理，很难实现教师队伍治理体系和治理能力的现代化。因此，必须要创新教师管理方式方法，积极整合利用信息技术手段，全面推进教师管理信息化，提升教师管理的效率与水平。

二、准确把握教师管理信息化的核心任务

3. 建立教师管理信息化体系。以教师系统为支撑，逐步实现教师系统与相关教育管理服务平台的互通、衔接，建立健全覆盖各级教育行政部门、各级各类学校及广大教师的互联互通、安全可靠的教师管理信息化体系，为加快推进教师治理体系和治理能力现代化奠定坚实基础。

4. 形成教师队伍大数据。依托教师系统，实现各级各类教师信息的"伴随式收集"，为每位教师建立电子档案，建立统一高效、互联互通、安全可靠的全国教师基础信息库；高效采集、有效整合教师系统及相关教育管理服务平台生成的教师信息，形成教师队伍大数据。完善相关制度，确立教师系统基础信息地位，作为教师和教育工作的重要数据来源。

5. 优化教师工作决策。将教师队伍大数据作为教师工作决策的基础支撑和重要依据，进行多角度、多层面、多方位的关联分析、融合利用，评价教师队伍发展状况、找准教师队伍发展问题、研判教师队伍发展趋势、确定教师队伍发展重点，提升教师工作决策的科学性、针对性和有效性。

6. 提升教师队伍治理水平。积极推进教师系统及相关教育管理服务平台与教师工作的深度融合，逐步推进教师管理方式重构、教师管理流程再造，实现教师管理过程精细化、治理工作精准化，优化教师管理核心工作，不断提升教师管理服务水平。

三、切实落实教师管理信息化的重点工作

7. 做好教师系统建设与管理。遵循"两级建设、五级应用，分级管理、属地运行，统一规划、地方定制,及时更新、深度使用"原则,根据教育和教师工作实际需求,完善教师基础信息库,拓展教师业务管理功能。地方可依托教师系统,围绕教师培养、教师培训、教师资源配置和教师管理评价等工作,开发本地特色功能模块,深入推进教师系统建设。各地要按照《全国教师管理信息系统管理暂行办法》(见附件)要求,紧扣"准""新""用",认真做好教师信息采集、核准、更新工作,切实推进教师系统在教师队伍建设工作中的应用,确保教师系统安全、有效、可持续运行。

8. 支持教师精准培养。利用教师基础信息库,结合教育改革发展需求,分析、预测国家、区域、城乡不同层面和不同类别教师的补充需求,为合理确定教师培养规模、学历层次和学科专业结构等,为相关部门和高校制定招生计划提供可靠依据。利用教师队伍大数据,研究分析教师素质能力发展现状,完善教师培养方案,为优化教师培养课程设置、开发教师培养资源、推进教师培养模式改革、跟踪教师培养质量等提供有力支撑。

9. 促进教师培训专业化。利用教师基础信息库,分析各级各类教师培训工作进展,为制定培训规划、督促培训工作提供依据。利用教师队伍大数据,分析教师培训需求,为设计培训项目、开发培训课程、评估培训质量等,提供有力支持。依托教师系统及相关教育管理服务平台,推进教师培训选学,为教师创造选择培训内容、资源、途径和机构的机会,满足教师个性化发展需求。利用教师系统教师培训学分(学时)管理功能,推进教师培训学分管理,提供学分申报、审核、认定、查询一站式服务,推进培训学分银行建设,实现培训学分的累积、转换和应用。

10. 优化教师资源配置。利用教师基础信息库,分析全国、区域、城乡、校际等不同层面和各级各类教师的资源配置,深入研究教师的数量、学历、职称、学科、性别、年龄、工资待遇、流动等不同类别的信息,为优化教师编制配备、合理设置教师岗位、开展教师招聘补充、推进教师交流轮岗、加强教师待遇保障等提供基本依据。利用教师系统相关功能,改进教师调动管理,规范教师交流轮岗,推进城乡教师交流。

11. 改进教师管理服务。利用教师系统,为教师资格定期注册、职称评聘、评优评先、考核评价和项目申报等工作提供信息和管理服务,实现教师信息"一次生成、多方复用,一库管理、互认共享",切实提升教师管理评价工作的信息化程度,优化管理流程,提高管理效率。

四、有效建立教师管理信息化的保障机制

12. 强化组织保障。各地教育行政部门要切实加强对教师管理信息化的组织领导,将教师管理信息化作为推进教育信息化、加强教师队伍建设的重要工作来抓。完善管理制度,加强统筹协调,整合相关部门力量,建立责权明确、分工协作、齐抓共管的工作机制。加强专业队伍建设,安排专人负责,为推进教师管理信息化提供人员保障。各级各类学校要明确相关责任部门和责任人,做好本校教师管理信息化的组织保障工作。

13. 强化经费保障。各地教育行政部门和各级各类学校要加大教师管理信息化投入力度,要在教育管理信息化工作中统筹落实教师系统功能拓展、深入应用、运行维护等各项工作经费,落实人员培训等队伍建设经费,为推进教师管理信息化提供经费保障。

14. 强化安全保障。各地教育行政部门和各级各类学校要高度重视网络与教师信息安全保障工作,按照《网络安全法》等相关法律法规要求,完善安全制度,明确安全责任,建立管理与技术双重保障体系,确保信息安全和应用可靠。落实国家网络安全等级保护制度和安全威胁监测预警制度,做好教师工作相关系统的等级保护、风险评估等工作。

15. 强化督查落实。要将教师管理信息化列入教师队伍建设和教育信息化工作督查考核的重要内容。建立督查考核机制,督促各地各校将教师管理信息化各项工作落实到位。

附件:全国教师管理信息系统管理暂行办法

教育部
2017 年 3 月 31 日

教育部等七部门关于印发
《职业学校教师企业实践规定》的通知

教师〔2016〕3号

各省（自治区、直辖市）教育厅（教委）、国资委、发展改革委、工业和信息化主管部门、财政厅（局）、人力资源社会保障厅（局）、税务局，新疆生产建设兵团教育局、国资委、发展改革委、工信委、财务局、人力资源社会保障局：

为贯彻落实全国职业教育工作会议精神以及《国务院关于加快发展现代职业教育的决定》（国发〔2014〕19号）要求，进一步加强职业学校"双师型"教师队伍建设，促进职业学校教师专业发展，提升教师实践教学水平，特制定《职业学校教师企业实践规定》。现印发给你们，请遵照执行。

执行中如遇问题，请及时反馈。

教育部　国务院国有资产监督管理委员会
国家发展和改革委员会　工业和信息化部　财政部
人力资源和社会保障部　国家税务总局
2016年5月11日

附件

职业学校教师企业实践规定

第一章　总　则

第一条　为建设高水平职业教育教师队伍，根据《中华人民共和国职业教育法》《中华人民共和国教师法》《国家中长期教育改革和发展规划纲要（2010—2020年）》《国务院关于加快发展现代职业教育的决定》，制定本规定。

第二条　组织教师企业实践，是加强职业学校"双师型"教师队伍建设，实行工学结合、校企合作人才培养模式，提高职业教育质量的重要举措。企业依法应当接纳职业学校教师进行实践。地方各级人民政府及有关部门、行业组织、职业学校和企业要高度重视，采取切实有效措施，完善相关支持政策，有效推进教师企业实践工作。

第三条　定期到企业实践，是促进职业学校教师专业发展、提升教师实践教学能力的重要形式和有效举措。职业学校应当保障教师定期参加企业实践的权利。各级教育行政部门和职业学校要制定具体办法，不断完善教师定期到企业实践制度。

第二章　内容和形式

第四条　职业学校专业课教师（含实习指导教师）要根据专业特点每5年必须累计不少于6个月到企业或生产服务一线实践，没有企业工作经历的新任教师应先实践再上岗。公共基础课教师也应定期到企业进行考察、调研和学习。

第五条　教师企业实践的主要内容，包括了解企业的生产组织方式、工艺流程、产业发展趋势等基本情况，熟悉企业相关岗位职责、操作规范、技能要求、用人标准、管理制度、企业文化等，学习所教专业在生产实践中应用的新知识、新技术、新工艺、新材料、新设备、新标准等。

第六条　教师企业实践的形式，包括到企业考察观摩、接受企业组织的技能培训、在企业的生产和管理岗位兼职或任职、参与企业产品研发和技术创新等。鼓励探索教师企业实践的多种实现形式。

第七条 教师企业实践要有针对性和实效性。职业学校要会同企业结合教师专业水平制订企业实践方案，根据教师教学实践和教研科研需要，确定教师企业实践的重点内容，解决教学和科研中的实际问题。要将组织教师企业实践与学生实习有机结合、有效对接，安排教师有计划、有针对性地进行企业实践，同时协助企业管理、指导学生实习。企业实践结束后，要及时总结，把企业实践收获转化为教学资源，推动教育教学改革与产业转型升级衔接配套。

第三章 组织与管理

第八条 各地要将教师企业实践工作列为职业教育工作部门联席会议的重要内容，组织教育、发展改革、工业和信息化、财政、人力资源社会保障等相关部门定期研究，将教师企业实践纳入教师培训规划，加强与行业主管部门和行业组织的沟通与协调，建立健全教师企业实践的激励机制和保障体系，统筹管理和组织实施教师企业实践工作。

第九条 省级教育行政部门负责制订本省（区、市）教师企业实践工作总体规划和管理办法，依托现有资源建立信息化管理平台，制定教师企业实践基地遴选条件及淘汰机制，确定教师企业实践时间折算为教师培训学时（学分）的具体标准，对各地（市）教师企业实践工作进行指导、监督和评估，会同人力资源社会保障、财政、发展改革等相关部门研究制定支持教师企业实践的政策措施。

第十条 地（市）级教育行政部门负责制订本地区教师企业实践实施细则和鼓励支持政策，建立区域内行业组织、企业与职业学校的沟通、磋商、联动机制，管理和组织实施教师企业实践工作。

第十一条 各行业主管部门和行业组织应积极引导支持行业内企业开展教师企业实践活动，配合教育行政部门、人力资源社会保障行政部门落实教师企业实践基地，对行业内企业承担教师企业实践任务进行协调、指导与监督。

第十二条 企业应根据自身实际情况发挥接收教师企业实践的主体作用，积极承担教师企业实践任务。承担教师企业实践任务的企业，将其列入企业人力资源部门工作职责，完善教师企业实践工作管理制度和保障机制，并与教育、人力资源社会保障部门联合制定教师企业实践计划，按照"对口"原则提供技术性岗位（工种），解决教师企业实践必需的办公、生活条件，明确管理责任人和指导人员（师傅），实施过程管理和绩效评估。

第十三条 职业学校要做好本校教师企业实践规划、实施计划、组织管理、考核评价等工作。除组织教师参加教育行政部门统一安排的教师企业实践外，职业学校还应自主组织教师定期到企业实践。

第十四条 教师参加企业实践，要充分发挥自身优势，积极承担企业职工教育与培训、产品研发、技术改造与推广等工作，严格遵守相关法律法规及企业生产、管理、安全、保密、知识产权及专利保护等各方面规定，必要时双方应签订相关协议。

第四章 保障措施

第十五条 建立政府、学校、企业和社会力量各方多渠道筹措经费机制，推动职业学校教师企业实践工作。鼓励引导社会各方通过设立专项基金、捐资赞助等方式支持教师企业实践。

第十六条 教师企业实践所需的设施、设备、工具和劳保用品等，由接收企业按在岗职工岗位标准配置。企业因接收教师实践所实际发生的有关合理支出，按现行税收法律规定在计算应纳税所得额时扣除。

第十七条 鼓励支持具有行业代表性的规模以上企业在接收教师企业实践方面发挥示范作用。

第十八条 国家和省级教育行政部门应会同行业主管部门依托现有资源，遴选一批共享开放的示范性教师企业实践基地，引导职业学校整合校内外企业资源建设具备生产能力的校级教师企业实践基地，逐步建立和完善教师企业实践体系。

第十九条 经学校批准到企业实践的教师,实践期间享受学校在岗人员同等的工资福利待遇,培训费、差旅费及相关费用按各地有关规定支付。教师参加企业实践应根据实际需要办理意外伤害保险。

第五章 考核与奖惩

第二十条 各地要将教师企业实践工作情况纳入对办学主管部门和职业学校的督导考核内容,对于工作成绩突出的基层部门、学校按照国家有关规定给予表彰,并予以鼓励宣传。

第二十一条 省级教育行政部门应会同有关行政部门和行业组织定期对所辖企业的教师企业实践工作进行监督、指导、考核,对工作成绩突出的企业、个人按照国家有关规定予以表彰奖励。采取有效措施,鼓励支持有条件的企业常设一批教师企业实践岗位。

第二十二条 地方各级教育行政部门要会同人力资源社会保障行政部门建立教师企业实践考核和成绩登记制度,把教师企业实践学时(学分)纳入教师考核内容。引导支持有条件的企业对参加实践的教师进行职业技能鉴定,取得相应职业资格证书。

第二十三条 职业学校要会同企业对教师企业实践情况进行考核,对取得突出成绩、重大成果的教师给予表彰奖励。

第二十四条 教师无正当理由拒不参加企业实践或参加企业实践期间违反有关纪律规定的,所在学校应督促其改正,并视情节给予批评教育;有违法行为的,按照有关规定处理。

第六章 附 则

第二十五条 本规定所称职业学校教师指中等职业学校和高等职业学校教师。技工院校教师企业实践有关工作由各级人力资源社会保障行政部门负责。

第二十六条 本规定所称企业指在各级工商行政管理部门登记注册的各类企业。教师到机关、事业单位、社会团体和组织、境外企业等其他单位或机构实践,参照本规定执行。

第二十七条 本规定由教育部等部门根据职责分工,对本部门职责范围内事项负责解释。

第二十八条 本规定自公布之日起施行。

教育部　财政部关于实施职业院校教师素质提高计划（2017—2020年）的意见

教师〔2016〕10号

各省、自治区、直辖市教育厅（教委）、财政厅（局），各计划单列市教育局、财政局，新疆生产建设兵团教育局、财务局，全国重点建设职教师资培养培训基地：

为贯彻落实《国务院关于加快发展现代职业教育的决定》（国发〔2014〕19号）精神，进一步加强职业院校"双师型"教师队伍建设，推动职业教育发展实现新跨越，教育部、财政部决定实施职业院校教师素质提高计划（2017—2020年）。现就计划实施提出如下意见。

一、目标任务

2017—2020年，组织职业院校教师校长分层分类参加国家级培训，带动地方有计划、分步骤实施五年一周期的教师全员培训，提高教师"双师"素质和校长办学治校能力；支持开展中职、高职、应用型高校教师团队研修和协同创新，创建一批中高职教师专业技能创新示范团队；推进教师和企业人员双向交流合作，建立教师到企业实践和企业人才到学校兼职任教常态化机制，通过示范引领、创新机制、重点推进、以点带面，切实提升职业院校教师队伍整体素质和建设水平，加快建成一支师德高尚、素质优良、技艺精湛、结构合理、专兼结合的高素质专业化的"双师型"教师队伍。

二、实施原则

中央引领，地方为主。中央突出示范引领，明确工作重点，加强统筹指导，强化目标管理，带动地方有效实施教师素质提高计划，建立健全教师培训经费投入长效机制。各省（区、市）根据国家要求，做好规划设计、组织安排、体系建设、监管评估，加大经费投入，保障计划有序推进、顺利实施。

对接需求，重点支持。服务精准扶贫、制造强国、区域协同发展等国家战略，统筹优化教师培养培训资源配置，优先支持战略性新兴产业、现代农业、先进制造业、现代服务业及扶贫重点产业等紧缺领域教师培训，倾斜支持农村、边远、贫困、民族及区域经济重点发展地区学校教师队伍建设。

协同创新，注重实效。推动地方政府、高校、职业院校与行业企业（职教集团）建立协同机制，深化区域、校企、校际合作，完善国家级、省级、市级、校级校企共建的教师专业发展支持服务体系，应用"互联网+"技术创新教师培养培训方式，形成一批教师培养培训示范单位和品牌专业，提升项目实施的针对性和实效性。

规范管理，确保质量。加强管理制度建设，创新工作思路和管理模式，完善竞争择优遴选机制和动态调整机制，吸引行业企业深度参与，建立信息化管理和质量监测系统，强化过程管理、经费监管和绩效考评，切实提高计划的实施质量，确保达到预期的目标效益。

三、计划内容

（一）职业院校教师示范培训

各省（区、市）遴选具备资质条件的职教师资培养培训基地、大中型企业等，采取校企合作、工学交替、线上线下等组织形式，分层分类开展教师示范培训。培训要模块化设置课程，将师德素养、工匠精神、"双创"教育、信息技术等列入培训必修内容，实行集中脱产学习和网络自主化研修相结合，开展训前诊断、训中测评、训后考核，加强教师的师德养成、专业知识更新、实践技能积累和教学能力提升。重点支持新一代信息技术、生物技术、智能制造、节能环保等新兴产业及特色农业、种养业、民族传统工艺等扶贫产业领域教师培训。鼓励支持有条件的地方选派优秀教师校长到国（境）外进修，学习发达国家和地区职业教育理念、教育教学方法手段和先进技术技能。

1. 专业带头人领军能力研修。组织职业院校具有中级以上职称、主持过相关科研教改课题或项目的专业带头人，采取集中面授、返岗实践、再集中面授的交替进行的方式，进行为期不少于4周的培训，重点提升教师的团队合作能力、应用技术研发与推广能力、课程开发技术、教研科研能力，培养一批具备专业领军水平、能够传帮带培训教学团队的"种子"名师。

2. "双师型"教师专业技能培训。组织职业院校不同层次和基础水平的"双师型"教师，采取集中面授与网络研修相结合的方式，进行不少于4周的专项培训，可分阶段。开设专业教学法、课程开发与应用、技术技能实训、教学实践与演练等专题模块，重点提升教师的理实一体教学能力、专业实践技能、信息技术应用能力等"双师"素质。

3. 优秀青年教师跟岗访学。组织职业院校有发展潜力的优秀青年教师到省内外国家级（省级）重点学校、示范学校等优质学校，采取听课观摩、集体备课与案例研讨、参与教科研项目等方式，以"师带徒"模式进行为期不少于8周的跟岗访学，通过全面参与培训院校教育教学实践和管理工作，帮助教师更新教育理念，提升教学能力、研究能力和管理能力，解决教育教学中的实际问题。

4. 卓越校长专题研修。分别组织中职和高职国家级（省级）重点学校、示范学校的校长，采取集中面授、名校观摩、跟岗培训、专题研究等相结合的方式，针对新任校长、骨干校长、知名校长分层分类开展不少于2周的专题研修。围绕集团化办学、校企合作、现代学徒制、学校治理、中高职衔接、专业设置与建设、教师队伍建设等内容，重点提高校长改革创新意识、决策领导能力、依法办学和治校能力，为各地培养一批具有较高知名度、精通现代学校治理的"教育家"型名校长。

（二）中高职教师素质协同提升

各省（区、市）遴选具备条件的优质职业院校、应用型高校、职教师资培养培训基地作为牵头单位，按照中职、高职、应用型本科不同阶段人才接续培养的要求，组织省域内学校的中等和高等职业教育衔接专业教师开展团队研修和协同创新，打造一批定期研修、协同研究、常态合作的中高职教师专业技能创新示范团队。各省（区、市）要根据区域经济社会发展需求合理确定协同提升的专业群，支持牵头学校整合优势资源，提供工作室或平台运行条件保障，支持主持人有效开展工作。

1. 中高职衔接专业教师协同研修。遴选国家级（省级）中高职示范学校具有教学专长的专业带头人、教学名师等主持建立"双师型"名师工作室，牵头组织区域内学校中高职衔接专业教师，采取集中面授和网络研修相结合的方式，进行为期不少于4周的团队研修。重点开展理实一体课程开发、行动导向的教学实践与演练、教科研交流与项目合作，协同提升教师实践教学能力、科研教研能力、研究协作能力等，共同研究开发中等和高等职业教育人才接续培养课程、教材及数字化资源。

2. 紧缺领域教师技术技能传承创新。面向装备制造、高新技术、传统（民族）技艺等紧缺专业，遴选具备条件的优质职业院校、应用型高校、职教师资培养培训基地建立教师技艺技能传承创新平台，组织具有绝招绝技的技能名师、兼职教师领衔，采取集中面授、项目合作研发相结合的方式，面向区域内中高职教师进行为期不少于4周的技术技能实训。重点开展新技术技能的开发与应用、传统（民族）技艺传承、实习实训资源开发、创新创业教育经验交流，提升教师专业实践操作技能、技术应用与创新能力等。

3. 骨干培训专家团队建设。面向承担计划任务的单位、基地管理人员和专兼职培训者，采取集中面授、网络研修、课题研究相结合的方式，进行为期不少于2周的培训组织实施能力专项研修，提升培训者的培训需求诊断能力、教学设计实施能力、课程与数字化资源开发能力、核心技能创新与推广能力、工作室（平台）主持能力和绩效考核评估能力。

（三）校企人员双向交流合作

各省（区、市）要联合行业组织，遴选、建设教师企业实践基地和兼职教师资源库，将实施教师企业实践和兼职教师聘用有效对接，完善教师定期到企业实践、企业人员到学校兼职任教的校企人才双向交流机制，促进产教深度融合。

1. 选派教师到企业实践。采取考察观摩、技能培训、跟岗实习、顶岗实践、在企业兼职或任职、参与产品技术研发等形式，组织职业院校专业课教师进行为期不少于4周的企业实践。重点学习掌握产业结构转型升级及发展趋势、前沿技术研发、关键技能应用等领域，以及企业的生产组织方式、工艺流程、岗位（工种）职责、操作规范、技能要求、用人标准、管理制度、企业文化、应用技术需求等内容，推进企业实践成果向教学资源转化，结合实践改进教学方法和途径，发掘学校技术服务企业发展的方式和途径。各地要遴选具有代表行业先进水平、有较强影响力、覆盖专业面广的企业，完善校企共建教师企业实践流动岗（工作站）机制，支持企业常设教师企业实践岗位。

2. 设立兼职教师特聘岗。重点面向战略性新兴产业、高新技术产业等国家急需特需专业及技术技能积累、民族文化传承与创新等方面专业，支持职业院校设立一批兼职教师特聘岗位，聘请企业高技能人才、工程管理人员、能工巧匠等到学校任教，兼职教师每人每学期任教时间不少于80学时。各地要建立本地区对接产业、实时更新、动态调整的兼职教师资源库，开展兼职教师教育教学能力岗前培训，支持兼职教师参与"双师型"名师工作室建设、校本研修、产学研合作研究等。各地根据本地区实际需要、行业特点、人力资源成本等，具体确定兼职教师聘用人数和补贴标准。

四、保障措施

（一）明确职责分工。教育部制订计划的管理办法和实施指南，成立专家库，完善信息管理平台，推进优质资源共享共用，组织开展督查评估。中央财政通过现代职业教育质量提升计划专项资金渠道，采取以奖代补方式引导地方加大经费投入力度，提升计划的实施成效。各省（区、市）要将计划纳入本地区教育事业"十三五"发展规划，制订本地区项目实施办法，按年度将规划方案报教育部审核，安排专门机构、专人负责，落实工作经费，做好计划的组织、协调、管理和服务。承担单位要整合优质资源，制订对接需求的实施方案，落实条件、人员与经费保障，开发优质课程资源，做好项目总结和效果评估。

（二）加强体系建设。充分发挥国家职教师资培养培训基地和示范学校的示范引领作用，推进校企共建"双师型"教师培养培训基地和企业实践基地，支持教师培养培训资源匮乏省份与资源丰富省份联合组织实施计划，建立承担单位工作评估和动态调整机制，组建专业化培训专家团队，建成一批教师教育优势特色专业和优质课程资源，推进有条件的基地试点探索教师非学历培训与学历学位教育课程衔接和学分互认，构建完备的教师专业发展支持服务体系。

（三）严格经费管理。各省（区、市）要参照国家关于培训费管理的相关规定及《现代职业教育质量提升计划专项资金管理办法》等文件，规范使用管理中央补助经费，严格界定经费开支范围，控制培训费定额标准，对应纳入政府采购范围的事项实行政府采购。实行经费审计和预决算制度，严禁将中央专项资金用于弥补其他资金缺口，坚决杜绝挤占、挪用、截留、克扣、虚列、冒领等违法违规行为的发生，确保专款专用。落实中央八项规定精神等相关要求，厉行勤俭节约，提高经费使用效益。

（四）开展督导评估。国家和省级教育部门要健全计划的绩效评价和激励制度，完善评价指标体系，采取自我评估、匿名评教、专家抽评、第三方评估等方式开展工作绩效评估，评估结果作为经费分配、任务调整、考核奖励、鼓励宣传的重要依据。建立公示制度，按年度对各地、各承担单位执行情况和工作绩效予以公示，定期开展专项督查。

教育部　财政部
2016年10月28日

教育部关于印发《中等职业学校教师专业标准（试行）》的通知

教师〔2013〕12号

各省、自治区、直辖市教育厅（教委），各计划单列市教育局，新疆生产建设兵团教育局：

为贯彻党的十八大关于加快发展现代职业教育的重大部署，落实教育规划纲要和《国务院关于加强教师队伍建设的意见》（国发〔2012〕41号）精神，构建教师队伍建设标准体系，建设高素质"双师型"中等职业学校教师队伍，教育部制定了《中等职业学校教师专业标准（试行）》（以下简称《专业标准》）。现印发给你们，请结合实际认真贯彻执行。并就有关事项通知如下：

《专业标准》是国家对合格中等职业学校教师专业素质的基本要求，是中等职业学校教师开展教育教学活动的基本规范，是引领中等职业学校教师专业发展的基本准则，是中等职业学校教师培养、准入、培训、考核等工作的基本依据。各地教育行政部门、中等职业学校师资培养培训院校（机构）、中等职业学校要把贯彻落实《专业标准》作为加强教师队伍建设的重要任务和举措，认真制订工作方案，精心组织实施，务求取得实效。

各地、各校要采取多种形式组织开展《专业标准》学习宣传活动，帮助广大中等职业学校教师和师范生准确理解《专业标准》的基本理念，全面把握《专业标准》的内容要求，把《专业标准》作为开展教育教学实践、提升专业发展水平的行为准则。要紧密结合实际，抓紧制订贯彻落实《专业标准》的具体措施。依据《专业标准》调整中等职业学校教师培养方案，科学设置教师教育课程，改革教育教学方式。将《专业标准》作为教师培训的重要内容，依据《专业标准》制定教师培训课程指南。将《专业标准》作为中等职业学校教师考核的重要依据，进一步完善考核的内容和指标。

教育部
2013年9月20日

中等职业学校教师专业标准（试行）

为促进中等职业学校教师专业发展，建设高素质"双师型"教师队伍，根据《中华人民共和国教师法》《中华人民共和国职业教育法》《中华人民共和国劳动法》，特制定《中等职业学校教师专业标准（试行）》（以下简称《专业标准》）。

中等职业学校教师是履行中等职业学校教育教学工作职责的专业人员，要经过系统的培养与培训，具有良好的职业道德，掌握系统的专业知识和专业技能，专业课教师和实习指导教师要具有企事业单位工作经历或实践经验并达到一定的职业技能水平。《专业标准》是国家对合格中等职业学校教师专业素质的基本要求，是中等职业学校教师开展教育教学活动的基本规范，是引领中等职业学校教师专业发展的基本准则，是中等职业学校教师培养、准入、培训、考核等工作的基本依据。

一、基本理念

（一）师德为先

热爱职业教育事业，具有职业理想、敬业精神和奉献精神，践行社会主义核心价值体系，履行教师职业道德规范，依法执教。立德树人，为人师表，教书育人，自尊自律，关爱学生，团结协作。以人格魅力、学识魅力、职业魅力教育和感染学生，做学生职业生涯发展的指导者和健康成长的引路人。

（二）学生为本

树立人人皆可成才的职业教育观。遵循学生身心发展规律，以学生发展为本，培养学生的职业兴趣、学习兴趣和自信心，激发学生的主动性和创造性，发挥学生特长，挖掘学生潜质，为每一个学生提供适合的教育，提高学生的就业能力、创业能力和终身学习能力，促进学生健康快乐成长，学有所长，全面发展。

（三）能力为重

在教学和育人过程中，把专业理论与职业实践相结合、职业教育理论与教育实践相结合；遵循职业教育规律和技术技能人才成长规律，提升教育教学专业化水平；坚持实践、反思、再实践、再反思，不断提高专业能力。

（四）终身学习

学习专业知识、职业教育理论与职业技能，学习和吸收国内外先进职业教育理念与经验；参与职业实践活动，了解产业发展、行业需求和职业岗位变化，不断跟进技术进步和工艺更新；优化知识结构和能力结构，提高文化素养和职业素养；具有终身学习与持续发展的意识和能力，做终身学习的典范。

二、基本内容

维度	领域	基本要求
专业理念与师德	（一）职业理解与认识	1. 贯彻党和国家教育方针政策，遵守教育法律法规。 2. 理解职业教育工作的意义，把立德树人作为职业教育的根本任务。 3. 认同中等职业学校教师的专业性和独特性，注重自身专业发展。 4. 注重团队合作，积极开展协作与交流。
	（二）对学生的态度与行为	5. 关爱学生，重视学生身心健康发展，保护学生人身与生命安全。 6. 尊重学生，维护学生合法权益，平等对待每一个学生，采用正确的方式方法引导和教育学生。 7. 信任学生，积极创造条件，促进学生的自主发展。
	（三）教育教学态度与行为	8. 树立育人为本、德育为先、能力为重的理念，将学生的知识学习、技能训练与品德养成相结合，重视学生的全面发展。 9. 遵循职业教育规律、技术技能人才成长规律和学生身心发展规律，促进学生职业能力的形成。 10. 营造勇于探索、积极实践、敢于创新的氛围，培养学生的动手能力、人文素养、规范意识和创新意识。 11. 引导学生自主学习、自强自立，养成良好的学习习惯和职业习惯。
	（四）个人修养与行为	12. 富有爱心、责任心，具有让每一个学生都能成为有用之才的坚定信念。 13. 坚持实践导向，身体力行，做中教，做中学。 14. 善于自我调节，保持平和心态。 15. 乐观向上、细心耐心，有亲和力。 16. 衣着整洁得体，语言规范健康，举止文明礼貌。

续上表

维度	领域	基本要求
专业知识	（五）教育知识	17. 熟悉技术技能人才成长规律，掌握学生身心发展规律与特点。 18. 了解学生思想品德和职业道德形成的过程及其教育方法。 19. 了解学生不同教育阶段以及从学校到工作岗位过渡阶段的心理特点和学习特点，并掌握相关教育方法。 20. 了解学生集体活动特点和组织管理方式。
	（六）职业背景知识	21. 了解所在区域经济发展情况、相关行业现状趋势与人才需求、世界技术技能前沿水平等基本情况。 22. 了解所教专业与相关职业的关系。 23. 掌握所教专业涉及的职业资格及其标准。 24. 了解学校毕业生对口单位的用人标准、岗位职责等情况。 25. 掌握所教专业的知识体系和基本规律。
	（七）课程教学知识	26. 熟悉所教课程在专业人才培养中的地位和作用。 27. 掌握所教课程的理论体系、实践体系及课程标准。 28. 掌握学生专业学习认知特点和技术技能形成的过程及特点。 29. 掌握所教课程的教学方法与策略。
	（八）通识性知识	30. 具有相应的自然科学和人文社会科学知识。 31. 了解中国经济、社会及教育发展的基本情况。 32. 具有一定的艺术欣赏与表现知识。 33. 具有适应教育现代化的信息技术知识。
专业能力	（九）教学设计	34. 根据培养目标设计教学目标和教学计划。 35. 基于职业岗位工作过程设计教学过程和教学情境。 36. 引导和帮助学生设计个性化的学习计划。 37. 参与校本课程开发。
	（十）教学实施	38. 营造良好的学习环境与氛围，培养学生的职业兴趣、学习兴趣和自信心。 39. 运用讲练结合、工学结合等多种理论与实践相结合的方式方法，有效实施教学。 40. 指导学生主动学习和技术技能训练，有效调控教学过程。 41. 应用现代教育技术手段实施教学。
	（十一）实训实习组织	42. 掌握组织学生进行校内外实训实习的方法，安排好实训实习计划，保证实训实习效果。 43. 具有与实训实习单位沟通合作的能力，全程参与实训实习。 44. 熟悉有关法律和规章制度，保护学生的人身安全，维护学生的合法权益。

续上表

维度	领域	基本要求
专业能力	（十二）班级管理与教育活动	45．结合课程教学并根据学生思想品德和职业道德形成的特点开展育人和德育活动。 46．发挥共青团和各类学生组织自我教育、管理与服务作用，开展有益于学生身心健康的教育活动。 47．为学生提供必要的职业生涯规划、就业创业指导。 48．为学生提供学习和生活方面的心理疏导。 49．妥善应对突发事件。
	（十三）教育教学评价	50．运用多元评价方法，结合技术技能人才培养规律，多视角、全过程评价学生发展。 51．引导学生进行自我评价和相互评价。 52．开展自我评价、相互评价与学生对教师评价，及时调整和改进教育教学工作。
	（十四）沟通与合作	53．了解学生，平等地与学生进行沟通交流，建立良好的师生关系。 54．与同事合作交流，分享经验和资源，共同发展。 55．与家长进行沟通合作，共同促进学生发展。 56．配合和推动学校与企业、社区建立合作互助的关系，促进校企合作，提供社会服务。
	（十五）教学研究与专业发展	57．主动收集分析毕业生就业信息和行业企业用人需求等相关信息，不断反思和改进教育教学工作。 58．针对教育教学工作中的现实需要与问题，进行探索和研究。 59．参加校本教学研究和教学改革。 60．结合行业企业需求和专业发展需要，制定个人专业发展规划，通过参加专业培训和企业实践等多种途径，不断提高自身专业素质。

三、实施要求

（一）各级教育行政部门要将《专业标准》作为中等职业学校教师队伍建设的基本依据。根据中等职业学校教育改革发展的需要，充分发挥《专业标准》的引领和导向作用，深化教师教育改革，建立教师教育质量保障体系，不断提高教师培养培训质量。制定中等职业学校教师准入标准，严把教师入口关；制定中等职业学校教师聘任（聘用）、考核、退出等管理制度，保障教师合法权益，形成科学有效的中等职业学校教师队伍管理和督导机制。

（二）开展中等职业学校教师教育的院校要将《专业标准》作为教师培养培训的主要依据。重视中等职业学校教师职业特点，加强专业建设，深化校企合作；完善教师培养培训方案，科学设置教师教育课程，改革教育教学方式；重视教师职业道德教育，重视职业实践、社会实践和教育实习；加强从事中等职业学校教师教育的师资队伍建设，建立科学的质量评价制度。

（三）中等职业学校要将《专业标准》作为教师管理的重要依据。制定中等职业学校教师专业发展规划，注重教师职业理想与职业道德教育，增强教师育人的责任感与使命感；开展校本研修，促进教师专业发展；完善教师岗位职责和考核评价制度，健全中等职业学校教师绩效管理机制。

（四）中等职业学校教师要将《专业标准》作为自身专业发展的基本依据。制定个人专业发展规划，爱岗敬业，增强专业发展自觉性；大胆开展教育教学改革，不断创新；积极进行自我评价，主动参加教师培训和自主研修，逐步提升专业发展水平。

教育部　国家发展改革委　财政部关于深化教师教育改革的意见

教师〔2012〕13号

各省、自治区、直辖市教育厅（教委）、发展改革委、财政厅（局），新疆生产建设兵团教育局、发展改革委、财务局，部属师范大学：

为深入贯彻落实《国家中长期教育改革和发展规划纲要（2010—2020年）》和《国务院关于加强教师队伍建设的意见》（国发〔2012〕41号），深化教师教育改革，推进教师教育内涵式发展，全面提高教师教育质量，培养造就高素质专业化教师队伍，现提出以下意见：

一、构建开放灵活的教师教育体系。发挥师范院校在教师教育中的主体作用，重点建设好师范大学和师范学院。鼓励综合大学发挥学科综合优势，参与教师教育。地方综合性院校、师范高等专科学校、中等师范学校要根据教师培养要求，积极调整专业结构，加强小学和幼儿园教师培养。教育部与各省级人民政府共同建设一批师范大学和职业技术师范院校。支持部属师范大学与地方师范院校合作建立区域性教师教育联盟。

建立以师范院校为主体、教师培训机构为支撑、现代远程教育为支持、立足校本的教师培训体系。各地要推进县级教师培训机构与教研、科研、电教等部门的整合与联合，规范建设县（区）域教师发展平台，统筹县域内教师全员培训工作。依托现有资源，加强中小学幼儿园教师、职业学校教师、特殊教育教师和民族地区双语教师培养培训基地建设。

二、健全教师教育标准体系。根据各级各类教育的特点，健全教师教育标准体系，全面提高教师教育专业化水平。落实幼儿园、小学、中学教师专业标准，出台职业学校、特殊教育学校教师专业标准。制订分学科、分专业教师专业标准，引导教师专业发展。落实教师教育课程标准，制订师范类专业认证标准、师范院校本科教学质量标准。制订教师培训机构资质认证标准、教师培训课程标准和培训质量评估标准体系。

三、完善教师培养培训制度。各地要根据中小学教师队伍建设需要，科学确定师范生招生规模，统筹安排招生计划，合理确定分专业招生数量，确保招生培养与教师岗位需求有效衔接。师范生实行提前批次录取，鼓励高校增加面试环节，录取乐教适教的优秀学生攻读师范类专业。扩大教育硕士、教育博士招生规模，培养高层次中小学和中等职业学校教师。探索建立招收职业学校毕业生和企业技术人员专门培养职业学校教师制度。进一步完善和推进部属师范大学师范生免费教育，发挥示范引领作用。鼓励支持地方结合实际，实行师范生免费教育制度。继续实施教师教育创新平台计划。

实行5年一周期不少于360学时的教师全员培训制度，推动教师专业发展常态化。教师培训实行学分管理，教师培训学分作为教师资格定期注册、教师考核和职务（职称）聘任的必备条件。推动教师培训管理信息化。实行教师培训项目招投标机制。实行职业学校专业教师每2年不少于2个月的企业实践制度。完善中小学（幼儿园、中等职业学校）校（园）长培训制度。

四、创新教师教育模式。实施卓越教师培养计划，推进教师培养模式改革，建立高等学校与地方政府、中小学（幼儿园、中等职业学校）联合培养教师的新机制，发挥好行业企业在培养"双师型"教师中的作用。支持师范大学与综合大学、科研院所、行业企业、地方政府及国外教育科研机构深度合作，建立教师教育协同创新中心。推进高等学校内部教师教育资源的整合，促进教师培养、培训、研究和服务一体化。积极推进"4+2"中学（中等职业学校）教师培养模式，完善小学和幼儿园教师全科培养模式。

创新教师培训模式。适应教学方式和学习方式的变化，重点采取置换研修、集中培训、校本研修、远程培训等多种有效途径，大力开展中小学（幼儿园）特别是农村教师培训，不断增强培训的针对性和实效性。推动信息技术与教师培训深度融合，建立教师网络研修社区，促进教师自主学习。鼓励有条件的地区开展教师海外研修。

五、深化教师教育课程改革。开展师范类专业综合改革试点。优化课程结构，强化教师教育课程。切实落实师范生到中小学（幼儿园）教育实践不少于一个学期制度。实施"教师教育国家级精品资源共享课程建设计划"。大力推进小班化教学，改进教学方法与手段，提高课堂教学效率。加强师德教育和养成教育，着力培养师范生的社会责任感、创新精神和实践能力。

加强优质教师培训课程资源建设，形成资源共建共享平台。改进教师培训教学组织方式，采取案例式、探究式、参与式、情景式、讨论式等多种方式，提高教师培训质量。

六、加强教师教育师资队伍建设。高等学校要根据教学需要，配足配齐教师教育类课程教师。加强兼职教师队伍建设，优秀中小学教师占教师教育类课程教师的比例不少于20%。健全优秀中小学教师与高校教师共同指导师范生教育实习的机制。完善教师教育类课程教师分类管理和考核评价办法。承担教师教育类课程的中青年教师，应到中小学从事至少1年的教学工作。

加强教师培训机构的专兼职教师队伍建设。加强专职教师培训，提高开展教师培训工作的能力。聘请优秀高校教师、中小学（幼儿园）教师担任兼职教师。建立动态调整的培训专家库。

七、开展教师教育质量评估。开展师范类专业认证及评估工作。进行新建本科师范院校教学合格评估和其他本科师范院校审核评估。建立高校教师教育自我评估制度。开展教师培训机构资质认证工作。采取学员评估、专家评估和第三方评估等多种方式，加强教师培训过程监控和绩效评估。开展教师培训专项督导工作。

八、加强教师教育经费保障。各地要切实加大教师教育财政支持力度，新增财政教育经费要把教师培养培训作为投入重点之一。高等学校要建立师范生教育实习经费保障机制，确保师范生教育实践需要。教师培训经费列入同级财政预算。中小学（幼儿园、中等职业学校）按照年度公用经费预算总额的5%安排教师培训经费。支持实施幼儿园和中小学教师国家级培训计划、职业院校教师素质提高计划和中小学（中等职业学校）名师名校长培养工程。

教育部　国家发展改革委　财政部
2012年9月6日

教育部 财政部 人力资源和社会保障部 国务院国有资产监督管理委员会关于印发《职业学校兼职教师管理办法》的通知

教师〔2012〕14号

各省、自治区、直辖市教育厅（教委）、财政厅（局）、人力资源社会保障厅（局）、国资委，新疆生产建设兵团教育局、财务局、人力资源和社会保障局、国资委：

为了贯彻落实《国家中长期教育改革和发展规划纲要（2010—2020年）》、《国务院关于大力发展职业教育的决定》（国发〔2005〕35号）和《国务院关于加强教师队伍建设的意见》（国发〔2012〕41号），进一步加强职业教育教师队伍建设，完善职业学校兼职教师聘用政策，强化职业教育实践教学环节，促进教师队伍结构优化，特制定《职业学校兼职教师管理办法》，现印发给你们，请遵照执行。

附件：职业学校兼职教师管理办法

教育部 财政部
人力资源和社会保障部 国务院国有资产监督管理委员会
2012年10月18日

附件

职业学校兼职教师管理办法

第一章 总则

第一条 为了贯彻落实《国家中长期教育改革和发展规划纲要（2010—2020年）》、《国务院关于大力发展职业教育的决定》和《国务院关于加强教师队伍建设的意见》，完善职业学校兼职教师管理制度，强化实践教学环节、优化教师队伍结构，支持、鼓励和规范职业学校聘请具有实践经验的专业技术人员、高技能人才担任兼职教师，制定本办法。

第二条 本办法所指职业学校包括依法登记为事业单位的中等职业学校和高等职业学校，其中，中等职业学校包括中等专业学校、职业高中、技工学校和成人中等专业学校。

第三条 本办法所称兼职教师是指受职业学校聘请，兼职担任特定专业课或者实习指导课教学任务的专业技术人员、高技能人才。兼职教师占职业学校专兼职教师总数的比例应在学校岗位设置方案中明确，一般不超过30%。

第四条 聘请兼职教师应重点满足面向战略性新兴产业、现代农业、先进制造业、现代服务业及特色专业的教学需要。

第二章 人员条件

第五条 聘请的兼职教师一般应为企事业单位在职人员。专业教学急需的也可聘请退休人员。

第六条 兼职教师的基本条件：

（一）具备良好的思想政治素质和职业道德，遵纪守法，热爱教育事业，身心健康；

（二）具有较高的专业素养和技能水平，能够胜任教学工作；

（三）一般应具有中级以上专业技术职称（职务）或高级工以上等级职业资格（职务），特殊情况也可聘请具有特殊技能、在相关行业中具有一定声誉的能工巧匠、非物质文化遗产国家和省级传承人；

（四）初次聘请的退休人员，离开原工作岗位的时间原则上不超过 2 年，年龄一般不超过 65 周岁，特殊情况可据学校需要而定。

第三章　聘请程序

第七条　职业学校聘请兼职教师可通过对口合作的企事业单位选派的方式产生，也可以面向社会聘请。职业学校聘请兼职教师应优先考虑对口合作企业人员，建立合作企业人员到职业学校兼职任教的常态机制，并纳入校企合作基本内容。

第八条　面向社会聘请兼职教师应按照公开、公平、择优的原则，严格考察、遴选和聘请程序。基本程序是：

（一）职业学校根据教学需要，确定兼职教师岗位和任职条件；

（二）职业学校对应聘人员进行资格审查、能力考核；

（三）职业学校确定岗位人选，并予以公示；

（四）职业学校与兼职教师签订工作协议。

企事业单位在职人员在应聘兼职教师前应征得所在单位的同意。

第九条　职业学校应明确兼职教师管理机构，负责聘请兼职教师工作的组织实施。

第十条　兼职教师上岗任教前，职业学校应对其进行基本教学能力及相关法律法规的培训。

第四章　组织管理

第十一条　除通过对口合作的企事业单位选派兼职教师以外，职业学校应与兼职教师签订工作协议。

工作协议应明确双方的权利与义务。包括工作时间、工作方式、工作任务、工作报酬、劳动保护等内容。协议期限应根据教学安排和课程需要，经双方协商确定，一般不少于一学期。

第十二条　兼职教师为企事业单位在职人员，原所在单位和聘请兼职教师的职业学校应当分别为兼职教师缴纳工伤保险费。兼职教师在协议期内发生工伤，由兼职教师受到伤害时其工作的单位依法承担工伤保险责任。

鼓励职业学校为兼职教师购买意外伤害保险。

第十三条　兼职教师要遵守职业道德规范，严格执行职业学校教学管理制度，认真履行职责。职业学校要制订兼职教师评价标准，加强日常管理和考核评价，并将在职人员兼职任教情况及时反馈给其人事和劳动关系所在单位。

第十四条　职业学校应当为兼职教师创造良好的工作环境，鼓励、吸收兼职教师参加教学研究、专业建设和团队建设，支持兼职教师与专任教师联合开展企业技术攻关等。

第十五条　企事业单位应当支持具有实践经验的专业技术人员和高技能人才到职业学校兼职任教，其中，事业单位应将兼职任教情况作为其考核评价的重要内容。

第十六条　有关部门要将选派兼职教师的数量和水平纳入企业社会责任考核的重要内容。

第十七条　各级教育和人力资源社会保障行政部门将兼职教师纳入教师队伍建设总体规划，将职业学校聘请兼职教师工作纳入人事管理情况监督检查范围，建立兼职教师资源库，加强对职业学校兼职教师管理工作的指导。

第十八条　兼职教师可根据所承担的工作任务，按照相应系列教师评价标准参与职务评价。

第五章　经费来源

第十九条　建立政府、学校、企事业单位多渠道筹措兼职教师经费投入机制，保障兼职教师的报酬。

第二十条　有条件的地方，可以安排财政专项资金，用于支持发展势头良好、社会声誉较高、专业师资紧缺的职业学校聘请兼职教师。

第二十一条　职业学校可以在事业收入中安排一定经费，用于支付兼职教师报酬。

第六章　附则

第二十二条　各地教育行政部门应当会同财政、人力资源社会保障、国有资产监督管理等部门，研究制订本地区职业学校兼职教师管理办法的实施细则。

第二十三条　本办法自公布之日起施行。

国务院关于加强教师队伍建设的意见

国发〔2012〕41号

各省、自治区、直辖市人民政府，国务院各部委、各直属机构：

教师是教育事业发展的基础，是提高教育质量、办好人民满意教育的关键。党中央、国务院历来高度重视教师队伍建设。改革开放特别是党的十六大以来，各地区各有关部门采取一系列政策措施，大力推进教师队伍建设，取得显著成绩。同时也要看到，当前我国教师队伍整体素质有待提高，队伍结构不尽合理，教师管理体制机制有待完善，农村教师职业吸引力亟待提升。为深入实施科教兴国战略和人才强国战略，进一步加强教师队伍建设，现提出以下意见：

一、加强教师队伍建设的指导思想、总体目标和重点任务

（一）指导思想。高举中国特色社会主义伟大旗帜，以邓小平理论和"三个代表"重要思想为指导，深入贯彻科学发展观，全面贯彻党的教育方针，认真落实教育规划纲要和人才规划纲要，遵循教育规律和教师成长发展规律，把促进学生健康成长作为教师工作的出发点和落脚点，围绕促进教育公平、提高教育质量的要求，加强教师工作薄弱环节，创新教师管理体制机制，以提高师德素养和业务能力为核心，全面加强教师队伍建设，为教育事业改革发展提供有力支撑。

（二）总体目标。到2020年，形成一支师德高尚、业务精湛、结构合理、充满活力的高素质专业化教师队伍。专任教师数量满足各级各类教育发展需要；教师队伍整体素质大幅提高，普遍具有良好的职业道德素养、先进的教育理念、扎实的专业知识基础和较强的教育教学能力；教师队伍的年龄、学历、职务（职称）、学科结构以及学段、城乡分布结构与教育事业发展相协调；教师地位待遇不断提高，农村教师职业吸引力明显增强；教师管理制度科学规范，形成富有效率、更加开放的教师工作体制机制。

（三）重点任务。幼儿园教师队伍建设要以补足配齐为重点，切实加强幼儿园教师培养培训，严格实施幼儿园教师资格制度，依法落实幼儿园教师地位待遇；中小学教师队伍建设要以农村教师为重点，采取倾斜政策，切实增强农村教师职业吸引力，激励更多优秀人才到农村从教；职业学校教师队伍建设要以"双师型"教师为重点，完善"双师型"教师培养培训体系，健全技能型人才到职业学校从教制度；高等学校教师队伍建设要以中青年教师和创新团队为重点，优化中青年教师成长发展、脱颖而出的制度环境，培育跨学科、跨领域的科研与教学相结合的创新团队；民族地区教师队伍建设要以提高政治素质和业务能力为重点，加强中小学和幼儿园双语教师培养培训，加快培养一批边疆民族地区紧缺教师人才；特殊教育教师队伍建设要以提升专业化水平为重点，提高特殊教育教师培养培训质量，健全特殊教育教师管理制度。

二、加强教师思想政治教育和师德建设

（四）全面提高教师思想政治素质。坚持和完善理论学习制度，创新理论学习的方式和载体，加强中国特色社会主义理论体系教育，不断提高教师的理论修养和思想政治素质。推动教师在社会实践活动中进一步了解国情、社情、民情。开辟思想政治教育新阵地，建立教师思想状况定期调查分析制度，坚持解决思想问题与解决实际困难相结合，增强思想政治工作的针对性和实效性。确保教师坚持正确政治方向，践行社会主义核心价值体系，遵守宪法和有关法律法规，坚持学术研究无禁区、课堂讲授有纪律，帮助和引领学生形成正确的世界观、人生观和价值观。

（五）构建师德建设长效机制。建立健全教育、宣传、考核、监督与奖惩相结合的师德建设工作机制。开展各种形式的师德教育，把教师职业理想、职业道德、学术规范以及心理健康教育融入职前培养、准入、职后培训和管理的全过程。加大优秀师德典型宣传力度，促进形成重德养德的良好风气。研究制定科学合理的师德考评方式，完善师德考评制度，将师德建设作为学校工作考核和办学质量评估的重要指标，把师德表现作为教师资格定期注册、业绩考核、职称评审、岗位聘用、评优奖励的首要内容，对教师实行师德表现一票否决制。完善学生、家长和社会参与的师德监督机制。完善高等学校科研学术规范，健全学术不端行为惩治查处机制。对有严重失德行为、影响恶劣者按有关规定予以严肃处理直至撤销教师资格。

三、大力提高教师专业化水平

（六）完善教师专业发展标准体系。根据各级各类教育的特点，出台幼儿园、小学、中学、职业学校、高等学校、特殊教育学校教师专业标准，作为教师培养、准入、培训、考核等工作的重要依据。制定幼儿园园长、普通中小学校长、中等职业学校校长专业标准和任职资格标准，提高校长（园长）专业化水平。制定师范类专业认证标准，开展专业认证和评估，规范师范类专业办学，建立教师培养质量评估制度。

（七）提高教师培养质量。完善师范生招生制度，科学制定招生计划，确保招生培养与教师岗位需求有效衔接，实行提前批次录取，选拔乐教适教的优秀学生攻读师范类专业。发挥教育部直属师范大学师范生免费教育的示范引领作用，鼓励支持地方结合实际实施师范生免费教育制度。探索建立招收职业学校毕业生和企业技术人员专门培养职业教育师资制度。扩大教育硕士、教育博士招生规模，培养高层次的中小学和职业学校教师。创新教师培养模式，建立高等学校与地方政府、中小学（幼儿园、职业学校）联合培养教师的新机制，发挥好行业企业在培养"双师型"教师中的作用。加强教师养成教育和教育教学能力训练，落实师范生教育实践不少于一学期制度。鼓励综合性大学毕业生从事教师职业。

（八）建立教师学习培训制度。实行五年一周期不少于360学时的教师全员培训制度，推行教师培训学分制度。采取顶岗置换研修、校本研修、远程培训等多种模式，大力开展中小学、幼儿园教师特别是农村教师培训。完善以企业实践为重点的职业学校教师培训制度。推进高等学校中青年教师专业发展，建立高等学校中青年教师国内访学、挂职锻炼、社会实践制度。加大民族地区双语教师和音乐、体育、美术等师资紧缺学科教师培训。加强校长培训，重视辅导员和班主任培训。推动信息技术与教师教育深度融合，建设教师网络研修社区和终身学习支持服务体系，促进教师自主学习，推动教学方式变革。继续实施"幼儿园和中小学教师国家级培训计划""职业院校教师素质提高计划"。

（九）完善教师培养培训体系。构建以师范院校为主体、综合大学参与、开放灵活的中小学教师教育体系。依托相关高等学校和大中型企业，共建职业学校"双师型"教师培养培训体系。推动高等学校设立教师发展中心。依托现有资源，加强中小学幼儿园教师、职业学校教师、特殊教育教师、民族地区双语教师培养培训基地建设。推动各地结合实际，规范建设县（区）域教师发展平台。

（十）培养造就高端教育人才。实施中小学名师名校长培养工程。制定普通中小学、中等职业学校校长负责制实施细则，探索校长职级制。改进特级教师评选和管理工作，更好发挥特级教师的示范带动作用。坚持培养与引进兼顾，教学与科研并重，加强高等学校高层次创新型人才队伍建设。实施好"千人计划""长江学者奖励计划"和"创新团队发展计划"等人才项目，造就集聚一批具有国际影响的学科领军人才和高水平的教学科研创新团队。落实和扩大学校办学自主权，支持鼓励教师和校长在实践中大胆探索，创新教育思想、教育模式和教育方法，形成教学特色和办学风格，造就一批教育家，倡导教育家办学。

四、建立健全教师管理制度

（十一）加强教师资源配置管理。逐步实行城乡统一的中小学教职工编制标准，对农村边远地区实行倾斜政策。研究制定高等学校教职工编制标准。完善学校编制管理办法，健全编制动态管理机制，严禁挤占、挪用、截留教师编制。国家出台幼儿园教师配备标准，各地结合实际合理核定公办幼儿园教职工编制。建立县（区）域内义务教育学校教师校长轮岗交流机制，促进教师资源合理配置。大力推进城镇教师支持农村教育，鼓励支持退休的特级教师、高级教师到农村学校支教讲学。

（十二）严格教师资格和准入制度。修订《教师资格条例》，提高教师任职学历标准、品行和教育教学能力要求。全面实施教师资格考试和定期注册制度。完善符合职业教育特点的职业学校教师资格标准。健全新进教师公开招聘制度，探索符合不同学段、专业和岗位特点的教师招聘办法。继续实施并逐步完善农村义务教育阶段学校教师特设岗位计划，探索吸引高校毕业生到村小学、教学点任教的新机制。

（十三）加快推进教师职务（职称）制度改革。分类推进教师职务（职称）制度改革，完善符合各类教师职业特点的职务（职称）评价标准。建立统一的中小学教师职务（职称）系列，探索在职业学校设置正高级教师职务（职称）。研究完善符合村小学和教学点实际的职务（职称）评定标准，职务（职称）晋升向村小学和教学点专任教师倾斜。城镇中小学教师在评聘高级职务（职称）时，要有一年以上在农村学校或薄弱学校任教经历。支持符合条件的职业学校和高等学校兼职教师申报相应系列教师专业技术职务。

（十四）全面推行聘用制度和岗位管理制度。根据分类推进事业单位改革的总体部署，按照按需设岗、竞聘上岗、按岗聘用、合同管理的原则，完善以合同管理为基础的用人制度，实现教师职务（职称）评审与岗位聘用的有机结合，完善教师退出机制。鼓励普通高中聘请高等学校、科研院所和社会团体等机构的专业人才担任兼职教师。完善相关人事政策，鼓励职业学校和高等学校聘请企业管理人员、专业技术人员和高技能人才等担任专兼职教师。探索更加有利于促进协同创新、持续创新的高等学校人事管理办法。完善外籍教师管理办法，吸引更多世界一流的专家学者来华从事教学、科研和管理工作，有计划地引进海外高端人才和学术团队。

（十五）健全教师考核评价制度。完善重师德、重能力、重业绩、重贡献的教师考核评价标准，探索实行学校、学生、教师和社会等多方参与的评价办法，引导教师潜心教书育人。严禁简单用升学率和考试成绩评价中小学教师。根据不同类型教师的岗位职责和工作特点，完善高等学校教师分类管理和评价办法；健全大学教授为本科生上课制度，把承担本科教学任务作为教授考核评价的基本内容。加强教师管理，严禁公办、在职中小学教师从事有偿补课，规范高等学校教师兼职兼薪。

五、切实保障教师合法权益和待遇

（十六）完善教师参与治校治学机制。建立健全教职工代表大会制度，保障教职工参与学校决策的合法权利。完善中小学学校管理制度，发挥好党组织的领导核心和政治核心作用，健全校长负责制，实行校务会议等制度，完善教职工参与的科学民主决策机制。完善中国特色现代大学制度，坚持党委领导下的校长负责制，探索教授治学的有效途径，充分发挥教授在教学、学术研究以及学校管理中的作用。完善教师人事争议处理途径，依法维护教师权益。

（十七）强化教师工资保障机制。依法保证教师平均工资水平不低于或者高于国家公务员的平均工资水平，并逐步提高，保障教师工资按时足额发放。健全符合教师职业特点、体现岗位绩效的工资分配激励约束机制。进一步做好义务教育学校教师绩效工资实施工作，按照"管理以县为主、经费省级统筹、中央适当支持"的原则，确保绩效工资所需资金落实到位。对长期在农村基层和艰苦边远地区工作的教师，实行工资倾斜政策。推进非义务教育教师绩效工资实施工作。

（十八）健全教师社会保障制度。按照事业单位改革的总体部署，推进教师养老保障制度改革，按规定为教师缴纳社会保险费及住房公积金。中央在基建投资中安排资金，支持加快建设农村艰苦边远地区学校教师周转宿舍。鼓励地方政府将符合条件的农村教师住房纳入当地住房保障范围统筹予以解决。

（十九）完善教师表彰奖励制度。探索建立国家级教师荣誉制度。继续做好全国模范教师和全国教育系统先进工作者表彰工作，对在农村地区长期从教、贡献突出的教师加大表彰奖励力度。定期开展教学名师奖评选，重点奖励在教学一线作出突出贡献的优秀教师。研究完善国家级教学成果奖。鼓励各地按照国家有关规定开展教师表彰奖励工作。

（二十）保障民办学校教师权益。建立健全民办学校教师管理相关制度，依法保障和落实民办学校教师在培训、职务（职称）评审、教龄和工龄计算、表彰奖励、社会活动等方面与公办学校教师享有同等权利。民办学校应依法聘用教师，明确双方权利义务，及时兑现教师工资待遇，按规定为教师足额缴纳社会保险费和住房公积金。鼓励民办学校为教师建立补充养老保险、医疗保险。

六、确保教师队伍建设政策措施落到实处

（二十一）加强组织领导。各级人民政府要切实加强对教师工作的组织领导，把教师队伍建设列入重要议事日程抓实抓好。完善部门沟通协调机制，形成责权明确、分工协作、齐抓共管的工作格局，及时研究解决教师队伍建设中的突出矛盾和重大问题。教育行政部门要加强对教师队伍建设的统筹管理、规划和指导，制定相关政策和标准。机构编制、发展改革、财政、人力资源社会保障等有关部门要在各自职责范围内，积极推进教师队伍建设有关工作。鼓励和引导社会力量参与支持教师队伍建设。

（二十二）加强经费保障。各级人民政府要加大对教师队伍建设的投入力度，新增财政教育经费要把教师队伍建设作为投入重点之一，切实保障教师培养培训、工资待遇等方面的经费投入。教师培训经费要列入财政预算。幼儿园、中小学和中等职业学校按照年度公用经费预算总额的5%安排教师培训经费；高等学校按照不同层次和规模情况，统筹安排一定的教师培训经费。切实加强经费监管，确保专款专用，提高经费使用效益。

（二十三）加强考核督导。要把教师队伍建设情况作为各地区各有关部门政绩考核、各级各类学校办学水平评估的重要内容，作为评优评先、表彰奖励的重要依据。建立教师工作定期督导检查制度，把教师队伍建设情况作为教育督导的重要内容，并公告督导结果，推动各项政策措施落实到位。

国务院

2012 年 8 月 10 日

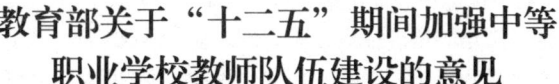

教育部关于"十二五"期间加强中等职业学校教师队伍建设的意见

教职成〔2011〕17号

各省、自治区、直辖市教育厅（教委），各计划单列市教育局，新疆生产建设兵团教育局：

为全面落实全国教育工作会议精神和《国家中长期教育改革和发展规划纲要（2010—2020年）》，加快建设高素质专业化的教师队伍，推动职业教育科学发展，现就"十二五"期间加强中等职业学校教师队伍建设工作提出如下意见。

一、中等职业学校教师队伍建设面临的新形势

（一）"十一五"期间中等职业学校教师队伍建设取得了显著成绩。

"十一五"期间，各级党委和政府高度重视中等职业学校教师工作，普遍加强领导和统筹，加大经费投入，全面实施中等职业学校教师素质提高计划，有组织大规模地开展教师培训活动，推动培养培训基地加强内涵建设、创新培训模式，加快推进兼职教师聘用政策、教师企业实践、编制标准、绩效工资制度等方面的改革，深入开展教师国际合作与交流，中等职业学校教师队伍建设达到了新的水平。五年来，教师队伍规模稳步增长，结构更加优化，整体素质明显提升，培养高素质技能型人才的能力大幅提高，为职业教育快速发展提供了强有力的支撑和保障。

（二）职业教育改革发展对教师队伍建设提出了新的更高要求。

教育规划纲要发布之后，我国职业教育改革发展进入到加快建设现代职业教育体系、全面提高技能型人才培养质量的新阶段。实现职业教育科学发展，进一步保证规模、调整结构、加强管理、提高质量，对中等职业学校教师队伍建设提出了更高的要求。面对新的形势和要求，中等职业学校教师队伍要进一步扩大规模、优化结构、提高素质，加快解决生师比过高、"双师型"教师和兼职教师比例偏低、教师实践教学能力不足的问题。因此，必须要把中等职业学校教师队伍建设摆在职业教育事业发展更加重要的位置，采取切实有力的措施，加强规划，加大投入，深化改革，努力开创职业教育教师工作的新局面。

二、"十二五"期间中等职业学校教师队伍建设的指导思想和工作目标

（三）"十二五"期间中等职业学校教师队伍建设的指导思想。

以邓小平理论和"三个代表"重要思想为指导，深入贯彻落实科学发展观，全面落实全国教育工作会议精神和教育规划纲要，适应职业教育改革创新的需要，以推动教师专业化为引领，以加强"双师型"教师队伍建设为重点，以创新制度和机制为动力，以完善培养培训体系为保障，以实施素质提高计划为抓手，统筹规划，突出重点，改革创新，狠抓落实，加快建设一支数量充足、素质优良、结构合理、特色鲜明、专兼结合的高素质专业化中等职业学校教师队伍。

（四）"十二五"期间中等职业学校教师队伍建设的工作目标。

队伍规模进一步扩大。到2015年，专任教师生师比降到20∶1以下，专业教师中兼职教师的比例占到30%以上，全国中等职业学校专兼职教师总量达到135万人左右。

素质结构进一步优化。专任教师中，学历达标率超过95%，研究生层次教师比例逐步提高；"双师型"教师占专业教师的比例达到50%。教师师德水平明显提高，普遍树立现代职业教育理念、具备运用现代信息技术的能力。

培养培训体系更加完善。国家级职业教育师资培养培训基地达到100个、教师企业实践单位达到

100个，省级基地和企业实践单位进一步优化布局、突出特色。校企合作开展教师培养培训的模式全面建立。具有职业教育特色的教师培养培训标准和课程体系基本形成。

教师管理制度更加健全。教师资格、职务（职称）、编制等制度改革取得实质性进展，培养培训制度全面加强，人事分配制度改革进一步深化，满足教师专业化发展要求的管理制度全面建立。

三、"十二五"期间中等职业学校教师队伍建设的工作重点和政策措施

（五）加强职业理想教育，全面提高教师职业道德水平。

将职业理想教育与推动教师专业成长紧密结合起来，通过大力宣传职业教育、树立先进人物典型、引导职业生涯发展等综合措施，使教师坚定职业方向、爱岗敬业、热爱学生，增强从事职业教育的荣誉感、使命感，以人格魅力和学识魅力感染学生，做学生健康成长的指导者和引路人。修订《中等职业学校教师职业道德规范（试行）》，完善师德考评制度，将师德表现作为教师考核、聘任（聘用）和评价的首要内容。把师德建设作为中等职业学校工作评估的重要指标。

（六）创新教师补充机制，吸引优秀人才从事职业教育。

加强新教师培养的整体规划。改革培养院校招生制度，进一步拓宽招生渠道，提高生源质量。创新教师培养模式，强化企业实践和职业学校实习环节。加快研究生层次教师培养步伐。加快培养面向战略性新兴产业、现代农业、先进制造业、现代服务业相关专业的教师。鼓励培养院校通过对口支援、委托培养、免费师范生等方式，加大对西部、农村和民族地区职业教育教师培养的力度。

加快完善兼职教师聘用政策。各地要认真总结"十一五"中等职业学校紧缺专业特聘兼职教师资助项目的做法和经验，制定完善兼职教师聘用政策与管理办法，加大对中等职业学校聘请兼职教师工作的支持力度。"十二五"期间，实施职业院校教师素质提高计划兼职教师推进项目，各地要按照国家统一部署和要求，支持中等职业学校设立一批兼职教师岗位，解决兼职教师的待遇和管理问题，切实发挥好兼职教师在教学中的作用。各地和中等职业学校要加强对指导学生顶岗实习的企业技术人员的引导和管理，积极创造条件提高他们指导和管理学生的能力，增强学生顶岗实习的效果。

推进教师编制管理制度改革。省级教育行政部门要按照国家有关政策规定，积极协调和配合编制、人事、财政等部门，抓紧制订本地区中等职业学校教职工编制标准。要积极探索实名编与非实名编相结合、设立附加编等编制配备和管理方法，加强对专兼职教师配备的统筹，不断优化中等职业学校教师配置。要研究制定相关的人事政策，建立和完善技能型人才从教的制度，形成更加多元的教师供给机制。

（七）完善继续教育制度，不断提高教师专业发展能力。

各地要按照国家有关规定，全面推进和落实职业教育教师继续教育工作，制定完善具体的实施办法和工作细则，确保教师按要求完成继续教育学时（学分）数。要推进教师全员培训，广泛开展新教师上岗培训、教师岗位培训、骨干教师培训。重视公共基础课教师、班主任培训。鼓励学校开展各种形式的校本培训。实施职业院校教师素质提高计划专业骨干教师培训项目，加快培养一批在教育教学改革中发挥引领示范作用的骨干教师和专业带头人。

要贯彻落实《教育部关于建立中等职业学校教师到企业实践制度的意见》（教职成〔2006〕11号）、《教育部关于进一步完善职业教育教师培养培训制度的意见》（教职成〔2011〕16号），把企业实践作为中等职业学校教师继续教育的重要形式，加强组织领导，完善管理办法，探索工作机制，搭建实践平台，积极推动企业实践制度的全面建立和完善。实施职业学校教师素质提高计划青年教师企业实践项目。

（八）完善培养培训体系，提升教师培养培训工作质量。

合理布局职教师资培养培训基地。国家和地方结合产业发展、区域发展需要和教师培养培训需求，

依托普通本科院校、职业院校和大中型企业，继续建设一批"双师型"教师培养培训基地和教师企业实践单位。建立基地工作评估和动态调整机制，不断优化基地的区域和专业布局。

全面推进培养培训基地能力建设。基地中的普通本科院校都要建立具有教学、科研和统筹协调职能的职业技术教育（师范）学院，加强职业技术师范专业和职业技术教育学科建设，组建专兼结合的教学和科研队伍，积极开展"双师型"教师培养培训和职业教育科学研究。深化校企合作机制，创新教师培养培训模式。实施职业院校教师素质提高计划职教师资培养培训体系建设项目，重点建设一批教师培养培训专业点，改善基地实验实训条件；开发一批具有职教特色的教师培养课程和教材。

（九）健全教师管理制度，激发职业教育教师队伍活力。

完善中等职业学校教师资格制度，充实专业教师任职资格条件，增加相关工作经历和职业能力方面的要求，将双师素质基本要求纳入教师资格评价体系。国家按专业大类开发中等职业学校教师资格标准，制定资格考试大纲和考试办法。建立教师资格证书定期登记制度。

规范中等职业学校教师职务（职称）序列，建立体现职业教育特点的教师职务（职称）评聘办法，积极探索在中等职业学校设立正高级教师职务（职称），提升教师职业发展空间。调整优化中等职业学校教师职务（职称）结构比例。

各地和中等职业学校要按照国家分类推进事业单位改革有关政策和要求，深化中等职业学校人事制度和分配制度改革，探索固定岗和流动岗相结合、专职和兼职相结合的设岗和用人办法，推进绩效工资制度改革，建立充满活力的中等职业学校用人机制。

四、加强组织领导和条件保障

（十）加强组织领导。

各地教育行政部门要切实加强对中等职业学校教师工作的统筹和领导。根据本意见的要求，结合当地经济社会发展和职业教育改革创新的需要，制订好本地区中等职业学校教师队伍建设规划和职业院校教师素质提高计划实施方案，明确职责分工，完善配套措施，狠抓工作落实，确保教师队伍建设的各项政策和任务落到实处、取得实效。

（十一）保障经费投入。

各地要建立以政府财政拨款为主，多渠道筹措的中等职业学校教师队伍建设经费保障机制。地方教育事业费和职业教育专项经费中，均要安排一定比例用于教师队伍建设，并做到逐年增长。要落实好职业院校教师素质提高计划相关项目经费。中等职业学校也要在公用经费和其他事业收入中安排一定比例用于教师队伍建设。

（十二）加大宣传力度。

各地要大力宣传中等职业学校教师师德楷模和优秀教师的先进事迹，树立一批师德高尚、业务精湛的先进典型，努力营造关心职业教育、尊重职教教师的良好社会氛围。要广泛开展多种形式的教师教学能力竞赛、现代信息技术应用竞赛等活动，引导教师进一步转变观念、创新方法、提高教书育人的能力和水平，向全社会展现中等职业学校教师风采。

中华人民共和国教育部
二〇一一年十二月二十四日

教育部关于大力推进教师教育课程改革的意见

教师〔2011〕6号

各省、自治区、直辖市教育厅（教委），新疆生产建设兵团教育局，部属师范大学：

为贯彻落实教育规划纲要，深化教师教育改革，全面提高教师培养质量，建设高素质专业化教师队伍，现就推进教师教育课程改革和实施《教师教育课程标准（试行）》提出如下意见。

一、创新教师教育课程理念。教师教育课程在中小学和幼儿园教师培养中发挥着重要作用，是提高教师教育质量的关键环节。要围绕培养造就高素质专业化教师的目标，坚持育人为本、实践取向、终身学习的理念，实施《教师教育课程标准（试行）》，创新教师培养模式，强化实践环节，加强师德修养和教育教学能力训练，着力培养师范生的社会责任感、创新精神和实践能力。

二、优化教师教育课程结构。以"三个面向"为指导，构建体现先进教育思想、开放兼容的教师教育课程体系。适应基础教育改革发展，遵循教师成长规律，科学设置师范教育类专业公共基础课程、学科专业课程和教师教育课程，学科理论与教育实践紧密结合，教育实践课程不少于一个学期。按照《教师教育课程标准（试行）》的学习领域、建议模块和学分要求，制订有针对性的幼儿园、小学和中学教师教育课程方案，保证新入职教师基本适应基础教育新课程的需要。

三、改革课程教学内容。把社会主义核心价值体系有机融入课程教材中，精选对培养优秀教师有重要价值的课程内容，将学科前沿知识、教育改革和教育研究最新成果充实到教学内容中，特别应及时吸收儿童研究、学习科学、心理科学、信息技术的新成果。要将优秀中小学教学案例作为教师教育课程的重要内容。加强信息技术课程建设，提升师范生信息素养和利用信息技术促进教学的能力。

四、开发优质课程资源。实施"教师教育国家精品课程建设计划"，通过科研立项、遴选评优和海外引进等途径，构建丰富多彩、高质量的教师教育国家精品课程资源库。大力推广和使用"国家精品课程"，共享优质课程资源。

五、改进教学方法和手段。把教学改革作为教师教育课程改革的核心环节，使基础教育课程改革精神落实到师范生培养过程中，全面提高新教师实施新课程的能力。在学科教学中，要注重培养师范生对学科知识的理解和学科思想的感悟。充分利用模拟课堂、现场教学、情境教学、案例分析等多样化的教学方式，增强师范生学习兴趣，提高教学效率，着力提高师范生的学习能力、实践能力和创新能力。加强以信息技术为基础的现代教育技术开发和应用，将现代教育技术渗透、运用到教学中。

六、强化教育实践环节。加强师范生职业基本技能训练，加强教育见习，提供更多观摩名师讲课的机会。师范生到中小学和幼儿园教育实践不少于一个学期。支持建立一批教师教育改革创新试验区，建设长期稳定的中小学和幼儿园教育实习基地。高校和中小学要选派工作责任心强、经验丰富的教师担任师范生实习指导教师。大力开展教育实践活动，深入农村中小学，引导和教育师范生树立强烈的社会责任感和使命感。积极开展师范生实习支教和置换培训，服务农村教育。

七、加强教师养成教育。注重未来教师气质的培养，营造良好教育文化氛围，激发师范生的教育实践兴趣，树立长期从教、终身从教信念。邀请优秀中小学校长、教师对师范生言传身教，感受名师人生追求和教师职业精神。开展丰富多彩师范生素质培养和竞赛活动，重视塑造未来教师人格魅力。加强教师职业道德教育，将《中小学教师职业道德规范》列为教师教育必修课程。

八、建设高水平师资队伍。采取有效措施，吸引和激励高水平教师承担教育类课程教学任务。支持高校教师积极开展中小学教育教学改革试验，担任教育类课程的教师要有中小学教育服务工作经历。聘任中小学和幼儿园名师为兼职教师，占教育类课程教学教师人数不少于20%。形成高校与中小学教师共同指导师范生的机制，实行双导师制。

九、建立课程管理和质量评估制度。开展师范教育类专业评估，确保教师培养质量。将师范生培养质量情况作为衡量有关高校办学水平的重要指标。要将师范生培养情况纳入高等学校教学基本状态数据年度统计和公布制度。加强教师教育课程和教材管理。

十、加强组织领导和条件保障。各地教育行政部门要统筹规划、协调指导、积极支持教师教育课程改革工作。高校把教师教育课程教学改革和实施《教师教育课程标准（试行）》列入学校发展整体计划，集中精力，精心组织，抓紧抓好。要建立和完善强有力的师范生培养教学管理组织体系。加大教师教育经费投入力度，确保教师教育课程改革工作所需的各项经费。

附件：教师教育课程标准（试行）.doc

中华人民共和国教育部

二〇一一年十月八日

教育部关于进一步完善职业教育
教师培养培训制度的意见

教职成〔2011〕16号

各省、自治区、直辖市教育厅（教委），各计划单列市教育局，新疆生产建设兵团教育局：

为贯彻落实全国教育工作会议精神和《国家中长期教育改革和发展规划纲要（2010—2020年）》，大力加强职业教育"双师型"教师队伍建设，现就进一步完善职业教育教师培养培训制度提出如下意见。

一、充分认识加强职业教育教师培养培训制度建设的紧迫性

1. 建设高素质专业化教师队伍是推动职业教育科学发展的根本保证。教育大计，教师为本。有好的教师，才有好的教育。新世纪以来，在党和国家高度重视下，通过加强师德规范、建立师资培养培训基地、实施教师素质提高计划、开展教师在职攻读硕士学位、建立教师企业实践制度等一系列重大举措，职业教育教师队伍建设取得了显著成绩。教师队伍规模不断扩大，整体素质明显提升，为职业教育改革发展提供了有力的人才保障。当前我国职业教育改革发展正处在重要战略机遇期，建设一支高素质专业化的教师队伍，对于提高技能型人才培养质量、完善现代职业教育体系、推动职业教育科学发展具有十分重要的意义。

2. 完善培养培训制度是加强职业教育教师队伍建设的紧迫任务。加强教师培养培训，是推进职业教育教师队伍建设的重要内容，是提高教师队伍整体素质的主要途径。近年来，职业教育教师培养培训工作取得很大进展，教师培养培训体系初步形成，培养培训制度基本建立，培养培训质量不断提高。但总体上看，制度建设仍然是教师培养培训工作中的一个薄弱环节，存在制度不健全、特色不鲜明、落实不到位等问题，不能很好地适应新时期加强职业教育教师队伍建设的迫切要求。因此，必须把完善教师培养培训制度作为一项重要而紧迫的任务，加强组织领导，加强统筹规划，加快改革创新，努力开创职业教育教师队伍建设的新局面。

二、完善职业教育教师培养培训制度的指导思想和主要任务

3. 完善职业教育教师培养培训制度的指导思想是：以邓小平理论和"三个代表"重要思想为指导，深入贯彻落实科学发展观，全面落实全国教育工作会议精神和教育规划纲要，以建设"双师型"教师队伍为目标，以完善教师培养制度和继续教育制度为重点，以创新教师培养培训校企合作机制为突破口，加快构建内容完善、特色鲜明、管理规范、相互衔接的职业教育教师培养培训制度体系框架，进一步提升职业教育教师培养培训工作整体水平，更好地满足职业教育改革创新的需要，满足职业教育教师专业化发展的需求。

4. 完善职业教育教师培养培训制度的主要任务是：完善制度框架。加强统筹规划和整体设计，科学构建覆盖教师职前培养职后培训全过程的各项制度，使职业教育教师培养培训工作各环节有章可循。完善相关的工作机制和政策措施，确保各项制度落到实处。创新重点制度。完善培养院校招生办法，拓宽生源渠道，提高生源质量；改革职业教育师范生培养制度，强化实践实习环节，优化培养过程；建立系统培养制度，提升教师培养层次，提高教师专业化水平；完善继续教育制度，开展全员培训，促进教师可持续发展；完善企业实践制度，健全工作机制，切实提高教师企业实践效果。

三、推进职业教育教师培养培训制度建设的主要措施

5. 加强对教师培养培训工作的统筹规划。各地教育行政部门要根据本地区职业教育改革发展实

际，加强调查研究，认真编制教师培养培训规划，统筹安排教师培养培训工作。要建立健全教师培养培训各项制度及相关实施细则，加强对制度建立和落实情况的监督检查。要加快培养培训面向战略性新兴产业、现代农业、先进制造业、现代服务业相关专业的教师。要加大对西部、农村和民族地区职业院校教师的培养培训力度。

6. 实行多渠道招收职业教育师范生。培养院校在继续做好面向中等职业学校、普通高中毕业生招生的同时，要探索招收高等职业学校毕业生进行职业教育教师培养的办法，积极探索开展对非师范类本科及以上毕业生举办职业技术师范教育。各地要支持培养院校在提前批次录取职业教育师范生。鼓励有条件的地方探索对全国职业院校技能大赛成绩优异者实行推荐免试录取接受职业技术师范教育。建立职业教育师范生免费教育制度。支持国家级职业教育师资培养培训基地扩大职业教育师范生培养规模，提高面向全国招生的比例。独立设置职业技术师范院校师范类专业招生数原则上不少于招生计划的三分之一。鼓励培养院校和地方采取对口支援、定向就业、免费师范生等方式，加大对西部、农村和民族地区职业教育教师培养和人才支持的力度。

7. 完善职业教育师范生实践实习制度。培养院校要不断优化职业教育师范生培养模式，加强与行业企业、职业学校的合作，强化企业实践和职业学校实习环节。职业教育师范生在校期间至少应有半年时间到企业实践和职业学校实习。进一步完善"双证书"制度，职业教育师范生毕业时，既要取得教师资格证书，也要取得相关的职业资格证书。

8. 建立高层次教师系统培养制度。加快推进研究生层次职业教育教师培养。各级教育行政部门要支持具有硕士、博士学位授予权的职业教育师资培养培训基地院校扩大研究生层次职业教育教师培养规模，提升培养质量。要完善相关激励机制，引导和支持职业院校教师在职攻读硕士、博士学位。支持国家级职业教育师资培养培训基地中办学特色突出、培养质量较高的本科院校提升办学层次。

9. 健全和落实教师继续教育制度。各地要按照国家关于教师继续教育的有关规定，全面推进和落实职业教育教师继续教育工作，确保教师按要求完成国家规定的继续教育学时（学分）数。全面推行新任教师上岗培训，重点提升职业教育认知水平、师德素养、教学能力，培训时间不少于120学时。定期组织教师岗位培训，帮助教师更新教育理念，学习掌握新知识、新技能、新工艺、新方法，提高教育教学能力，培训时间每五年累计不少于360学时。加强骨干教师和专业带头人培训，重点提升专业建设和课程开发能力、教学科研能力。各地教育行政部门要加强对职业教育教师继续教育工作的管理和监督检查。

10. 完善教师定期到企业实践制度。职业院校专业教师每两年必须累计有两个月到企业或生产服务一线实践。公共基础课教师也应定期到企业进行考察、调研和学习活动。各地教育行政部门要积极探索建立职业院校新任教师到企业进行半年以上实践后上岗任教的制度。要将到企业实践纳入职业教育教师继续教育统筹管理，制定企业实践管理办法，加强对企业实践工作的指导、监督和评估。教师企业实践情况考核结果计入本人继续教育档案。

四、构建校企合作的职业教育教师培养培训体系

11. 优化师资培养培训基地布局结构。各地教育行政部门要加强职业教育师资培养培训基地建设规划，建立基地工作评估制度和动态调整机制，优化基地专业和区域布局，形成覆盖本地区职业院校主要专业、适应教师队伍建设需要的培养培训基地网络。国家依托普通本科院校、职业院校和大中型企业，继续建设一批"双师型"教师培养培训基地和教师企业实践单位。

12. 完善师资培养培训基地校企合作机制。职业教育师资培养培训基地要按照互惠双赢的原则，与具有行业代表性的企业建立长期合作关系，组建校企合作委员会，共同设计项目方案，共同开发课程教材，共同开展教学活动，共同实施效果评估，使校企合作贯穿教师培养培训的全过程。基地要积

极发挥学科、教学、研究优势，为企业提供技术研发、人员培训、人才信息等服务，充分调动企业参与校企合作的积极性，形成优势互补、资源共享的校企合作机制。

13．加强师资培养培训基地内涵建设。要加强组织机构建设，职业教育师资培养培训基地中的普通本科院校都要建立职业技术教育（师范）学院。要加强规章制度建设，健全基地管理、教学管理、项目管理、学生（学员）管理等制度；加强教师队伍建设，有计划地选派基地任课教师到国（境）内外进修；加强培训专业建设，改善实训条件，结合学校优势和培养培训需求开发高水平的项目和课程，打造培养培训品牌；加强科研能力建设，深入开展职业教育教师队伍建设科学研究。各级教育行政部门要支持基地加强重点专业建设，改善办学条件特别是实习实训条件。

五、加强职业教育教师培养培训工作的领导和保障

14．加强组织领导。各地教育行政部门要把完善职业教育教师培养培训制度作为落实教育规划纲要、推动"双师型"教师队伍建设的重要任务，纳入重要议事日程，制定任务书、时间表、路线图，统筹规划、有序推进、狠抓落实。要把制度建设与职业教育教师队伍建设重大项目的实施有机结合起来，切实提高制度建设的针对性、实效性。

15．加大经费投入。各地要建立以政府财政拨款为主，多渠道筹措的经费保障机制，地方教育事业费和职教专项经费中，均要安排一定比例用于职业教育教师培养培训工作和基地建设，并做到逐年增长。要积极引导行业企业为教师培养培训提供人才、设备、技术、资金等方面的支持。

16．完善相关政策措施。完善职业教育教师资格、编制、职务制度，确保合格的职业教育师范生优先进入职业院校任教，确保教师培训与考核、使用、晋升挂钩。加强对职业教育教师工作的宣传，营造全社会尊重职业教育教师的氛围，增强职业教育教师职业的吸引力。

中华人民共和国教育部
二〇一一年十二月二十四日

广东省人民政府关于全面实施"强师工程"建设高素质专业化教师队伍的意见

粤府〔2012〕99号

各地级以上市人民政府,各县(市、区)人民政府,省政府各部门、各直属机构:

为贯彻落实《国家中长期教育改革和发展规划纲要(2010—2020年)》和《广东省中长期教育改革和发展规划纲要(2010—2020年)》,大力加强我省教师队伍建设,现就全面实施"强师工程"、建设高素质专业化教师队伍提出以下意见:

一、指导思想和主要目标

(一)指导思想。

以邓小平理论和"三个代表"重要思想为指导,深入贯彻落实科学发展观,全面贯彻党的教育方针政策,大力实施科教兴粤和人才强省战略,把"强师工程"作为加强教师队伍建设的核心工程和重要抓手,坚持以人为本、依法治教、改革创新、统筹兼顾、分类指导、分级实施的原则,以建立教师教育新体系、创新教师管理体制和工作机制为重点,以提升教师师德水平和专业素质为核心,以省级统筹引领和市、县、高校各尽其责为途径,推动教师队伍规模、质量、结构协调发展,整体素质和执教能力全面提高,努力建设一支师德高尚、业务精湛、结构合理、充满活力的高素质专业化教师队伍,为建设教育强省、推进教育现代化、打造我国南方教育高地提供坚实的师资保障。

(二)主要目标。

——教师数量充分满足教育发展需要。到2015年,全省各级、各类学校生师比达到全国平均水平,珠江三角洲地区幼儿园、小学、初中、普通高中、中等职业学校(含技工学校,下同)生师比优于全国平均水平,适应教育现代化发展要求。

——教师学历层次普遍提高。到2015年,幼儿园、小学、初中、普通高中、中等职业学校教师全部达到国家规定学历标准。小学教师中具有专科及以上学历的比例达95%以上,初中教师中具有本科及以上学历的比例达80%以上。其中,珠江三角洲地区幼儿园教师中具有大专及以上学历的比例达75%以上,小学、初中教师中具有本科及以上学历的比例分别达70%、90%以上,普通高中、中等职业学校教师中具有研究生学历或硕士以上学位的比例达15%以上。高职高专院校教师中具有硕士以上学位的比例达55%以上,本科院校教师中具有博士学位的比例达40%以上。

——教师队伍结构不断优化。到2015年,幼儿园、小学、初中、高中教师队伍在学科结构、年龄结构、优质师资的区域分布及学段分布上趋于合理,基本消除农村边远地区部分学科教师紧缺现象。幼儿园教师取得教师资格证和专业技术职务的比例明显提高。职业院校(含技工院校,下同)专业课教师中"双师型"或"一体化"教师比例达60%以上。高等学校教师学缘结构、年龄结构进一步优化。

——教师队伍素质明显增强。广大教师普遍具有高尚的师德品行、先进的教育理念、较高的教育教学能力和水平,能适应教育改革发展和全面实施素质教育的需要。培养一批人民教育家。中小学、幼儿园名教师、名校长(园长)队伍不断壮大。高等院校引进、培养和汇聚一大批学科专业领军人才,到2015年,新增创新团队100个以上、珠江学者100名左右,引进高水平学科专业带头人300名左右,积极打造南方教育高端人才集聚地。

二、全面加强师德建设

(三)加强教师职业理想和职业道德教育。坚持把师德建设放在更加突出位置,着力加强教师的职业理想教育，引导广大教师提高职业道德修养，增强教书育人的责任感，自觉做到严谨笃学、爱岗敬业、淡泊名利、自尊自律，以人格魅力和学识魅力教育感染学生，做学生健康成长的指导者和引路人。

（四）建立健全师德建设制度。确定每年9月为全省教师师德主题教育活动月。不断创新师德建设的途径和载体，建立健全激励机制，以正面引导为主，多渠道、分层次、分类型开展师德教育。规范教师从教行为，加强教师学术诚信制度建设，克服学术浮躁现象，查处学术不端行为。积极探索建立社会、家长、学生多渠道的师德监督机制和科学、完善、可测的师德考评制度。把师德表现作为教师考核、聘任和评价的首要内容，把师德建设作为学校办学质量和水平评估的重要指标。

三、推进教师教育体制机制创新

（五）构建开放的教师教育新体系。建立和完善以独立设置的本专科师范院校为主体，有条件的非师范院校参与，职前培养与职后继续教育相互贯通的教师教育新体系。促进专科、本科、研究生三个层次教师教育协调发展，普通师范教育与职业技术师范教育协调发展。鼓励有条件的高水平综合性大学、工科类院校和师范类院校积极参与培养职业教育师资。加快设立师范高等专科学校和幼儿师范高等专科学校。鼓励和支持师范院校开设特殊教育专业。推进师范分院与所属高校实质性融合。建立教师终身教育的制度框架和管理制度，建立教师专业发展机制，科学规划教师终身教育的基本模式和阶段任务，提升教师终身教育信息化和国际化水平。

（六）优化教师教育结构。华南师范大学要充分发挥在基础教育教师培养上的龙头作用。华南师范大学和有条件的综合性大学重点培养高中教师；普通师范学院和具有师范培养功能的综合性院校主要培养初中、高中教师和小学教师；幼儿师范院校主要培养学前教育教师；职业技术师范院校和参与举办教师教育的工科类院校主要培养职业院校专业课教师。华南师范大学和有条件的综合性大学要扩大教育硕士、博士资培养规模。依托华南师范大学、广东技术师范学院等并联合相关理工院校，扩大培养具有硕士学位的职业教育教师规模；依托广东第二师范学院并联合省内具有教师教育资格的高等学校，采用多种方式培养学前教育、小学教育和特殊教育等紧缺学科教师；加强幼儿师范学校建设，着重为农村培养合格学前教育教师。依托广东省国防科技技师学院培养技工院校"一体化"教师。

（七）推进教师教育培养模式改革。加强教师教育学科专业建设，突出以社会需要和就业为导向的专业设置和专业调整原则。遵循教师培养规律，按照小学和学前教育以及特殊教育教师"全科型"、初中和高中教师"一专多能型"、职业教育教师"双师型"、技工院校教师"一体化"的要求，实施分类、分层次培养。认真贯彻执行国家《教师教育课程标准（试行）》，保障教师培养质量，不断深化课程和教材体系改革，增强培养的针对性与适应性。探索一所学校多种学制并存的师范生培养制度，拓宽师范生成长途径。注重师范生师德师风体验和职业素养提升，强化师范生实习实践和职业技能训练。加强师范院校基础能力建设，提升专业、课程与教学内容体系和校内外实习基地建设水平，开发一批优质教师教育教学资源。鼓励师范院校吸纳具有丰富教育教学经验的中小学名校长、名教师参与师范生的培养。改革师范生招生制度，采用定向招生、提前录取、上岗退费等办法，吸引优秀生源报考教育类专业。

四、着力推进高素质中小学教师队伍建设

（八）进一步完善"以县为主"的中小学教师管理体制。各市、县（区）教育行政部门要依法加强对本行政区域内中小学、幼儿园教师队伍建设的统筹规划和综合管理，承担包括中小学、幼儿园教师的资格认定、人员招聘、培养培训和考核管理等职责。中小学校长的选拔、聘任、培训、考核、交流，归口县级教育行政部门管理。

（九）建立科学的中小学教师管理制度。根据我省基础教育改革发展要求和中小学校教育教学实

际，建立编制动态管理机制，逐步实行城乡统一的中小学教师编制标准。各级政府要按编制标准核定公办学校（含幼儿园）教职工编制，并按核定的教师编制及时足额配备教师。认真落实中小学临聘专任教师管理有关规定，严禁在有合格师资来源的情况下"有编不补"，严禁聘用代课人员。适当增加农村边远地区教师编制，鼓励有条件的地区实行与开展小班化教学相适应的编制标准。县级教育行政部门统筹按照生师比、班额等因素综合确定学校教师编制。民办中小学、幼儿园要参照公办中小学、幼儿园教职工编制标准配备教师。

（十）做好中小学教师补充工作。农村中小学、幼儿园教师补充以具有教师资格的应届毕业生为主，县城中小学教师补充应优先选择有农村学校任教经历的在职教师。新补充教师优先满足农村义务教育学校紧缺学科需要。将高校毕业生到农村从教上岗退费政策的适用范围扩大到欠发达地区的农村幼儿园，吸引和鼓励优秀高校毕业生到经济欠发达地区农村中小学和幼儿园任教。严格规范经济发达地区从省内欠发达地区直接引进中小学、幼儿园骨干教师。

（十一）促进农村义务教育阶段教师资源均衡配置。按照因地制宜、县域统筹、政策引导、城乡互动的原则建立县域内教师定期流动的刚性约束机制。积极推进城镇教师支援农村教育工作，进一步完善城镇、经济发达地区优质师资对口支援山区和农村薄弱学校制度。县域内每年义务教育阶段教师城乡交流人数占教师总数的比例不低于5%，义务教育阶段教师在同一所学校连续任教9年以上的，原则上要在本县域内交流任教。城镇中小学教师申报高级职称、特级教师，以及参评先进教师、优秀教师，要有1年以上在农村学校或薄弱学校任教经历。城镇中小学教师支教期间的工作表现，作为岗位聘任、晋升职称或行政职务、评先评优的依据。

（十二）加强中小学教师继续教育工作。进一步完善中小学、幼儿园教师培训体系，增强培训保障能力，提高培训质量和效益。充分发挥高等师范院校在教师培训中的主体作用，鼓励和支持有条件的综合性大学参与中小学、幼儿园教师培训工作。教师通过参加继续教育提高学历学位层次，应以教师教育类专业为基本要求。加强中小学、幼儿园教师培训实践基地建设，完善教师培训服务支持体系。以骨干教师、农村教师和幼儿园教师为重点，有计划地开展中小学和幼儿园教师分类、分层、分岗全员培训，加强义务教育体育、音乐、美术、英语、科学、信息技术等紧缺学科教师充实与培训。实施新一轮"百千万人才培养工程"，探索和创新培养模式和方法。推进高校、市县培训机构、教师工作室"三位一体"的骨干教师省级培训工作，带动市、县级骨干教师培训。各地级以上市、县（市、区）要结合本地实际建立健全教师培训制度与机构。加强中小学、幼儿园教师培训的国际交流。珠江三角洲地区要在教师培训工作方面发挥先行和示范作用。

（十三）加强中小学校长队伍建设。完善中小学校长、幼儿园园长任职资格制度。建立符合中小学校长、幼儿园园长成长规律的绩效考评办法，切实加强对校长、园长的履职考核和民主监督。实行县域内公办学校校长、园长定期交流制度，鼓励城区学校校长、园长到农村学校任职。加强中小学校长、幼儿园园长培训，提高校长、园长管理能力和专业化程度。积极推行中小学校长职级制，培养一批名校长。

五、着力提升职业院校教师队伍素质和能力

（十四）完善职业教育教师管理制度。建立职业院校编制动态管理机制，及时按标准核定教师编制。完善职业院校教师准入制度，将行业企业工作经历纳入聘用专业教师的条件。研究制定"双师型""一体化"师资认定标准，鼓励专业课教师通过企业实践、技能培训等多种形式提高实践能力。建设职业教育专职教研员队伍，加强职业教育教学研究。

（十五）鼓励优秀技能人才进入职业教育教师队伍。各地、各职业院校应根据职业教育的特点和发展规模，加快补充合格的职业教育专业教师。完善职业院校兼职教师管理制度，加强兼职教师的培养

和管理。实施能工巧匠进校园计划，面向社会广泛吸引具有高水平的技能型人才充实到职业教育教师队伍，逐步扩大从企业吸收优秀人才到职业院校任教的比例。开展紧缺专业特聘教师引进培养工作，聘请一批在业界有一定影响力的行业、企业专家为职业院校专业带头人。在职业院校内建立行业、企业名家工作室，推动课程改革、专业建设和师资培养，参与企业技术创新。

（十六）加强职业教育教师队伍培训。积极推进职业教育师资培训基地的规范化建设，创新培训模式，改善培训条件。完善专业课教师定期下企业实践制度，将专业课教师每两年必须有两个月以上时间到企业或生产服务一线实践的要求纳入岗位责任，把专业教师到企业实践作为职教师资继续教育的重要形式和教师职务（职称）聘任、晋升的必要条件。支持职业院校与行业、企业联合建立师资培训基地，通过校企合作途径提高专业课教师实践教学能力和职业化素养。增加"双转移"重点园区所在市职业教育师资培训投入，使职业教育更好地服务于"双转移"工作。继续实施中等职业学校骨干教师技能提升计划和高职院校骨干教师培训计划，培养"双师型"教师，打造职业教育名师和优秀教学团队，培养一批名校长。加强与国（境）外职业教育教师培养培训的合作。

六、着力打造高水平的高等学校教师队伍

（十七）加快高等学校高层次人才队伍建设。加大政策支持力度，深入推进高校珠江学者岗位计划、"千百十人才培养工程"等高层次人才工程，培养一批处于国内外领先水平的学科专业领军人才和学术骨干。创新管理机制，优化资源配置，依托创新平台和重大项目，培育一批高水平教学科研团队。营造优秀人才潜心钻研、协同创新的发展环境，支持优秀人才在经济社会发展中的重大战略问题和关键领域取得突破，努力造就一批在国际上具有较强影响力的学术大师。

（十八）促进高等学校教师专业发展。依法落实高等学校办学自主权，充分发挥高等学校提高教师队伍水平的主体作用。各高校要认真制订和实施教师专业发展规划，落实教师专业发展经费。探索促进高校教师专业发展的新模式。支持教师开展教育教学改革，培养造就一批教学名师。加强青年教师培养，实施优秀青年教师到国内外高水平大学、科研机构研修计划，促进青年教师尽快提升教学科研水平。鼓励高校选聘国内外高水平大学优秀毕业生，优化教师队伍学缘结构。

（十九）加强高等学校教师国际交流与合作。深入实施高等学校人才引进工程，重点引进一批具有国际视野和国际竞争力的学科带头人和学术骨干。实施高等学校教师境外研修或学术交流计划。探索在发达国家和地区的高水平大学设立教师境外培训基地。鼓励和支持高等学校主动承担国际人才培养和科技合作项目。支持教师到国际学术组织和行业组织任职。

七、深化教师人事制度改革

（二十）全面实施教师资格制度。严把教师入口关，不断完善教师资格制度，逐步提高教师任职学历标准和基本要求。按照国家统一部署，实施教师资格考试制度，建立教师资格证书定期登记制度。中等职业学校和技工学校教师资格、职称实行互通互认。

（二十一）推进教师职称制度改革。遵循教育发展规律和教师成长规律，按照国家深化职称制度改革的方向和总体要求，逐步建立和完善与事业单位岗位设置管理制度相衔接，符合幼儿园、小学、中学、职业院校和高等学校教师职业特点的职称制度。不断完善评价标准，创新评价方式，建立以师德、能力和业绩为导向，社会和业内均认可的教师评价机制。做好深化中小学教师职称制度改革工作，开展中等职业学校增设正高级教师职称制度改革试点。

（二十二）完善教师聘用制度。推进学校岗位设置管理工作，按照按需设岗、公开招聘、平等竞争、择优聘任、科学考核、合同管理的原则，健全以岗位管理为核心的教师职务聘任和聘期合同管理制度，实现学校人员从身份管理到岗位管理的根本转变。研究制订农村学校采用符合公开招聘基本原

则的多种形式补充短缺专业教师的政策措施。建立与岗位设置相适应的教师分类管理制度和聘期考核制度。探索建立教师退出机制。

（二十三）深化学校分配制度改革。实施各级、各类学校教师绩效工资制度，建立和完善重能力、重实绩、重贡献和有利于优秀人才脱颖而出的分配激励机制，充分发挥教师的工作积极性、主动性和创造性。

八、切实维护教师合法权益

（二十四）落实公办学校教师工资福利待遇。建立教师工资福利待遇与当地公务员福利待遇同步增长机制，努力实现教师平均工资水平不低于或高于当地公务员平均工资水平，农村教师平均工资水平不低于或高于城镇教师平均工资水平的目标。进一步落实教师养老、医疗、住房等保障制度，按规定为教师缴纳住房公积金及社会保险费。建立教职工定期体检制度。鼓励各地级以上市、县（市、区）建立农村教师岗位津贴制度，对长期在经济欠发达地区农村和边远地区学校任教的教师实行岗位津贴。各地要将符合住房保障条件的教师纳入住房保障范围，鼓励高校按规定利用自有土地建设教师公租房，解决引进的高层次人才和青年教师住房问题。经济欠发达地区要因地制宜，通过建设、租赁等方式，解决教师交流、支教等需要的住房。

（二十五）保障民办学校教师合法权益。依法保障民办学校教师在培训、职务聘任、教龄和工龄计算、科学研究和教育教学改革项目申报及立项、表彰奖励、社会活动等方面与公办学校教师享有同等权利，切实维护民办学校教师各项社会保险权益。建立完善民办学校教师人事管理制度。县（市、区）人民政府要参照当地经济发展水平、民办学校收费标准和公办中小学教师工资待遇标准等因素，制订当地民办学校教师工资待遇指导意见。积极推进公办幼儿园教师与民办幼儿园教师交流。加强民办学校教师培训，将民办学校校（园）长和教师全面纳入教师培训体系。支持民办学校稳定骨干教师队伍。民办学校要依法与教师签订合同，规范合同管理，建立健全教师的个人档案，保障教师的工资福利待遇等合法权益，按规定为教师足额缴纳社会保险费和住房公积金。把教师培训工作开展情况、保障教师合法权益、教师取得教师资格的比例等列入民办学校年检的重要内容。

九、认真落实"强师工程"各项保障措施

（二十六）加强组织领导。各级政府教育行政部门要切实履行建设高素质专业化教师队伍的主体责任，依法依规制订教师队伍建设规划和政策措施，形成省、市、县和高等学校共同实施"强师工程"的强大合力，确保各项工作目标实现。要及时研究解决教师队伍建设中的突出问题，切实帮助教师特别是农村教师解决工作、生活等方面的实际困难。各级编制、教育、财政、人力资源社会保障等部门要各司其职、密切配合，共同推进高素质专业化教师队伍建设。

（二十七）加大财政投入。各级政府要加大对建设高素质专业化教师队伍的财政投入，财政投入的重点要逐步从以改善办学条件为主向提高教师素质与完善办学条件并重转变。"十二五"期间，省级财政每年从新增教育经费中安排5亿元作为"强师工程"专项经费。发挥省级专项经费的示范带动效应，主要用于推进农村中小学教师队伍、职业教育"双师型"和技工院校"一体化"教师队伍，以及高等学校高层次人才队伍建设。各级政府要落实资金用于推进本地区的"强师工程"，落实保障教师工资福利、教师培训、学校高层次人才引进和培养、教师表彰奖励等经费。各级、各类学校要加大教师队伍建设投入，按规定落实教师培训经费。积极鼓励企事业单位、社会团体和公民个人捐资，用于培养培训教师和奖励优秀教师。

（二十八）营造尊师重教的良好社会氛围。加大力度在全社会弘扬尊师重教的良好风气，努力提高教师的社会地位和政治待遇，使教师成为最受社会尊重的职业。继续做好南粤优秀教师（教育工作者）

表彰奖励活动，设立高等学校教学名师奖和南粤农村教师突出贡献奖。大力宣传优秀教师教书育人、乐于奉献、服务社会的先进事迹，鼓励和引导社会各界为广大教师办实事、做好事。

（二十九）完善工作督导检查机制。将建设高素质专业化教师队伍落实情况作为各级政府教育工作实绩考核的重要内容，将教师工资福利待遇、教师培训经费落实等情况作为教育强县（市、区）和教育现代化先进区督导检查的重要指标，将教师队伍建设督导评估结果作为考核各级、各类学校教育教学质量和办学水平的重要依据，加强对各地工作进展情况的督导检查，确保"强师工程"任务落实。

广东省人民政府

2012 年 8 月 17 日

中共广东省委 广东省人民政府关于全面深化新时代教师队伍建设改革的实施意见
（2018年8月26日）

百年大计，教育为本；教育大计，教师为本。为贯彻落实中央《关于全面深化新时代教师队伍建设改革的意见》精神，建设高素质专业化创新型教师队伍，结合我省实际，现提出如下意见。

一、总体要求

1. 指导思想。以习近平新时代中国特色社会主义思想为指导，全面贯彻党的十九大和十九届二中、三中全会精神，深入贯彻习近平总书记重要讲话精神，紧紧围绕统筹推进"五位一体"总体布局和协调推进"四个全面"战略布局，坚持和加强党对教师队伍建设的全面领导，坚持以人民为中心的发展思想，坚持全面深化改革，牢固树立新发展理念，全面贯彻党的教育方针，坚持社会主义办学方向，落实立德树人根本任务，遵循教育规律和教师成长发展规律，加强师德师风建设，培养高素质教师队伍，倡导全社会尊师重教，形成优秀人才争相从教、教师人人尽展其才、好教师不断涌现的良好局面，为我省加快推进教育现代化提供人才支撑，为实现"四个走在全国前列"提供智力支持。

2. 基本原则。坚持党的领导，以习近平新时代中国特色社会主义思想统领教师队伍建设；坚持优先发展，把教师工作置于教育事业发展的重点支持战略领域；坚持师德为先，把提高教师思想政治素质和职业道德水平摆在教师队伍建设的首要位置；坚持深化改革，推动教师队伍管理体制改革与机制创新；坚持分类施策，立足省情，针对我省教育发展不平衡不充分的实际，精准发力，促进教师队伍规模、结构、素质协调发展。

3. 目标任务。到2022年，全省教师培养培训体系进一步健全，职业发展通道进一步畅通，教师管理体制机制更加完善，待遇提升保障机制更加健全，教师职业吸引力明显增强。教师队伍结构性紧缺状况基本缓解，教师学历明显提升，幼儿园专任教师大专以上学历比例达到90%，小学、初中专任教师本科以上学历比例分别达到80%和95%，高中阶段学校教师硕士研究生以上学历比例达到20%，职业院校专业课教师中双师型教师比例稳定在60%以上，高等学校新增国家级高层次人才600名以上。教师队伍规模、结构、素质、能力基本满足教育现代化发展需要。

到2035年左右，全省教师综合素质、专业化水平和创新能力大幅提升，稳居国内先进地区行列。建立符合教育规律的教师发展体系，培养造就数以十万计的骨干教师、数以万计的卓越教师、数以千计的教育家型教师。教师管理体制机制科学高效，实现教师队伍治理体系和治理能力现代化。教师主动适应信息化、人工智能等新技术变革，积极有效开展教育教学。教师地位待遇进一步提升，尊师重教蔚然成风，广大教师幸福感、成就感、荣誉感显著提高，教师成为让人羡慕的职业。

二、全面提升教师思想政治素质和职业道德水平

4. 加强教师党支部和党员队伍建设。将全面从严治党要求落实到每个教师党支部和教师党员，把党的政治建设摆在首位，用习近平新时代中国特色社会主义思想武装头脑，充分发挥教师党支部教育管理监督党员和组织宣传凝聚服务师生的战斗堡垒作用，充分发挥党员教师的先锋模范作用。选拔一批党性强、业务精、有威信、肯奉献的优秀党员教师担任教师党支部书记。实施教师党支部书记"党建带头人、业务带头人"培育工程，每年对教师党支部书记轮训一遍。坚持党的组织生活各项制度，

加强党员教师日常管理监督。深入推进"两学一做"学习教育常态化制度化，开展"不忘初心、牢记使命"主题教育，引导党员教师增强"四个意识"，自觉爱党护党为党，敬业修德，奉献社会，争做"四有"好老师的示范标杆。重视在优秀青年教师、海外留学归国教师和在校师范生中发展党员，积极发展符合条件的优秀人才入党。健全把骨干教师培养成党员，把党员教师培养成教学、科研、管理骨干的"双培养"机制。

配齐建强高等学校思想政治工作队伍和党务工作队伍，完善选拔、培养、激励机制，形成一支专职为主、专兼结合、数量充足、素质优良的工作力量。把从事学生思想政治教育计入高等学校思想政治工作兼职教师的工作量，作为职称评审的重要依据。

5. 提高思想政治素质。将理想信念教育放在首位，引导教师树立正确的历史观、民族观、国家观、文化观，坚定"四个自信"。引导教师准确理解和把握社会主义核心价值观的深刻内涵，增强价值判断、选择、塑造能力，带头弘扬和践行社会主义核心价值观。引导广大教师充分认识中国教育辉煌成就，扎根中国大地，办好人民满意的教育。

加强中华优秀传统文化和革命文化、社会主义先进文化教育，弘扬爱国主义精神，引导广大教师热爱祖国、奉献祖国。创新教师思想政治工作方式方法，开辟思想政治教育新阵地，利用思想政治教育新载体，强化教师社会实践参与，推动教师充分了解党情、国情、省情、社情、民情，增强思想政治工作的针对性和实效性。着眼青年教师群体特点，有针对性地加强思想政治教育。增强教师开展党团队思想政治教育的意识和能力，培养学生成为社会主义建设者和接班人。全面落实党的知识分子政策。

6. 弘扬高尚师德。实施师德师风建设工程。健全教育、宣传、考核、监督、奖惩相结合的师德建设长效机制。组织开展师德建设主题教育月活动，拓展师德教育载体，创新师德教育方式，引导广大教师以德立身、以德立学、以德施教、以德育德，争做"四有"好教师，全心全意做学生锤炼品格、学习知识、创新思维、奉献祖国的引路人。将师德教育摆在教师培养培训工作首位，健全完善课程体系，优先保证课时，师德教育课程要作为在校师范生学习、在职教师继续教育的必修课程。建立健全教师师德承诺制度。加强师德宣传，创新师德宣传模式，弘扬新时代高尚师德，展现优秀教师精神风貌，营造良好的尊师重教氛围。健全师德考核制度，将师德表现作为教师资格认定、招聘录用、考核评价、职称评聘、评优评先、定期注册的首要内容。推行师德考核负面清单制度，建立健全教师个人师德档案。建立健全学校、教师、学生、家长和社会广泛参与的师德监督体系，注重加强对教师思想政治素质、师德师风等的监督。加强学术道德和学术规范建设，健全学术不端行为监督和惩处机制。严肃查处师德违规行为，建立师德违规行为曝光制度，严格执行师德表现一票否决制度。

三、振兴教师教育

7. 加大对师范院校支持力度。深入实施教师教育振兴行动计划，全面推进广东"新师范"建设，推动教师教育改革发展，全面提高教师教育质量。按照师范院校建设标准和师范类专业办学标准，健全完善以师范院校为主体、高水平非师范院校参与的师范教育体系，建设一批师范教育基地，提升师范院校和师范专业办学水平。支持高等学校、地级以上市政府、中小学幼儿园协同创建教师职前培养与职后发展相衔接的教师教育改革实验区。积极开展师范类专业认证。提高师范专业生均拨款标准。建立与师范专业认证结果挂钩的师范专业生均拨款标准动态调整机制，适时提高通过认证师范专业拨款水平。加强对师范院校和师范专业招生计划的统筹管理，根据我省中小学幼儿园教师整体需求，合理确定师范生培养规模。吸引优秀初、高中毕业生报考师范院校和师范专业，提高师范专业生源质量。改革师范生招生制度，鼓励高等学校招录师范专业学生增加面试环节。支持符合条件的师范院校开展基于高考基础上的综合评价招生录取模式试点。推行师范生提前批次录取，或采取"大类招生、二次选拔"方式，选拔有志于从教的优秀学生进入师范专业。加强教师教育学科建设，教育硕士、教育博士授予单位及授权点向师范院校倾斜。强化教师教育师资队伍建设，落实在专业发展、职称晋升和岗位聘用等方面对学科课程与教学论教师的支持政策，吸引高等学校优秀教师参与教师教育。支持高水平综合大学开展教师教育，推动有基础的高水平综合大学成立教师教育学院，设立师范专业，积极参与基础教育、职业教育教师培养工作，开设厚基础、宽口径、多样化的教师教育课程，整合优势学科专业资源，重点培养教育硕士，适度培养教育博士。引导师范院校坚持以师范教育为主业，对师范院校实施各项高等教育工程考核评价要充分体现师范教育特色。严控师范院校更名为非师范院校。

8. 全面提高中小学教师质量，建设一支高素质专业化的教师队伍。提高教师培养层次，为义务教育学校侧重培养素质全面、业务见长的本科层次教师，为高中阶段教育学校侧重培养专业突出、底蕴深厚的研究生层次教师。稳步扩大教育硕士招生规模，增量研究生计划优先保障教育硕士培养。优化教师教育课程体系，强化师范生职业素养培养，强化钢笔字、毛笔字、粉笔字、普通话、信息技术应用等教学基本功和教学技能训练。推进师范生修读双专业双学位制度。严格落实师范生教育实习不少于半年要求，建立高等学校教师与优秀中小学教师共同指导教育实习的"双导师"制度。实施公费定向培养粤东粤西粤北中小学教师计划，补充音乐、体育、美术等紧缺学科教师和特殊教育教师。深入实施高校毕业生到农村从教上岗退费政策，提高退费标准，为粤东粤西粤北农村学校有效补充教师。加强教研员队伍建设，严把教研员入口关，提高教研员指导、引领教育教学、课程改革和教师发展的能力。

加强和改进中小学教师继续教育工作，促进教师终身学习和专业发展。转变培训方式，推动信息技术与教师培训的有机融合，实行线上线下相结合的混合式研修。改进培训内容，紧密结合教育教学一线实际，切实提升教学水平。推行培训自主选学，实行培训学分管理，探索建立培训学分银行，搭建教师培训与学历教育衔接的"立交桥"。加强培训支持体系建设，健全以省、市、县中小学教师发展中心为主体的教师发展支持体系，充分发挥省级中小学教师发展中心的引领、带动、辐射作用，市、县整合培训、教研、电教、科研等相关资源，推进本级教师发展中心建设。2020年前，各地级市和县（市、区）建成1所中小学教师发展中心，省对粤东粤西粤北地区市、县（市、区）教师发展中心建设给予适当补助。支持在基础条件好、教学质量高的中小学建设教师发展学校，承担教师跟岗培训、师范生实习等任务。建立健全与学校整体发展、教师专业成长相统一的校本培训制度。建立各级教师、校长培训专家库，积极开展培训者培训。严格落实中小学教师5年一周期全员培训制度。加大乡村教师培训力度，着力提高粤东粤西粤北地区乡村教师队伍整体水平。加强名教师、名校长队伍建设，深入实施中小学"百千万人才培养工程"，开展名师名校长名班主任工作室建设，发挥示范引领作用，打造广东名教师、名校长、名班主任。加强中小学校长队伍建设，落实校长任职资格培训制度和持证上岗制度，大力开展提高培训和高端研修，提升校长办学治校能力，努力造就一支政治过硬、品德高尚、业务精湛、治校有方的校长队伍。加大教师、校长跨区域培训和国（境）外培训力度，拓展教师、校长的国际视野，对符合条件的培训项目予以优先立项。支持教师、校长大胆探索，创新教育思想、教育模式、教育方法，形成教学特色和办学风格，营造教育家脱颖而出的制度环境。

9. 全面提高幼儿园教师质量，建设一支高素质善保教的教师队伍。办好幼儿师范院校和学前教育专业，为学前教育培养热爱幼教事业、才艺兼备、保教能力突出的本专科层次教师。鼓励和支持有条件的地区设置主要培养学前教育师资的高等院校，鼓励和支持有条件的高等学校开设学前教育专业。大力培养初中毕业起点的五年制专科层次幼儿园教师。加强幼儿园教师培养课程体系建设，突出保教融合，科学开设儿童发展、保育活动、教育活动类课程，强化实践性课程，培养学前教育师范生综合能力。

健全幼儿园教师全员培训和幼儿园园长任职资格培训制度，切实提升幼儿园教师科学保教能力。

加大幼儿园园长、乡村幼儿园教师、普惠性民办幼儿园教师的培训力度。加强骨干教师、园长队伍建设，培养一批名园长和名教师，带动幼儿园教师队伍素质提升。创新幼儿园教师培训模式，依托高等学校和优质幼儿园，重点采取集中培训与跟岗实践相结合的方式培训幼儿园教师。鼓励师范院校、地方政府、幼儿园协同建立幼儿园教师培养培训基地。加强学前教育教研队伍建设，各地级以上市及县（市、区）要配备1名以上专职教研员。建立健全学前教育教研指导责任区制度，健全学前教育教研网络，引导幼儿园建立教研机制，使广大幼儿教师在园本研训中实现专业成长。

10. 全面提高职业院校教师质量，建设一支高素质双师型教师队伍。深入实施职业院校教师素质提高计划，推动职业院校建立一支技艺精湛、专兼结合的双师型教师队伍。加强技术师范院校建设，大力培养适应现代职业教育发展的高水平师资。支持职业院校、本科高等学校和大中型企业共建双师型教师培养培训基地，建立健全高等学校、行业企业联合培养双师型教师的机制。充分发挥职业院校教师发展中心和教师培训基地的作用，大力开展教师专项培训，提高教师教学水平和专业能力。打造职业院校专业带头人、名教师专业发展平台，充分发挥专业带头人、名教师示范引领作用。完善兼职教师培训制度，提高兼职教师队伍水平。推进职业院校教师定期到行业企业实践，每5年实践时间不少于6个月，不断提升实践教学能力。

11. 全面提高高等学校教师质量，建设一支高素质创新型的教师队伍。着力提高教师专业能力，推进高等教育内涵式发展。加强高等学校教师发展中心建设，搭建校级教师专业发展平台，组织研修活动，开展教学研究与指导，推进教学改革与创新。加强院系教研室等学习共同体建设，建立完善传帮带机制。全面开展高等学校教师教学能力提升培训，重点抓好新入职和青年教师专业发展，为高等学校培养人才培育生力军。重视各级各类学校辅导员专业发展。结合"一带一路"和"粤港澳大湾区"建设，有序推动国（境）内外教师双向交流。健全完善我省高等学校高层次人才队伍建设体系。积极参与"千人计划""万人计划""长江学者奖励计划"等国家级人才项目，深入实施"广东特支计划""珠江学者岗位计划"等省级人才项目。加强高等学校人才引进工作，支持高等学校赴境外高水平大学、科研机构招聘优秀人才到校全职或兼职任教。创新引才引智机制，积极探索团队引进、核心人才带动引进人才。加强高端智库建设，依托人文社会科学重点研究基地等，汇聚培养一批哲学社会科学名家名师。在高等学校高层次人才遴选、引进和培育工作中突出教书育人，让科学家同时成为教育家。

四、深化教师管理制度改革

12. 创新和规范中小学幼儿园教师编制配备。适应加快推进教育现代化的紧迫需求和城乡教育一体化发展改革的新形势，充分考虑新型城镇化、全面二孩政策及高考改革等带来的新情况，根据教育发展需要，在现有编制总量内，统筹考虑、合理核定中小学幼儿园教职工编制，盘活事业编制存量，优化编制结构，向教师队伍倾斜，采用多种形式增加教师总量，优先保障教育发展需要。按照国家有关要求，制定适应我省教育现代化需要的城乡统一的中小学教职工编制标准，对年级学生数达不到标准班额的乡村小学、教学点，教职员编制按照班师比和生师比相结合的方式核定。完善幼儿园和特殊教育学校教职工编制标准。加强和规范中小学幼儿园教职工编制管理，推进建立省、市、县（市、区）三级教职工周转编制制度，加大教职工编制统筹配置和跨区域调整力度，实行省级统筹、市域调剂、以县为主，动态调配。严禁挤占、挪用、截留教职员编制和有编不补。实行教师编制配备和政府购买工勤服务相结合，满足教育快速发展需求。县级教育部门会同机构编制、财政部门加强公办中小学临聘教师管理，按照有关规定统一标准、统一招聘、统筹调配临聘教师，所需人员经费由本级财政核拨，确保临聘教师与公办教师同工同酬。完善临聘教师合同管理，加强日常管理。严禁中小学自行招聘临聘教师。鼓励有条件的地方积极探索中小学幼儿园人员总量管理。

13. 优化中小学教师资源配置。全面推进中小学教师"县管校聘"改革。县域内由编制部门负责中小学教职员编制总量；人力资源社会保障部门负责教师职称评聘、公开招聘、岗位设置和人员聘用等政策；教育部门依法依规统筹教师资源配置，履行教师的公开招聘、职称评聘、培养培训和考核评价等职能；学校依法依规负责岗位聘用。支持各地市结合高考改革实际，在市域范围内统筹配置高中教师资源。深入推进县域内中小学教师、校长交流轮岗，实行教师聘期制、校长任期制管理，推动城镇优秀教师、校长向乡村学校、薄弱学校流动。实行学区（乡镇）内走教制度，市、县（市、区）政府可根据实际给予相应补贴，采取有效措施解决学区（乡镇）内音乐、美术、体育等紧缺学科教师不足问题。鼓励各地选派公办中小学教师到民办中小学帮扶支教。鼓励市、县（市、区）政府和师范院校因地制宜采取定向招生、定向培养、定期服务等方式，培养初中毕业起点六年制本科层次教师，为乡村学校及教学点培养"一专多能"教师。实施银龄讲学计划，鼓励支持乐于奉献、身体健康的退休优秀教师到乡村和基层学校支教讲学。鼓励支持符合条件的志愿者支教。

14. 完善中小学幼儿园教师准入和招聘制度。落实国家中小学幼儿园教师资格考试制度。新入职教师必须取得教师资格。严格教师准入，提高入职标准，重视思想政治素质和业务能力。逐步将幼儿园教师学历提升至专科，义务教育阶段教师学历提升至本科，进一步提升高中阶段教师具有研究生学历或硕士学位的比例。鼓励和支持各地创新中小学幼儿园教师招聘办法，采取面试＋笔试、直接面试、考察聘用等方式，重点考察职业道德、职业精神、专业素养和从教潜能等方面的内容，遴选乐教适教善教的优秀人才进入教师队伍。按照中小学校领导人员管理暂行办法，严格任职条件和资格，规范选拔任用工作，激发办学治校活力。

15. 深化中小学教师职称和考核评价制度改革。切实落实学校对教师考核评价的自主权。完善符合中小学特点的岗位管理制度，实现职称与教师聘用衔接。提高中小学教师高级岗位结构比例，幼儿园达到8%、小学达到15%、初中达到30%、高中达到40%。将中小学教师到乡村学校、薄弱学校任教1年以上的经历作为申报高级教师职称和特级教师的必要条件。进一步完善职称评价标准，建立符合中小学教师岗位特点的考核评价指标体系，坚持德才兼备、全面考核、公平公正，突出考核教师师德表现、工作绩效和能力水平与岗位要求的匹配度，引导教师潜心教书育人。加强聘期管理，激发教师的工作活力。完善相关政策，防止形式主义的考核检查干扰正常教学。各级教育部门和中小学不得简单用升学率、学生考试成绩等评价教师。推进开展5年一周期的中小学教师资格定期注册，对注册不合格或逾期不注册的人员，依照规定调整出教师岗位，不得从事教育教学工作。积极探索中小学教师退出机制，提升教师队伍整体活力。积极推进中小学校长职级制改革，拓展职业发展空间，促进校长队伍专业化。加强中小学校长考核评价，督促提高校长素质能力，完善优胜劣汰机制。

16. 健全职业院校教师管理制度。落实高等职业学校和中等职业学校教师资格标准要求，积极探索将行业企业从业经历作为认定教育教学能力、取得专业课教师资格的必备条件。落实职业院校用人自主权，完善教师招聘办法。职业院校公开招聘专业教师时，对具有技师及以上职业资格或高级职称且有2年以上企业相关岗位工作经历的人员，在同等条件下优先聘用。推动固定岗和流动岗相结合的职业院校教师人事管理制度改革。支持职业院校设立流动岗位，面向产业发展实际，大力引进行业企业一流人才，吸引具有创新实践经验的企业家、高科技人才、高技能人才等兼职任教。推进建立企业经营管理者、技术能手与职业院校管理者、骨干教师相互兼职制度。探索职业院校兼职教师申请教学系列专业技术职称（职务）制度。职业院校依法依规自主聘请兼职教师和确定兼职教师报酬，学校在编制年度预算时应统筹考虑经费安排。把指导学生实践实习的企业技术人员纳入兼职教师管理范围。完善职业院校教师考核评价制度，双师型教师考核评价要充分体现技能水平和专业教学能力。完善并落实中等职业学校（含技工学校）教职工编制标准。推进中等职业学校（含技工学校）教师职称制度改革，健全中等职业学校（含技工学校）正高级职称制度。

17. 深化高等学校教师人事制度改革。积极推进高等学校人员总量管理，教育部门会同组织、编制、人力资源社会保障、财政等相关部门，制定高等学校人员总量核定指导标准和试点方案，推进开展试点，纳入总量管理的人员享有相应待遇和保障。高等学校根据核定的人员总量，依法依规自主分类制定岗位设置方案和管理办法。鼓励高等学校推进内设机构取消行政级别试点，管理人员实行职员制，推动建立高等学校职员晋升、交流、任职、薪酬等相关待遇保障制度及按规定参加养老保险。严把高等学校教师选聘入口关，实行思想政治素质和业务能力双重考察。高等学校根据事业发展、学科建设和队伍建设需要，自主制定招聘条件和标准，自主公开招聘人才。严格高等学校教师职业准入，将新入职教师岗前培训和教育实习作为认定教育教学能力、取得高等学校教师资格的必备条件。鼓励高等学校加大聘用具有其他学校学习工作和行业企业工作经历教师的力度。推动高等学校教师职称制度改革，将评审权直接下放至高等学校，由高等学校依法依规自主组织职称评审、自主评价、按岗聘任。教育、人力资源社会保障等部门要加强职称评聘事中事后监管。推进高等学校教师职务聘任制改革，加强聘期考核，准聘与长聘相结合，形成能上能下、能进能出的管理机制。深入推进高等学校教师考核评价制度改革，突出教育教学业绩和师德考核，将教授为本科生上课作为基本制度。坚持正确导向，规范高层次人才合理有序流动，有效遏制高等学校人才恶性竞争。按照要求落实外籍教师资格认证、服务管理等制度。帮助高等学校青年教师解决住房等困难。高等学校教学和科研人员出国开展学术交流合作及培训，单位与个人的出国批次数、团组人数、在外停留天数根据实际需要按规定予以安排。

五、提高教师职业地位待遇

18. 明确教师的特别重要地位。凸显教师职业的公共属性，强化教师承担的国家使命和公共教育服务的职责，确立公办中小学教师作为国家公职人员特殊的法律地位，明确中小学教师的权利和义务，强化保障和管理。各级党委和政府切实承担起中小学教师保障责任，提升教师政治地位、社会地位和职业地位，吸引和稳定优秀人才长期从教、终身从教。公办中小学教师要切实履行作为国家公职人员的义务，强化国家责任、政治责任、社会责任和教育责任。

19. 完善中小学教师待遇保障机制。健全中小学教师工资长效联动机制，把统筹提高中小学绩效工资水平作为审批提高各地机关规范津贴补贴水平的前置条件。各地核定绩效工资总量时统筹考虑当地公务员实际收入水平，确保县域内中小学教师平均工资收入水平不低于或高于当地公务员平均工资收入水平，确保县域内农村中小学教师平均工资收入水平不低于或高于当地城镇教师平均工资收入水平。完善教师收入分配激励机制，有效体现教师工作量和工作绩效，绩效工资分配向班主任和特殊教育教师倾斜。班主任工作量按当地教师标准课时工作量的一半计入教师基本工作量。各地应根据推行中小学校长职级制的实际，完善校长收入分配办法。

20. 大力提升乡村教师待遇。深入实施乡村教师支持计划，关心乡村教师生活，全面落实山区和农村边远地区教师生活补助政策，依据学校艰苦边远程度实行差别化补助，鼓励有条件的地方提高补助标准。继续将改善乡村教师待遇纳入每年省"十件民生实事"。在业务培训、职称评聘、表彰奖励等方面向乡村教师倾斜。推进乡村教师周转宿舍建设，按规定将符合条件的教师纳入当地住房保障范围。关心乡村教师工作生活，优化教师发展环境。加快青年教师成长步伐，巩固乡村青年教师队伍。为乡村教师配备相应设施，丰富精神文化生活。

21. 维护民办学校教师权益。完善学校、个人、政府合理分担民办学校教师社会保障机制，民办学校应与教师依法签订合同，按时足额支付工资，保障其福利待遇和其他合法权益，并为教师足额缴纳社会保险费和住房公积金。鼓励民办学校为教职工购买商业养老保险、建立年金制度，提高教师退休待遇，鼓励支持有条件的地区发放民办学校教师从教津贴。依法保障和落实民办学校教师在业务培训、职务聘任、教龄和工龄计算、表彰奖励、科研立项、社会活动等方面享有与公办学校教师同等权利。

22. 推进职业院校教师薪酬制度改革。完善有效体现教师工作量和工作绩效的职业院校教师收入分配激励机制，逐步推动在编教师与非在编教师同工同酬，完善实习指导教师及兼职教师待遇保障机制，探索将教师参与专业建设相关的校企合作活动、开展科研成果转化及取得发明专利等纳入教师工作量计算。鼓励职业院校教师积极开展企业技术服务工作。职业院校教师依法取得的科技成果转化奖励收入不纳入绩效工资，不纳入单位工资总额基数。职业院校科技成果的使用、处置和收益分配按照有关规定自主决定，鼓励实施或参与实施科技成果转化的人员取得科技成果处置收入；职业院校教师参与企业的技术和管理工作，可依法取得报酬。建立中等职业学校与区域内普通高中学校教师工资联动机制。

23. 推进高等学校教师薪酬制度改革。探索建立符合高等学校事业发展特点的，与本地区、本行业、本单位薪酬水平相衔接的高等学校绩效工资基准水平和绩效工资总量核定办法，并建立动态调整机制，高等学校按照保基本、强激励的原则，在核定的总量内自主确定基础性与奖励性绩效工资比例。高等学校教师依法取得的科技成果转化奖励收入，不纳入本单位工资总额基数。鼓励高等学校对高层次人才采用协议工资、年薪制、项目工资、特别补贴、一次性奖励等分配方式，并在绩效工资总量外单列管理。完善适应高等学校教学岗位特点的内部激励机制，对专职从事教学的人员，适当提高基础性绩效工资在绩效工资中的比重，加大对教学型名师的岗位激励力度。探索结合高等学校综合效益发挥、重点建设层次、高层次人才分布等情况实行绩效工资总量倾斜的办法，规范科研成果转化、业务经营收入结余提成补充绩效工资的办法，更好地激发高等学校创新创造、服务社会、促进发展积极性。

24. 提升教师社会地位。加大教师表彰力度。完善以"南粤优秀教师（优秀教育工作者、特级教师）"为主的教师荣誉表彰体系，与国家教师荣誉制度相衔接。开展教学名师、教学成果奖评选表彰，重点奖励贡献突出的教学一线教师。落实对乡村学校从教30年教师颁发国家荣誉证书、对乡村从教20年教师颁发省级荣誉证书制度，各地对乡村学校从教10年以上教师给予鼓励。各地要按照国家和省的有关规定，因地制宜开展多种形式的教师表彰奖励活动，并落实优待政策。有关部门要制定优惠政策，让教师特别是获得荣誉称号及表彰的教师在文体活动、医疗体检、参观旅游、交通出行等方面享受优待。鼓励社会团体、企事业单位、民间组织对教师出资奖励或建立专项基金，开展奖教支教和尊师活动，营造尊师重教良好社会风尚。

推进现代学校制度建设，体现以人为本，突出教师主体地位，落实教师知情权、参与权、表达权、监督权。建立健全教职工代表大会制度，保障教师参与学校决策的民主权利。坚持和完善党委领导下的校长负责制，充分发挥教师在高等学校办学治校中的作用。加强中小学校领导班子建设，选好配强领导人员，强化管理监督。维护教师职业尊严和合法权益，关心教师身心健康，克服职业倦怠，激发工作热情。

六、确保政策举措落地见效

25. 强化组织保障。各级党委和政府要高度重视教师队伍建设，切实加强领导，实行一把手负责制，紧扣广大教师最关心、最直接、最现实的重大问题，找准教师队伍建设的突破口和着力点，将教师队伍建设工作摆上重要议事日程，细化分工，确定路线图、任务书、时间表、责任人，主要负责同志和相关责任人要切实推进相关工作。省、市、县党委常委会每年至少研究一次教师队伍建设工作，省、市、县政府建立教师工作联席会议制度，研究解决教师队伍建设的重大问题，相关部门要制定切实提高教师待遇的具体措施。统筹现有资源，壮大我省教师力量，培育一批专业机构，专门研究教师队伍建设重大问题，为重大决策提供支撑。

26. 强化经费保障。各级政府要将教师队伍建设作为教育投入重点领域优先保障，完善支出保障机制，确保党和国家关于教师队伍建设的重大决策部署落实到位。各级政府要切实保障中小学教师继续教育经费投入，各中小学校要按不低于年度公用经费预算总额的10%安排教师培训经费。优化经费投入结构，优先支持教师队伍建设最薄弱、最紧迫的领域，重点用于按规定提高教师待遇保障、提升教师专业素质能力。加大师范教育投入力度。健全以政府投入为主、多渠道筹集教育经费的体制，充分调动社会力量投入教师队伍建设的积极性。进一步加强经费监管，规范经费使用，确保资金使用效益。

27. 强化督导检查。各级党委和政府要将教师队伍建设列入督查督导工作的重点内容，严格开展督查督导，并将结果作为党政领导班子和有关领导干部综合考核评价、奖惩任免的依据，确保各项政策措施全面落实到位，真正取得实效。

广东省教育厅关于印发《广东省教师队伍建设"十三五"规划》的通知

粤教师〔2017〕7号

各地级以上市及顺德区教育局，各高等学校，各省属中小学校、中职学校和幼儿园：

现将《广东省教师队伍建设"十三五"规划》印发给你们，请结合实际，认真贯彻执行。

广东省教育厅
2017年6月1日

广东省教师队伍建设"十三五"规划

为进一步促进我省教师队伍规模、结构、素质协调发展，为率先基本实现教育现代化，打造南方教育高地提供坚强有力的师资保障，根据《国家中长期教育改革和发展规划纲要（2010—2020年）》《广东省中长期教育改革和发展规划纲要（2010—2020年）》《广东省教育发展"十三五"规划（2016—2020年）》等文件精神，制定本规划。

一、发展基础

（一）主要成就

1. 教师队伍数量稳步增加。2015年底，全省各级各类学校（不含技工学校）专任教师128.5万人，比2010年底增加17.8万人，增长16%。各学段生师比明显下降。

2. 教师队伍结构逐步优化。中小学体育、音乐、美术以及英语、科学、信息技术等学科教师紧缺状况有所改善，农村学校近5年新补充教师中近20%为紧缺学科教师。城乡教师水平差距不断缩小，农村中小学教师学历、职称等指标明显提升。中职学校、高职学校专业课教师中"双师型"教师的比例超过60%。

3. 教师队伍整体素质进一步提升。师德建设进一步加强，涌现出一大批师德典型。幼儿园、中小学、中职学校专任教师学历明显提升，高校具有研究生学位专任教师比例进一步提高。高校高层次人才队伍规模稳步扩大，基础教育新增一大批省级名校长、名教师培养对象和正高级教师、特级教师。

4. 教师工资福利待遇水平进一步提高。全省各地基本实现中小学教师工资福利待遇"两相当"，粤东西北地区教师平均工资水平稳步提升。在全国率先全面实行山区和农村边远地区学校教师生活补助政策。教师住房公积金、养老保险、医疗保险等制度全面落实。

5. 教师管理制度改革稳步推进。教师公开招聘制度全面落实，以岗位管理为核心的教师聘用制度逐步完善。县域内公办义务教育学校教师、校长定期交流轮岗制度实施成效明显。中小学教师资格考试和定期注册制度改革扎实推进。中小学教师职称制度改革全面实施。教师合法权益保障机制进一步完善。

（二）存在的主要问题

1. 教师队伍结构有待优化。部分地区分教点、村小学所配置的教师与教学需要有差距。音乐、体育、美术、科学等学科教师不足，补充困难。幼儿园学前教育专业毕业教师比例有待提升。农村教师老龄化问题比较突出。教师职称结构不够合理。

2. 教师资源配置有待改善。粤东西北地区高素质、高水平教师较少。农村学校、薄弱学校高水平教师缺乏，优质教师资源向农村学校、薄弱学校流动困难。民办学校教师待遇偏低，骨干教师流动性大。

3. 教师队伍整体素质有待提高。全省幼儿园教师持证上岗率低。中小学教师学历水平与教育现代化的目标要求还有较大差距。杰出教育专家缺乏，教育领军人才稀缺，教师队伍整体教研科研能力偏弱。职业教育专业课教师"双师"能力不强。青年教师教育教学技能偏弱。

4. 教师专业发展体系有待健全。市、县教师专业发展机构不健全、定位不明确、功能弱化、资源缺乏，培训者队伍整体素质不高，不能适应新时期教师专业发展需求。教师专业发展支持条件不完善、管理制度不健全。教师专业发展课程资源不能满足分类、分层、分岗和个性化培训的需求。教师培训质量监测和评价手段落后，培训质量有待提高。

5. 教师队伍建设的保障机制有待突破。各级各类学校教职员编制标准与教育事业发展的要求不相适应。县域内义务教育阶段教师定期流动的刚性约束机制有待完善。中小学教师学历提升途径有待进一步拓展。教师退出机制仍然没有取得突破。职业教育"双师型"教师来源、评价制度机制有待健全。稳定民办学校教师队伍、提升民办学校教师素质的长效机制有待健全。高校人才评价机制有待完善，人才成长环境有待改善。

（三）面临形势

1. 我省推进教育现代化对教师队伍建设提出了新的更高的要求。"十三五"时期是我省推进教育现代化的决胜时期。我省教育从注重规模扩大的外延式发展向注重提高质量的内涵式发展的转变，各级各类教育质量和水平的提升，率先基本实现教育现代化的目标，都取决于是否有一支高素质专业化的教师队伍。

2. 推进教育改革需要一支勇于创新、充满活力的教师队伍。"十三五"时期是我省深化教育领域综合改革、推进教育治理现代化的关键时期，教师是教育改革发展的实践者，只有教师勇于创新、敢于担当、积极参与，才能切实推进教育治理体系和治理能力现代化，促进教育事业健康发展。

3. 办好人民满意的教育迫切需要一支高素质专业化教师队伍。随着经济社会的迅速发展，人民群众对优质教育的期盼更高。教育领域一些高度关注的难点问题，如幼儿园"上好园难"、中小学择校等，实质上是优质教育资源缺乏或分布不均衡的问题。解决这些问题迫切需要建设一支数量充足、配置合理、结构优化、具有先进教育理念的高素质专业化教师队伍。

二、指导思想和发展目标

（一）指导思想

按照"五位一体"总体布局和"四个全面"战略布局要求，牢固树立创新、协调、绿色、开放、共享的发展理念，以"四个坚持、三个支撑、两个走在前列"为统领，围绕率先基本实现教育现代化的总目标，以提升教师师德素质和专业水平为核心，以加强农村教师队伍和高层次人才队伍建设为重点，以深化教师管理制度改革为动力，以深入实施"强师工程"为总抓手，推动教师队伍规模、结构、素质协调发展，整体素质全面提升，为我省率先基本实现教育现代化、打造南方教育高地提供坚实的师资保障。

（二）发展目标

1. 总体目标。

到 2018 年，教师队伍的规模、结构、素质达到基本实现教育现代化发展的要求，初步建成一支师德高尚、结构合理、业务精湛、充满活力的高素质专业化教师队伍。到 2020 年，广大教师普遍具有高尚的师德品行、先进的教育理念、扎实的专业知识、较强的教育教学能力、教科研创新能力和服务社会的能力，形成一支引领教育现代化发展的高素质专业化教师队伍。

2. 具体目标。

各级各类学校教师数量满足教育发展需要，生师比达到教育现代化的基本要求。到2018年，幼儿园和农村学校合格教师培养不足、补充困难的情况明显改善，义务教育阶段体育、音乐、美术、舞蹈等学科教师缺额率控制在20%以内；到2020年，基本解决体育、音乐、美术、舞蹈等学科教师结构性缺编问题，基本消除各学段、学科和地区教师紧缺的现象。

教师学历层次进一步提升。到2018年，中小学教师学历水平全部达标，高一层次学历水平达到教育现代化的基本要求，珠江三角洲地区中小学教师学历水平达到国内教育发达地区平均水平。高职院校教师具有硕士研究生以上学历（硕士以上学位）比例达到60%，其中公办高职院校达到65%；本科高校教师具有博士学位的比例有较大提升，其中公办本科高校达到42%，高水平大学达到60%。到2020年，义务教育阶段和幼儿园教师具有高一层次学历的比例比2018年提高5个百分点左右；初中、高中和中职教师具有硕士研究生以上学历（硕士以上学位）的比例有较大幅度提升，其中高中和中职教师达到15%，珠江三角洲地区高中和中职教师达到20%。本科高校教师具有博士学位的比例明显提升，其中公办本科高校达到45%，高水平大学达到65%。

教师队伍结构不断优化。2018年幼儿园教师持证上岗率达到80%，2020年基本实现幼儿园教师全员持证上岗。中小学教师学科结构、年龄结构、优质师资的区域分布及学段分布进一步改善。职业院校专业课教师中"双师型"教师比例明显提升，2018年达到65%以上，到2020年，"双师型"教师比例保持稳定在合理区间；高等教育教师队伍学历、职称和学缘结构进一步优化。

高水平教师队伍不断壮大。形成较为完善的中小学骨干教师培养体系，培养一批在国内外具有较大影响的基础教育名教师和名校长。健全鼓励创新的高校教师成长发展机制，实现高校高层次领军人才队伍、学术骨干队伍和青年后备人才队伍持续协调发展。到2018年，新增基础教育名校长、名教师培养对象300名左右，高等学校新增国家级领军人才（院士、973首席科学家、长江学者、千人计划、国家万人计划、国家教学名师和杰青等）、省级领军人才（珠江人才计划、广东特支计划、珠江学者、省杰青、高职专业领军人才等）及高水平学科（专业）带头人分别达到300、400、500名左右。到2020年，新增基础教育名校长、名教师培养对象600名左右，新增高等学校国家级、省级领军人才及高水平学科（专业）带头人分别达到400、500和600人左右。

教师队伍国际化素养进一步提高。教师参与跨国界合作、跨文化交流机制进一步完善，参加境外研习的机会进一步增大。

教师管理体制机制进一步完善。形成促进教师专业发展、激发教师队伍活力、适应教育现代化发展的教师管理制度体系，教师职业吸引力明显增强。

"十三五"教师队伍建设有关量化指标

教师队伍学历水平

学段	学历层次	2018年目标		2020年目标	
幼儿园	大专	70%	珠江三角洲地区80%	约75%	珠江三角洲地区约85%
			粤东西北地区65%		粤东西北地区约70%
小学	本科	50%	珠江三角洲地区70%	约55%	珠江三角洲地区约75%
			粤东西北地区35%		粤东西北地区约40%
初中	本科	90%	珠江三角洲地区95%	约95%	珠江三角洲地区约98%
			粤东西北地区80%		粤东西北地区约85%

续上表

学段	学历层次	2018年目标		2020年目标	
高中、中职	硕士	12%	其中珠江三角洲地区18%	15%	其中珠江三角洲地区20%
高职院校	硕士	60%	其中公办高职65%	65%	其中公办高职约70%
本科院校	博士	42%	其中高水平大学60%	45%	其中高水平大学65%

教师队伍结构

内容	2018年目标	2020年目标
幼儿园教师持证上岗率	80%	基本实现全员持证上岗
职业院校专业课教师或实习指导教师中"双师型"教师的比例	65%	保持稳定在合理区间

高层次人才队伍建设

内容	2018年目标	2020年目标
新增基础教师名教师名校长培养对象人数	300人左右	600人左右
新增高等学校国家级领军人才	300人左右	400人左右
新增高等学校省级领军人才	400人左右	500人左右
新增高等学校高水平学科（专业）带头人	500人左右	600人左右

三、主要任务

（一）以构建师德建设长效机制为重点，着力提升教师思想政治素质和职业道德水平

1. 健全师德教育和宣传机制。加强教师职业理想和职业道德教育，把培养良好师德师风作为学校文化建设的核心内容。建立健全教师政治理论学习制度，切实增强广大教师教书育人的责任感和使命感，引导广大教师以德立身、以德立学、以德施教，增强对中国特色社会主义的思想认同、理论认同、情感认同。拓展师德教育载体，创新师德教育内容和方法，增强师德教育的针对性和有效性。将师德教育摆在教师培养培训工作的首位，优先保证课时，加强师德教育课程建设。加强校长、教师法治教育，提高法治意识和法律素养。实行校长、教师师德承诺制度。组织开展师德先进表彰、师德征文、师德论坛、师德巡回报告等活动。加强师德先进宣传，创新师德宣传模式，弘扬高尚师德，展现当代优秀教师的精神风貌，努力营造尊师重教的浓厚社会氛围。

2. 健全师德考核制度和监督体系。进一步完善师德规范。健全师德考核制度，坚持师德与业务考核并重，把师德表现作为教师资格认定、考核、聘任（聘用）和定期注册、评价的首要内容，把师德建设作为学校办学质量和水平评估的重要指标。建立健全学校、教师、学生、家长和社会广泛参与的师德监督体系。加强学术道德和学术规范建设，健全学术不端行为监督和查处机制。在教师资格认定、录用、聘任、职务晋升、年度考核、评优评先、定期注册等管理的各环节严格落实师德"一票否决"制度。严肃查处师德违规行为。加强教师诚信体系建设，建立健全教师信用激励和惩戒制度。

（二）以完善教师教育体系和提升师范生培养质量为重点，着力推进教师教育健康有序发展

1. 完善教师教育体系。推进实施教师教育振兴行动计划。构建和完善师范生培养与在职教师培训紧密衔接、相互贯通的教师教育新体系。促进专科、本科、研究生三个层次的师范教育协调发展。优化师范教育结构，科学规划师范生培养规模，逐步实现与教师岗位需求有效对接。支持有条件的地区设置主要培养学前教育师资的高等院校。鼓励和支持有条件的高等学校开设中小学紧缺学科专业、学前教育专业和特殊教育专业，合理扩大招生规模。支持应用型本科院校、有条件的师范院校开设职业教育师范专业。探索职业院校和师范院校、职业院校和工科类院校或综合类高校合作培养职业教育师资。加强学前教育、特殊教育和中小学紧缺学科的师范生培养，按照小学和学前教育教师"全科型"、中学教师"一专多能型"的要求，实施分层次、分类别培养。建立高校与地方政府、中小学（幼儿园、中等职业学校、特殊教育学校）协同培养教师新机制。鼓励各地根据当地实际，采取定向培养、委托培养等方式，与师范院校合作培养农村学校教师。

2. 着力提升师范生培养质量。采取有效措施吸引优秀生源报考师范专业，开展师范生录取面试环节试点。积极开展师范专业认证工作。深化师范教育改革，增强教师培养的针对性和适应性。推进教师教育课程和教材体系改革，将各级各类教师专业标准要求贯穿到师范教育全过程。加强师范生师德师风教育和职业素养培养。强化师范生教学基本功和职业技能训练，落实师范生教育实践不少于1个学期制度，提高师范生的创新精神和实践能力。实施"卓越教师"培养计划。组织开展师范院校与中小学教师互聘计划，鼓励师范院校聘请中小学优秀一线教师、校长参与师范生培养。

（三）以完善教师专业发展体系和加强骨干教师培养培训为重点，着力提升中小学幼儿园教师专业发展水平

1. 扎实推进中小学教师专业发展。健全完善教育行政部门、师范院校、教师发展中心、中小学校四位一体的教师专业发展体系，发挥省级中小学教师发展中心的引领、带动、辐射作用，构建以省、市、县三级教师发展中心为支撑的教师培训体系。按照统筹规划、精细管理、精准研修的要求，加强培训需求调研，根据不同学科、不同阶段、不同层次教师专业发展的需求，建立健全教师专业发展的递进式培训课程体系。发挥国培、省培项目示范作用，推动各地开展教师、校长分类、分层、分科培训。积极推进教师校本研修培训，全面落实教师全员培训。实施学前教育和特殊教育教师能力达标提升工程，中小学教师素质强化工程。鼓励各地按"学用一致，能力为重"的原则，通过脱产学习、网络教育、自学考试、函授等方式提升中小学幼儿园教师学历。实施中小学教师信息技术应用能力提升工程，推进教师培训服务信息平台建设，研究不同技术环境、不同学科的信息化教学应用模式，开展以深度融合信息技术为特点的按需培训，有效利用网络学习空间和网络研修社区，开展混合式教研、在线教研、校本研修等活动，构建线上线下相结合的教师终身学习服务体系，大力提升教师信息化素养，促进教育教学与信息技术的深度融合，推动实现教育理念、教学方式、教学手段的变革。提高教师管理和培训工作信息化水平。

2. 加强骨干教师、校长队伍建设。深入实施中小学新一轮"百千万人才培养工程""广东特支计划"教学名师等项目，培养一批基础教育领军人才。省每年按全省专任教师总数的1%组织开展优秀骨干教师、校长开展高端研修示范培训，市、县每年按教师队伍总数的10%开展骨干教师、骨干校长提高培训。加大骨干教师、校长境外、跨区域培训力度，提升教师队伍国际视野。充分发挥基础教育领军人才和各级骨干教师在教书育人、教科研等方面示范引领作用。加强中小学教师教科研能力建设，实施中小学教师科研能力提升工程。加强教研员队伍建设，各级要按覆盖所有学科的要求保证编制并配齐配足教研员，要突出理论研究、政策研究、课程教材教学研究、评价研究和实践指导、舆论引导的要求，加强教研员进修培训、实践锻炼和业务绩效考核。

（四）以加快紧缺学科教师补充和促进教师资源均衡配置为重点，着力加强乡村教师队伍建设

1. 加大乡村幼儿园教师和中小学紧缺学科教师补充力度。完善"高校毕业生到农村从教上岗退费"政策，重点补充粤东西北地区农村中小学体育、音乐、美术、舞蹈、科学等紧缺学科教师和乡村幼儿园教师。建立完善聘用优秀人才到粤东西北地区乡村学校任教的"绿色通道"。支持有条件的地区将基础好、能力强的富余学科教师通过培训、转岗补充到乡村学校紧缺学科教学一线和乡村幼儿园。鼓励各地聘请身体健康的退休特级教师、高级教师到乡村学校支教讲学。

2. 促进教师资源在城乡、学校之间均衡配置。完善县域内公办义务教育学校教师和校长定期交流轮岗制度，引导优秀校长和骨干教师向乡村学校、薄弱学校有序流动。加强珠江三角洲地区与粤东西北地区教师对口帮扶工作，将教师培养、培训、支教等工作纳入帮扶内容。继续做好"三区"（边远贫困地区、民族地区、革命老区）人才支持计划教师专项计划，选派优秀教师到"三区"支教。

3. 大力加强乡村教师专项培训。深入实施《广东省乡村教师支持计划实施办法（2015—2020年）》，推进落实"乡村教师支持计划"对乡村教师素质能力提升的要求。加强乡村学校体育、音乐、美术等紧缺学科教师培训，提高乡村教师多学科教学能力。按照乡村学校的实际需求改进培训方式，采取顶岗置换、网络研修、送教下乡、跟岗实践、专家指导、校本研修等多种形式，增强培训的针对性和实效性。加强乡村教师培训资源建设，充分利用信息技术手段，破解乡村优质教学资源不足难题。支持乡村教师在职学习深造，提高学历层次。

（五）以专业领军人才和"双师型"教师为重点，大力提升职业教育教师专业能力和水平

1. 加强职业院校专业领军人才培养。实施职业院校"专业领军人才"计划，引进、培养一批具有较大影响的专业带头人。充分发挥教学名师、技能大师的示范引领作用。支持有条件的职业院校建设一批国家级和省级技能大师工作室，引进在本行业领域具有较高影响力的技能大师，以"师带徒"形式培养一批专业骨干。实施职业院校校长能力提升计划，着力提升校长现代管理理念和管理水平。完善职业院校校长选聘机制，吸引职业教育专家和优秀企业管理者担任职业院校领导干部。

2. 提升专业课教师"双师"素质。鼓励职业院校从行业企业聘请优秀管理人才、高技能人才担任专职或兼职专业课教师或实习指导教师。探索和完善从行业企业引进专任教师的管理制度。推进落实专业课教师每五年到行业企业实践锻炼累计不少于六个月的制度。探索建立职业院校"双师型"教师认定考核制度。支持普通本科转型高校引进和培育"双师双能型"教师。

3. 加强职业院校骨干教师和中职学校校长培训。加强职业院校师资培训基地建设，鼓励职业院校与行业协会、大中型企业等联合建立骨干教师培训基地。落实教师全员培训制度，重点提升教师技术技能教学水平，促进教师专业化发展。推进实施职业教育教师能力提升工程，组织开展职业院校骨干教师和中等职业学校校长高级研修等省级示范培训。创新培训模式，增强培训主体的自主选择性，建立健全培训质量监控保障制度，提高培训效益。

（六）以高层次人才和青年教师为重点，大力提升高等学校教师创新能力和水平

1. 加强高层次人才队伍培养。深入实施人才强校战略，健全完善定位准确、层次清晰、相互衔接的高层次人才培养体系，培养一批具有国际竞争力的学科领军人才队伍。推进实施"广东特支计划"，深入实施高校"珠江学者岗位计划"，积极参加国家和省的各类人才计划。以学科领军人才为核心，依托重大项目和创新平台，培育形成一批高水平创新团队，带动高校教学、科研整体水平提高。加大对高层次人才支持力度，支持领军人才和创新团队围绕经济社会发展中的重大战略问题开展协同攻关，在关键领域取得突破，造就一批国内外知名的科学家和学术大师。

2. 加强高校人才引进工作。以国家"千人计划"和省"珠江人才计划"等引进拔尖创新性人才和创新团队工程为引领，推进高等学校加强人才引进工作，大力引进以海内外拔尖人才为主的学科领军人才、创新科研团队核心成员和教学名师等。创新引才引智机制，加强人才柔性引进工作。积极探索团队引进、核心人才带动引进等多种引进模式。健全完善人才引进政策措施，为高等学校引进人才营造良好的制度、政策环境。

3. 加强高校青年教师的培养培训。加强高校教师发展中心建设。大力推进高校优秀青年教师国内外研修计划，培养一批具有发展潜力的青年骨干教师。鼓励各地各校加大青年教师专业发展经费投入，规范高校青年教师培养培训工作，完善青年教师继续教育和进修制度。创新高校教师岗前培训模式，建立科学的评估体系和考核办法。加强高校教师创新创业教育教学能力建设。

（七）以激发教师队伍活力为重点，深化教师管理制度改革

1. 健全教师管理制度。推动建立与教育事业发展相适应、符合教育现代化要求的教职员编制标准和岗位设置标准，建立城乡统一的教职员编制核定标准，其中村小学、教学点编制按照班师比和生师比相结合的方式核定。积极稳妥推进义务教育学校教师"县管校聘"管理制度改革，建立完善县级教育行政部门依法统筹县域内中小学教师定期注册、公开招聘、培养培训、职务（职称）评聘、考核评价、流动调配等管理制度。进一步完善幼儿园教职员配备标准，各地市应按标准核定公办幼儿园教职员编制，各办学主体按照标准配齐幼儿园教职工。健全教师职业准入制度，深入实施中小学教师资格考试和资格证书定期注册制度。全面落实幼儿园教职工持证上岗制度。完善五年一周期360学时教师全员培训制度，积极推进中小学（含中职、幼儿园）教师培训学分管理。推进实施中小学教师职称制度改革和中小学校长职级制改革。建立符合中小学教师岗位特点的评价制度，坚持德才兼备、全面考核，突出教育教学成效和实际贡献。深化高校职称制度改革，按照中央、国家和省委省政府部署，将高校教师职称评审权直接下放至高校。深化高校人事制度改革，推动进一步向高校下放用人自主权。推进高校教师考核评价制度改革。推进中职学校教师职称制度改革，建立中职学校正高级教师评聘制度。探索建立教师退出机制。进一步健全和完善教师合法权益保障机制。

2. 完善教师待遇保障和激励机制。建立保障教师工资福利待遇的长效机制，推动完善事业单位绩效工资制度和教师医疗、养老等社会保障政策。完善中小学教师与当地公务员工资福利待遇同步增长机制。完善和落实山区和农村边远地区教师生活补助政策，建立生活补助长效机制。完善教师表彰奖励制度，按照国家有关规定对在乡村学校长期从教的教师予以表彰。深化高校分配制度改革，鼓励高校建立完善有利于人才脱颖而出的分配激励机制，坚持向关键岗位、优秀拔尖人才、学科领军人才和优秀创新团队倾斜。鼓励各地购买或租赁商品房用作学校教师周转宿舍。鼓励高校、科研机构通过发放住房补贴或购买、租赁商品房方式，解决引进人才住房问题。关注教师身心健康，推进建立教职工定期体检制度。

（八）以规范管理和保障权益为重点，加强民办学校教师队伍建设

1. 完善民办学校教师管理制度。各地将民办学校教师队伍建设纳入教师队伍建设整体规划。规范民办学校教师聘任，民办学校应当与教师签订聘用合同或劳动合同。以属地管理为原则，建立健全民办中小学教师档案管理制度。将民办学校教师统筹纳入教师职称制度改革的范围，由学校自主设岗，按规定程序开展职称评审和聘任。建立完善鼓励公办学校优秀教师到民办学校挂职或支教制度。落实民办学校教师培训制度，民办学校教师与公办学校教师享受同机会、同标准、同要求的业务培训，民办学校应按相关要求保障教师培训经费。

2. 依法保障民办学校教师权益。积极引导和监督民办学校依法保障教师工资福利待遇和各项权益。民办学校应按时足额发放教职工的薪金，依法为教职工足额缴纳社会保险费和住房公积金。各地可通过奖补等方式，鼓励民办学校为教职工购买商业养老保险、建立年金制度，提高教师退休待遇。

鼓励支持有条件的地区发放民办学校教师从教津贴。民办学校应当保障教职员工寒暑假期间带薪休假权利。完善民办学校教师争议处理机制。

四、组织与保障

（一）加强组织领导。各地、各学校应切实落实教师队伍建设的主体责任，按照国家、省的要求，结合本地、本校实际，制定本地、本校教师队伍建设"十三五"规划并推进落实。各级教育部门要加强与编制、财政、人社等部门的沟通协调，确保有关政策措施和工作任务落实到位。

（二）落实资金保障。"十三五"期间省财政安排教育发展专项资金用于"强师工程"。各地各校要加大教师队伍建设资金投入，并建立逐步增长机制。各地应按规定落实教师培训经费。加强财政资金监管，提高资金使用效益。积极引导社会资金用于奖教支教活动和教师救助工作。

（三）加强教师管理信息化建设。构建全省教师基本信息数据库，创建教师成长模型，建立数据分析工作机制，将分析结果作为教师管理工作的基本依据。利用信息化手段开展教师资格认定、定期注册、继续教育、培养培训、职务（职称）评定、年度考核、评优评先及各类人才选拔评审等工作。加强数据和信息安全建设。加强教师管理信息化建设，与省有关数据库和网络平台深入对接，提高管理者分析、使用信息化资源的能力。

（四）加强督导检查。建立健全教师队伍建设评估指标体系。将教师队伍建设作为推进教育现代化和高校创新强校督导检查的重要内容。加强对各地各校和有关部门履行职责情况的监督检查，发现问题及时整改。涉及不履行职责，失职渎职的，要强化责任追究。

后 记

经过半年的紧张工作，《广东省职业教育教师发展报告（2020）》终于付梓了。在此，我们对教育部教师工作司、广东省教育厅领导给予的鼓励、支持与指导表示衷心的感谢！

《广东省职业教育教师发展报告（2020）》是由20多位研究人员集体参与的成果。从框架设计到成书，均经全体参与人员共同讨论、商定，各章具体内容的编著则由编委会成员牵头完成。其中，"广东省职教师资队伍建设研究总报告（2010—2019年）"由许玲、喻忠恩等执笔，"广东省高等职业院校教师发展报告"由刘海兰等执笔，"广东省中等职业学校教师发展报告"由喻忠恩等执笔，"广东省技工教育教师队伍发展报告"由谢德新等执笔，"广东省职业学校师资人才职前培养报告"由向凯、崔怀林等执笔，"广东省职业院校教师职后培训发展报告"由覃易寒、柏晶等执笔，"广东省职业教育师资需求报告"由邓文新等执笔。研究生邓小莉、李嘉欣、吴雪枫等参与了政策文件收集及数据整理统计等工作。

由于编写时间较紧，加上突如其来的新冠疫情，数据采集和研究深度都受到了一定程度的影响，我们诚挚期望读者给予理解。

编委会

2020年11月